Helmut Schoeck

Die 12 Irrtümer unseres Jahrhunderts

Helmut Schoeck

Die 12 Irrtümer unseres Jahrhunderts

Herbig

Schutzumschlag: Christel Aumann, München
Satz: Fotosatz Völkl, Germering
Druck: Jos. C. Huber KG, Dießen
Binden: R. Oldenbourg, München
Printed in Germany
ISBN: 3-7766-1241-X

Inhaltsverzeichnis

Einleitung
Was sind Irrtümer? 12
Es gibt kein Gegenjahrhundert 13
Fossilien und Friedensforscher 16
Die Frage des Werturteils 18
Die Summe der Irrtümer, die Summe des Unglücks? 20

Irrtum eins:
»Es geht auch ohne Eliten«
Elite-Allergiker und Elite-Statisten 25
Eliteverdünnung und die Folgen 30
Das Selbstbewußtsein der schöngeistigen Eliten 34
Demokraten und Dynastien 39
Das Pech der Intellektuellen mit ihren Wunschkandidaten . . 42

Irrtum zwei:
»Bildung statt Arbeit
Die Erfolgsbilanzen der Beschulungsbürokratien 51
Die Kiesel im Munde des Demosthenes 54
Wie kam es zur Akademikerschwemme? 56
Ein Paradies für ewige Studenten 61
Die doppelte Moral des Postmaterialismus 65
Hat das Geld als Leistungsanreiz ausgedient? 68
Die Formen der Erfolgserlebnisse 74
Arbeitsethik in Japan und im Abendland 76

Irrtum drei:
»Auch ohne Können ist es Kunst«
Was bleibt Kunst, wenn jeder Künstler ist? 83
Was Beuys Kitsch nennt 85
Weshalb Beuys Kunst ohne Können zur Kunst erklärt 88
Ist jede Geräuschfolge Musik? 96
Führt die Flucht vor dem Schönen in der Kunst zur
Tieranbetung? 100

Irrtum vier:
»Geist und Wissenschaft, die Widersacher der Natur«

Wann kann der Mensch wissen, ob er zuviel weiß? 107
Sich dem Kosmos anvertrauen? 111
Woran erkennt man die natürliche Natur? 113
Tierschutzrigorismus: Ventilsitte für Gesinnungsethiker im Zwiespalt? 117
Die Träume vom einfachen Leben 123
Der Mikrochip und das Gespenst aus der Petrischale 128
Fortschritte und Rückschritte 130
Das Prinzip Unbeweglichkeit 132
Sind wir die Hüter unserer Ururenkel? 135

Irrtum fünf:
»Jedes Problem braucht seinen Psychiater«

Sigmund Freud als Markenartikel 141
Frühe Kindheit als Alibi 144
Wieviel Zeit für einen Patienten? 149
Freud und der Feminismus 153
Gehört zur Rollengleichheit von Frau und Mann auch die Monogamie? 156

Irrtum sechs:
»Jedes Problem braucht seinen Politiker«

Zuständigkeitswahn der Politiker und Vollbeschäftigung . . . 163
Die Entscheidungsangst des Politikers und ihre Kosten 168
Die »Akzeptanz« und ihr Phantombild 171
Datenschutzbewegung und Bürokratismus 175
Entbürokratisierung auf europäisch oder auf amerikanisch? . 180
Der Politiker als Impresario der Lustgesellschaft 184
Sogar der Neid braucht seinen Politiker 186

Irrtum sieben:
»An den Sozialwissenschaften soll die Welt genesen«

Die soziale Wirklichkeit war nicht käuflich 197
Die Überschätzung der Systemanalysen 200

Humanisierung der Arbeitswelt 204
Die Mode der Welt-Modelle 207
Der Club of Rome und seine Jünger 210
Der Glaube an die Einstellungsänderungen 214
Die Prognostiker als Stehaufmännchen 216
Weshalb sich mit dem Marxismus die Welt nicht entwickeln ließ 221
»Friedensforschung« statt »Kriegsforschung« 225
Der Politiker im Gestrüpp seiner Nebenwirkungen – unentmutigt 233
Der Politiker als Rollentechnologe 237
Meinungsforschung ist kein Ersatz für gesunden Menschenverstand 241

Irrtum acht:
»Sozialismus ersetzt Patriotismus«
Das Bekenntnis der Susan Sontag 249
Sozialismus als Ersatzpatriotismus für US-Intellektuelle im »Kalten Krieg« 251
Marxismus als Ersatztheologie 254
Pater Boff sah keine Slums bei Castro 259
Erlöserkönige und das Enttäuschungsmotiv:
Eine Kennedy-Dynastie als Ersatzheimat für Linke 261
Mullahs statt Marx 267
Krisen, die keiner mehr kennt 269
Sozialisten zwischen Beweisnot und Belegnot 272
George Orwells Porträt der britischen Sowjetpatrioten 274
Harold J. Laski – ein Fall für Orwell 278

Irrtum neun:
»Gesinnungsethik ist die gottgefälligste Verteidigung«
Max Weber trennte 1919 Bergpredigt von Politik 287
Die Atomangst in der Zeitgeschichte 290
Pazifismus und Genozide 295
Reinheitswahn ohne Grenzen 298
Die schizophrene »Moral« der Unterwerfungs-bewegung 1985 302

Irrtum zehn:
»Wer zur Geschichte auf Distanz geht,
meistert die Zukunft«

Ein Unbild statt Geschichtsbild 307
Das Mißverhältnis der Zeiträume im Bewußtsein der Spätgeborenen 309
Hitlers Wirkung als Überfigur der Geschichte 312
Das Inkongruenzerlebnis »Hitler und Deutschland« fixierte den Hitlerfaktor 315
»Die Banalität des Bösen« (Hannah Arendt) 318
Rundfunkstatistik: Wie viele konnten Hitler vor 1933 hören? . 322
Wieviel Zeit braucht eine Kulturrevolution? 326
Was gab dem Zweiten Weltkrieg seine Dauer? 330
Monomane Reinheitsbewegungen sind phasengleich und synchron zu beurteilen 333
Geschichtsverzicht und Geschichtsnihilismus 335

Irrtum elf:
»Zu einem guten Menschen
gehört ein schlechtes Gewissen«

»Ein schlechtes Weltgewissen« 343
Nietzsche und Hitler 344
»Rauben Sie mir nicht die Tränen meiner Kindheit!« – ein . . 347
Gespräch mit Joseph Breitbach 349
Eine »Dreigroschenoper« in den Gassen des Gewissens? . . . 350
Zum Nietzschebild nach 1945 353
Max Scheler sah 1912 den Drittweltschmerz voraus 354
Die Bedeutung des schlechten Gewissens für den Bund zwischen Marxismus und Theologie 356
Die Umverteilung des guten Gewissens 359

Irrtum zwölf:
»Das 20. Jahrhundert ist auf Kredit zu haben«

Eine Utopie, an der Zweifel nicht erlaubt war 365
Krischnan Menon und seine Rolle 367
Die Angst vor der »Dritten Welt« 368
Geld von Staat zu Staat zerrinnt am schnellsten 371
Der Iran, ein Denkmal der Entwicklungspolitik 373

Das Faß ohne Boden war 1950 in Sicht 375
Was Moskau von Entwicklungshilfe hält 379
Wer hat die »Dritte Welt« erfunden? 382
US-Entwicklungspolitik und der Vietnamkrieg 387
Die Architekten der Potemkinschen Nationen 390
Ein Recht auf 0,7 Prozent vom Bruttosozialprodukt des Westens? 393
Entwicklungsgelder für Genozide an den Begabten und Geschickten 395
Entwicklungshilfe war nie »sozial« 398
Die Balkanisierung der Welt 402

Bilanz und Ausblick
Die Vitalität der Institutionen aus der Vorzeit 409
Marxismus und Milieufetischismus 412
Tunnelsicht und Literatur der Ausweglosigkeit 413
Weshalb uns im Westen »1984« erspart blieb 415
Biedermann vertraut erneut dem, der Betroffenheit mimt . . . 419
Die sieben Weltwunder des 20. Jahrhunderts 421
Die Berufsmoralisten 425
Macht das Fernsehen zu Weltbürgern oder Trivialbürgern? . 426
Gibt es ein Weltbild-Defizit beim Laien? 428
Die Demokratisierung des Designs 431
Werke für das nächste Jahrtausend 432

Sachregister 437
Personenregister 443

EINLEITUNG: WAS SIND IRRTÜMER?

Das Jahrhundert geht seinem Ende zu. Vom neuen und vom nächsten Jahrtausend trennen uns weniger Jahre als von dem Jahr 1969, in dem der Mensch erstmals den Mond betrat, Richard Nixon sein Amt als Präsident der USA und Willy Brandt das seine als Bundeskanzler antrat: Ein Zeitraum, vielleicht lang genug für eine knappe Epoche, aber nicht jeder beliebige Zeitraum taugt zur Epoche. Die verbleibenden Jahre des 20. Jahrhunderts werden kaum mehr sein als eine Phase der halbherzigen Aufräumarbeit unter Illusionen, Utopien, undurchdachten Reformen, Projekten und Gründungen aus dem Jahrhundert des Kompetenzwahnes der Politiker. Was die kurze Zeit vor dem Jahr 2000 noch an Ideen, Ideologien und Organisationen hervorbringen kann, ist im wesentlichen absehbar, als Verlängerungslinie aus dem Bisherigen. Unser Jahrhundert ist dabei, sich abzurunden. Was wird der Begriff sein, unter dem es in die Geschichte eingeht? Vielleicht »Kompetenzkollaps des Politikers«. Von dem jedenfalls, was dem 20. Jahrhundert sein Gesicht gegeben hat, wäre man wohl gerne vieles wieder los, wenn man nur wüßte, wie. Neuauflagen gäbe es davon im 21. Jahrhundert nicht mehr. Auf den Völkerbund folgten die UN, aber was sollte auf das Unding UN folgen? Noch einmal würde man auch den Agrarsektor nicht so einrichten wie den der EG. Universitätsdeformationen, wie sie dank der Hysterie über Studentenunruhen kamen, fänden kaum ein zweites Mal statt, ebensowenig die Akademisierungsgroteske. Auch das Trugbild »Dritte Welt« zöge nicht noch einmal so viele Kredite ins Leere.

Was sind Irrtümer?

Es hat wenig Sinn, sich beispielsweise zu einigen, daß die beiden Weltkriege riesige Irrtümer waren, auf die alle Menschen guten Willens gerne verzichtet hätten. Hingegen kann man einige Irrtümer nennen, ohne die es den Ersten oder zumindest den Zweiten Weltkrieg vielleicht nicht gegeben hätte. Die Geschichte aus den Angeln heben kann keiner, aus ihr lernen wollen kann versucht werden.
Ein Mensch kann als Autobiograph auf sein Leben zurückblicken und die Geschehnisse nennen, in die er geraten ist, doch die er nie gewollt haben würde, hätte er die Wahl gehabt. Er wird aber bald merken, daß nur der eine Autobiographie, die dem Leser etwas gibt, zu Papier bringt, der aufs »Was wäre gewesen, wenn« verzichtet. Diese Einstellung gehört zu jeder ernsthaft unternommenen Autobiographie, aber sie verbietet nicht die Frage nach den Irrtümern und Denkfehlern, die manche Vorkommnisse in diesem Leben ermöglicht haben.
Ließe man Irrtümer und Denkfehler unbewertet, weil mit ihrer Bewertung doch nichts ungeschehen gemacht werden kann, so beteiligte man sich am Erfinden und Verbreiten von Legenden. Unser Jahrhundert mit seinen Inhalten wegdenken zu wollen ist zwecklos, aber durch das Erkennen seiner dominanten Irrtümer kann man vielleicht die Fälschung seiner Geschichte, ihre Umdeutung zum Zweck neuer Irrtümer aus der alten Gußform, erschweren. Wofür auch immer unser Jahrhundert die Weichen gestellt haben mag: Die Legenden zu seiner Geschichte können zur Quelle weiteren Unheils werden, und sie sind anfechtbar.
Mit Irrtum meine ich nicht verhängnisvolle punktuelle Fehlentscheidungen im Lauf der Geschichte, bei denen eine Person oder nur wenige in einem knappen Zeitraum und zu einem einmaligen Zeitpunkt eine Entscheidung zu treffen hatten: Wie ein Würfelspieler mit geschlossenen Augen und mit potentiell furchtbaren Folgen für alles Weitere in diesem Jahrhundert. General Eisenhower beispielsweise mußte letzten Endes allein, nach dem Vortrag der Meteorologen, in der Nacht zum 6. Juni 1944 entscheiden, ob eine fragliche Wetterbesserung von kurzer Dauer genutzt oder ob die Invasion in ihrer Einschiffungsphase erneut abgeblasen werden

sollte. Erst in Wochen würden Mond und Gezeiten wieder in der günstigsten Weise für die Landung in der Normandie zusammenspielen – und der Winter wäre dann bereits näher gekommen. Hätte sich die Entscheidung Eisenhowers im Licht der Geschichte als falsch erwiesen und zu einem anderen Ende des Zweiten Weltkrieges geführt, zählte sie natürlich zu den großen Irrtümern in der Geschichte, und doch handelte es sich um eine Fehlentscheidung auf Grund von Informationen und Erwägungen, die nicht vergleichbar ist mit den Irrtümern, die in diesem Buch betrachtet werden. Sie sind nur solche Irrtümer, die bei vielen Menschen im Lauf des Jahrhunderts immer wieder das Handeln oder Unterlassen veranlaßt haben. Ein solcher Irrtum war zum Beispiel die blindlings und begeistert für zahlreiche Lebensgebiete übernommene Lehrmeinung von Sigmund Freud über die früheste Kindheit eines jeden Menschen – ihre Traumen, ihre Schocks, ihre emotionale Zwiespältigkeit als Weichenstellung für das ganze weitere Leben: Damit wurde unter anderem der Psychiater zur unwiderlegbaren letzten Instanz für praktisch jeden Menschen, und der Weg war auch frei zur permissiven Psychiatrisierung der Gesellschaft und Kultur.

Es gibt kein Gegenjahrhundert

Die Endphase des Jahrhunderts erlaubt den Blick auf seine Leitirrtümer, seine fixen Ideen und Scheuklappen. Manche von diesen können auch künftig die veröffentlichte Meinung beherrschen, andere werden weniger sichtbar weiterwirken. Nur wenige dieser Leittorheiten haben eindeutig ihren Ursprung in besonderen Gegebenheiten unseres Jahrhunderts. Die Leitirrtümer betrachten wollen bedeutet nicht, ihr bloßes Wegdenken gäbe den Blick frei auf ein 20. Jahrhundert, wie es ohne diese Torheiten hätte sein können. Im Gegenteil: Wer dies für möglich hielte, erläge gerade wieder einem der Hauptirrtümer unserer Zeit: nämlich der Vorstellung, alles hinge notwendigerweise und wohlgeordnet so zusammen, daß die Entfernung einiger falsch geknüpfter Knoten der Weisheit vollen Lauf ließe.

Die Geschichte der Menschheit – wie die der außermenschlichen Natur – ist immer ein relatives Chaos. Was schön und erbaulich, was weiterführend darin ist, bildet stets nur eher zufällig möglich gewordene Inseln der Vollendung und Vollkommenheit. Nur wenig von dem, was die Evolution der Arten auf der Erde hervorbrachte, mutet uns als schön an. Es fragt sich schon, ob eine Herde Dinosaurier uns ein ähnlich erhebendes Gefühl gäbe, wie es eine Herde von Elefanten oder Giraffen vermag. Oktopoden, riesige Kopffüßer mit ihren acht Fangarmen und Saugnäpfen daran, muten uns weitaus weniger schön an als Wale und Delphine. Eine Lawine, solange sie niemanden mitreißt, kommt uns weniger schlimm vor als ein Vulkanausbruch; ein tropischer Wirbelsturm ist uns weniger unheimlich und ekelhaft als ein Erdbeben. Weshalb? Mir scheint, die Erde ist von Anbeginn weder im anorganischen noch im organischen Bereich auf Harmonie, auf Schlüssigkeit unserer Gedanken über sie angelegt, und sie besitzt auch keine erkennbaren Entwicklungskräfte, die dorthin führen könnten.
Ähnlich ist es mit der Geschichte des Menschen. Es gibt keine »Gegengeschichte«, die in ihrer Harmonie, Erhabenheit und Humanität für den erschaubar würde, der die Ursachenherde des Bösen und Häßlichen wegzudenken verstünde. Auch würde dieses Wegdenkspiel stets willkürlich und widersprüchlich gespielt. Weshalb scheint 1985 das Wegdenken Hitlers aus der Geschichte des 20. Jahrhunderts leichter als der Versuch, beispielsweise die Geschichte des Iran und seiner Nachbarländer nach der weggedachten Islamischen Revolution des Ajatollah Chomeini fiktiv anders zu schreiben und in die Zukunft zu verlängern? Und wird dieser Unterschied auch im Jahr 2030 noch so empfunden werden?
Jeder Gedanke an ein Wunschjahrhundert ist von Grund auf geschichtswidrig. Schon beim Versuch, es sich vorzustellen, entglitte dem Betrachter all das, womit er das Gegenbild formen wollte. Die Bausteine der Geschichte einer Zeit verdanken ihr Gewicht der Unauswechselbarkeit. Die Geschichte ist keine Cafeteria. Zur Geschichte, über die man als solche reden und schreiben kann, wird nur, was nicht weggedacht werden kann. Geschichte ist die Summe des Nichtmehrwegdenkbaren. Nur wer sein Jahrhundert nimmt, wie es war, könnte sich in der Phantasie ein anderes konstruieren; doch gerade wer die Unauswechselbarkeit des Geschichtlichen be-

griffen hat, braucht kein Ersatzjahrhundert. Wie hätte man sich denn das Jahrhundert anders wünschen sollen, und wer eigentlich hätte es entwerfen sollen? Die Wehleidigkeit, das Weltuntergangsgehabe zum Ausgang des Jahrhunderts kommt schon zum Teil aus einer Berührungsscheu vor Geschichte. Immer weniger Menschen unter den längstmöglich Beschulten besitzen Geschichtskenntnisse und historische Vorstellungskraft, um sich ein anderes 20. Jahrhundert auch nur realistisch auszumalen. Mit bloßem Weglassen ist es nicht getan. Die Geschichte eines Jahrhunderts reduziert sich am Ende auf Grundsätzliches, das selber in der Regel ohne Grundsätze – oder solchen zuwider – zustande kam.

Die Irrtümer eines Jahrhunderts betrachten wollen heißt nicht, ihre Vermeidung hätte uns ein anderes Jahrhundert bescheren können. Die fahrlässige Psychiatrisierung des Daseins schlechthin im Kielwasser der Psychoanalyse war ein Irrtum mit zahlreichen Folgen. Falls aber Sigmund Freuds Modell vom Menschen weniger Leuten auf der Couch übergestülpt worden wäre, hätte das Jahrhundert wohl auch keinen anderen Lauf genommen. Dank ihrer therapeutischen Prinzipien konnte die unverdünnte Psychoanalyse nur sehr wenigen Personen zuteil werden, und diese hätten – als Literaten, Filmemacher, Schauspieler oder Börsenmakler – ohne ihre Analyse ähnlich gearbeitet. Diejenigen Politiker, die man sich überhaupt als Patient auf der Couch ihres Analytikers vorzustellen vermag, sind kaum diejenigen gewesen, die dem Jahrhundert die Kanten gegeben haben, an denen wir uns im Rückblick stoßen.

Geschichte geschieht unsystematisch. Die Irrtümer eines Jahrhunderts oder einer Epoche hingegen neigen zur Systematik, zur Methode. Das bleibt auch so, wenn sie im Widerstreit liegen und miteinander unvereinbar sind. Selbstverwirklichung und Gleichheit passen als »Werte« ebensowenig zusammen wie extreme Tierschutzbeflissenheit und permissive Abtreibungspolitik. Miteinander verzahnt und gebündelt wirken solche Irrtümer wie ein System und brauchen ein Etikett (zum Beispiel »sozialliberal«). Vereint wirken solche Irrtümer wie ein Korsett für den Zeitgeist. Sie werden von vielen mit Inbrunst geglaubt, es umgibt sie eine Aura der Selbstverständlichkeit, an der Kritik abprallt.

Zum Wesen des Irrtums gehört es, daß in der Regel auch sein Gegenteil in der geistigen Reichweite desjenigen läge, der den Irrtum hegt. Der Irrtum ist aber im Kopf so eingenistet und wird vom Selbstbewußtsein ständig genährt, daß seine Preisgabe einen unerträglichen Trennungsschmerz brächte. Solche Irrtümer sind weniger die Folge eines wissenschaftlichen Irrtums oder unzulänglicher Informiertheit als einer besonderen Gemütsverfassung, einer seelischen Innenausstattung und des Gesichts, das man dank dieser bei anderen zu haben hofft. Wer will schon sein Gesicht verlieren und seine Gewohnheiten aufgeben? Ließe sich zum Beispiel ein Außenminister vorstellen, der die Erkenntnis, so er sie hätte, kundtut: Das ständige Reisen bringt nichts. Die Silbe »Außen« bedeutet doch nicht, ein Außenminister müsse dauernd draußen sein. Seine Arbeit ist im Amt in Bonn. Undenkbar! Ein Außenminister reist und fliegt bis zur Dauererschöpfung, sonst ist er keiner. Cogito, ergo sum (Ich denke, also bin ich), ist nach Descartes die erste und sicherste Erkenntnis eines Philosophen. Wer aber heute meint: »Ich reise, also bin ich Außenminister!«, irrt sich. Der Düsenjet hat die Welt zur Freude der Touristik-Unternehmen schrumpfen lassen, leider auch die herkömmliche Diplomatie.

Fossilien und Friedensforscher

Um die Mitte unseres Jahrhunderts glaubten fast alle Intellektuellen und alle, die sich fürchteten, von ihnen als Ewiggestrige verspottet zu werden, die Internationalisierung werde alle staatlichen und wirtschaftlichen, die Psychiatrisierung unserer Lebensauffassung werde alle persönlichen Probleme bändigen. An der Schwelle des 21. Jahrhunderts steht fest: Weder die UN, die UNESCO und die übrigen Buchstabenwort-Organisationen wie FAO, IMF noch die Ausuferung der psychoanalytischen Lebenshilfen, aus welcher Richtung der Psychoanalyse auch immer, haben einen Deut zur Lösung der Probleme der Welt und der Menschen beitragen können. Sie haben nur vieles verwirrt oder verdeckt, auf falsche Geleise geschoben oder mit falschen Ursachen erklärt.
In den 60er Jahren zum Beispiel erschienen einige vielbeachtete Bücher, in denen die Unentwickeltheit von Entwicklungsländern mit

psychoanalytischen Theorien und in ihrem Sinne erhobenen Befunden über das falsche Verhältnis zwischen Eltern und Kleinkindern erklärt wurde. Oder was ist den ähnlich orientierten Friedens- und Konfliktforschern in den zwanzig Jahren ihrer Bemühungen beispielsweise zu dem Dauerkonflikt in Nordirland oder zu dem Dauerkonflikt zwischen den Hindus und Sikhs in Indien eingefallen? Wenn überhaupt etwas, dann mit Sicherheit nichts, das nicht schon seit Jahrhunderten jedem historisch geschulten Menschen bekannt gewesen ist. Und auch der Krieg zwischen dem Iran und dem Irak, der 1985 bereits länger im Gange war als der Erste Weltkrieg, ohne ein vorstellbares Ende, war in den Szenarios der Friedensforscher nicht vorgesehen, bis er ausbrach. Doch alle drei genannten Dauerkonflikte hätten sich mit dem religionsgeschichtlichen und religionssoziologischen Wissensstand von spätestens 1900 vorhersagen und vollkommen erklären lassen.

Von Irrtümern des Jahrhunderts zu sprechen hat nur Sinn, falls man seine Inhalte und Wesenszüge nennen kann, die aus diesen Irrtümern folgten. Falsche Hypothesen oder fehlerhafte Beobachtungen in der Kosmologie und Astronomie haben außerhalb der Zunft der Astrophysiker und der Kosmologen kaum Folgen. Irrtümer in der Phylogenie oder Paläontologie hingegen können politisch und sozialphilosophisch von Belang sein. Lage, Alter und Art eines Fossils können die herrschende Meinung über das erste Erscheinen von Homo erectus oder Homo sapiens schlagartig verändern; und je weiter zurück man bei den Datierungen geht, je länger der Mensch auf der Erde bereits gelebt hat, desto schwieriger wird die Lage jener, deren politische Programme, deren Utopien von der ständig beschworenen Veränderbarkeit der menschlichen Natur ihre Erfolgsaussichten ableiten.

Und für sogenannte Friedensforscher und misanthropische Naturverehrer ist es nicht gleichgültig, ob Konrad Lorenz oder Jane Goodall sich geirrt haben: Ob es stimmt, daß im Tierreich unter Artgenossen Frieden die Regel ist, oder ob auch schon Gruppen von Menschenaffen, wie Goodall beobachtete, einander töten. Eibl-Eibesfeldt (Die Biologie des menschlichen Verhaltens, 1984, S. 420) berichtet von Goodalls Schimpansenforschung aus der Zeit um 1970: »Bei Angriffen auf fremde Weibchen nehmen oft auch die eigenen Weibchen teil. J. Goodall beschreibt eindrucksvoll, wie sich

eine Gruppe allmählich auseinanderlebte und schließlich teilte, wobei die stärkere Gruppe die schwächere heftig angriff. Schließlich hatte die stärkere Gruppe die meisten Mitglieder der schwächeren umgebracht. Es scheint, daß die Angriffe dann besonders brutal sind, wenn die Tiere einander früher gut kannten.«
Die Schimpansen geben sich als unsere nächsten Verwandten zu erkennen. Vor etwa 25 Jahren erhielt ich auf meine Frage nach Neid bei Tieren von Konrad Lorenz einen Brief, worin er meinte, so etwas Böses könne er sich bei Tieren schwer vorstellen, höchstens bei Schimpansen.

Die Frage des Werturteils

Niemand, der im Kulturleben des Westens auf Geltung Wert legt, käme auf die Idee, bei den Eskimos in arktischen Gegenden, deren Lebensweise auf die Robbenjagd zugeschnitten ist, das Urteil einzuholen, ob sie die radikale Tierschutzbewegung in den Industrieländern für einen Irrtum oder Fortschritt halten. Aber ebenso unsinnig wäre es, die Frage nach den Irrtümern unseres Jahrhunderts nur aus einem Blickwinkel zuzulassen, den der Facharbeiter im Ruhrgebiet mit dem eines Flußfischers in Rwanda zu teilen vermag. Die Irrtümer unseres Jahrhunderts sind zu betrachten aus der Sicht von Zeitgenossen, die in einer der westlichen Demokratien leben, von denen eine wundersam erzeugte und manipulierte »Weltmeinung« annimmt, sie allein hätten auf Dauer für alles aufzukommen, was der Rest der Welt braucht.
Gemeinsamkeiten mit Betrachtern dieser Irrtümer außerhalb der westlichen Länder sind jedoch von Fall zu Fall allerdings denkbar. Mitglieder der westdeutschen, amerikanischen, französischen, britischen wissenschaftlichen Akademien können sich zum Beispiel viel leichter mit den Mitgliedern der Sowjetischen Akademie der Wissenschaft über den Irrtum der egalitären Bildungsreformen, insbesondere der mitbestimmten Gruppenuniversität im Westen einig werden als Mitglieder der Max-Planck-Gesellschaft in der Bundes-

republik Deutschland mit führenden Politikern der CDU und FDP im eigenen Land.

Bei der Betrachtung dieser Irrtümer geht es im Vordergrund nicht um Werturteile, um Vorlieben oder Abneigungen. Natürlich kann jeder im Hintergrund auch Werte und Wertungen erkennen, kann seine Voreingenommenheiten bestätigt oder widerlegt finden. Die Richtigkeit einer Tatsachenbeschreibung ist jedoch unabhängig von den Wünschen und Einstellungen, die sie stützt oder erschüttert. Ob man zum Beispiel die Institution Familie, ob man Eliten oder selbständige Landwirte hochschätzt oder nicht, ist für die Bilanzierung zum Ende des Jahrhunderts unerheblich. Ebenso schlichte wie harte Tatsachen zeigen, daß diese drei genannten Erscheinungsformen menschlichen Handelns sich voll behauptet haben. Sie sind ununterdrückbar und unentbehrlich. Ganze Bibliotheken voller Bücher, die im Lauf des Jahrhunderts das Gegenteil bewiesen zu haben glaubten, taugen nur noch als Belege für die Naivität der Utopien. Bald 150 Jahre nachdem Karl Marx und Friedrich Engels begonnen hatten, das ewige Berufsverbot für den selbständigen Erwerbstätigen, für freie Berufe und für den Unternehmer geschichtsphilosophisch und als Moralersatz in den sich fortschrittlich dünkenden Köpfen der Folgezeit zu verankern, steht fest, daß kein Volk auf der Erde sich auf Dauer auch nur annähernd ausreichend ernähren kann, wenn es Marx zuliebe das Berufsverbot für den selbständigen Landwirt konsequent durchsetzt und aufrechterhält. Es muß sich in unbefristete Abhängigkeit von den Landwirtschaften in Ländern mit Privatunternehmern begeben. Noch schlimmer aber für den Anspruch der Marxisten, ihre Zeit am Zügel zu haben, ist folgende Tatsache: Was für Getreide und Bohnen gilt, gilt auch und aus den gleichen Gründen für Ideen und Innovationen, in der Kunst wie in der Technik. Und voller bitterer Ironie ist die Tatsache, daß die wirtschaftliche, organisatorische und technische Schwäche der kommunistischen Länder nur deshalb notdürftig überspielt werden kann, weil die Marxisten den hartnäckigen, unverdrossenen, egoistisch bürgerlichen Familiensinn ihrer Einwohner bedingungslos voraussetzen können – obwohl es ihn nach der Doktrin und für das Geschichtsbild, mit denen sie ihre parasitäre Herrschaft legitimieren wollen, gar nicht mehr geben dürfte.

Die Irrtümer, um die es in diesem Buch geht, dürfen nicht mit Ereignissen oder Entscheidungen verwechselt oder gleichgesetzt werden, auf die viele von uns gerne verzichtet hätten. Der Irrtum X eines Jahrhunderts kann durchaus in Geist und Gefühl dominant gewesen sein, aber das heißt noch nicht, jede unheilvolle Entscheidung, jedes böse Ereignis, die seiner Domäne zugeordnet werden können, waren durch den Irrtum X unausweichlich determiniert. Und auch nicht jeder der Irrtümer kann bei der Betrachtung der Konfrontation zwischen Ost und West seit 1945 als neutraler Faktor gelten. Die Subventionspolitik der USA und der Europäischen Gemeinschaft auf dem Agrarsektor ist – marktwirtschaftlich und allgemein ökonomisch gesehen – irrational und auf klarem Kollisionskurs mit der Wirklichkeit. Doch hat diese Unsinnigkeit einer Agrarpolitik im Geist der Zeit vor dem Ersten Weltkrieg im Westen bei weitem nicht so schlimme Folgen wie die Agrarpolitik der Sowjetunion im Geist von Karl Marx und Lenin in ihrem Reich und in den ihm unterworfenen Gebieten.

Die Summe der Irrtümer, die Summe des Unglücks?

Der Titel dieses Buches bliebe mißverstanden, wenn man glaubte, jeder der beschriebenen zwölf Irrtümer habe gleich viel Unheil gebracht. Die Summe des Unglücks in unserem Jahrhundert ist nicht aus der Summe seiner Irrtümer errechenbar. Die Frage kann offen bleiben, ob das Gesamtunglück eines Jahrhunderts – oder irgendeines anders definierten Geschichtsabschnittes – überhaupt sachlich und sachgemäß eingegrenzt darstellbar wäre. Einfacher ist zum Beispiel die Feststellung, daß der Erste Weltkrieg zwar mit Sicherheit die Vorbedingungen für Ansatzpunkte und Wirkungen weiterer Irrtümer im Laufe des Jahrhunderts schuf, aber als Weltkrieg – und als Krieg dieser Art – gerade nicht geplant und beabsichtigt war, ja selbst nach seinem Beginn für längere Zeit so nicht vorstellbar blieb. Man kann heute auch sehen, daß einige der Faktoren, die zum Ausbruch des Krieges 1914, zu seiner Ausweitung in einen Weltkrieg beitrugen, auch schon in früheren Zeiten ihre Wirkung entfaltet

hatten und es auch lange nach dem Ersten und Zweiten Weltkrieg offensichtlich noch tun. Der Krieg zwischen dem Iran und dem Irak dauerte 1985 bereits länger als der Erste Weltkrieg, weil sein Ende für keine Macht einen klaren Vorteil brächte: weder für Moskau noch für die USA, weder für den Diktator in Bagdad noch für den in Teheran. Manchmal ist ein sich hinschleppender Krieg strategisch und politisch kalkulierbarer als der Frieden nach seinem Ende. Und so wird auch der Krieg der Sowjetunion in Afghanistan weitergehen: Er dauerte 1985 bereits länger als der Zweite Weltkrieg.
Nichts ist schwieriger, als zu wissen, wie man ohne allzugroßen Schaden mit einer Sache aufhört. Das Selbsterhaltungsmotiv »Gesicht behalten« ist und bleibt ein Urfaktor für Unheilentfaltung. Der Erste Weltkrieg wäre zwar vielleicht noch vermeidbar gewesen, doch er hinterließ die Bühne für Adolf Hitlers Auftritt und damit für einen weiteren Krieg, der vermutlich nur deshalb so rasch zum Zweiten Weltkrieg werden konnte, weil der Erste als Maßstab vorgegeben war. Ohne den Ersten Weltkrieg hätte es auch in Rußland wohl kaum einen Stalin gegeben, der im August 1939 mit Hitler plötzlich paktierte. Die Ursachenentflechtung für die Abläufe im 20. Jahrhundert wird immer Stückwerk bleiben. Schlüsselfiguren und kollektive Kausalfaktoren sind ineinander verhakt. Das Vergessen ist selektiv. Empört vermerkte man zum Beispiel in Moskau, daß aus Anlaß des 8. Mai 1985, dank des Westfernsehens, auch auf Bildschirmen in kommunistischen Anrainerstaaten gefilmt zu sehen war, wie 1939, wenige Tage vor dem deutschen Überfall auf Polen, Hitlers Außenminister Ribbentrop im Kreml mit Stalin, beide vor Freude strahlend, den Pakt mit langem Handschlag bekräftigte – Ribbentrop, der dann 1946 in Nürnberg als Kriegsverbrecher hingerichtet worden ist. Wäre Stalins Pakt mit Hitler, der Nichtangriffsvertrag zum Zweck der Aufteilung Polens, nicht als ein geschichtliches Einzelereignis außerhalb der Kategorie von Irrtümern, die das Buch behandelt, könnte man ihn sicher zu den Hauptirrtümern des Jahrhunderts rechnen.
Nicht alle zwölf Irrtümer sind Schöpfungen des 20. Jahrhunderts. Manche hat es nur ausgebrütet, bebrütet und ansteckender gemacht. Eigenprodukte unseres Jahrhunderts sind zum Beispiel das Wunschbild »Entwicklungsländer«, das Unding »Dritte Welt« und – damit verwoben – auch die Figur des Berufspolitikers und sein

Kompetenzwahn. Neu ist wohl auch der Irrtum, daß der Mensch ein Recht habe, den Sinn seines Lebens zu kennen, bevor er die Erfahrung hat, ihn einzuordnen, und deshalb bei jedem juvenilen Amoklauf die »Sinnkrise« zur Entschuldigung geltend machen darf.

Alle zwölf Irrtümer entstammen dem Westen und wurden von hier aus in nichtwestliche Länder exportiert. Die Vitalität und Kreativität des Abendlandes hat sich auch in seiner Rolle als Lieferant der großen Irrtümer unseres Jahrhunderts erwiesen.

IRRTUM EINS:

»ES GEHT AUCH OHNE ELITEN«

Elite-Allergiker und Elite-Statisten

Seit rund zwanzig Jahren spielt man in der Bundesrepublik die Tragikomödie nach dem Motto: Wenn es Eliten schon geben muß, dann ertränken wir sie zumindest durch zwangsweises Auffüllen ihrer Reihen, dann verdünnen wir sie bis hin zur Karikatur ihrer selbst. Als Folge dieser Politik unterblieb dann auch die Förderung von eigentlichen Eliten. Die persönliche Leistungs- und Eignungskomponente bei Förderungsprogrammen fiel fort und galt als anstößig. Kein Wunder, daß die sehr maßvollen Versuche und Beschlüsse der Bundesregierung von 1983, die Leistungskomponente im Sinne einer Elitenförderung wieder einzuführen auf den Protest gerade jener stießen, die den Wahnwitz der letzten fünfzehn Jahre in der Bildungspolitik mitherbeiführen halfen.

Aufs Stichwort »Elite« bricht in der Bundesrepublik Deutschland nach wie vor pflichtgemäß in den entsprechenden Medien und Gruppierungen Hysterie und Wut aus. Die Automatik dieser Reaktion verrät viel über die Hintergründe. Ein Beispiel:

In einem Vortrag über die technologische Herausforderung am 13.12.1983 vor der Mitgliederversammlung der Bundesvereinigung der Deutschen Arbeitgeberverbände unterlief dem Bundesminister des Auswärtigen Hans-Dietrich Genscher ein Sakrileg gegen die bundesdeutsche Variante der Demokratie. Jedenfalls bekam man diesen Eindruck aus dem Echo, das in vielen Medien folgte. Genscher hatte gewagt, die Innovationskraft der USA mit der Existenz von Elite-Universitäten in einen Kausalzusammenhang zu bringen und den Schluß zu ziehen: »Warum sollen wir nicht private naturwissenschaftliche Elite-Institute schaffen ... (die) das Recht haben, die begabtesten Studienbewerber auszuwählen.« Und er war sich auch klar, »auf welche Vorurteile der Gedanke von Elite-Universitäten und Hochbegabtenförderung stößt«.

Das große Wörterbuch der deutschen Sprache in sechs Bänden (DUDEN) definierte 1976 den Begriff Elite wie folgt:

» ... eine Auslese darstellende Gruppe von Menschen mit besonderer Befähigung, besonderen Qualitäten; die Besten, Führenden.«

Manche Zeitgenossen reagieren auf das Stichwort »Auslese« eher noch allergischer als auf das Wort »Elite«. Überraschend ist allerdings, daß gerade manche dieser lautstarken Eliten-Allergiker und Auslesegegner selber im Bundestag sitzen oder im Europaparlament, einige sogar in beiden Parlamenten gleichzeitig. Auch Gewerkschaftsführer findet man unter diesen Doppelmandatsträgern. Doch gerade besonders auslesefeindliche Politiker haben sich offenbar noch nie überlegt, daß immer und überall, wo einige hundert Abgeordnete 60 oder 200 Millionen Bürger vertreten, ein Auslesevorgang stattgefunden haben muß.

Die Abgeordneten sind doch nicht durch eine Zufallsauswahl, wie bei einer Meinungsumfrage, ausgewählt worden, sondern durch eine gezielte, personenbezogene, mehrstufige Auslese. Und es gibt bei ihnen auch kein Quotensystem für die Plätze auf den Landeslisten, etwa entsprechend dem Bevölkerungsanteil der Arbeiter, der Frauen oder der Nichtbeamten und Nichtgewerkschaftsmitglieder. Auszulesen und ausgelesen werden für ehrenvolle, wichtige und hervorragend dotierte Funktionen ist also ganz offensichtlich in keiner Weise undemokratisch oder demokratiewidrig. Deshalb sollten die Berufspolitiker die letzten sein, die sich über irgendwelche Auslesevorgänge in anderen Bereichen aufregen dürfen, und schon gar nicht, wenn eine solche Auslese für den Ausgelesenen angenehme Folgen hat.

Übrigens: Hätten die Politiker sich selber die gleiche Eliten-Verdünnung verordnet, die sie den Höheren Schulen und den Universitäten zum Zweck des Versteckens einer akademischen Leistungselite durch bedenkenlose Schleusenöffnung angedeihen ließen, dann würde der Deutsche Bundestag heute rund 3000 Abgeordnete umfassen. Es ist zwar in der Geschichte der Nobelpreise vorgekommen, daß eine Handvoll Wissenschaftler in verschiedenen Ländern buchstäblich um die Wette forschte, den Nobelpreis als Ziel unmittelbar vor Augen. Die Regel ist das nicht. Vielmehr werden die Nobelpreise für naturwissenschaftliche Leistungen (ich denke jetzt nicht an die Preise für Frieden, Literatur oder Wirtschaftswissenschaft) manchmal natürlich auch für entdeckerische Glücksfälle vergeben, die ein Forscher erbringt oder die ihm zufallen bei dem Bemühen, sich für eine ordentliche Professur zu qualifizieren, mit allem was diese früher beinhaltete. Ob der amtlich getarnte Einheitsprofessor, mit der international und im Inland unverwendbaren Besoldungsbezeichnung »C 4«, dessen Stimme in allen Gremien gleich viel wiegt wie die einer barfüßigen, strickenden Studentin des 2. Semesters oder einer Schreibkraft aus der Universitätsverwaltung, noch ein so erstrebenswerter Beruf ist, daß ausgerechnet in ihm sich nobelpreisverdächtige Talente tummeln wollen, ist fraglich. Es ist ein vernichtendes Urteil über die Politiker aller Parteien in den Landtagen und im Bund, daß ihr gemeinsames Produkt, der Einheitsprofessor, jetzt bereits zweimal durch einen Spruch des Bundesverfassungsgerichts als verfassungswidrig befunden wurde. Es ist auch ein Widerspruch, einerseits den Einheitsprofessor, den Einheitslehrer und den Einheitsrichter einzuführen, zum Zweck der Elitentarnung, andererseits sich aber als Politiker nicht das Vorrecht und Vergnügen rauben zu lassen, nach wie vor Orden zu verleihen. Oder liegt hier sogar ein Teil der Erklärung? War die wissenschaftliche Elite, die durch die Selbstergänzung, die Kooptation der ordentlichen Professoren an den Hochschulen zustande kam, für die Politiker deshalb so unerträglich, weil sie, von seltenen Ausnahmefällen abgesehen, bei dieser Auslese nicht selbstherrlich befinden konnten, so wie sie es bei der Auszeichnung mit Orden und Verdienstkreuzen können?

Ein Land darf seine Eliten nicht mit Eliten-Statisten zudecken. Das Verstecken und Entmachten von Eliten ist immer auch mit ihrer Entmutigung verbunden. Und vor allem in den Wissenschaften hat das Auffüllen der Elitengattungen mit nominell gleich kompetent erklärten Mitgliedern, wie es die Bildungsreformer getan haben, die Folge, daß die kompetenten und kreativen Elitenmitglieder ausgelaugt und lahmgelegt werden, weil sie sich ständig mit dem Sand im Getriebe befassen müssen, den die Eliten-Statisten dort hineintragen. Aber das Gefährlichste für jede echte Elite sind und bleiben die Masochisten in den eigenen Reihen. Sie möchten elitär leben, doch mit einem egalitär guten Gewissen. Und das kann auf Dauer nicht gut ausgehen.

Je mehr die Politiker und die übrigen »gesellschaftlich relevanten Kräfte« glauben, sie selbst seien irgendwie schuld am Vorhandensein einer Elite im Land, desto mehr fühlen sie sich verpflichtet, in egalitären Zeitläufen, diese zu verstecken oder abzuschaffen. Das Pech der akademischen Elite in der Bundesrepublik Deutschland war es, hinter sich ein staatliches Universitätsmonopol zu haben. Wenn praktisch das gesamte Hochschulwesen in der Hand des Staa-

tes ist und somit durch Politiker, durch Mehrheiten im Parlament beliebig veränderbar scheint, dann wird der Drang unwiderstehlich stark, die akademischen Eliten einzuebnen, sowohl die Lehrkörper als auch die Aussagekraft der Abschlußzeugnisse der Absolventen. Je weniger aber der Staat, die öffentliche Hand mit den ausschlaggebenden Hochschulen eines Landes zu tun hat, desto eher bleiben ihre Eliten unangefochten, gleichgültig wie egalitär sich das betreffende Land auf anderen Gebieten auch gebärdet.
Sowohl Großbritannien als auch die USA haben in den letzten dreißig Jahren auf einigen Gebieten die Gleichmacherei gesetzlich in einer Weise vorangetrieben, die weit über das hinausgegangen ist, was sich auf den entsprechenden Gebieten in der Bundesrepublik ereignet hat; z. B. die Pflichtquote an Frauen in allen Einheiten der US-Streitkräfte, aber auch in den Abteilungen privater Betriebe, oder die Einkommen- und Erbschaftssteuer in Großbritannien.
Die Eliten hingegen, die das Wissenschaftssystem tragen und aus ihm hervorgehen, die außerordentlich leistungsbezogene Differenzierung der Lehrkörper an den Hochschulen – all das blieb genauso wie vor der Studentenrevolte der sechziger Jahre. Und da sie an die privaten Hochschulen und ihre Standards ohnehin nicht herankommen konnten, blieb den Politikern gar nichts anderes übrig, als auch die Finger von den staatlichen Hochschulen zu lassen, da diese sonst in ihrer Wettbewerbsfähigkeit gegenüber den privaten Universitäten noch weiter ins Hintertreffen geraten wären. Als Anfang der 70er Jahre der Ordinarius eines medizinischen Faches und Direktor einer Universitätsklinik einem CDU-Kultusminister verzweifelt klarzumachen versuchte, was dieser mit seiner Begeisterung für die Gruppenuniversität anzurichten im Begriff sei, und ihn fragte: »Warum tun Sie das eigentlich? Fishing for sympathies?«, antwortete dieser vergnügt: »Nein, fishing for votes!«
John R. Searle, seit 1959 Professor der Philosophie an der University of California in Berkeley, Jahrgang 1932, war im Herbst 1964 von erregten Studentengruppen gebeten worden, über das Recht auf Redefreiheit einige Vorträge zu halten. Anlaß war das Auftrittsverbot an der Universität für einen auswärtigen herumreisenden Agitator. Daraus wurde ein studentischer Aufruhr, dem in der Zeit zwischen 1965 und 1970 ähnliche Vorgänge an zahlreichen Hoch-

schulen der USA folgten und der auch das Muster für die Studentenunruhen in Westeuropa darstellte.
Professor Searle, damals 32 Jahre alt, fand sich zu seiner völligen Überraschung plötzlich als Anführer einer Revolte, vor der die Universitätsverwaltung binnen Wochen zusammenbrach – was er nie im Traum für möglich gehalten hätte. Berkeley wurde zum Mekka für Linksradikale jeder Spielart, Anarchisten, Sektierer und Aussteiger aus aller Welt strömten herbei. Es war ein absolutes Chaos, wie Professor Searle es später beschrieben hat. 1965 sagte ihm der Aufsichtsrat der Universität: Sie und ihre Freunde haben alle Strukturen zerschlagen, nun bringen Sie gefälligst den Laden wieder in Ordnung. Von 1965 bis 1967 war Professor Searle als Special Assistant dem Kanzler zugeteilt. 1970 war Searle auch Mitglied eines Beratergremiums für den Präsidenten der USA in Sachen »Campus Unrest« (Hochschulunruhen).
1985 warf Professor Searle, ein international bekannter und gefragter Sprachphilosoph, in London in einem Rundfunkinterview einen Blick zurück auf die Vorgänge an seiner Universität vor 20 Jahren. Zwei Dinge hob er heraus, die er damals nicht für möglich gehalten hätte: 1. Die sofortige Kapitulation der Universitätsverwaltung vor dem wilden Haufen, an dessen Spitze er sich befand und dem er nicht in seinen »wildesten Träumen« eine solche Durchschlagskraft zugetraut hätte. 2. Was er aber damals nach dem Kollaps der Autoritäten auch nicht für möglich gehalten hatte, war die »resiliency« der Institutionen, ihre Fähigkeit, in kurzer Zeit sich voll zu erholen und wieder die ursprüngliche Gestalt anzunehmen. Wer 1960 zum letzten Mal auf dem Campus von Berkeley gewesen war und heute wieder hinkäme, fände alles unverändert. Die Universität, die Fakultäten, die Prüfungsämter arbeiten wieder nach den Verfahrensregeln aus der Zeit vor den Unruhen, und die Studenten finden das richtig.
Was Professor Searle heute für seine Universität in Kalifornien feststellen kann, an der die Studentenrebellion ihren Ausgang nahm, gilt im wesentlichen für alle Hochschulen in Nordamerika. Vergleicht man mit diesem Befund die Verhältnisse an den Hochschulen in der Bundesrepublik 1985, wie sie von deutschen Politikern unter dem Vorwand der – in Amerika kopierten – deutschen Ausschreitungen geschaffen wurden und an deren Korrektur zu gehen sie wohl nie im Ernst vorhaben, wird klar, woran die Bundesrepu-

blik krankt: Es ist das Übergewicht von Persönlichkeiten im öffentlichen Leben, die sich einbilden, gewachsene Institutionen mit einer erwiesenen Leistungsfähigkeit könnten ohne Schaden und weitreichende negative Nebenwirkungen zwecks tagespolitischer Image-Profilierung verunstaltet oder abgeschafft werden.

Elitenverdünnung und die Folgen

Die Torheit der Elitenverdünnung hat sich binnen weniger Jahre gerächt. In der englischen Jurisprudenz gibt es den Begriff »poetic justice«. Er bedeutet, daß eine Tat ihre Strafe auf eine so ironische Weise findet, daß diese ein Poet ersonnen haben könnte. Im Deutschen kann man nicht von »poetischer Gerechtigkeit« sprechen; am ehesten tut es die Übersetzung: »Wer anderen eine Grube gräbt ...«.

Das erbärmliche Spektakel, das zuerst in einigen Landtagen der Bundesländer und seit dem Frühjahr 1983 auch im Bundestag jene bieten, die ihr Mandat nur als Vehikel mißbrauchen, um die parlamentarische Demokratie auszuhebeln und auszuhöhlen – dieses Trauerspiel haben nämlich großenteils dieselben Politiker, die nun darunter leiden, durch ihre elitenfeindlichen Gesetze und Maßnahmen im Lauf eines Jahrzehnts überhaupt erst möglich gemacht.

Es ist ein selbstmörderischer Irrtum, wenn eine Elite, wie es die Abgeordneten nun einmal sind und sein sollen, eine Elite, die sich selbst ebensowenig abschaffen kann, wie man den Beruf des Arztes oder Hochschullehrers abschaffen kann, anfängt, sich gegenüber dem egalitären Zeitgeist dadurch ein gutes Gewissen zu erkaufen, indem sie andere Eliten ostentativ demontiert, verdünnt und schädigt.

Auch die Motive, denen man sich beugte, sind ja kein Geheimnis. So schrieb Rolf Spaethen, Gewerkschaftsführer und damals auch Mitglied des Wissenschaftsrates, übrigens keineswegs ein Linker, am 19. April 1969 im »Industriekurier« (Düsseldorf):

»Unsere bisherigen Vorstellungen über gesellschaftliche Hierarchie sind ein einziger Witz. Professoren stehen bei allen Meinungsbefragungen ohne Rücksicht darauf, was sie treiben, unangefochten an der Spitze der Wertschätzung. Männer wie beispielsweise der Intendant des Norddeutschen Rundfunks, der Generalinspekteur der Bundeswehr oder der Vorsitzende der Industriegewerkschaft Metall ... sind in der Wertskala überhaupt nicht erwähnt.« Spaethen entging der einfache Sachverhalt, daß bei solchen Umfragen zum Prestige ganzer Personenkategorien auch der Papst oder der Präsident des jeweiligen Landes nicht im Ergebnis auftauchen kann. Aber seine Kolumne verriet jedenfalls, was wohl in erster Linie den Treibsatz für die Wünsche der Gewerkschaftsvertreter im Deutschen Wissenschaftsrat damals bildete.

Weil also die politisch relevanten Kräfte sich einig waren, daß sie den gut qualifizierten Leistungseliten ihren Rang nicht mehr gönnen sollten, fingen sie mit der Überprivilegierung der Unqualifizierten und der Unterqualifizierten an. Und zwar an allen Ecken und Enden gleichzeitig.

Um sich von vornherein den Weg für eine Rückkehr zur Vernunft massiv zu verbauen, beschlossen die Politiker als erstes die Senkung des Volljährigkeitsalters und des Wahlalters auf 18. Damit nicht genug, wurde durch eine Änderung des Grundgesetzes im Juli 1970 das Mindestalter für die Wählbarkeit in den Bundestag um sieben Jahre, von 25 auf 18, herabgesetzt. Eine solche mutwillige, vollkommen überflüssige Kompetenzverschleuderung hatte es zuvor in der Geschichte wohl noch nie gegeben. Sie war übrigens damals von niemandem, auch nicht von der Jugend gefordert worden. Der Teenager als Mitglied der höchsten gesetzgebenden Versammlung! Es war ein verheerendes Signal, eine Abdankung der politischen Elite aus Opportunismus und Feigheit vor dem Fetisch Jugend.

Auch der Leitartikel der Frankfurter Allgemeinen Zeitung 1970 zur Selbstuntergrabung des Kompetenzanspruches des Parlaments sah es so. Weshalb gab es 1970 im Bundestag nicht genug Vernünftige, um der Mehrheit – mit »der Jugend« berauscht – die erforderliche Zweidrittelmehrheit für diese Grundgesetzänderung zu verweigern? Wir haben doch gar keinen Generationenkonflikt gehabt, von dem damals (wie heute) immer dann geredet wird, wenn die Politiker wieder einen Kotau vor der Jugend für ratsam halten. Was in Wirklichkeit stattfand und bis heute verhängnisvoll weiterwirkt, war eine beispiellose überstürzte Überprivilegierung der noch nicht

Qualifizierten, der vollkommen Unausgewiesenen, und zwar im Zuge eines allgemeinen Anfalles von Masochismus bei den legitimen Eliten der Bundesrepublik.

Nicht zu wundern braucht man sich im Rückblick allerdings über das, was die Parlamente dann ab 1970 den Universitäten anzutun sich bemüßigt fühlten. Die ordentlichen Professoren, auf die es die Elitenverdünner in erster Linie abgesehen hatten, konnten sich jedoch seither bereits zweimal mit Erfolg vor dem Bundesverfassungsgericht zur Wehr setzen; im Herbst 1983 erklärte es den Einheitsprofessor als verfassungswidrig. Aber wie sollen Bundestagsabgeordnete gegen den Umstand vor dem Verfassungshüter Klage erheben, daß seit 1970 als einzige Qualifikation für die Ausübung des Hauptberufes »Bundestagsabgeordneter« allein noch die Vollendung des 18. Lebensjahres erforderlich ist?

Nun sind ja für das bunte Geschehen im Bundestag seit dem Frühjahr 1983 nicht etwa 18- oder 19jährige Abgeordnete verantwortlich. Das wird vielleicht noch kommen. Daß hingegen überhaupt eine antiparlamentarische Partei wie die Grünen in den Parlamenten sitzen kann, ist natürlich vor allem auch eine Folge der Senkung des Wahlalters von 21 auf 18. Und die Senkung des Mindestalters für einen Abgeordneten von 25 auf 18 war zusätzlich ein fahrlässiges, törichtes Signal an den Zeitgeist und seine Zuarbeiter in den linken Medien. Diesem Wink und dem, was in seinem Sog dann folgte, haben die heutigen Bundestagsabgeordneten einiges zu verdanken, was sie sich 1970 wohl nicht träumen ließen: Zusammenarbeit mit – vermutlich verfassungswidrig – »rotierenden« Kollegen; das Mitglied einer Partei, deren Ziel die Abschaffung der modernen Welt ist, als Vorsitzender des Bundestagsausschusses für Wissenschaft und Forschung; Plenarsitzungen vor laufenden Kameras mit dem Auftritt von aggressiven Clowns aus den eigenen Reihen im Hohen Haus. All dies ist die Folge der Kompetenzverschleuderung von 1970 an die noch völlig Unfertigen.

Die in überparteilicher Eintracht von den Politikern verfügte Gruppenuniversität, bei gleichzeitiger Vollbetonierung des Landes mit kaum noch aufzählbaren Auch-Universitäten, war bei vielen von ihnen von dem Wunsch beflügelt, den Akademikern, den akademischen Graden und den Hochschulprofessoren den Nimbus einer Elite zu nehmen, den sie bis dahin nach Meinungsumfragen gehabt

hatten. Die sich dann einstellenden grotesken Vorgänge an den Hochschulen beliebte man jahrelang zu ignorieren oder zu verharmlosen. Doch nun haben die Politiker den Zirkus im eigenen Ring. Es hat in den letzten Jahren tiefsinnige Vermutungen in der Presse gegeben, weshalb wohl an den Hochschulen so wenig Auffälliges mehr stattfinde. Die Studenten seien wohl wieder zu fleißig geworden, sie seien entpolitisiert und angepaßt, sie sorgten sich zuviel um künftige Arbeitsplätze: also lauter Vermutungen unerwünschter Einstellungen mit dem Unterton einer Hoffnung, man könne wieder Zustände wie 1967 bis 1972 herbeireden. Die Erklärung für den Wandel an den Hochschulen ist vielleicht ganz einfach: Das Polittheater, der basisdemokratische Zirkus findet seit den frühen achtziger Jahren in der Bundesrepublik in den Parlamenten statt. Das Fernsehen spielt dort dieselbe Rolle wie vor zehn, vor fünfzehn Jahren an den Hochschulen. Wozu braucht man denn noch Universitäten als Schauplatz für eine fernsehgerechte Eliten-Demontage, wenn man das Trauerspiel bereits im Bundestag und in den Landtagen vorführen kann?
Angesichts der Allergie gegen Eliten in der Bundesrepublik sollte man aber auch über eine Erscheinung nachdenken, die zunächst paradox aussieht. Im selben Zeitraum, etwa ab 1967, in dem das Verstecken und Ersticken der vorhandenen Eliten der Tüchtigen, der Leistungsbereiten, der Könner und Begabten mit jedem nur erdenklichen Mittel praktiziert wurde, kam es, ideologiekonform, zur Aufpäppelung von Pseudo-Eliten, von Hätschel-Eliten. Man könnte sie auch, in Analogie zum Falschgeld, die Blüten-Eliten nennen. Wer kann sich 1985 noch auf ein vorgelegtes Reifezeugnis oder Universitäts-Diplom verlassen, wenn er nicht sehr genaue Informationen über die Bildungseinrichtung bekommen kann, von der sie ausgestellt worden sind? Den Gleichmachern war eben jedes Mittel recht, auch die Überprivilegierung der Dünnbrettbohrer. In dem Maße, in dem es die legitimen, durch berufliche Leistung, durch erreichtes Lebensalter und durch den Allgemeinheitsgrad ihrer Nützlichkeit ausgewiesenen Eliten immer schwerer hatten, in dem Maße wuchs auch die Immunität, die Anerkennung der Discount-Eliten, der Instant-Eliten.
Es ist ein Geburtsfehler aller Gleichheitspolitik, daß sie weder Gleichheit noch das angebliche »Mehr an Gleichheit« zu bringen

vermag und das im Grunde längst auch weiß. Fast keiner ihrer Verfechter kann das eingestehen. Der Politiker will im Namen der Gleichheit lediglich irgendeine weitere Sache unter seine Verfügungsgewalt bringen, damit er sich als Umverteiler unentbehrlich machen kann. Aus diesem Grund wurde das Verstecken und Übertünchen, das Behindern und Nivellieren von Eliten willkürlich, selektiv und außerdem noch zur Tarnung politisch gewollter Überprivilegierungen betrieben. Die Folgen waren verheerend. Bestürzend war und ist die damit verbundene Unaufrichtigkeit. Ein Land, das die Notwendigkeit von Eliten und ihr Vorhandensein zu leugnen sucht, begeht einen ähnlichen Betrug an sich selber und an der Welt wie ein Land, das für den Hausgebrauch den Anschein erweckte, die gesamte Literatur der Nation sei in Wirklichkeit allein den Deutschlehrern in den Grundschulen zu verdanken – jedoch bei jeder Gelegenheit nach wie vor auf der internationalen Bühne sich mit den Federn seiner drei oder fünf Spitzenautoren und seiner Nobelpreisträger schmückt.

Das Selbstbewußtsein der schöngeistigen Eliten

Um die Jahreswende 1983/84 war nach längerer Zeit erstmals wieder von Eliten die Rede. Hämisch oder empört fragten dazu Schlagzeilen in manchen Printmedien: »Braucht die Bundesrepublik Eliten?« Diese Frage ist jedoch falsch gestellt, weil jedes Land der Welt seine Eliten hat, wie immer sie heißen oder zu welcher Namenlosigkeit man sie verurteilt hat. Die Frage muß deshalb richtig lauten: »Darf ein Land seine Eliten verstecken?«
Was nämlich das politische und weithin auch das publizistische Establishment der Bundesrepublik in den letzten zwanzig Jahren gegenüber den Eliten außerhalb der eigenen Reihen an den Tag legte, war ein fast paranoider Drang, die Eliten des Landes zu verstekken, teils durch Übergießen mit Tarnfarbe, z. B. durch Einebnung von Amtsbezeichnungen, teils durch Überflutung der echten Eliten mit Unmengen von Eliten-Statisten von der Politiker Gnaden. Die

Elitenarbeit mußte allerdings nach wie vor von den eigentlichen Eliten getan werden.
Elite ist ein Reizwort, das in manchen Menschen den Drang auslöst, blindlings zur nächstbesten Reform zu greifen. Im Fall der Bundesrepublik kann man schon von einer Eliten-Allergie sprechen. Weshalb aber äußert sich diese so einäugig selektiv? Ein Beleg dafür: Der bedeutende Unternehmer, zwischen 60 und 70, dem linke Kräfte an einer Universität die Verleihung eines Doktor h. c. hintertreiben, hat obendrein noch mit einer schadenfrohen Presse zu rechnen. Dieselben Printmedien aber waren zu Beifallsstürmen hingerissen, wenn beispielsweise der unpromovierte wissenschaftliche Assistent um 1970 dank der Gruppenuniversität über Nacht gleich zum Präsidenten einer großen Hochschule werden konnte. Aber auch außerhalb des akademischen Bereiches, etwa im Bereich von Bühnenkunst, Pop-art oder Parteipolitik konnte man beobachten, wie gerade solche Eliten in der sonst so elitenfeindlichen Bundesrepublik ungeschoren blieben, die ein gemeinsames Merkmal haben: Man kann in eine solche Elite sehr jung, vielleicht dank eines einzigen Fernsehauftrittes katapultiert werden. Ließe sich nicht die Unentbehrlichkeit der unternehmerischen, der kommerziellen Leistung ebenso einleuchtend darstellen, wie es die Eliten des subventionierten Kulturbetriebes für ihre eigenen Leistungen seit langem mühelos und glanzvoll zuwegegebracht haben? Man kann ihnen diesen Erfolg durchaus gönnen. Doch scheint es überfällig, im Hinblick auf diesen auch einmal ungeniert von der Bedeutung der Wirtschaft und ihrer führenden Kräfte zu sprechen, an Hand von Beispielen, die den Wert der Wirtschaft ebenso »legitimiert« machen, wie es beim Tun und Treiben der Kunstwelt der Fall ist.
Das gesellschaftspolitische Klima in der Bundesrepublik führte seit den späten sechziger Jahren immer mehr zu einer gewollten »Verunsicherung« bestimmter Eliten. Besonders gut ließen sich die Auswirkungen dieser egalitären Großwetterlage bei manchen herausragenden Personen des Wirtschaftslebens beobachten. Man konnte sie während der siebziger Jahre, zum Beispiel auf Diskussionsveranstaltungen oder Symposien, in einer Gemütsverfassung antreffen, die ich Vorschuß-Kapitulation nennen möchte. Sie litten, und manche leiden wohl immer noch, an einem berufsspezifischen Minderwertigkeitsgefühl, das anderen Eliten in der Bundesrepublik

vollkommen fehlt. Es ist doch eigenartig: Ausgerechnet Mitglieder der Wirtschaftselite fielen dem Wahn anheim, bei ihnen bestünde ein »Legitimitätsdefizit«, eine Scharte in ihrer Leistung, die es um jeden Preis auszuwetzen gelte.

Das Unternehmen, das einem gehört, das man aufgebaut hat oder das man im Auftrag der Eigentümer leitet, mag noch so wettbewerbsfähig sein, mag noch so viele sichere Arbeitsplätze bieten, es quält sie ein unerklärliches Ungenügen, es verfolgt sie ein ständiger Zweifel, ob sie auch wirklich »gesellschaftlich von Nutzen« sind.

Und so ist in manchen ein Drang entstanden, sich unentwegt auch »in der Gesellschaft« als nützlich zu erweisen. Die sogenannte »soziale Funktion« muß her, zusätzlich zu ihrer eigentlichen, der unternehmerischen.

Ich möchte nicht mißverstanden werden. Die Aufgabe des Mäzens oder des Philanthropen, des Stifters ist wichtig und ethisch höchst anerkennenswert. Doch gilt das nur, wenn jemand diese Rollen aus Freude, aus Generosität übernimmt und nicht aus schlechtem Gewissen, und auch nur dann, wenn sie sich ohne Gefahr für die Liquidität seines Unternehmens spielen lassen.

Was für ein Kontrast zwischen Eliten in der Bundesrepublik: Allein der in der Wirtschaft tätige Mensch hält die dort erbrachte Leistung, wie die Führung eines florierenden Unternehmens, das keine Subventionen braucht oder nimmt, für eine Leistung minderer Güte. Er hat sich einreden lassen, sein Erfolg im Hauptberuf und seine volkswirtschaftliche Bedeutung brauche noch eine soziale, eine gesellschaftliche Legitimierung. Und die könne er glaubhaft nur beibringen durch eine möglichst fern der Wirtschaft liegende, durch eine nicht kommerzielle Leistung für die »Gesellschaft«. Wer dieser Suggestion erlegen ist, ist das Opfer einer Gehirnwäsche, nicht selten auch von seiten der eigenen Kinder. Jedenfalls ist das zu vermuten, wenn man sich ansieht, was diesen seit 1970 in den Schulen über das Wirtschaftsleben beigebracht wird.

Ich räume gerne ein, daß die Unzufriedenheit mit dem Erfolg im Hauptberuf eine Anfechtung ist, gegen die niemand ganz gefeit ist. Enrico Caruso wurde beispielsweise seines enormen Erfolges als Tenor nie so richtig froh, weil die Welt ihm nicht die gleiche überschwengliche Anerkennung seines durchaus vorhandenen Talents zum Zeichnen von Karikaturen zollte. Allerdings geriet Caruso dadurch nicht in Gefahr, als Tenor zu einer Karikatur zu werden. Der Unternehmer hingegen, der für das Unternehmersein durch blinde Umtriebigkeit als Freizeitgesellschaftspolitiker Abbitte leisten möchte, ist dem Risiko ausgesetzt, sich in hämischen Karikaturen wiederzufinden.

Was soll also diese beklommene tägliche Frage morgens vor dem Spiegel, die man manchen Leuten in der Wirtschaft dann den ganzen Tag über im Gesicht ablesen kann: »Bin ich auch gesellschaftlich nützlich?« Es wäre an der Zeit zu begreifen und offen auszusprechen, daß diese Haltung genauso absurd, so verstiegen ist, wie es die analoge Haltung eines Opernintendanten wäre, der sich seiner hauptberuflichen Leistung erst freut, wenn die Gastronomie im Keller und Foyer seines Theaters während der Pausen soviel Gewinn bringt, daß er zum Jahresende einen Überschuß an die öffentliche Hand zurückgeben kann.

Der spezifische Minderwertigkeitswahn bei erfolgreichen Persönlichkeiten des Wirtschaftslebens kommt zum Teil aus der modischen Verselbständigung des Wortes »Gesellschaft«. Das Wort entwickelte sich immer mehr zu einem »Unbegriff« mit der vagen Bedeutung »Big Brother«, zur Chiffre für ein Phantom.

Würden sich nämlich die Eliten der Wirtschaft die Frage stellen, ob sie für ihr Land nützlich sind, kämen ihnen viel weniger leicht Zweifel, als es der Fall ist, wenn sie sozialphilosophisch erschauernd die eigene unternehmerische Leistung vor einer spätmarxistisch getünchten Kulisse von der »Gesellschaft« verteidigen zu müssen glauben.

Wie unbegründet dieser Minderwertigkeitskomplex in Wirklichkeit ist, zeigt sich sofort, wenn man jene Eliten betrachtet, die auch heute mit der optimalen Erfüllung ihrer eigentlichen Aufgabe bereits ihren vollen gesellschaftlichen Nutzen unzweifelhaft erbracht sehen. Ich meine die Eliten von Kunst und Sport, von Literatur und Musik. So gut wie jeder, der in einem dieser Gebiete Rang und Namen hat, erachtet es als unanfechtbare Legitimierung seiner Elitenexistenz, wenn er in seinem Hauptberuf das Beste leistet. Das Wirtschaftliche ist solchen Persönlichkeiten in der Regel eher gleichgültig oder sogar lästig. Natürlich meine ich damit nicht die Anlage ihres eigenen Geldes, sondern die ökonomische Seite des Kunst- und des Sportbetriebes.

Kein Dirigent, kein Regisseur, kein Opernintendant, kein Filmemacher, kein Tenor hat ein schlechtes Gewissen, weil seine Kunst, seine Leistung, seine künstlerische »Selbstverwirklichung« für die große Mehrheit der Bürger nur Kosten bringt, nämlich das unfreiwillige Zahlen von Subventionen.
Eher das Umgekehrte ist zu beobachten: Wer in seiner Arbeit als Künstler oder Kunstmanager restlos aufgeht, wer zu sonst nichts mehr Zeit und Kraft übrig hat, genießt ein wundervoll gutes Gewissen: Die Kunst, das bin ich. Und das ist mehr als genug für mein Land, nein: für die ganze Welt!
Natürlich gibt es unter den Großen der Kunst auch hingebungsvolle Philanthropen. Yehudi Menuhin zum Beispiel widmet sich seit vielen Jahren einer von ihm gegründeten Musikerschule, wo er junge Talente für die Elite ausbildet, der er selbst angehört – die selbstverständlichste Sache der Welt!
Doch nun stelle man sich einmal den Unternehmer in der Bundesrepublik vor, der eine private und persönliche Wirtschaftshochschule gründete, um jungen unternehmerischen Talenten zu helfen, dorthin zu gelangen, wo er ist! Der Haß, die Polemik, die Unterstellungen, die Vorwürfe gegen ihn und ein solches Elite-Institut wären entsetzlich.
Ein Grund dafür ist aber gerade die Unfähigkeit des Unternehmers, des Wirtschaftsführers seinen Beruf, seine Leistung, seine Funktionselite mit der gleichen Selbstgewißheit darzustellen und zu erleben, wie es der Geigenvirtuose Menuhin vermag und auch alle anderen in seinem Metier.
1973 gab ich einem Buch den Titel »Die Lust am schlechten Gewissen«. Er faßte meine Diagnose zu Beginn der siebziger Jahre wohl am besten zusammen. Leider scheint diese Grundkrankheit unserer Epoche auch zu Beginn der achtziger Jahre noch ziemlich virulent. Man kann sie wohl nicht in kurzer Zeit heilen; wenngleich England, Frankreich und die USA darin bereits einige Fortschritte gemacht haben, im Gegensatz zur Bundesrepublik. Doch man kann dieser Krankheit vielleicht entgegenwirken und ihre Gefährlichkeit für das Gemeinwesen entschärfen, wenn man sich offensiv mit jenen Eliten auseinandersetzt, die das Leiden am schlechten Gewissen allein bei den Eliten der Wirtschaft – und auch der Naturwissenschaften und der Technik – für ihre eigenen Zwecke vertiefen und manipulieren wollen.

Das Meinungsklima in der Bundesrepublik Deutschland krankt an dem Mißverhältnis zwischen einer maßlosen Arroganz, einem Unfehlbarkeitswahn der Eliten im literarisch-künstlerischen Bereich auf der einen Seite und einem unnötigen Minderwertigkeitskomplex vieler Elitenmitglieder in Wirtschaft und Wissenschaft auf der anderen Seite.

Demokraten und Dynastien

Wer in unserem Jahrhundert als Statthalter der Aufklärung als liberal und egalitär, als fortschrittlich gelten wollte, mußte Erbmonarchien und Dynastien für nichtswürdige Fehltritte des Weltgeistes halten. Als gemäßigter Reformer durfte man zwar die Königinnen und Könige in Schweden und Norwegen, in Dänemark und Belgien, in Großbritannien und den Niederlanden hinnehmen, aber auch nur, weil sie nicht mehr regieren, sondern bloß repräsentieren. Und welche Häme und Wut in linken Gemütern sogar diesen machtlosen Monarchen gegenüber glimmt, konnte man zum Beispiel hören, als die Königin von Großbritannien vor wenigen Jahren in der Schweiz ihren Staatsbesuch machte. Als sie in Bern am Volk vorbeischritt, begleitete den Gang ein Schweizer Rundfunkjournalist für den deutschen Auslandsdienst seines Landes mit einem gehässigen Kommentar. Er beschrieb das zufriedene, entspannte Lächeln der Queen, um fortzufahren, die – unverdientermaßen – reichste Frau der Welt habe es ja auch leicht, so dreinzublicken, denn sorgenfreier lebe wohl keine. Und er zählte ihre Besitztümer, ihr Einkommen, ihre Reisen und Privilegien auf.
Aber auch liberale und tolerante Geister, denen zu den amtierenden Dynastien in den westlichen Demokratien nichts einfällt, wissen sich im Abscheu vor der Erbmonarchie als Herrschaftsprinzip in der Vergangenheit – in den Anfängen aller Staaten der Welt – geeint. Monarchien und obendrein noch Nachfolge per Geburt in der richtigen Familie – an der bloßen Vorstellung davon stößt sich der »wahre« Demokrat unserer Zeit. Dahinter steckt bei manchen als

Zusatzmotiv der Haß auf die Institution der Familie als solche. Doch die Ironie der Weltgeschichte gibt jetzt den Blick frei auf die eigentlichen Motive der Berufsrepublikaner. Wie in einem Großlabor der Geschichte spielen sich in der zweiten Hälfte des 20. Jahrhunderts vor aller Augen, vor allen TV-Kameras die gleichen sozialen und politischen Prozesse ab, aus denen alle bisherigen Dynastien und Erbmonarchien entstanden sind – unter dem Applaus der westlichen Linksintelligenz.
Seit 1947 bestaunt und subventioniert der Westen die sich entfaltende Demokratie in Indien. Die Maharadschas sind tot, es lebe der Über-Maharadscha! Nehru, seine Tochter und nun 1984 der Enkel: Die Dynastie – das Prinzip Erbmonarchie steht – und keinen stört es. Wie sonst denn sollte auf dem Subkontinent etwas funktionieren? Doch wer damit seinen demokratischen Gleichmut gegenüber der Dynastie Nehru rechtfertigt, hebt sich selbst auf als kritischer Polit-Moralist über die Erbmonarchien früherer Zeiten.
Entlarvend ist ja auch die völlig verschiedene Bewertung herrschender Dynastien in der Gegenwart durch die Linke im Westen. Der Schah von Persien durfte dem Mob geopfert werden – zumal diese Dynastie erst mit seinem Vater, der von unten kam, begonnen hatte. Ähnlich urteilte die Linke über Vater und Sohn Somoza in Nicaragua. An den totalitären Nachfolge-Regimes haben die gleichen Linken aber weder im Iran noch in Nicaragua etwas auszusetzen. Mohammed taugt in ihren Augen zur Immunisierung gegen ihr Mißfallen ebensogut wie Marx. Wer die westlichen Demokratien und ihre Lebensform verläßlich haßt, darf praktisch alles tun, ohne das Mißfallen westlicher »Moralisten« zu riskieren. Das erklärt auch, weshalb Luise Rinser aus Nord-Korea voller Bewunderung für seine kommunistischen Herrscher, Vater Kim Ilsong und Sohn, heimkam.
Natürlich gönnt auch jeder westliche Entwicklungsexperte, der seine Forschungsgelder wert ist, dem Terrorregime auf Haiti, der Dynastie Duvalier (der Sohn folgte dem Vater), die Windstille in der Weltmeinung und die Entwicklungsgelder. Doch der Demutreflex des westlichen Linksintellektuellen gegenüber Familien, die sich zur Dynastie formieren, kann nicht allein mit der blinden Vorschußsympathie und Parteinahme für jedes antiwestliche, antipluralistische, antimarktwirtschaftliche Regime in der Dritten Welt er-

klärt werden. Schließlich finden sie auch an den kommunistischen Dynastien in Rumänien und Bulgarien nichts auszusetzen. Es muß vielmehr bei den heutigen Statthaltern der Aufklärung und der Französischen Revolution im Westen noch etwas anderes mitspielen.

Vor 25 Jahren erlebte ich es, wie die Ostküsten-Intelligentsia und ihre Medien-Mafia (beide Bezeichnungen damals üblich) in hemmungsloser Liebedienerei die Kennedys als Dynastie mit Erbpacht aufs Weiße Haus zu kreieren suchte. Zwar gab es den Verfassungszusatz, der die Wiederwahl eines Präsidenten nach zwei Amtsperioden von je vier Jahren ausschließt. Doch in allem Ernst betrieb man in den geneigten Medien Tag für Tag die Einstimmung des Volkes auf die Überzeugung, von jetzt an werde zum Wohle des Landes immer ein Kennedy im Weißen Haus regieren. Im Januar 1969 würde Robert seinen Bruder John ablösen, und 1977 werde selbstverständlich der dritte Bruder, Edward, zum Zuge kommen. Damit käme man bereits bis 1985. Dann müßte ein verläßlicher Schwager einspringen, um die weiteren acht Jahre zu überbrücken, bis der erste der Kennedy-Söhne das Mindestalter für das Präsidentenamt erreicht haben würde.

So stellte sich die amerikanische Links-Schickeria (»the liberal establishment«) in den Medien, im Kulturbetrieb und an den Universitäten, wie ich damals täglich beobachten konnte, den weiteren Gang der Geschichte vor. Ihre Prominenten fragten sich in Fernseh-Talk-Shows öffentlich gegenseitig, wie es beim jüngsten Besuch von einem der ihren »am Hof des Royal Couple« gewesen sei. Das Märchen-Musical »Camelot« (Uraufführung am 3. Dezember 1960 in New York, nur Wochen vor der Inauguration von Präsident Kennedy) wurde sofort zur Signatur der Ära Kennedy dem Fernsehvolk ins Bewußtsein gehämmert. Auch heutige amerikanische Wörterbücher fügen dem Stichwort Camelot, der legendären englischen Stadt, wo King Arthur seinen Hof hielt, die Erklärung hinzu, Camelot sei die Bezeichnung für die Administration John F. Kennedys gewesen: Es habe damals einen Ort und eine Zeit bedeutet, wo Kultur und Kraft harmonisch kulminieren. Man darf hinzufügen: Und wo für die Intellektuellen mit der richtigen politischen Einstellung die Pfründen ins Kraut schoßen. »A Dictionary of New English 1963–1972« (Barnhart/Langenscheidt 1973) illustriert das

Stichwort »Camelot« (für die Zeit 1961–1963 in Washington) mit dem nostalgischen Rückblick aus der Sicht jener, denen mit dem Attentat auf John F. Kennedy alle Felle davongeschwommen waren: »Bei den Dinner-Parties in Cambridge (USA) konnte man die Fakultäts-Typen hören, wie sie ... ihre grandiosen Tage in Washington erörterten, als Camelot königlich regierte – und nun ihre Buchmanuskripte, ihre Forschungsaufträge und ihre Karrieren frustriert sahen.« (Larry L. King, »Blowing My Mind at Harvard«, Harper's, Oktober 1970)
Aus dieser Enttäuschung der Camelot-Royalisten in den USA erklärt sich zu einem großen Teil die Wut, mit der sie ihrem Land während des Vietnamkrieges als Moralisten in den Rücken fielen – bei einem Krieg, den ihr Idol Kennedy nach seinem Debakel beim Invasionsversuch von Exil-Kubanern im April 1961 in der Schweinebucht von Kuba zur Retusche seines Gesichtsverlustes überhaupt erst auf Expansionskurs gebracht hatte.
Republikanern und Radikaldemokraten, Marxisten und Sozialisten müßte ein schrecklicher Verdacht kommen: Hat der Mensch vielleicht von seiner Natur her eine Vorliebe für die Erbmonarchie? Und sind sie selber dagegen nicht gefeit? Für einen solchen Verdacht spricht viel. Bricht dieses Urmotiv doch unverkennbar auch bei Linken durch, wenn auf sie im eigenen Land die Sonne von einem Camelot scheint! Ist es etwa gar ihr Gram über dieses im Westen fast nie befriedigte und für sie peinliche Urbedürfnis, das sie zu Hassern des Westens und zu Anbetern von allen Dynastien macht, die dem Westen wehzutun verheißen?

Das Pech der Intellektuellen mit ihren Wunschkandidaten

Zu den Denkfehlern unseres Jahrhunderts gehört einer, den es gerade aufgrund seiner Lieblingsidee nie hätte geben dürfen. Je weiter das Jahrhundert vorankam, desto glühender wurde der Glaube an die Gleichheit. Alle sind gleich und austauschbar. Jede Stimme in den UN ist gleich viel wert. Basisdemokratie und Rotationsprinzip waren nur die späten Spitzen dieses Eisbergs der Unvernunft. Gegen Eliten zu sein gehörte zum guten Ton. Eine Geschichtsschreibung, für die es Einzelpersönlichkeiten sind, die Geschichte machten, wurde als elitäre Geschichtsverfälschung diffamiert, die denen die Ehre vorenthalte, denen sie allein gebühre: den Massen und Kollektiven, den Kräften und Bewegungen, den kleinen Leuten.

Doch dieselben Geister, die das bekunden, erwarten Wunder vom Dialog der Großen. Linksliberale Schöngeister wie die »Zeit«-Gräfin Dönhoff litten vom Beginn der Präsidentschaft Ronald Reagans daran, daß er für ihr ständiges Drängen auf ein Gipfeltreffen mit dem Mann in Moskau kein Ohr hatte. Da hätte Reagan allein schon in seiner ersten Amtszeit viel zu tun gehabt: Breschnew (1906–1982), Andropow (1914–1984), Tschernenko (1911–1985)! Und nun blüht die Hoffnung erneut auf: Gorbatschow, der junge! Darf man fragen: Was brachten denn die beiden Gipfeltreffen zwischen Hitler und Chamberlain 1938? Die Wundergläubigkeit, mit der Entspannungspolitiker sich an jedes neue Gesicht im Kreml klammern, paßt nicht zur Demut vor der Macht des Kollektiven, mit der sie Defätismus predigen.

Die sich selbst so nennenden Intellektuellen leiden am Jahrhundert auch so sehr, weil ihre Wunschkandidaten für das Amt des Staatschefs seit 1945 so selten das Rennen gemacht haben. Nach dem Tod 1945 von Franklin D. Roosevelt, dem 32. Präsidenten der USA, trat Harry S. Truman verfassungsgemäß die Nachfolge an. Kein Intellektueller hätte für ihn je die Feder als Wahlhelfer in die Hand genommen. In der Wahl 1948 aber siegte Truman wider Erwarten, und 1985 haben amerikanische Historiker Präsident Truman (1884–1972) zu den großen Präsidenten des Jahrhunderts gezählt. 1952 und 1956 gab es für die Intellektuellen in den USA, in Europa, Asien, Afrika und Lateinamerika für das Amt des US-Präsidenten denselben Traumkandidaten: Adlai Stevenson (1900–1965). Er unterlag zweimal gegen den Weltkriegshelden General Dwight D. Eisenhower, mit dem kein Intellektueller etwas anzufangen wußte, der aber von Anfang 1953 bis Anfang 1961 im Weißen Haus amtierte. Mit dem Wahlsieg John F. Kennedys 1960 gegen Nixon kam 1961 endlich der Wunschkandidat der weitaus meisten Intellektuellen ins Weiße Haus. Doch die Ermordung Ken-

nedys im November 1963 machte alle Hoffnungen, die man in seine Ära gesetzt hatte, zunichte.
Wahrscheinlich ist aber der Kennedy-Mythos, die Symbolfigur für die Selbstbespiegelung der Intellektuellen viel nützlicher geworden als es ein Präsident Kennedy gewesen wäre, der sich durch die Widrigkeiten zweier Amtsperioden von je vier Jahren hätte quälen müssen. Innenpolitisch war er zum Zeitpunkt seines Todes bereits völlig gelähmt, und außenpolitisch hatte er schon Kurs in den Vietnamkrieg genommen. Der überragende amerikanische Journalist und Politikwissenschaftler Walter Lippmann (1889–1974) beurteilte Ende 1963 in einem Fernsehinterview, das ich in den USA mitansah, die politische Leistung, die ein am Leben gebliebener Kennedy noch erbracht hätte, sehr skeptisch: Dieser habe es verstanden, in knapp drei Jahren die Nation und alle politisch relevanten Kräfte so gegeneinander und teilweise gegen sich aufzubringen, daß er im Abgeordnetenhaus und im Senat der USA nichts mehr hätte bewegen können.
Der durch den Tod Kennedys, auf gleiche Weise wie Truman 1945, ins Amt gekommene Präsident Johnson (1908–1973), war den Intellektuellen noch weitaus verhaßter als einst Präsident Truman, fast so, als ob er schuld wäre am Tod Kennedys. Über seinen großen Wahlsieg 1964 konnten sie sich nicht freuen, und Johnson bekam es zu spüren.
Seit 1945 hatten die Intellektuellen nur einmal, für weniger als drei Jahre, ihren Mann im Weißen Haus: John F. Kennedy. 1968 und 1972 gewann Richard Nixon die Präsidentschaftswahlen, der Politiker, den sie mehr als jeden anderen haßten, und als sie ihn über Watergate endlich gestürzt hatten, kam für zwei Jahre Gerald Ford ins Amt: ein blaßer Eisenhower. So sehr es dann Jimmy Carter, nach seinem unerwarteten Sieg über Ford, den Intellektuellen auch recht machen wollte, er wurde für sie kein Kennedy-Ersatz. Es half Carter auch nicht mehr, daß er zur Halbzeit seiner Präsidentschaft einmal tagelang über 200 Geistesgrößen aus allen Gebieten portionenweise zu sich bat, um mit ihnen über die Lage der Nation, der Welt und der Zivilisation zu beratschlagen. Er saß mit Tennisschuhen im Türkensitz auf dem Fußboden und schrieb sich die Geistesblitze seiner Besucher in ein übergroßes gelbes Heft, wie es alle amerikanischen Schüler benutzen. 1980 und 1984 waren dann naturgemäß die

Jahre, in denen Reagan siegen mußte: 1980 über Carter, 1984 über die Carter-Imitation Mondale.
Auch in der Bundesrepublik Deutschland hatten die Linksintellektuellen seit 1949 nur einmal für etwas mehr als vier Jahre ihren Wunschkandidaten als Bundeskanzler in der Gestalt Willy Brandts. Er endete als Kanzler unter kläglichen Umständen. Helmut Schmidt, dessen geistige Überlegenheit und Verachtung die Berufsintellektuellen nur zu oft zu spüren bekamen, konnten sie nie als ihren Mann im Kanzleramt betrachten, auch wenn er sich auf Rat damit Mühe gab: Ausgerechnet in der Nacht, in der sein Kabinett dem Ausgang des deutschen Schlages gegen die Geiselnehmer der Lufthansa-Maschine in Mogadischu entgegenzitterte, traf Schmidt sich termingezwungen mit den drei oder vier Sternen der deutschsprachigen Nachkriegsliteratur, um mit ihnen die »geistige Auseinandersetzung mit dem Terrorismus« zu üben. Wie sehr Schmidt den Intellektuellen gegen den Strich ging, konnte man aus der Geschwindigkeit entnehmen, mit der sie ihn, noch vor dem Sturz, zur Unperson machten. Und in den zwanzig Jahren vor Brandt waren in ihren Augen ohnehin stets die falschen Männer Kanzler: Adenauer, Erhard, Kiesinger. Sie standen sozusagen dem Jahrhundert, wie es sein sollte, im Weg.
Doch auch in Frankreich kam seit dem Zweiten Weltkrieg fast nie ein Traumkandidat der Intellektuellen an die Spitze: Pierre Mendès-France (1907–1982) gab ihnen zwar während der 50er Jahre Hoffnung, und 1958 konnten sie sich ein Comeback von Charles de Gaulle gegen die Woge, die Mendès-France zu tragen schien, nicht entfernt vorstellen. Auch die New York Times konnte es nicht. Doch de Gaulle war dann Präsident von 1958 bis 1969. Der Wirtschaftsfachmann Georges Pompidou als Frankreichs Präsident von 1969 bis 1974 war für die Linke innerhalb und außerhalb des Kulturbetriebes so schlimm wie sein Vorgänger. Dann kam von 1974 bis 1981 der Finanz- und Wirtschaftsfachmann Giscard d'Estaing als Präsident. Er versuchte zwar für eine Weile, sich mit egalitären Gesten dem linken Zeitgeist anzubequemen, aber es ging nicht. Er wirkte auf die Linksintellektuellen wie Helmut Schmidt in seinem Land, wobei im Fall des Franzosen noch hinzukam, daß er schon von Hause aus ein Aristokrat war.
Man kann verstehen, daß die Intellektuellen nach dem Wahlsieg von Mitterrand im Mai 1981 mit dem Volk auf den Straßen tanzten,

Geist und Neid Hand in Hand: Endlich war einer der Ihren Präsident! Die Enttäuschung und Ernüchterung kam bald: Mitterrand erwies sich außenpolitisch und in Sachen der Verteidigung des Westens als im Einklang mit Ronald Reagan, Margaret Thatcher und Helmut Kohl. Innenpolitisch drückte Mitterrand die Kommunisten unter zehn Prozent der Wählerstimmen, erfuhr aber zugleich schmerzlich die völlige Untauglichkeit des Sozialismus für Regierungserfolge in Wirtschaftsleben und Bildungswesen.

Mitterrand an der Spitze Frankreichs verwundet die Linke doppelt: Innenpolitisch gab er den Franzosen Gelegenheit, aus erster Hand zu lernen, daß mit Sozialismus keine Wirtschaft in Gang zu bringen ist. Außen- und Verteidigungspolitisch aber ist er ein überzeugenderer und kraftvollerer Partner in der Allianz des Westens gegenüber der Sowjetunion als seine Vorgänger.

Großbritannien gab seit 1945 für die Intellektuellen nichts her: Entweder hatten sie es dort mit Regierungschefs zu tun wie Winston Churchill, Margaret Thatcher, Harold Macmillan oder mit solchen der Labour Party, die ihren Vorstellungen nicht entgegenkamen, wie Clement Attlee oder Harold Wilson; glücklich geworden wären sie vielleicht mit einer Kreuzung von Edward Heath und David Owen, wobei der Drittweltschmerz von Heath zur Aufweichung des Sozialdemokraten Owen gebraucht würde.

Welche Staatschefs haben die linke veröffentliche Meinung bisher fasziniert? Es war natürlich nie ein Japaner darunter, sondern Männer wie Nehru und Nasser, Mao und Ho Chi-Minh, Nkrumah und Castro, Tito (etwas weniger), Dubcek (etwas mehr, dafür kürzer), Olof Palme (nie so recht) und Bruno Kreisky (eher noch weniger), Chomeini (eigentlich nur, solange sie mit ihm noch im Jumbo-Jet auf dem Weg nach Teheran waren und ehe dort die Schlächterei begann), Gomulka und Gierek kamen kaum in Betracht. Die Sowjetunion hatte an Identifikationsfiguren seit Lenin und Trotzki nur Stalin zu bieten, und mit dem tat man sich schwer: Erst fing er während der dreißiger Jahre an, alle Intellektuellen, derer er habhaft werden konnte, hinrichten zu lassen, und dann der Pakt mit Hitler!

In Portugal schien sich Mitte der siebziger Jahre etwas zu regen, woraus ein neues Idol an die Macht kommen könnte, doch die Rechnung ging nicht auf. Nicaragua wurde neuer Hoffnungsträger, doch 1985 waren sich manche Linke schon nicht mehr so sicher, ob

dort das richtige Pferd für sie im Rennen sei. Zum Glück starb 1985 der Diktator von Albanien, der nie als Tito-Ersatz in Betracht gekommen war, und ganz gewitzte deutsche Linke hoffen nun tatsächlich, wie zu lesen war, aus dem eingekeilten Kommunismus Albaniens könne die Gestalt kommen, die ihnen zur Komplettheit ihres Weltbildes fehlt.
So gut wie kein Land der Erde, das mehr als 50 Millionen Einwohner hat und kein Schwamm für Entwicklungshilfe ist, hatte seit der Mitte dieses Jahrhunderts mit seinen Staatschefs für die Intellektuellen der Welt auf Dauer etwas zu bieten. China und Mao waren ein Fall für sich. Ist das die Wurzel des Weltschmerzes, der die Eliten des Kulturbetriebes umtreibt? Ihre Ebenbilder kamen dort, wo es zählt, so wenig zum Zug. Der Geist, den sie meinen, genügt sich eben nicht selbst. Er will Macht per Stellvertreter.

IRRTUM ZWEI:

»BILDUNG STATT ARBEIT«

Die Erfolgsbilanzen der Beschulungsbürokratien

Das 20. Jahrhundert galt schon vor Beginn und bis zu seiner Neige als die große Bewährungsprobe für alle ihm vorausgeeilten Hoffnungen, die man je in die Ausweitung von Bildung und Beschulung, von Aufklärung und Bewußtseinsveränderung setzte. Unschöne Vorurteile und Arbeitslosigkeit, Kriminalität und Verfolgung von Minderheiten, ansteckende Krankheiten und Lebensüberdruß – sie alle und vieles andere Bedauerliche sollten bis zur Bedeutungslosigkeit verringert werden durch staatlich geplante, verlangte und finanzierte Bemühungen um Bildung für die größtmögliche Zahl über die längstmögliche Zeit. Und die Erfolgsbilanz? Der Deutsche Philologenverband forderte Anfang 1985 eine bundesweite Alphabetisierungs-Kampagne. 600000 bis drei Millionen erwachsene und heranwachsende Bundesbürger könnten nicht richtig lesen und schreiben. Vor einiger Zeit wurde in der Weltpresse beklagt, daß die Bekämpfung des Analphabetentums in der Dritten Welt unter den Fittichen der UNESCO längst steckengeblieben ist. Man hatte die Chancen für die Alphabetisierung der Weltbevölkerung sicherlich um 1950 von Anfang an maßlos überschätzt. Doch die Interessen und Organisationstalente des seit 1974 amtierenden Generaldirektors der UNESCO, M'Bow, liegen wohl auch auf ganz anderen Gebieten – wie jüngst aus den Presseberichten über den Austritt der USA und Großbritanniens aus dieser UN-Dependance ersichtlich war.

Wäre es nicht an der Zeit, die Erfolgsbilanzen der Beschulungsbürokratien grundsätzlich unter die Lupe zu nehmen? Man braucht gar kein Mikroskop. Das Windei aus den USA zum Beispiel, die Mengenlehre im Rechenunterricht aller Kinder, wurde von der bundesdeutschen Beschulungsbürokratie seit Mitte der sechziger Jahre mit verbissener Entschlossenheit verlangt und verteidigt, ehe man nach zwanzig Jahren den Mut aufbrachte, den Irrtum einzugestehen – nachdem fünfzehn Jahrgänge dadurch im Umgang mit der Welt der Zahlen für Alltagsbedürfnisse schweren Schaden erlitten hatten. Zur selben Zeit aber, von 1965 bis 1985, fand die von keiner staatlichen Beschulungsbürokratie verlangte Computer-Revolution, der Einzug der Mikrochips in den Alltag statt. Insoweit es dadurch eine neue Dimension des Informationsgeschehens (»Informationsgesellschaft«) dank der Anwendungsmöglichkeiten der Super-Chips gibt, steht fest: Den Beschulungsbürokratien war das nicht zu verdanken – sondern, zum Teil, dem privaten Unternehmertum von jungen Außenseitern, den Anforderungen der Raumfahrt und der Phantasie von Erfindern.

Ein anderes Beispiel: Bis weit in unser Jahrhundert hinein war niemand auf dem internationalen politischen Parkett denkbar, der nicht außer seiner Muttersprache das Französische beherrschte. Seit der Mitte des Jahrhunderts trat das Englische immer mehr an die Stelle des Französischen. Giscard d'Estaing und Helmut Schmidt verkehren in dieser Sprache miteinander. Franzosen und Bürger der englischsprachigen Völker haben eine Weltsprache als Muttersprache und deshalb wenig Lust, eine Fremdsprache zu lernen. Nach einer Umfrage für ein britisches Kulturinstitut (1985) sprechen nur vier Prozent der Briten gut Französisch und nur zehn Prozent der Franzosen gut Englisch. An den Hochschulen der USA waren die Anforderungen bei den Kandidaten für einen Doktorgrad in Geistes- oder Naturwissenschaften bereits um 1960 auf ein nicht mehr ernst zu nehmendes Minimum herabgesetzt. Seither ist die Vermittlung und das Voraussetzen von Fremdsprachenkenntnissen im gesamten amerikanischen Bildungswesen noch weiter zurückgegangen – Mitte der achtziger Jahre ein offen beklagter Skandal! Der diplomatische Dienst und die Nachrichtendienste der USA können die Planstellen, deren Inhaber mindestens eine zweite gängige Sprache beherrschen müssen, nur noch mit größter Mühe und Kompromißbereitschaft besetzen. Bereits während der siebziger Jahre kam es zu peinlichen Pannen, weil die Übersetzer und Dolmetscher des US-Außenministeriums unzulängliche Sprachenkenntnisse hatten. Aufgefangen und ausgeglichen wird das völlige Versagen der amerikanischen Bildungseinrichtungen im Fremdsprachenunterricht nur noch durch den ständigen Zuzug von Immigranten aus den verschiedenen Sprachgebieten der Erde. Doch ungeachtet dessen gilt für US-Wissenschaftler seit fünfzig Jahren: Was nicht in Englisch publiziert ist, braucht man nicht zur Kenntnis zu nehmen.

In der Bundesrepublik Deutschland ist Mitte der achtziger Jahre die Verbreitung verläßlicher Fremdsprachenkenntnisse nach verschiedenen unwidersprochenen Schätzungen wesentlich geringer als noch vor fünfundzwanzig Jahren. Die permissive emanzipatorische Pädagogik hat – wie schon zuvor in den USA – ihr Werk getan, und auch die Oberstufenreform in den Gymnasien. Seit zwanzig Jahren ist an den deutschen Hochschulen die Zahl der Studenten im Rückgang, die ohne Zögern bereit sind, sich ein Thema für eine Arbeit geben zu lassen, das flüssiges und verläßliches Lesen von Literatur in englischer oder französischer Sprache erfordert. Die viel beklagte Unlust deutscher Studenten, auch einmal ein oder zwei Semester – früher fast selbstverständlich – im Ausland zu studieren, wird gerne mit dem Zeitverlust und der vermeintlichen Unbrauchbarkeit ausländischer Studieninhalte in deutschen Studiengängen erklärt und entschuldigt. Mir scheint, die Unlust hat in den meisten Fällen viel mehr mit der Berührungsangst vor einem fremden Sprachgebiet in Wissenschaft und Alltag zu tun. Auch die Nachwuchsprobleme des Auswärtigen Dienstes der Bundesrepublik belegen den Rückgang der Fremdsprachenkenntnisse nach fünfzehn Jahren Bildungsexpansion. Im Mai 1985 gab es in Bonn folgende Mitteilung an die Presse: Obgleich es einen Akademiker-Überschuß gibt, bewerben sich in den letzten Jahren nur noch jährlich 400 Kandidaten für den höheren Dienst im Auswärtigen Dienst. Früher waren es in der Regel 2000. Es gibt, so erklärt es sich das Auswärtige Amt, nicht mehr genug Bewerber, die Fremdsprachenkenntnisse mitbringen oder sich den Ausbau solcher Kenntnisse zutrauen. Als ein weiteres Motiv, damit aber verbunden, beobachtet man einen Rückgang der Bereitschaft zu einem Berufsleben in wechselnden Sprachgebieten. Gewiß: Es gibt in der Bundesrepublik Fach- und Führungskräfte, die mit ihrem Englisch im beruflichen Alltag weltweit bestehen können, aber viele von ihnen verdanken das ihrem privatwirtschaftlichen Arbeitgeber, der sie mit Spezialprogrammen dazu fit machte. Soweit es aber um die Erfolgsbilanz der staatlichen Beschulungsbürokratie geht, bezweifle ich auf Grund zahlloser direkter eigener Beobachtungen und im Lauf der Jahre gelesener Daten, daß 1985 in Ländern wie der Bundesrepublik und den USA im Verhältnis zur heutigen Bevölkerungsgröße – vielleicht sogar in absoluten Zahlen – mehr Menschen mit wirklicher Fremdsprachenkompetenz vorhanden sind als vor fünfundzwanzig Jahren. Selbst wer dieser Schätzung mißtraut, wird sich mit dem Beweis schwertun, daß die Zahl der Personen mit beruflichen und intellektuell voll brauchbaren Fremdsprachenkenntnissen 1985 größer ist als um die Mitte des Jahrhunderts. Wenn dies aber die Lage in der Bundesrepublik Deutschland und in den USA ist – Länder, die in der Verschulungs- und Beschulungsbeflissenheit von keinem anderen Land übertroffen wurden – dann wird die Blamage der Bildungspolitiker und -propheten, der progressiven Pädagogisten (amerikanisch: Educationists) offenkundig. Eigentlich hätte es doch ganz anders laufen müssen. Die vollkommene Aneignung einer zweiten oder dritten Sprache ist schließlich seit 1960 auch dank der unendlich großen Verbesserung, der enormen Verbilligung und Gewichtsreduktion aller elektronischen Hilfsmittel für das autodidaktische und schulische Lernen von Fremdsprachen in einer Weise erleichtert worden, von der sich vor 1955 niemand auch nur eine Vorstellung machen konnte. Wenn irgendwo, dann hätte das Jahrhundert mit der Losung »Alle Macht den Beschulern« auf dem Gebiet der Fremdsprachenbeherrschung alles Vorangegangene in den Schatten stellen müssen. Hilfestellung kam doch auch vom Massentourismus. Wie hießen denn die großen Wünsche der Beschuler? Bewußtseinserweiterung, Emanzipation, Abbau von Vorurteilen, sinnvolles Lernen, Völkerverständigung – das alles hätte eigentlich verlangt, daß immer mehr Menschen den Sprung aus dem Getto der Muttersprache wagen und schaffen. Doch davon ist wenig zu sehen. Wer aber nicht gewohnheitsmäßig in einer zweiten Sprache so gut denken und fühlen kann wie in seiner ersten, dem bleibt wohl viel von dem Wissen über sich selbst, sein Volk und die Welt verschlossen, das er mit seinen sonstigen Geistesgaben hätte haben können.

Die Kiesel im Munde des Demosthenes

Im Sommer 1981 hielten in Bonn der Präsident des Hochschulverbandes und der Vorsitzende des Philologenverbandes gemeinsam eine Pressekonferenz. Man sprach auch über das Thema: Rückgang an Kulturtechniken bei Studienanfängern. Professoren der Medizin hätten sich z. B. über das Nachlassen des Gedächtnisses bei den an-

gehenden Ärzten beklagt. Dies sei vielleicht »ein Sekundäreffekt des Verzichts auf das Auswendiglernen von Gedichten in der Schule«.
Zu solchen Befürchtungen und Beobachtungen konnte man am 2. Mai 1981 in der Wochenendbeilage der »Frankfurter Allgemeinen Zeitung« ein frappierendes Gegenbeispiel finden. Gegen Ende eines langen Artikels über denkbare Gründe für die Lawine japanischer Spitzentechnologie, die auf unsere Märkte herunterdonnert, schrieb Robert Held: »Seltsamerweise wird ein Punkt wenig erwähnt: die trainierte Intelligenz.« Eine japanische Zeitungsdruckerei hat 2400 Zeichen in der Setzmaschine, braucht aber für die Nachkorrektur eine weitere Maschine mit einem Satz von 7000 Schriftzeichen.
Held: »Die geistige Beweglichkeit der Japaner muß in der Kindheit enorm herausgefordert werden, wenn es gilt, eine so hohe Schwelle zur Fähigkeit des Lesens und Schreibens zu überwinden.«
Nach dem Krieg hatten zwar die Amerikaner den Japanern empfohlen, die Zahl der Zeichen zu rationalisieren, aber bald kehrte man zum vollen Reichtum der japanischen und chinesischen Zeichen zurück. Held schlußfolgert: »Japanische Gehirne haben eine seltsame ›Software‹ zu speichern, jene Tausende von Zeichen. Das scheint aber nicht als Ballast, sondern als Trainingsgegenstand zu wirken wie die Kiesel im Munde des Demosthenes.«
Doch wo sind die Kiesel des Demosthenes für die Heranwachsenden bei uns geblieben, in der Epoche der permanenten Bildungsreform? Die Antwort auf diese Frage stand am selben Tag, an dem die FAZ die Kiesel im Munde der jungen Japaner entdeckte, als Meldung in allen Zeitungen der Bundesrepublik. Der Vater eines sechzehnjährigen Schülers in einem Gymnasium hatte den Deutschlehrer bei der Staatsanwaltschaft in Lüneburg wegen »Anleitung von Minderjährigen zum pornographischen Schrifttum« angezeigt. Die Klage wurde abgewiesen.
Das eigentlich Beunruhigende an diesem Vorgang scheint mir nicht etwa die Tatsache, daß jener Lehrer seine Schüler eine sogenannte Goethe-Biographie aus der Feder eines mutmaßlich linken Satirikers lesen ließ, in der es pornographisch zugeht. Das wirklich Destruktive scheint mir vielmehr der anschließende Auftrag des Lehrers an die Schüler, Goethes »Faust«, stellenweise, im Schülerjargon umzuschreiben.

Die Begegnung zwischen Faust und Gretchen in den Aufsätzen der sechzehnjährigen las sich dann z. B. wie folgt: »Dein Luxuskörper macht mich geil.« Und zu Mephisto sagt Faust: »Wenn das Freak-Weib heute nacht nicht mein Bettwärmer ist, dann steck ich tierisch auf.« – Nun, auch über diese »Kieselsteine« für die Einübung des Deutschen könnte man noch hinwegsehen. Vielleicht wird uns auf diese Weise ein zweiter Franz Xaver Kroetz aus Niedersachsen geschenkt.

Das wirklich Bezeichnende und Erschreckende an der Geschichte war die Schützenhilfe, die ausgerechnet der damalige CDU-Kultusminister in Niedersachsen, Dr. rer. pol. Werner Remmers, diesem innovativ-emanzipatorischen Lehrer zu geben sich bemüßigt fühlte: Er verdiene ein »dickes Lob«, sein Vorgehen könne als einer der Wege angesehen werden, die Klassiker der Jugend näherzubringen. Um glaubwürdig zu bleiben dürfe man, um mit der Jugend ins Gespräch zu kommen, nicht »vom hohen Roß herab mit ihr verhandeln«. Wenn solche Weisheit bereits im Munde eines CDU-Kultusministers kam, braucht man sich nicht zu fragen, was aus den Kieseln bei uns geworden ist: nämlich Kaugummi!

Wie kam es zur Akademikerschwemme?

Die Panik, in die sich die bürgerlichen Parteien und Medien Mitte der sechziger Jahre durch die These einiger frischgebackener Bildungsforscher von einem angeblich noch fehlenden Bürgerrecht auf Bildung stürzen ließen, konnten linke Kräfte zur Einleitung von Reformen benutzen, die das Ziel hatten, die wissenschaftlichen Eliten des Landes aufzubrechen, zu demontieren und zu demoralisieren. Die Methode war einfach genug: Man mußte die Gymnasien, die Universitäten, die Lehrkörper und damit anschließend die akademischen Berufe überfüllen. Und für die erwünschte allgemeine revolutionäre Aufgeregtheit in der Bundesrepublik schien es förderlich, neben der Schwemme von Ärzten, Architekten, Rechtsanwälten auf Suche nach Kunden, auch noch eine Anwärterschwemme für Arbeitsplätze im öffentlichen Dienst zu erzeugen.

Das Rezept hat weitaus besser funktioniert als es seine Initiatoren in ihren kühnsten Träumen hatten hoffen können.
Viel zu viele von denen, die an sich die falschen Prämissen Mitte der sechziger Jahre noch durchschauten oder wenigstens ahnten, worauf das alles hinauslaufen werde, wagten es wider besseres Wissen nicht mehr, sich dem Unheil entgegenzustellen – aus Furcht, der Elitenfreundlichkeit bezichtigt zu werden.
Anläßlich seiner Berufung an die Universität Freiburg gab der ehemalige Präsident des Bundesverfassungsgerichts, Prof. Dr. Ernst Benda, dem »Spiegel« (Nr. 4/1984) ein Interview. Dieser wollte Benda darauf festlegen, daß die politischen Parteien in Bonn mit ihren Annahmen über künftige Entwicklungen oft völlig falsch gelegen hätten. Beispiel Strombedarf, Stichwort »Kalkar, eine Milliarden-Ruine«. Unglückseligerweise suchte daraufhin Benda die Politiker mit einem untauglichen Beispiel zu entlasten. Er sagte dem »Spiegel«:
»Die Wissenschaft hat mit ihren Prognosen eigentlich immer schiefgelegen. Die ganze Bildungsdiskussion der letzten Jahrzehnte ist von falschen Zahlen ausgegangen und hat infolgedessen zu gigantischen Investitionsruinen geführt. Dahinter stecken gewaltige Fehlentscheidungen der politischen Parteien, aber die größte Fehlentscheidung war wahrscheinlich, sich auf den sogenannten Sachverstand der Wissenschaft zu verlassen.«
Einspruch! Gerade so war es nicht. Die richtigen Zahlen lagen vor. Ich selber habe in vielen Veröffentlichungen ab 1965 laufend darauf hingewiesen. Doch die Politiker aller Parteien wollten davon nichts wissen. Das zeigte sich leider auch im Wissenschaftsrat.
Der Wissenschaftsrat war 1957, zunächst nur für drei Jahre, berufen worden. Seine 39 Mitglieder (Wissenschaftler, Politiker und Persönlichkeiten des öffentlichen Lebens) hatten 44 Stimmen. Dieses Gremium hatte rechtzeitig bei zwei Experten (Prof. Gottfried Bombach, Basel, und Prof. Hajo Riese, Linz) ein Gutachten bestellt. Es sollte die ab 1963 hochgespielte These vom Bildungsnotstand mit einer realistischen Vorhersage des Bedarfs an hochqualifizierten Arbeitskräften überprüfen. Im Herbst 1966 lag das Gutachten dem Wissenschaftsrat vor. 1967 erschien es als Buch im Franz Steiner Verlag in Wiesbaden. Doch das Geleitwort vom Vorsitzenden des Wissenschaftsrates, Prof. H. Leussink, dem späteren Bun-

desminister für Bildung und Wissenschaft in Willy Brandts Kabinett ab 1969, liest sich 1985 im Rückblick wie eine Enthüllung. Es hatte offenbar eine Auseinandersetzung im Wissenschaftsrat gegeben, ob man dieses Gutachten der Öffentlichkeit nicht lieber vorenthalten solle. Leussink:

»Soweit die Frage aufgetaucht ist, ob die Veröffentlichung der Ergebnisse zweckmäßig sei, hat die Diskussion dieser Frage in den Gremien des Wissenschaftsrates ergeben, daß über das selbstverständliche Recht jedes Wissenschaftlers, seine Arbeitsergebnisse zu publizieren, hinaus die hier vorgelegten Resultate in methodischer Hinsicht so aufschlußreich sind, daß sie zur Diskussion gestellt werden sollten. Es würde dem Wissenschaftsrat ... auch wahrhaft schlecht anstehen, wenn er versuchen wollte, nachträglich sich von einer wissenschaftlichen Arbeit, die er angeregt hat ... zu distanzieren.«

In Wirklichkeit geschah genau dies. Man hörte 1967 und in den folgenden Jahren kein Sterbenswörtchen von diesen Ergebnissen in der Öffentlichkeit. Und man kann heute auch leicht sehen, weshalb. Die beiden Gutachter stellten u. a. fest: »Da vieles dafür spricht, daß sich in absehbarer Zeit nicht alle Probleme gleichzeitig lösen lassen, muß man die Frage stellen, ob neben den für eine qualitative Hochschulreform erforderlichen Aufwendungen die personellen und finanziellen Mittel der Bundesrepublik ausreichen, um im Jahre 1980 500000 oder gar 600000 Studenten nach den gewünschten Maßstäben auszubilden.«

Natürlich reichten die Mittel nicht, aber mittlerweile (1985) sind es über 1,3 Millionen Studenten, und ihre Zahl wird noch wachsen. Das Gutachten stellte 1966 weiterhin fest, »daß die erforderliche Expansion der Studentenzahlen bereits weitgehend stattgefunden hat und eine lediglich geringfügige Erhöhung der Zahl der Studenten genügen wird, um die Nachfrage nach Hochschulabsolventen in den nächsten zwanzig oder gar dreißig Jahren zu decken«.

Bombach und Riese hatten den Nagel auf den Kopf getroffen, anscheinend auch den Wissenschaftsrat, denn Prof. Leussink erklärte 1967: »Weder die Autoren noch der Wissenschaftsrat sehen in der vorliegenden Arbeit Ergebnisse, die sich in quantitativer Hinsicht für Planungen und politische Entscheidungen unmittelbar anwenden lassen.«

Man sieht also, wenn es nicht um gesinnungsethische Politik, sondern um verantwortungsethische Planung gegangen wäre, hätte sich die tatsächliche Bildungskatastrophe der achtziger Jahre noch 1967 verhindern lassen. Es lag also nicht, wie Benda glaubt, am fehlenden Sachverstand der Wissenschaft, an ihrer Unfähigkeit, den Wahnwitz der Akademisierung, der Bildungsexpansion zu erkennen. Es lag vielmehr an der egoistisch motivierten Autosuggestionswut der Politiker, die einen in seinem Fach frustrierten Theologen, Georg Picht, eine Hildegard Hamm-Brücher, einen Ralf Dahrendorf (dem jemand das Amt des Bundeskanzlers als Floh ins Ohr gesetzt hatte) und einige Funktionäre der Gewerkschaft Erziehung und Wissenschaft mit »der« Wissenschaft zu verwechseln beliebten. Wie weit sie von der wirklichen Welt entfernt waren, zeigen auch folgende Zahlen für ein Land, in dem es keine Arbeitslosigkeit gibt: Die Industrie der Schweiz beschäftigte 1983 insgesamt 12973 Akademiker. Davon waren 26 Psychologen und 21 Soziologen/Politologen. Die Prognose für 1988 nimmt 27 Psychologen und 20 Soziologen/Politologen an. 1983 kam die Industrie mit 360 Juristen aus, für 1988 rechnet man mit 357 (Schweizerischer Handels- und Industrie-Verein/Bundesamt für Statistik, Mai 1985).
Als man sich in der Bundesrepublik Mitte der 60er Jahre ins Bockshorn der Bildungsfetischisten jagen ließ, spielten auch Statistiken der UNESCO und der OECD eine große Rolle – deren Unsinnigkeit ich damals schon, leider vergeblich, angriff. Nun liegt das Statistische Jahrbuch 1984 der UNESCO vor und belegt ungewollt, was ich vor 20 Jahren über solche Statistiken sagte. Im Vergleich mit 21 europäischen Ländern sowie den USA, Kanada und Japan, bildet 1984 die Schweiz das Schlußlicht unter den Industrienationen. Nimmt man nämlich die Anzahl der Studenten auf 100000 Einwohner, so liegt die Schweiz 1984 an viertletzter Stelle. Unter ihr rangieren nur noch die Tschechoslowakei, Portugal und Ungarn!
Glücklicherweise ist nicht zu befürchten, daß jetzt in Bern die gleiche Hysterie ausbricht wie 1965 in Bonn. Ich erinnere mich noch genau: Damals wurde einem landauf und landab entgegengehalten, UNESCO und OECD hätten doch bewiesen, die Bundesrepublik Deutschland liege mit ihrem Bildungswesen hinter Portugal. Wie nichtssagend diese internationalen Vergleiche der Anzahl der Stu-

denten pro 100000 Einwohner, die Abiturientenquote eines Jahrgangs oder die Zahl der Hochschulabsolventen heute wie vor 20 Jahren sind, und auf welchen Holzweg man kommt, wenn man sie als Leitschnur nimmt, beweist die Schweiz: Sie fiel auf die linke Losung »Bildung statt Arbeit« nicht herein. Nicht zuletzt deshalb gibt es 1985 in der Schweiz Arbeit und hervorragende Qualifizierungen. Die Arbeitslosenquote der Schweiz bewegt sich seit Jahren nur zwischen 0,2 und 1,0 Prozent. Mit anderen Worten: Sie hat Vollbeschäftigung.

Welcher Irrwitz sich in unserer Akademisierungspolitik Bahn brach, zeigen auch folgende Zahlen: Das größte Unternehmen Europas ist die Deutsche Bundespost. Ihre Belegschaft übersteigt 500000 Personen. Mit diesen bewältigt sie in weltweit unübertroffener Weise eine ungeheure Vielfalt von Aufgaben rund um die Uhr. Unsere Post ist ein Wunderwerk der Organisation und macht sich laufend jeden technischen Fortschritt nutzbar. Sie befördert Briefe, Pakete und Personen, wickelt den Geldverkehr zwischen Millionen von Kunden ab, unterhält das gesamte Fernmeldewesen sowie die Infrastruktur für Hörfunk und Fernsehen. Bliebe die Post dem Puls der Zeit, dem Stand der Technik nicht täglich so erfolgreich auf den Fersen, hätten wir nicht teil an der modernen Welt.

Die Frage ist also naheliegend: Wie viele Mitarbeiter mit Hochschulabschluß braucht die Post in ihrer Belegschaft, um all das zu bewerkstelligen? Juristen und Volkswirte, Diplom-Ingenieure (TH), Mathematiker, Physiker, Kommunikationswissenschaftler? Auf diese Frage schätzen heutige Studenten meist »dreißig Prozent«, nach langem Zögern auch weniger, nie unter 10 oder 15 Prozent. Die richtige Antwort (für 1980) lautet: 0,42 (in Worten: Null Komma vier zwei) Prozent! Das sind rund 2100 Beamte im höheren Dienst unter einer halben Million Belegschaftsmitgliedern. Da aber bei der Post jeder fünfte Beschäftigte im höheren Dienst allein durch persönliche Tüchtigkeit im innerberuflichen Aufstieg dorthin gelangt, ohne Hochschulstudium, beträgt die Zahl der Arbeitsplätze für Akademiker bei der Bundespost in Wirklichkeit nur 0,34 Prozent. Diese Tatsache muß in Bonn das am besten gehütete Geheimnis gewesen sein, als die Bildungspolitiker und Bildungssoziologen dort um 1965 ihr Narrenschiff bestiegen.

Ein Paradies für ewige Studenten

1983 bestaunte das US-Magazin »Newsweek« den Wahlgeschenkstaat Bundesrepublik Deutschland und erwähnte das kostenlose Universitätsstudium. Ein Leserbrief aus Württemberg protestierte: »Nach der Umstellung des ›BAFÖG‹ auf Darlehen braucht auch ein sparsamer Student 11.000 Dollar für sein Studium und muß diese danach mit 75 Dollar monatlich abzahlen – Schuldner für 12,5 Jahre! Und das soll kostenlose Hochschulbildung sein?«

Treffender hätte der Leser »Newsweek« gar nicht bestätigen können: Deutsche verwechseln bereits Studiengebühr mit Lebenshaltungskosten und sehen deshalb das großzügigste Staatsgeschenk der Welt vor ihrer Nase nicht. Ein Blick auf die Studiengebühren der US-Hochschulen 1984 erklärt die Verblüffung »Newsweeks« über den Nulltarif. Für das akademische Jahr von neun Monaten nahmen 1984/85 Harvard $ 9800, Princeton $ 10 200, Stanford $ 9705. Auch bei uns weniger bekannte Hochschulen sind teuer: Bowdoin College $ 9400, Duke $ 7380, Wesleyan $ 9713. Der Besuch der staatlichen Hochschulen ist auch nicht kostenlos: Nebraska $ 1297, Mississippi $ 972. Für 1985/86 wurden die Studiengebühren erneut erhöht: Die Spitzen-TH der USA »MIT« nimmt $ 11 000, die staatliche Universität von Connecticut $ 1810. Es sind reine Studiengebühren, ohne Kosten der Bücher, des Kleinkrams und der Lebenshaltung. Man kann auch auf dem Campus wohnen und essen. Harvard berechnet zum Beispiel dafür 4300 Dollar extra. Die Staatsuniversität von Virginia hatte 1984 die Studiengebühr um 15,3 Prozent auf 1180 Dollar erhöht. Bei ihr decken die Studiengebühren 37,5 Prozent der Gesamtkosten! Die genannten Gebühren der öffentlichen Hochschulen gelten aber nur für Einwohner des jeweiligen Bundesstaates. Wer aus einem der anderen 49 US-Staaten kommt, zahlt wesentlich mehr. So kostet das Studienjahr (inkl. Wohnen auf dem Campus) 1985/86 für Amerikaner von außerhalb Kaliforniens an der Staatsuniversität dieses Gliedstaates $ 11160 und für Amerikaner, die nicht Landeskinder von Virginia sind, an der University of Virginia $ 8686. Und doch hatte die Staatsuniversität in Virginia

für 1000 Plätze für Nichtlandeskinder 9272 Bewerbungen. In der Bundesrepublik hingegen studiert auch das Kind des Ölscheichs aus dem Morgenland umsonst, so lange es ihm Spaß macht.
Wie zahlen Amerikaner das Studium? Die direkten Gesamtkosten der vierjährigen College-Grundausbildung im ganzen Land betragen 75 Milliarden Dollar im Jahr (Gebühren, Bücher, Lebenshaltung). Davon bestreiten die Familien der Studenten aus Einkommen, Ersparnissen und Verkauf von Eigentum 32,4 Milliarden, die Studierenden selber aus Ersparnissen und Arbeitseinkommen 19,2 Mrd.; Privatkredite decken weitere 3,5 Mrd. US-Bundesdarlehen an Studenten belaufen sich auf 7,5 Mrd., Stipendien von Bund und Gliedstaaten decken 7,9 Mrd., Stipendien und Darlehen der Hochschulen 4,2 Mrd. Diverse private Hilfen steuern 0,2 Mrd. Dollar bei.
Die Familien und Studenten tragen gemeinsam 73,5 Prozent der direkten Kosten des Hochschulstudiums – wohlgemut und selbstverständlich: Man fängt bei Geburt eines Kindes für seinen Collegebesuch zu sparen an, man übt Verzicht, man veräußert Teile des Besitzes, und studiert wird zügig. Die Angst deutscher Politiker vor »Regelstudienzeit« kann kein Amerikaner verstehen. In den USA ist Studium gleich Regelstudienzeit.
Wie unsozial, wie gut, daß wir Nulltarif haben? Fragt sich für wen? Wer nämlich, ohne Reifezeugnis, bei uns z. B. das Ziel Topmanagement in der EDV-Branche hat, könnte sich mit viel Geld an manchen Volkshochschulen in der Bundesrepublik eine erstklassige Ausbildung leisten (die folgenden Gebühren verlangte die VH-Wiesbaden 1984/85):
Buchführung (DM 180), Statistik (DM 180), Rhetorik (DM 200), Informatik (DM 640), Einführung in die BASIC-Programmierung (DM 680), Mikrocomputertechnik (DM 450), Commercial Correspondence (DM 200), English for Bank Business (DM 200), Manage with English (DM 500), Kleingruppenkurs Französisch (DM 500), und Wochenend-Seminar »Existenzgründung« (DM 250).
Zuviel auf einmal? Kaum. Wer wie viele US-Studenten sieben Tage in der Woche zu je zwölf Stunden arbeitet und wie sie sein eigenes Geld investiert, schafft es.
Das obige Kurspaket kostet an Studiengebühren insgesamt DM 3980. Im 2. Halbjahr ging es mit ähnlichen Kursen weiter zu glei-

chen Preisen. Das Studienjahr an einer deutschen Volkshochschule kostet in diesem Fall DM 8000 reine Studiengebühren, ohne Bücher, ohne Lebensunterhalt. Man sieht: Die wenigen Privathochschulen der Bundesrepublik liegen mit ihren Gebühren richtig, gemessen an einem inhaltlich vergleichbaren Angebot der Volkshochschulen, doch diese gelten als »sozial«. »Unsozial« wird es erst, wenn ein Abiturient für seine Ausbildung selber zahlt, und sei es im Ausland.

Nimmt man den mittleren Dollar zu DM 2,50, dann kostet das Studienjahr in Zukunftsfächern an der Volkshochschule $ 3200, so viel wie z. B. an der Oklahoma City Universität ($ 3282). An der Universität von Kentucky hätten damit 1984 sogar drei Leute studieren ($ 1124 pro Kopf) und an der Purdue Universität immerhin zwei ($ 1532 pro Kopf) studieren können. Wird die deutsche Volkshochschule zur Elite-Universität?

Deutsche Bildungspolitiker haben vor zwanzig Jahren einen tödlichen Fehler gemacht: Sie stülpten den Universitäten das Prinzip der Gesetzlichen Krankenversicherung über. In diesem Sozialkorsett mußte den Hochschulen das Geld und der Elan ausgehen. Und die Inanspruchnahme ufert aus und bringt wenig. Geahnt hatte man das zwar einmal. Nach sechsjährigen Geburtswehen kam es 1976 zum Hochschulrahmengesetz, das die Regelstudienzeit einführte. Nach acht Semestern sollte ein erster berufsqualifizierender Abschluß gemacht werden. Für keinen 1976 bereits immatrikulierten Studenten hätte sie gegolten, aber manche Kultusminister hielten es für nötig, jedem Studenten einen Brief zu schicken, in dem er das persönlich bestätigt bekam. Im Februar 1980 strichen die Politiker die für eine ferne Zukunft vorgesehene Zwangsexmatrikulation für »ewige Studenten« aus dem Gesetz. Im Herbst standen Bundestagswahlen ins Haus. Regelstudienzeit ist »out«.

1984 meldete das Statistische Bundesamt »Studenten studieren immer länger«. 1979 haben sie sich im Durchschnitt nach 10,8 Semestern zur Abschlußprüfung gemeldet, 1982 waren es 11,4 Semester. Aufschlußreicher wären vergleichende Datenverlaufsstudien über Prüfungs- und Studentenstatistiken. Die Daten dazu hat das Statistische Bundesamt und erhält laufend neue. Die Bundesstatistiker waren auch schon an der Arbeit. Doch das Volkszählungsurteil des Bundesverfassungerichts stoppte sie. Die Bildungspolitiker dürften darüber froh sein. Sie sind für jede Nebelkerze dankbar, die dem Volk verschleiert, wie groß der Leerlauf ist, den die Bildungsreformer in Gang gesetzt haben.

Doch gibt es eine Individualstatistik für das Wintersemester 1982/83. Es studierten ca. 1,2 Millionen, und von diesen befanden sich über 150000 im fünfzehnten oder einem höheren Semester. Diese Statistik umfaßt auch die Fachhochschulen, an denen die Studienzeiten seltener ausufern. An den Universitäten liegt deshalb der Anteil Studierender, die bereits seit mehr als acht Jahren immatrikuliert sind, noch höher. Das geht aus den Individualbefragungen der Kandidaten für Abschlußprüfungen hervor. Diese Statistik zeigt aber nicht die Verweildauer derjenigen Studenten, die nicht mehr an einen Studienabschluß denken, jedoch immatrikuliert bleiben. Daneben gibt es solche, die zwar den ersten Abschluß gemacht haben, aber nun im dritten oder vierten Studiengang sind.

Die Scheu, sich zu exmatrikulieren, obgleich man gar nicht mehr Student sein müßte, hat auch schlichte Gründe. Vor Jahren, als es noch geringe Studiengebühren gab, beeilten sich, wie ich beobachtete, Prüfungskandidaten mit der Exmatrikulation, um nicht für ein weiteres Semester unnötig die Gebühr zahlen zu müssen. Seit es aber keine Gebühren mehr gibt, und man als Student konkurrenzlos billig krankenversichert ist und auch andere Vergünstigungen hat, fehlt für viele das Motiv, den Status Student aufzugeben.

In einem geradezu obszönen Zynismus hört man 1985 von Politikern folgenden Kommentar zu dem, was sie angerichtet haben: Das von uns einst versprochene Reifezeugnis für (fast) jedermann, das Hochschuldiplom für (fast) jedermann haben wir doch zustande gebracht! Keinem hatten wir versprochen, er werde als fertiger Akademiker 1985 auch für ein Akademikergehalt Arbeit finden. Und wem liegt in der Epoche des Postmaterialismus ohnehin noch viel am Geld! Diese Äußerung hört man vor allem auch von deutschen Jungpolitikern, die es, im Zuge des Aufbruchs von 1969, von der Hörsaalbank weg zu Minister- und Senatorposten gebracht haben.

Die doppelte Moral des Postmaterialismus

Ist es nicht merkwürdig? Einerseits wollen manche uns weismachen, die variable, durch Leistung steigerbare Entlohnung in Geld sei für den Menschen immer weniger wichtig – ihn sporne viel Höheres an als schnöder Mammon. Andererseits aber indoktrinieren die gleichen Leute den Arbeitnehmer mit dem Ziel, aus ihm einen Minutenfuchser zu machen. Es ist aber – moralisch und anthropologisch betrachtet – doch ein Widerspruch, zu behaupten, der Pfennigfuchser-Typ des Arbeitnehmers sei ein Ding der Vergangenheit, der neue Minutenfuchser hingegen sei der Arbeitnehmer-Typ, so recht nach dem Geschmack der Gewerkschaften und der Kirchen. Er entspreche den Erfordernissen unserer Zeit. Das Schlagwort für diese vermeintlich neue Lebenseinstellung lautet: Postmaterialismus! Eine seltsame doppelte Moral taucht hier auf: Monetenfuchserei ist schlecht, Minutenfuchserei hingegen gilt als gut! Der Arbeitnehmer, dem man abgewöhnen möchte, auf die zusätzliche, durch eigene Mehrleistung erlangbare Mark zu achten, wird gleichzeitig angehalten, mit der Uhr sich zu kontrollieren, ob er nicht – aus verwerflichem Eifer und Interesse an einer zu erledigenden Aufgabe – vielleicht zehn oder zwanzig Minuten länger gearbeitet hat als vereinbart. Am 28. April 1984 stand in der »Süddeutschen Zeitung« ein Leserbrief zum »Unternehmerstaat«, empört, weil diese Zeitung es gewagt hatte, sich kritisch über den »35-Stunden-Traum« zu äußern. Es seien die Unternehmer, welche die Gesellschaft entsolidarisierten, »indem sie die Ellbogengesellschaft einführen«, ein »erfülltes Arbeitsleben« bedeute in Zukunft aber »soziales Verhalten gegenüber dem Nächsten und seinen Anliegen«. »Wir haben immer nur gescheffelt, unsere Taschen gefüllt und Güter gehortet«, meinte der Leserbriefschreiber, künftig aber brauche man die humane Gesellschaft.

Das klingt erbaulich, aber man frage nicht, wieviel Humanität eine 35-Stunden-Woche zum Beispiel für die Patienten in den Krankenhäusern bringen würde. Eine Meinung wie in diesem Leserbrief geht leider vielen Leuten hinunter wie Honig.

Doch unterliegen sie einem Irrtum: Wenn der Arbeitnehmer abgewertet werden soll, dem an jeder Mark liegt, die er durch Mehrleistung verdienen kann, dann ist sein Nachfolger, der Minutenfuchser, um kein Haar attraktiver und moralischer. In beiden Fällen nämlich liegt eine egoistische Motivation vor, in beiden Fällen wird die soziale Welt in abzählbare, gleich große Einheiten zerlegt, mit deren Summe man das eigene Gemüt ergötzen kann. Wer vom Arbeitnehmer träumt, dem die zusätzliche, durch eigenes Tun erzielbare Zahl von Geldeinheiten gleichgültig sein wird, müßte konsequenterweise auch von einem Arbeitnehmer träumen, der mit seiner Zeit am Arbeitsplatz großzügig, ja verschwenderisch umgeht und beispielsweise beim Ausfall eines Kollegen für diesen bereitwillig einspringt, ohne an eine Vergütung zu denken.

Menschen haben tief verankert in ihrer Natur das Bedürfnis nach stückweisen, nach abzählbaren, nach vereinnahmbaren Erfolgserlebnissen. Scheibenschießen, Ringe oder Pfeile werfen, Treffer erzielen, Geschicklichkeitsspiele jeder Art mit zählbaren Erfolgen, die Bedeutung der erzielten Tore beim Fußball – alle diese Tätigkeiten zeigen, daß wir ungemein viel Wert legen auf numerisch verbuchbare Erfolge. Die uralte und immer mehr weltumspannende Besessenheit von sportlichen Ergebnissen zeugt dafür. Oder man denke an Guinness' »Buch der Rekorde« und seine zahllosen Auflagen! Seit der Mensch zählen kann, will er den Lohn seiner Bemühungen zählen können. Die zehn Finger und zehn Zehen hatte er von Natur, bevor ihm ein Bewußtsein kam, mit dem sich zählen läßt. Doch vermutlich kam ihm die Idee bis zehn oder zwanzig zu zählen anfänglich sogar nur im Wettbewerb mit sich selber: Zu wieviel Sprüngen über eine Wasserfläche konnte er flache Steine bringen, heute im Vergleich mit gestern? Oder man denke an den Brauch – bereits der Naturvölker –, individuelle Erfolge als Kerben in einem Stock oder Baum zu verbuchen!

Man muß all dies vor Augen haben und erkennen, welche ungeheuren Widerstände und Gewohnheiten im Menschen überwunden werden müßten, bevor er auf globale und eher atmosphärische Belohnungen ähnlich verläßlich anspricht wie bisher auf portionierbare, zählbare, numerisch verbuchbare. Es kommt ja noch folgendes hinzu: Nur die variable Entlohnung in Geld für variierbare Leistungserbringung erlaubt die Erbringung von Mehrleistungen auf Vorrat, zum Beispiel im Hinblick auf einen Zeitraum in der Zukunft, in dem man aus irgendwelchen persönlichen Gründen nur in der Lage sein wird, die Mindestleistung zu erbringen. Wie auch immer das aussehen mag, was an Stelle einer Leistungsmotivation durch erzielbares höheres Geldeinkommen treten soll, es wird vermutlich so beschaffen sein, daß es als Ansporn zur Mehrleistung auf Vorrat nicht taugt. Das dürfte auch der Fall sein, wenn künftig Überstunden vermehrt in Freizeit abgegolten werden sollen, wie es Politiker und Gewerkschaften als Mittel gegen die hohe Arbeitslosenquote durchsetzen wollen: gesetzliche Regelungen beispielsweise, die es dem Arbeitnehmer praktisch unmöglich machen, einschließlich der Überstunden nicht mehr als 42 Stunden pro Woche zu arbeiten. Manche Produktions- und Dienstleistungen könnten dann in vielen Fällen durch die dafür geeigneten Personen nicht mehr erbracht werden. Der Gesetzgeber übersieht dabei auch einen Nachteil für die Betroffenen: Der Lohn für Überstunden kann vom einzelnen, wenn er will, auf die hohe Kante gelegt werden. Bei einem offensichtlichen Überschuß an Freizeit muß er hingegen damit rechnen, daß sie ihm durch Menschen in seiner privaten Umwelt enteignet wird. Sie finden alle möglichen Gründe, ihn für etwas einzuspannen, was er eigentlich nicht vorhatte zu tun. Manche werden sich darauf sagen: Dann widme ich einen Teil meiner zwangsweise ausgedehnten Freizeit am besten der Schwarzarbeit. Man sieht: Wie es der Vollbeschäftigungspolitiker auch anfaßt, er steht sich mit seinen Verboten und Geboten meist selbst im Wege, weil die Menschen nicht nach seiner Pfeife tanzen.

Es ist doch wie ein Naturgesetz: Wenn man dem Arbeitnehmer irgend etwas als Leistungsansporn an Stelle von Geld anbietet, wird dieser Geldersatz zu einer Ersatzwährung. Zwischen 1939 und 1948 wurden jedem Einwohner des Deutschen Reiches über 18 monatlich Tabakwaren zugeteilt, ob er nun Raucher war oder nicht. Naturgemäß wurde eine Familie von Nichtrauchern zu Königen im schwarzen Markt. Sie konnten fast immer alles bekommen. Man stelle sich nun vor, ein Unternehmen in München würde die begehrten Karten für die Oper als Leistungsansporn an Stelle von Geld einführen. Es könnten auch Eintrittskarten für einen Eislaufplatz oder Freikarten für einen Massagesalon – einen seriösen natürlich – sein. In allen diesen Fällen wird ein Handel oder Tausch beginnen. Die Sache ist für die Mitarbeiter und für das Unternehmen kompliziert und lästig, und die merkantile Mentalität des Menschen ist damit natürlich nicht überwunden.

Alle willkürlichen, gut oder weniger gut gemeinten Änderungen in den herkömmlichen Feldern, in denen individuelle Motivationen eine Rolle spielen, bewirken in der Regel das genaue Gegenteil vom erhofften Resultat. Die Oberstufen-Reform in unseren Gymnasien ist ein Beleg dafür. Die große Mehrheit der Schüler trifft regelmäßig genau die Wahl, die dem entgegengesetzt ist, was die Reformer als Ziel der Reform ausgegeben hatten. Von einer kompetenten Nachwuchselite für Wissenschaft und Technik, bei der sich Neigung, Begabung, Talent und Spezialisierung in wundersamer Weise zur Vollkommenheit ergänzen, ist wenig zu sehen. Wer glaubt, durch den Wegfall bisheriger Methoden zur Leistungsmotivation in Betrieben und die Einführung irgendwelcher Ersatzmotivationen werde man keine Enttäuschung erleben, steht auf dünnem Eis.

Hat das Geld als Leistungsanreiz ausgedient?

Ein bestimmter Geldbetrag, der netto zusätzlich durch besondere Leistung verdient werden kann, entfaltet seine Wirksamkeit als Motiv nicht in einer starren und für alle Personen gleich gut vorhersagbaren Weise. Eine Geldsumme als Leistungsansporn, vor allem wenn es sich um keine ungewöhnlich hohen Beträge handelt, wirkt in Abhängigkeit von persönlichen Umständen. Der kurz-, mittel- und langfristige zusätzliche Geldbedarf eines bestimmten Arbeitnehmers ist für den, der mit Geld ein Mehr an Leistung bewirken will, in der Regel nicht erkennbar. Manchmal wird auch der einzelne Arbeitnehmer selber diesen marginalen Geldbedarf in den verschiedenen Abschnitten seiner Zukunft nicht kennen. Solche zusätzlichen Vergütungen erwachsen ihm ja in einem nicht genau überblickbaren Bereich zwischen zwei Entscheidungsmöglichkeiten: der Entscheidung zur maximalen und auffälligen Leistung oder zur unauffälligen Durchschnittsleistung.
Ich halte es für wirklichkeitsfremd, zu glauben, für eine große Zahl von Personen, für eine ganze Kategorie von Arbeitnehmern könne man allgemein vorhersagen, wie sich ihr Leistungsverhalten ent-

wickeln wird, auf welchem neuen Niveau es sich vielleicht einpendeln könnte, wenn ein bestimmter zusätzlicher Geldbetrag in Aussicht gestellt wird. Es handelt sich hier doch um ein ähnliches Problem, wie man es in der Werbung kennt. Der sprichwörtliche Stoßseufzer des Experten für Werbung – Die Hälfte des Geldes für Werbung ist zum Fenster hinausgeworfen, nur weiß ich leider nicht, welche Hälfte! – enthält wohl ein Körnchen Wahrheit.

Weil mir also Zweifel kommen, ob man die Motivierungskraft von Geld – unter heutigen Verhältnissen jedenfalls – leidlich genau von anderen Faktoren abgrenzen kann, ist die umgekehrte Frage noch schwerer zu beantworten: Wieviel Leistungsmotivation geht möglicherweise verloren, wenn Leistungsanreize in Form von Geld zurückgenommen oder abgeflacht und ganz oder teilweise durch nichtfinanzielle Leistungsanreize abgelöst werden? Die Beantwortung dieser Frage wäre schon schwierig genug in einer Zeit mit wenig Wandel in den Wertvorstellungen. Nun haben aber Umfragen in den letzten Jahren gezeigt, daß wir in der Bundesrepublik Deutschland seit etwa 1966 in eine Epoche mit teilweise erheblichen Verlagerungen in den Wertvorstellungen in der Bevölkerung geraten sind. Dies gilt vor allem für den jüngeren Teil der Bevölkerung. Er ist vielfach bereits von der Grundschule an durch eine Art von Gehirnwäsche geschleift worden, zu deren Hauptzielen es gehört, den heranwachsenden Menschen für Leistungsanreize – wie sie zur Arbeitswelt gehören – unempfänglich zu machen. Natürlich ist nicht bei allen die Gehirnwäsche gleich erfolgreich gewesen, aber die Vorhersage von Reaktionen auf verschiedene Arten von Leistungsanreizen ist eben doch gerade bei der jüngeren Bevölkerung unkalkulierbarer geworden als früher. Es sind aber diese jüngeren Altersgruppen, bei denen es für die Unternehmen heute wichtig wäre, zu wissen, was eintreten wird, wenn man finanzielle Leistungsanreize durch nicht finanzielle ersetzt. Auf lange Sicht hingegen halte ich es doch für wahrscheinlicher, daß die bisher üblichen konkreten Leistungsanreize wirksam und beliebt bleiben werden.

Man darf auch nicht den Versuchskanincheneffekt, den sogenannten Hawthorne-Effekt vergessen, jene klassische industriesoziologische Untersuchung, die zwischen 1927 und 1932 in den Hawthorne-Werken in Chicago durchgeführt wurde. Damals wurde entdeckt, daß die beobachtete Steigerung der Arbeitsproduktivität nicht auf die objektivierbaren Veränderungen der Arbeitsbedingungen zurückzuführen war, sondern auf die erhöhte Leistungsmotivation der Arbeiterinnen, weil sie sich als Versuchspersonen sehr wichtig genommen fühlten. Man muß also damit rechnen, daß eine Veränderung im bisherigen System der Leistungsanreize für eine Weile durchaus die erhofften Wirkungen zeigen kann, obgleich die neuen Anreize auf die Dauer gesehen eben doch kein verläßlicher Ersatz für die finanziellen Anreize bleiben werden.

Wenn man wissen möchte, wie die neuen, die ganz anderen, die nicht quantifizierbaren, die qualitativen, die eher atmosphärischen Leistungsanreize, die dem bloßen Geld vielleicht moralisch sogar überlegenen Belohnungen aussehen könnten, empfiehlt es sich, nach Organisationen Ausschau zu halten, bei denen auf den ersten Blick alles ganz anders sein müßte als in einem Unternehmen der Wirtschaft. Wie wäre es mit einem berühmten Orchester? Alle Musiker in einem solchen Klangkörper wissen, daß sie im selben Boot sitzen, alle haben dieselben Götter – Mozart, Beethoven, Richard Strauss, Richard Wagner usw. – und keine neben ihnen, wenn man vom jeweiligen Dirigenten absieht. Alle Orchestermitglieder rechnen sich derselben musikalischen Elite zu. Der tosende Beifall des Publikums umfaßt alle in gleicher Weise, die Musikkritiker äußern sich in der Regel über das ganze Orchester insgesamt. Und jeder Abend fordert die vollkommene Höchstleistung von allen, und diese Leistung des Musikers ist für ihn fraglos sinnvoll, sonst könnte er nicht spielen. Eigentlich müßte deshalb ein bedeutendes Orchester der Idealfall sein, um herauszufinden, wie man über Jahrzehnte hinweg konstant Höchstleistungen bekommen kann, ohne auf die materialistischen, finanziellen Leistungsanreize im Stil des Entlohnungssystems eines Industrieunternehmens angewiesen zu sein.

Doch in Wirklichkeit ist das ein naiver Wunschtraum. Eine gründliche wissenschaftliche Untersuchung, welche die Wiener Symphoniker aus Anlaß des Jubiläums des siebzigjährigen Orchesterbestandes in Auftrag gegeben hatten, raubt uns alle Illusionen. Diese Untersuchung ist unter dem Titel »Streß und Kunst« 1971 als Buch erschienen (von Maximilian Piperek, im Verlag Wilhelm Braumüller, Wien/Stuttgart). Die einzelnen Musiker dieses Orchesters bekamen damals je nach dem Instrument, das sie spielten, Funktionszulagen, die zwischen 8 Prozent und 90 Prozent des Grundgehalts lagen.

Rund zwei Drittel der Symphoniker fühlten sich von den Kollegen mit den kleineren Funktionszulagen beneidet, und 36 Prozent der Orchestermitglieder bejahten das Statement im Fragebogen »Ich habe persönliche Feinde im Orchester«.

Nun liegt das wohl nicht nur an den sprichwörtlichen Charaktereigenschaften der Österreicher, vielmehr haben andere Orchester die gleichen Probleme. Am schlimmsten scheint der Konflikt zwischen den Bläsern und den Streichern. Jede dieser Musikerkategorien bestreitet der anderen die Berechtigung der Höhe ihrer Funktionszulage. Die Streicher sagen, sie hätten in einem Konzert viel länger zu spielen als die Bläser. Diese entgegnen, ein Fehler des Streichers falle im Gesamteindruck nicht weiter auf, deshalb seien sie in Wirklichkeit weniger belastet als die Bläser mit ihren häufigen Solospielen.

Wenn das aber die soziale Wirklichkeit hinter der Kulisse eines weltberühmten Orchesters ist – woran niemand zweifeln kann, da dieses Selbstbildnis mit Billigung des ganzen Orchesters veröffentlicht wurde –, wenn alles dafür spricht, daß es in jedem Orchester ähnlich aussieht, dann bleibt nicht viel übrig von dem, was man als Ersatz für finanzielle Leistungsanreize im Industrieunternehmen heute in Betracht ziehen zu können glaubte. In irgendeiner Weise nämlich werden solche Ersatzbelohnungen auf etwas hinauslaufen, was man in dem Unternehmen Symphonieorchester in Reinkultur vorfindet. Und doch reichen auch dort die allgemeine Anerkennung, die Belohnungen ideeller und professioneller Art bei weitem nicht aus, um ohne die ausgetüftelten, komplizierten Funktionszulagen auszukommen. Vielleicht untersucht ein Musikkritiker einmal an einem bedeutenden Orchester die Frage, wie es klingt, nachdem man die Spreizung der Funktionszulagen von 8 bis 90 Prozent des Grundgehalts durch eine einheitliche Funktionszulage in Höhe von, sagen wir, 15 oder 20 Prozent des Grundgehalts ersetzt hat.

Wenn Arbeitgeber, angetan vielleicht vom Pathos des »Postmaterialismus« in manchen Medien und Zirkeln, erwägen, von einem der bisherigen Leistungsvergütungssysteme abzugehen und auf den Einsatz von Geld zur Erzielung von höherer Leistung zu verzichten, ist folgendes in die Überlegung einzubeziehen: Die Firma befindet sich nicht nur im Dialog mit dem Arbeitnehmer, sondern dieser vergleicht seine Lage nach wie vor mit Personen innerhalb und außerhalb des Betriebes, die weiterhin eine Leistungsentlohnung erzielen können. Wenn also für viele Menschen portionierbare Erfolgserlebnisse wichtig sind, dann empfindet ein Arbeitnehmer es als Beeinträchtigung, falls andere weiterhin an dieser Entlohnungsart teilhaben können. Er lebt ja in einer Arbeitswelt und Gesellschaft, wo es eine variable Belohnungskomponente gibt, die man durch eigenen Einsatz vergrößern kann. Das Gefühl der Beeinträchtigung ist besonders ausgeprägt, wenn man eine konkrete, vertraute Vergleichsperson hat, vielleicht die Frau, Mutter oder Schwester, die zu Hause Schreibmaschinenarbeiten gegen Vergütung pro Seite macht.

In den letzten Jahren war bis zum Überdruß in fortschrittlichen Kreisen vom Recht eines jeden auf Selbstbestimmung und Selbstverwirklichung die Rede. Aber ausgerechnet dort, wo ein Arbeitnehmer buchstäblich selbst, unmittelbar, Zug um Zug seine Entlohnung durch ein Mehr an Leistung vergrößern kann – am Arbeitsplatz –, will man ihm einreden, das sei überholt.

Menschen haben von ihrer Natur her das Bedürfnis nach konkreten Erfolgserlebnissen in gut überschaubaren Zeiträumen: Der Fang der Fischer in einer Nacht, die Beute der Jäger und Sammler an einem Tag, die unter Mühe vor dem Hagel eingebrachte Ernte. Im Normalfall möchte der Mensch ernten, wo er gesät hat. Ihm das Gegenteil als neue Moral aufzunötigen ist seltsamerweise heute das Anliegen eben jener Kräfte, die sich für progressiv halten.

Der Mensch möchte eine Gelegenheit haben zum fortwährenden Ausloten seiner Leistungsfähigkeit. Und das eben nicht nur nach Feierabend, wenn er keuchend um den Block läuft und sich ein besserer Mensch dünkt, weil man das jetzt Jogging statt Dauerlauf nennen kann. In der Regel möchte er seine Leistungsfähigkeit auch im Beruf ausloten. Für viele Menschen geht das nun einmal am einfachsten bei einer Entlohnungsart, unter der – Zug um Zug – quantifizierbare Leistungskomponenten mit Geld belohnt werden, wobei es wichtig ist, daß die Auslotung der eigenen Leistungsfähigkeit regelmäßig und in kurzen Zeitabständen erfolgt. Wer ihm diese Möglichkeit nimmt, tut ihm ungefähr das an, was ein Arzt dem Jogger mit dem Befehl antun würde, aufs tägliche Joggen zu verzichten und dafür einmal im Jahr eine zweiwöchige Bergwanderung zu machen.

Das langfristige Erbringen einer komplexen, vielleicht undeutlich definierten Gesamtleistung für eine pauschale Vergütung liegt dem Menschen von seiner Natur her weniger. Auch der weithin bekannte bildende Künstler zum Beispiel braucht zum Ansporn in kurzen Abständen als regelmäßiges Erfolgserlebnis den steigenden Erlös des einzelnen Kunstwerkes. Und die Abschaffung der Notengebung in Schulen zugunsten einer verbalen Beschreibung der Jahresleistung hat in den Ländern der Welt, wo man damit früh angefangen hatte, auch schon ihr Ende gefunden. In vielen Fällen kam die Ablehnung gerade auch von Schülern.

Die Tauglichkeit von Geld, um bei einem Arbeitnehmer ein Mehr an Leistung zu bewirken, liegt ja nicht allein im Geld an sich und auch nicht allein in dem, was der Arbeitnehmer mit dem jeweiligen Geldbetrag anfangen kann. Die unübertreffliche Brauchbarkeit des Geldes als Leistungsanreiz liegt vor allem auch in der einfachen und klaren Dosierbarkeit von Geld. Über Abstufungen bei Entgelt kann gestritten werden, aber über den Geldwert der einzelnen Stufe kann es nie Streit geben. Bei Geld weiß jeder, woran er ist.

Alle irgendwie lohnenden Dinge, die man an Stelle von Geld bieten kann, haben diese Eigenschaften des Geldes nicht oder wesentlich weniger klar erkennbar.

Bereits die Belegschaftsaktie, die Beteiligung am Produktivvermögen in irgendeiner Form findet nach wie vor nicht überall und nicht bei jedem Arbeitnehmer Anklang. Der Jahreswagen, der dem Arbeitnehmer in der Autoindustrie zusteht, ist etwas ganz anderes. Dieser weiß, was der Wagen wert ist, wieviel der Rabatt beträgt und was er für seinen Mercedes nach zwölf Monaten bekommen wird. Aktien hingegen verlangen von dem, der sie bekommt, mehr Nachdenken, als ihm lieb ist. Es belastet ihn. Was ist die Aktie eigentlich in Geld wert, fragt er sich, und die Information beunruhigt ihn, daß sie nach einer Weile mehr, aber auch viel weniger wert sein könnte. Und außerdem kann man Aktien nicht so bequem und verständlich dosieren wie Geld.

Die Formen der Erfolgserlebnisse

Man kann zwei Arten von Leistungsbelohnung und dazugehörendem Erfolgserlebnis mit Erfolgsverbuchung unterscheiden. Ich vermute, daß im allgemeinen alle Menschen auf diese beiden Arten von Leistungsmotivierung positiv ansprechen werden, aber nicht in gleichem Maße.

Diese beiden – sowohl auf seelischer als auch auf objektivierbarer Ebene grundverschiedenen – Reaktionsmöglichkeiten auf eine Gelegenheit, sich mit einer besonderen Leistung hervorzutun, sind:

1. Leistungsmotivation aufgrund von einem Erlebnis im Sinne der Gestalt- bzw. der Ganzheitspsychologie. Ich nenne sie konfigurative Leistungsverbuchungen. Der Mensch leistet in diesem Fall Besonderes, weil er im Rahmen einer Gruppe, einer Belegschaft, einer Organisation, eines Arbeitsplatzes tätig ist, die eines gemeinsam haben: Man kann sie als ein gestaltetes, gestalthaftes, in sich abgeschlossenes Gebilde betrachten und auch so persönlich erleben. Beispiele dafür sind das Team, gleichgültig, ob es im Sport oder in der wissenschaftlichen Forschung tätig ist, das Orchester, die Mannschaft eines Schiffes, die Gesamtbelegschaft eines traditionsreichen Hotels in Familienbesitz.

2. Als eine andere Art von Leistungsverhalten betrachte ich Abläufe, bei denen portionenweise, kumulativ, nach und nach vom einzelnen Erfolgsbelege verbucht werden. Im Unterschied zu den konfigurativen Leistungsbelohnungen nenne ich diese zweite Art die portionierende.

Mit anderen Worten: Der Mensch kann einmal als engagierter Leistungserbringer im Rahmen von Einrichtungen mit stark ausgeprägter, prestigereicher Eigengestaltung auftreten. Der Mensch ist aber auch gerne ein zählender Leistungserbringer, der Belohnungen und Erfolgserlebnisse portionenweise verbuchen kann. Der Mensch ist eben von Natur her auch ein Sammler; er verbucht Leistungsergebnisse besonders gerne kumulativ und serienweise.

Ein uraltes Motivierungsmittel für Spitzenleistung ist die Vorgabe eines Tätigkeitsfeldes, in dem nur eine sehr begrenzte Zahl von Personen ausgezeichnet werden kann. Es ist aus gutem Grund dabei geblieben, daß es bei den Olympiaden in jeder Leistungssparte nur

drei Sieger geben kann: Gold, Silber, Bronze. Und auch die Siegerplattform für diese drei hat verschiedene Höhen. Unsere Epoche der Nivellierung machte halt vor einer besonders auffallenden Differenzierung, die obendrein nur von Bruchteilen einer Sekunde oder von einem Punkt mehr oder weniger, den ein Preisrichter zu geben beliebte, abhängt.
Weshalb wohl kam noch keiner auf die Idee, auch die Olympiade und andere Wettkämpfe im Sport so zu reformieren, wie man es mit dem Bildungswesen gemacht hat? Weshalb nur drei ungleiche Sieger? Man könnte doch auch die besten fünf, neun oder zwölf Wettkämpfer in einer Disziplin gleich auszeichnen – alle mit einer Medaille aus Aluminium oder Messing. Die Antwort ist einfach. Nach spätestens vier Jahren würde kein Hahn mehr nach den Olympischen Spielen krähen!
Bei einer Leistungsschau wie den Olympiaden kommt es auf punktuelle Leistungen und ihre Bewertung an. Die Hoffnung, die Aussicht auf den Sieg am entscheidenden Tag motiviert. Und man kann sich darüber streiten, ob alle Sportler, die zu einer Olympiade kommen dürfen, eine Elite darstellen oder ob es erst die Medaillenträger an ihrem Ende sind.
Neben der punktuellen Leistungsbelohnung und Leistungserbringung mit Differenzierungen innerhalb von Sekunden oder Minuten, gibt es aber auch seit Menschengedenken ein Mittel zur langfristigen Leistungsmotivierung, das auch dann noch wirkt, wenn es mit deutlichen Rangunterschieden verbunden bleibt, an denen sich für das einzelne Gruppenmitglied unter Umständen wenig ändern wird, gleichgültig, wie lange es in dem Tätigkeitsfeld mitwirkt.
Ich meine die militärische Elite-Einheit: die Art von Truppe, wie sie Frankreich oder England auch in der Gegenwart irgendwo auf dem Erdball vom Himmel schweben läßt, um den eigenen Landsleuten zu Hilfe zu kommen. Eine solche Einheit ist ja eine größere Gruppe von Soldaten, die vom einfachen Schützen bis zum Oberstleutnant alle möglichen Dienstgrade und technischen Spezialisten umfassen kann, aber die Grundmotivation für ihre ständige Einsatzbereitschaft, für das In-Form-Bleiben und für die punktuelle Höchstleistung im Ernstfall folgt bei allen Mitgliedern aus der Zugehörigkeit zu dieser Elite-Truppe.
Es kann also gar keine Rede davon sein, daß der Mensch ursprüng-

lich veranlagt sei, nur als Glied einer undifferenzierten, einer egalitären Gruppe sein Bestes zu leisten. Dies widerlegt ja auch schon jedes Hotel und jedes Schiff, das sein Geld wert ist. Team-Geist, Team-Leistung, Loyalität, Solidarität, Stolz auf das Prestige und Können der Gruppe, der Abteilung, der Firma werden nicht unbedingt deutlicher hervortreten, wenn man übereilt auf Enthierarchisierung, auf Nivellierung innerhalb der Belegschaft hinarbeitet.

Wenn die Menschen wirklich so motivierbar wären, wie es sich Gleichheitsfanatiker vorstellen, dann hätte die militärische Elite-Einheit ihre Rolle längst ausgespielt. Zwar gab es im kommunistischen China und für eine Weile auch bei den Streitkräften der USA während der letzten zwanzig Jahre Versuche, auf die Elite-Einheit zu verzichten. Schaut man sich aber heute auf der Welt um, so gehört die militärische Elite-Einheit offensichtlich wieder zu den unverzichtbaren Mitteln der Leistungsmotivierung, obwohl sie in einer doppelten Weise gegen die Gleichheits-Manie verstößt: Man gehört zu einer Elite, und innerhalb dieser Elite gibt es viele scharfe Rangunterschiede. Solidarität setzt also nicht immer die strukturlose Gruppe ohne Rangunterschiede mit lauter gleich Entlohnten voraus.

Arbeitsethik in Japan und im Abendland

Das Vorstandsmitglied einer bundesdeutschen Weltfirma der chemischen Industrie erzählte 1984 auf einer Fachtagung folgende Begebenheit. Seine Firma hatte ein Gebinde ihrer Produkte nach Japan geliefert. Beim Auspacken fanden die Japaner im Füllmaterial der Verpackung eine leere Bierflasche. Die Firmenleitung in der Bundesrepublik erhielt eine derart empörte Beschwerde des japanischen Kunden, daß sie umgehend einen Repräsentanten nach Japan schickte, um die Sache einzurenken. Er versuchte dort klarzumachen, was eine deutsche Brotzeit im Betrieb ist, und meinte abschließend, die Ware selbst sei doch von der Bierflasche im Füllsel des Gebindes völlig unberührt geblieben. Die Erwiderung der Japaner: »Wir sehen das nicht so!«

Als 1984 ein Engländer, der seit Jahrzehnten in Japan lebt, in einem Interview mit dem Londoner Rundfunk nach dem Erfolgsgeheimnis der japanischen Industrie gefragt wurde, verdeutlichte er den Unterschied zur europäisch-amerikanischen Leistungs-Mentalität wie folgt:

Im Westen sei man in der Regel zufrieden, wenn bei einem Produktionsablauf die Ausschußrate auf fünf Prozent gesenkt werden kann. In Japan hingegen, sobald man diese Fünf-Prozent-Stufe erreicht habe, setze man sich das neue Ziel, die Ausschußquote auf ein Prozent herunterzudrücken. Und wenn dies gewährleistet sei, setzten sich Japaner das Ziel, auf 0,1 Prozent herunterzukommen – mit dem Ergebnis, daß die unter solchen Qualitätsmaßstäben produzierten Güter beim Endverbraucher eine unwahrscheinlich hohe Betriebssicherheit hätten.

Europäer und Amerikaner ihrerseits hielten den Aufwand bei einem Produktionsprozeß und den innerbetrieblichen Streß nicht mehr für sinnvoll und vertretbar, der zur Erreichung einer Ausschußquote von 0,1 Prozent oder gar 0,01 Prozent erforderlich ist. Vielleicht erklärt das auch eine Feststellung, die man am 8.6.1985 in der »Frankfurter Allgemeinen Zeitung« fand: Daß nämlich die Fertigungsqualität selbst neuer amerikanischer Produkte, die in Japan in Lizenz gefertigt werden, von der Produktionsqualität her den amerikanischen Vorbildern vielfach überlegen sind.

In Japan kann also das Erfolgserlebnis des einzelnen Belegschaftsmitgliedes, kann die Leistungsmotivation für den Arbeitnehmer auch etwas Unsichtbares sein, etwas nicht Vorhandenes, nämlich die ausgebliebenen fehlerhaften Produkte. Aber – und das ist wichtig – auch diese Art von Erfolgserlebnis und Leistungsmotivation, die nicht aus einem Mehr, sondern aus einem Weniger besteht, ist nur möglich in einem vorgegebenen Rahmen des Zählbaren, des Meßbaren, des Registrier- und Verbuchbaren.

Das Erfolgserlebnis eines Arbeitnehmers entfaltet sich hier nicht nur an einer Gestalt, an einem Ganzen, an einem prachtvollen und greifbaren Ding – wie die Kritiker unserer Arbeitswelt behaupten –, sondern die sogenannte sinnvolle Arbeitsleistung kann für einen Japaner auch im ständigen Ausbleiben von Fehlern in einer unendlichen Reihe von identischen Produkten bestehen. Obwohl sich eine Ausschußquote von zwei oder drei Prozent für die Firma durchaus verkraften ließe, vermag sich der japanische Arbeitnehmer mit der an sich übertrieben perfektionistischen Traumquote von 0,1 Prozent zu identifizieren. Ja, er könne sich, so der britische Beobachter, auch noch für das Ziel von 0,01 Prozent begeistern lassen.

Das ist, wenn man die westliche zivilisationspessimistische Brille einmal ablegt, gar nicht so erstaunlich, und im Grunde ist es auch gar nicht so ausschließlich japanisch. Ich glaube, auch diese Möglichkeit des Erfolgserlebnisses ist im Menschen von seiner Anlage her im allgemeinen vorgegeben:

Es gibt nämlich auch im Westen ein Spielverhalten von Kindern, auf das sie offenbar von alleine, ohne Anleitung durch Erwachsene, kommen und bei dem es darum geht, irgendeine Serie von identischen und banalen Tätigkeiten möglichst lange fortzusetzen, bevor eine Panne passiert. Man könnte die Faszination durch solche Serien das Jo-Jo-Phänomen nennen. Das Wort Jo-Jo ist malaiisch und deutet somit auf einen Ursprung dieses Geschicklichkeitsspiels im pazifischen Raum.

Ich erinnere mich noch gut aus meiner Kindheit an das Jo-Jo-Spiel. Doch gerade dieses Spiel war auch wieder für eine Nürnberger Spielwarenfabrik der Renner der Weihnachtssaison 1984. Täglich wurden davon bis zu 30000 Stück verkauft, zum Ladenpreis von knapp drei Mark. Das Jo-Jo-Spiel faszinierte aber auch schon vor fünfzig Jahren. Vielleicht sollte man die Legende von den ständigen Einstellungsänderungen der Menschen im 20. Jahrhundert einmal an der Beliebtheit von Geschicklichkeitsspielen überprüfen?

Aber im Westen gibt es auch dem Jo-Jo analoge Spiele, ohne Anregung von außerhalb des Kulturkreises. Wenn etwa ein Kind am Ufer eines Gewässers einen Haufen Steine vorfindet und sich bemüht, ohne Unterbrechung, möglichst viele davon mindestens zweimal über die Wasserfläche hüpfen zu lassen, so liegt diesem Kind nicht am Erzielen einer Höchstleistung – der möglichst weite Wurf oder das fünfmalige Abprallen des flachen Steines an der Wasseroberfläche –, sondern es erlangt sein Erfolgserlebnis durch die möglichst lange, ununterbrochene Serie von Würfen, bei denen kein einziger Stein beim ersten Aufschlag unterging.

Zwar hat man in der Bundesrepublik Deutschland während der letzten zwanzig Jahre – im Zeichen der emanzipatorischen Pädagogik – so ziemlich alles getan, um bei den Heranwachsenden diese Art von Erfolgserlebnisfähigkeit zu untergraben, aber gegen Grundgegebenheiten der menschlichen Natur kam man dabei vielleicht doch nicht recht an?

Vor zwanzig, vor fünfzehn Jahren konnte man noch zwölf-, dreizehn-, vierzehnjährige Schüler erleben, die ungemein stolz darauf waren, ein volles Schuljahr hinter sich gebracht zu haben, ohne einen einzigen Tag zu fehlen, ohne ein einziges Mal zu spät gekommen zu sein. Und wenn eine solche Serie, von der die Umwelt des Schülers gar keine Notiz genommen hatte, nun doch durch ein Mißgeschick oder durch eine Krankheit unterbrochen und als Serie unwiederbringlich verloren war, konnte so ein Dreizehnjähriger untröstlich sein.

Was in ihm vorging und die dahinterliegende Leistungsmotivation hat Ähnlichkeit mit dem, was vermutlich japanische Ingenieure und Arbeiter fühlen, wenn sie eine Ausschußquote von 0,1 Prozent erreichen und dann für immer einhalten wollen.

Was unsere Politiker und ihre Neopädagogen im Bildungswesen während der letzten fünfzehn Jahre angerichtet haben, schuf Bedingungen, unter denen bei manchen jungen Leuten gerade die Fähigkeit, dieser Art von Erfolgsserien einen Sinn und eine Selbstbestätigung abzugewinnen, verschüttet wurde. Seit dem Ende der sechziger Jahre baute man systematisch denjenigen Heranwachsenden zur Leitfigur auf, der sich einbildet, das untrügliche Zeichen für Ausbeutung und Fremdbestimmung sei es, wenn ihm bei seiner Arbeit, sei es der Schulbesuch, sei es eine betriebliche Arbeit, über lange Zeit hinweg keine Panne unterlaufen ist.

Nimmt man die eingangs geschilderte Empörung des japanischen Kunden über die leere Bierflasche im Füllsel der Lieferung aus Deutschland zu dem folgenden Bericht hinzu, so fragt man sich doch, ob im Abendland durch die Verhöhnung der Arbeitsethik nicht einige Alltagstugenden Schaden genommen haben. Zum Abschluß der großen deutschen Leistungsschau in Japan im Frühjahr 1984 berichtete nämlich der Korrespondent der »Frankfurter Allgemeinen Zeitung« in Tokio:

»Während die Deutschen in Japan historisch als Muster der Ordnung, perfekter Organisation und Planung galten, hat die Leistungsschau trotz ihres Gelingens ein Maß an Organisations- und Planungsmängeln, an Hektik und an Fehlleistungen gezeigt, das aus japanischer Perspektive Verwunderung und Nachdenken ausgelöst hat.«

IRRTUM DREI:

»AUCH OHNE KÖNNEN IST ES KUNST«

Was bleibt von Kunst, wenn jeder Künstler ist?

Von Zeit zu Zeit lasse ich in meinen Seminaren die Teilnehmer raten, welcher deutsche Künstler heute für seine Werke die höchsten Summen bekommt. Jedesmal einigt sich die Runde in 60 Sekunden auf Joseph Beuys. Dann bitte ich die Studenten, irgendein Ding oder Tun von Beuys aus den letzten fünfzehn bis zwanzig Jahren zu nennen, für das nicht jeder der Anwesenden die handwerkliche und kreative Fähigkeit habe, um es auch im Handumdrehen in den Raum zu stellen. Die Reaktion: bestürzte Gesichter, verlegenes Schweigen, angestrengtes Nachdenken, keine einzige Wortmeldung. Nur einmal, aus eher linkem Munde, kam die Antwort, die in Wirklichkeit keine war: »Mir würde das Geld fehlen zum Material für die Honigpumpe.«

Für heutige junge Menschen sind die Antworten, die sie auf meine beiden Fragen geben müssen, überaus schmerzlich und verwirrend. Sie haben doch in der Regel das linke Dogma gelernt: Nur wer unter Aufbietung aller Kräfte wirklich Großes und außerdem gesellschaftlich Nützliches leistet, darf, wenn es gar nicht anders geht, ein Großverdiener sein. »Leistungslose Profite« (Willy Brandt) seien unmoralisch. Und nun sehen sie, daß ausgerechnet ein Künstler in der Bundesrepublik Deutschland das größte Geld macht, der nach seiner eigenen Kunsttheorie am allerwenigsten kann und leistet, weil alle anderen Leute alles können, was er tut.

Nach Beuys & Co. darf alles, was ein Mensch tut, von ihm selber unwidersprochen als Kunst ausgegeben werden. Jeder Mensch sei ein Kunsterzeuger, und es liege allein an unserer schlimmen Arbeitswelt, wenn nicht jeder am laufenden Band Kunst produziere. Nach dem Arbeitstag am Fließband, an der Schreibmaschine oder am Bildschirmgerät sei eben jeder Mensch zu müde, um auch noch Künstler zu sein.

Gewiß, das mag so sein, wenn man unter Kunst wirklich Kunst versteht, die großes Können erfordert, und beispielsweise an eine Skulptur von Rodin oder Barlach, an ein minuziös gemaltes Gemälde denkt. Aber gerade die Kunst eines Beuys und ähnlicher Akteure widerlegt eben ihre eigene Kunsttheorie, daß jeder Mensch ein

Künstler sein könnte (und sein sollte), stünde ihm nicht die Entfremdung und Ermüdung am bösen banalen Arbeitstag dabei im Wege. Die Produkte, mit denen Beuys seit Jahren die Kunstwelt in Bann schlägt (und die Etats der öffentlichen Museen und Galerien abräumt), sind von einer Art, daß sie auch der müdeste Heimkehrer vom ödesten Arbeitsplatz zwischen seinem ersten und zweiten Glas Bier ersinnen und am gleichen Abend vor 22 Uhr im Keller oder in der Garage arrangieren könnte.

Diese Tatsache hat Folgen für den Geltungsanspruch eines Beuys und seiner Bewunderer in der Fachwelt. Wenn nämlich jeder Mensch sich zum Künstler ernennen darf, anhand von Produkten, die jeder beliebige neunjährige Lausbub aus Jux aus dem Stand nachmachen kann, wenn Kunst nichts mehr mit Können zu tun hat, dann wird es für Beuys und seine Käufer lebensgefährlich. Beuys kann sein Publikum nur leimen, weil ein paar professionelle Kunstkritiker in bedeutenden Medien ihn ernst nehmen oder aus Feigheit so tun. Jeder Zweifel an ihrem Urteil wird mit der elitären Antwort erstickt: Sie sind kein Kunstkritiker. Sie haben nicht einmal Kunst studiert. Was Kunst ist, bestimmen allein wir, die berufsmäßigen Kunstkritiker!

Dank Beuys und seinem »basisdemokratischen« Kunstbegriff geht es mit diesem Meinungsmonopol zu Ende. Wenn nämlich grundsätzlich jeder Mensch mit dem eigenen Tun, sofern es ihm beliebt, es so zu nennen, Kunst erzeugt und als Künstler wirkt, dann kann sich auch grundsätzlich jeder Mensch als Kunstkritiker äußern. Der Kunstkritiker also, der Beuys nicht als Faxe, sondern ernst nimmt, bringt sich selbst um den gesamten Vorsprung an Urteilskraft, den er den 99,9 Prozent der Bevölkerung gegenüber bis dahin beansprucht hat.

1981 gab es in Paris eine Ausstellung modernster deutscher Kunst, unter anderem in Gestalt von drei nebeneinander hingestellten Wassereimern. Im »Figaro«, einer renommierten Pariser Tageszeitung, stand dazu auf der ersten Seite der entsetzte Kommentar eines großen französischen Literaten unter dem Titel »Das Gespenst der Dekadenz«. Ein Satz darin traf den Nagel auf den Kopf: »Was für eine Faulheit in all dem!« Gemeint war nicht etwa Fäulnis, sondern schlicht die Faulheit, die (vor 1970 jedenfalls) ein Lehrer einem Schüler vorwerfen konnte.

Ist das vielleicht der Schlüssel zum ganzen Phänomen des Trends »Auch ohne Können ist es Kunst«? War die gegenseitige Umarmung von sozial-liberalem, egalitärem und permissivem Reformgeist seit Mitte der sechziger Jahre und einer Kunst, wie sie gleichzeitig Beuys und andere anzubieten begannen, ein Bund zur gegenseitigen Bestätigung? Paßt die Kunst von Beuys und Genossen nicht genau zu einer Epoche, die Verweigerung, Verhöhnung und Bestrafung von Leistung auf ihr Banner schrieb? Auf der »documenta« in Kassel 1982 bestand das Kunstwerk von Beuys, abgesehen vom Bäumepflanzen-Lassen (durch andere), in der Zerstörung eines Kunstwerkes, das unzweifelhaft einst Können, zumindest das des Kunsthandwerkers, von hohen Graden erfordert hatte: der 300.000 Mark teuren Nachbildung einer Zarenkrone aus Rußland. Beuys kündigte an, er werde sie zu einem »Friedensobjekt« umschmelzen lassen. Doch der zunächst beauftragte Goldschmied verweigerte aus »berufsethischen Gründen« die Tat. Man dürfe doch kein Kunstwerk zerstören. Ein solches war das Objekt, gerade auch nach dem großzügigen Kunstbegriff, der im 20. Jahrhundert aufkam und von dem auch Beuys und ähnliche Künstler profitieren. Die Kopie der Zarenkrone in Moskau war für einen deutschen Auftraggeber nach einem dreißig Jahre alten Abdruck vom Original von deutschen und französischen Goldschmieden in mühevoller Arbeit mit zahlreichen Edelsteinen und zwei Kilogramm Gold angefertigt worden.

Was Beuys Kitsch nennt

Die Antwort von Beuys auf die berufsethischen Hemmungen des Kollegen, er könne so ein Kunstwerk im Schmelzofen nicht zerstören, lautete: »Dann hau' ich eben mit dem Hammer drauf!« Am Ende wurde die Krone in Kassel vor laufenden Fernsehkameras eingeschmolzen und in die Form eines Häschens gegossen, das von diesem Augenblick an, wie es hieß, auf dem Kunstmarkt mehr wert war als vorher die Krone. In einem Interview mit dem Südwestfunk kurz danach gefragt, ob es ihm nicht doch leid täte, für seine Show ein Kunstwerk zerstört zu haben, an dem andere 1500 Stunden gearbeitet hatten, lachte Beuys auf und meinte, es sei doch eine Kopie des Originals gewesen, und somit kein Kunstwerk, sondern Kitsch. Diese Wortwahl wirft für mich die Frage auf: Ließe sich die Kunst von Beuys Kitsch nennen? Vom Sturm der Empörung in der etablierten Kunstwelt abgesehen, habe ich Bedenken, ob man das, was Beuys schafft, Kitsch nennen könnte. Zunächst zur Wortbedeutung: Das Wort Kitsch hat zum Beispiel im Englischen keine Entsprechung, sondern man gebraucht, aus dem Deutschen, das Wort Kitsch, definiert als eine substanzlose, hohle Sache, die darauf hin angelegt sei, beim Volk Gefallen zu finden. Ein amerikanisches Wörterbuch definiert Kitsch als armseliges, schäbiges, vulgarisiertes Machwerk, handwerklich von schlechter Qualität, mit sentimentalem Appeal. Der DUDEN vermutet den Ursprung des Wortes in »kitschen«, mundartlich für schmieren, und definiert Kitsch als »aus einem bestimmten Kunstverständnis heraus als geschmacklos empfundenes Produkt der darstellenden Kunst, der Musik oder Literatur; geschmacklos gestalteter Gebrauchsgegenstand«. Zum Kern der Sache kommt Meyers Großes Handlexikon (1985): »Kitsch, pseudokünstlerische, häufig sentimentale und epigonale, unangemessene (formale) Bewältigung eines (Schein)gehalts.« Das Wörterbuch zur Brockhaus Enzyklopädie (1976) definiert Kitsch als »geschmacklos geltende Erzeugnisse einer Scheinkunst, die mit primitiven Mitteln Illusionen und Rührung erwecken will«.

Statt die von ihm zerstörte Kopie der Zarenkrone als Kitsch zu bezeichnen, könnte Beuys sich aufgrund dieser Definitionen den Schuh selber anziehen. Die Geschmacklosigkeit beim Tun von Beuys mag zwar gewollt sein, aber sie ist schließlich als Anmutung vorhanden. Die Unfähigkeit, einen eigenständigen Inhalt mit Mitteln zu formen, die Können voraussetzen, ist unbestreitbar. Hält man dies Beuys aber entgegen, flüchtet er sich in eine weinerliche, endlose Aufzählung von schlimmen und bösen, unmoralischen und gefährlichen Dingen oder Vorgängen in der Welt; ein wahres Jammertal, aus dem er mit seiner Kunst die Menschen herausgeleite, und nur mit einer Kunst, wie er sie mache, sei das überhaupt noch möglich.

Das heißt: Nach seinem eigenen Bekunden ist sein Tun, sind seine Exponate nur auf Sentimentalität hin abgestellt und werden bestenfalls durch von ihm erhoffte sentimentale Effekte getragen. Wenn etwas von Beuys, nach eigenen Worten, als Wirkung gewollt ist, dann mit Sicherheit »Illusionen und Rührung«. Beuys macht also definitionsgemäß Kitsch. Oder doch nicht? Nimmt der Kitscherzeuger sein Publikum nicht ernster, bietet er nicht oft einen tatsächlichen Gegenstand zum Gebrauch? Dem Kitsch mag Kraft fehlen, aber er hat eine wiedererkennbare Gestalt, die meist zum Zweck paßt, und der Unterschied zum gekonnten Design wurde erst in jüngerer Zeit klar.

Kitsch kann der Käufer getrost nach Hause tragen, das Zeug von Beuys meist nicht. Filz und Fett, verschmutzte Kinderbadewannen und Obduktionstische können von Uneingeweihten aus Versehen in den Sperrmüll gegeben werden, die Kuckucksuhr kaum, und käme sie aus Hongkong. Kitsch als Roman unterhält den Käufer, in den USA und anderen Ländern weiß er nicht einmal, daß er sich von Kitsch unterhalten läßt, weil der Begriff Trivialliteratur dort fehlt. Nein, so zynisch Beuys auch mit dem Wort Kitsch um sich wirft, auf sein Zeug paßt es nicht recht: Es fällt aus der Kategorie Kitsch heraus, nach unten.

Übrigens: Die »documenta«-Besucher 1982 hatten ja noch Glück gehabt. Beuys könnte schließlich auch anders. Vom Konzeptkünstler Piero Manzoni (1933–1963) zum Beispiel waren Anfang 1982 in einem Museum in Amsterdam in einer Ausstellung moderner Kunst, als Exponat, verlötete Konservendosen zu sehen, mit der schriftlichen Versicherung, daß sich darin Manzonis Exkremente befänden. Meyers Enzyklopädisches Lexikon (1975) nannte Manzoni einen »bedeutenden Anreger der Kunst der 60er und siebziger Jahre«, unter anderem mit Ausstellungen »banaler und absurder Objekte einschließlich Personen«. Man sieht also: Angeregt von Manzoni, sozusagen seinem Vorgänger in solchen Sachen, hätte Beuys sich auf der »documenta« auch noch müheloser verewigen können. Nach allem, was er bis heute gesagt und getan hat, wäre zu erwarten, daß Beuys wohl noch um einige Schritte moderner ist als Manzoni. Schließlich gibt es inzwischen ja Konservierungssprays und Klarsichtdosen.

Weshalb Beuys Kunst ohne Können zur Kunst erklärt

Anläßlich der »documenta« in Kassel bot der Südwestfunk (SWF I) am 25. Juli 1982 ein Gespräch mit Beuys, in dem eine Dame die Fragen stellte. Sie begann mit der Beobachtung, fast alle Leute, denen sie gesagt habe, sie werde Beuys interviewen, hätten sehr bissige Bemerkungen gemacht. Spinner und Scharlatan wären noch die harmlosesten gewesen. Gefragt, ob ihn das verletze, erwiderte Beuys: »Nein, überhaupt nicht! Es ist ja eigentlich ganz natürlich, wenn man versucht, die ganze komplexe Problematik ja gerade vom Kunstbegriff aus anzugehen, dann ist es ja nicht erstaunlich, daß das nicht auf Anhieb verstanden wird. Um die Zusammenhänge wissen die Menschen ja eigentlich noch sehr wenig, auch nicht darüber, daß sich ja gerade mein Kunstbegriff auf die Bedürfnisse aller Menschen bezieht, in ihrer Arbeitswelt, in ihrem Lebensraum ... (und) nicht erschöpft im traditionellen Kulturraum von Museum, Kunstgalerie, Kunstakademie, Kunstmarkt, Galerien usw., sondern daß es ein Kunstbegriff ist, der letztendlich die Kapitalverhältnisse ändern will, also die gesamte gesellschaftliche Struktur so ändern will, daß die Lebensqualität jedes einzelnen Menschen, vor allen Dingen seine Selbstbestimmung, im geistigen Bereich möglich wird.«
Das Wörtchen »will« in seiner Wortfolge »die Kapitalverhältnisse ändern will« schrie Beuys mit angehobener Stimme. Karl Marx ist eben eine Allzweckwaffe für das Für-dumm-Verkaufen des Publikums, nicht nur in der Ökonomie, sondern leider auch in der Kunst. Beuys paßte zu den sechziger und siebziger Jahren. Die Schlagwörter der Epoche machten, wenn zu einem Exponat heruntergeleiert, aus jedem Mist eine Offenbarung, und komme sie aus Fett und Filz oder aus einer verschmutzten Kinderbadewanne. Insoweit Beuys-Käufer ihr Kapital in seine Sachen angelegt haben, kann Beuys sein Ziel früher oder später erreicht sehen: Auch Kapitalverlust ist »eine Änderung der Kapitalverhältnisse«. Das Kapital ist bei Beuys, der Filz- oder Fetthaufen, die Badewanne beim Düpierten.
Auf die Selbstinterpretation von Beuys als ein Vollender des Werkes von Marx folgte die Frage der Interviewerin: »Was tragen denn

konkret Ihre Kunstwerke, die viele eben nicht für Kunstwerke halten – ganz einfach deshalb, weil ihnen das zu wenig künstlerisch ist, weil im Prinzip jeder … mit Fett Tischecken bestreichen kann – …, was trägt das, was Sie tun, zu dem bei, was sie anstreben?«
Die Antwort von Beuys war, solche Dinge wie Fettecken seien »der Bestandteil der theoretischen Auseinandersetzung«: »Eine Fettecke ist ja nicht deswegen gemacht, um einen Tisch mit Fett zu beschmieren, sondern eine Fettecke ist deswegen gemacht, um als Fettecke im Gegensatz zu stehen zu anderen Prozessen, die ein solches plastisches, anfälliges Material macht, in Raum und Zeit, also gerade die Sachen mit Fett erheben einen großen Anspruch auf Theorie. Und diese Theorie ist natürlich vielleicht nicht immer da, wenn Menschen im Museum so eine experimentelle Anordnung sehen.«
Ersetzt man in dieser Aussage von Beuys das Wort Fett durch das Wort Curriculum oder Didaktik und das Wort Museum durch Klassenzimmer, hat man die Argumentationsweise der linken Emanzipationspädagogen vor sich, die sie benutzen, wenn sie auf die Bescherung angesprochen werden, die sie angerichtet haben.
Beuys erläuterte im Interview anschließend seine Fettecken-Theorie mit einem Vergleich: »Aber ich glaube, diese Theorie ist natürlich auch nicht da, wenn Menschen ins Deutsche Museum gehen und einen kleinen Experimentiertisch von Heisenberg sehen. Da sehen sie auch nur ein paar Batterien, ein paar Kabelverbindungen, vielleicht ein paar Notizen auf dem Notizblock. Ich verlange also auch gar nicht, daß die Menschen auf Anhieb ein Interesse an diesen Fettecken entwickeln.«
Wie schwer Beuys sich doch tut, seinen Unfug zu adeln! Der Vergleich ist unsinnig. Heisenberg war nicht der Urheber des Exponats im Museum. Stürbe ein Forscher am Labortisch, und ein Museum stellte diesen Tisch auf, so wie er war, wäre dies ein Dokument der Wissenschaftsgeschichte, doch keine Kunst. Heisenbergs Tisch im Museum könnte Beuys nur dann als Alibi-Analogie für das Fehlen von Kunst im eigenen Tun dienen, wenn Heisenberg den unaufgeräumten Tisch dem Museum vermacht hätte, mit der eigenhändig geschriebenen Tafel: »Besser als mit dem Anblick meines Tisches kann ich die von mir in der Atomphysik aufgestellte Unschärferelation dem Volk nicht veranschaulichen.« Das wäre zwar von Heisenberg immer noch nicht als Kunstwerk gewollt gewesen, sondern als

Beitrag zur Wissenschaftsgeschichte, aber Beuys könnte sich zur Not auf den Tisch im Museum berufen. Und doch wäre es unsinnig. Dieser Tisch bedeutet im Museum etwas, weil der Nobelpreis 1932 an Heisenberg vorausgegangen ist. Bei Beuys ist es umgekehrt: Erst kommen Fett, Filz oder Sperrmüll, hinterher die »Theorie« dazu.
Im Anschluß an seinen Vergleich der Fettecken mit dem Tisch Heisenbergs im Deutschen Museum sagte Beuys im Interview: »Wenn ich sage, jeder Mensch ist ein Künstler, sage ich ja nicht, jeder Mensch ist ein Maler, ein Bildhauer, ein Architekt, ein Tänzer, ein Komponist, sondern ich sage: Jede menschliche Tätigkeit kann den Anspruch auf Kunst haben, kann also auf dem Niveau der Kunst liegen und muß eigentlich als Kunst gesehen werden, denn sonst wäre es nicht richtig, den Menschen als ein schöpferisches Wesen schlechthin zu bezeichnen.«
Durchschaut man jetzt den Taschenspielertrick von Beuys? Als Maler, Bildhauer, Architekt, Tänzer oder Komponist wäre er ein Fiasko. Dabei ist es gleichgültig, ob das am Können oder Wollen liegt. Das, was Beuys als »Kunst« anbieten will, braucht kein Können. Und nach dem zu schließen, was er vorher produziert hat, ist wahrscheinlich, daß er als Künstler in einem Bereich der Kunst, der mit Können zusammenhängt, nie an die Spitze der Kunstszene gelangt wäre. Um aber seine »Kunst« auf dem Niveau des Schulbuben-Juxes als Kunst der Epoche an Leute verkaufen zu können, die offenbar für Kunst ein so sicheres Gespür haben wie die Leute vom »Stern« für echte Hitler-Tagebücher, braucht Beuys die – ihm von niemandem abverlangte – Großzügigkeit, mit der er jedem Menschen, egal, was er tut, die Kreativität des Künstlers zuschreibt. Auf einem »Bitburger Gespräch« vor einigen Jahren erklärte Beuys, danach gefragt, auch das, was eine Toilettenfrau tue, sei für ihn Kunst. Die Antwort auf die Frage, für was diese Frau ein Urheberrecht beanspruchen könne, blieb Beuys schuldig.
Nun war auch die Dame des SWF mit der Großzügigkeit des Kunstbegriffes von Beuys nicht stillzulegen. Sie fragte:
»Nun verbinden die meisten Menschen das Wort Künstler mit einem Menschen, der mehr kann als sie selbst, der ein Bild malen kann, wie es andere beispielsweise nicht können. Warum können Sie diesen Kunstbegriff nicht mehr akzeptieren?« Darauf gab Beuys diese Antwort:

»Ich akzeptiere ihn nicht, denn womit ich mich befasse, ist ja gerade der Durchbruch durch diese Grenze. Das traditionelle Verständnis von Kunst macht ja den Unterschied: Hier gibt es Künstler, und da gibt es Nichtkünstler. Hier gibt es Menschen, die mehr können, da gibt es Dummköpfe. Also ich mache ja Schluß mit dieser, sagen wir einmal, grundsätzlich falschen Sicht des kreativen Bereiches überhaupt.«

Man sieht, die Bildungspolitiker der letzten zwanzig Jahre hätten sich gar keinen besseren Propheten und Interpreten ihrer Utopie wünschen können als Beuys. War es wirklich reiner Zufall, daß der Aufstieg und die Akzeptanz der »Kunst« von Beuys & Co. fast aufs Jahr genau mit der wahnwitzigen Bildungsreform, ab Anfang der sechziger Jahre als Agitation begonnen, zusammenfällt?

Die salvatorische Klausel, die Beuys im Interview hinzufügte, holt ihn nicht aus dem Morast, in dem er mit seinem Kunstbegriff steckt: »Wenn ich sage, jeder Mensch ist ein Künstler, meine ich nicht, jeder Mensch ist, wie im traditionellen Sinne … Künstler, sondern er kann in seinem Arbeitsfeld, als Hausfrau, als Kindererzieher, als Arzt, Kunst machen, also besser sein, als er ist.«

Beuys bläst nun die Platitüde zur Philosophie auf. Selbstverständlich kann man gelungene chirurgische Operationen oder Wundversorgungen Belege der Kunst des Arztes nennen. Aber deshalb ist ein Obduktionstisch aus der Leichenhalle, den Beuys mit Fett und Leukoplast versieht, nicht Kunst, selbst wenn er Kunstkenner findet, die dafür zahlen, als ob er es wäre.

Natürlich kann Erziehung zum »Kunstwerk« gedeihen, und es ließe sich dafür ein Copyright erwirken, sofern es eine Erziehung ist, wie sie Professor Higgins Eliza gab. Aber das gibt es eben nur bei G. B. Shaw, auf der Bühne und im Film. Der Gesanglehrer, der einen jungen Tenor heranbildet, kann sein Kunstwerk nicht unter Urheberschutz bringen und will es auch nicht. Beuys beansprucht ihn für alle seine Konglomerate.

Es ist nichts dagegen einzuwenden, daß Hausfrau, Kindergärtnerin oder Arzt ihre Tätigkeit als Herausforderung verstehen und täglich besser sein wollen, als der Brauch es für nötig hält. Bezeichnenderweise ist aber gerade diese Berufsmotivation während der zwanzig Jahre, in denen Beuys & Co. hochkamen, von demselben Zeitgeist, von denselben Medien, von denselben politischen Kräften in den

Kulturdezernaten der Kommunen verpönt und verhöhnt worden. Keinem Schüler wurde auch nur andeutungsweise der Leitwert vermittelt, er könne sich als Künstler, als kreativer Mensch fühlen und die Leistung um ihrer selbst willen erbringen, wenn er beispielsweise den kompletten Grundwortschatz der lateinischen Sprache so lernt, daß er beim Sich-abfragen-Lassen eine Trefferquote von hundert Prozent erzielt. Man kann das schaffen, aber wurde es noch verlangt? Und aus eigenem Antrieb?
Die Hinweise von Beuys auf Hausfrau und Arzt als Perfektionisten erklären gerade nicht, weshalb er und seine Claque meinen, unter den Hut von Beuys getan, sei auch jedes Vor-sich-hin-Gammeln mit beliebigen Dingen aus dem Sperrmüll oder Abfalleimer automatisch Kunst. Beuys tut ja gerade, nach seiner eigenen Definition, das Gegenteil von dem, was er bei Hausfrau oder Arzt als Kriterium für das Erbringen von Kunst, in seinem Sinn, genannt hat. Nichts von dem, womit er seit Jahren seinen Ruhm bestreitet, ist so beschaffen, daß er beim Umgang damit überhaupt in der Lage wäre, besser zu sein, als er oder ein anderer ist. Selbst wenn Beuys es wollte, was er aber nicht erkennen läßt oder ankündigt, könnte er bei dem, was er tut, ein Kunstwerk im Sinne von höchstmöglicher Perfektion nicht hervorbringen. Und ganz sicher keines, das unnachahmlich, das unverkennbar wäre. Wann ist die Verteilung von Fettklumpen oder Sperrmüllgut perfekt, und wer befindet darüber?
Die Interviewerin fragte deshalb auch weiter: »Wie ist es dann zu erklären, daß für Ihre Werke so hohe Preise auf dem Kunstmarkt bezahlt werden?« Darauf Beuys mit entwaffnender Ehrlichkeit: »Weil eben kein Widerspruch da ist, der durchgängig ist ... Ich glaube, ich hätte keinen Erfolg gehabt, wenn ich etwas anderes gemacht hätte, als ich gemacht habe. Also kann man sagen: gerade dieses Für und Wider um meine Arbeit kennzeichnet doch meinen Erfolg.«
Das ist es eben. Allein mit Fett, Filz, Hut und Kojote im Käfig (etc.) kam Beuys so weit, weil er als Künstler nichts Gekonntes bieten wollte oder konnte. Natürlich konnte das nur in einem Kunst- und Kulturbetrieb gelingen, der süchtig auf geistige Deformation geworden war, wie ja auch sonst viele um jene Zeit. Man denke an das dringliche Anliegen im Deutschen Bundestag 1970, die Freigabe der Pornographie durchzusetzen. Die Bildungsreformer nicht zu vergessen.

Zuletzt wollte die Interviewerin noch eines erklärt haben: »Wenn ich zum Beispiel diese Krone umgeschmolzen hätte, meinetwegen auch in einen Hasen, dann wäre die Krone von mehreren hunderttausend Mark wahrscheinlich nicht mehr wert gewesen als das Stück Gold, das daraus entstanden wäre.«
Die Antwort von Beuys zeigte ungewollt das Kartenhaus, auf dem seine »Kunst« steht: »Das ist ja nur deswegen zu einem Wert gekommen, weil die Vorarbeit eben geleistet worden ist, in meinem Leben. Wenn mir also heute, sagen wir in einer Stunde Arbeit, eine Zeichnung gelingt, die sehr viel Geld auf dem Markt bringt, ist das ja nur deswegen möglich, weil ich mein ganzes Leben lang daran gearbeitet habe, daß ich es heute in kurzer Zeit kann. Ich kann heute mehr oder weniger einen Mehrwert an Dingen erzielen, nur aufgrund der Tatsache, daß ich den Ideenzusammenhang, den ich erarbeitet habe, an die Sache heranbringe.«
Dies ist Unsinn. Schließlich blieb Beuys seit Jahrzehnten Zeichnungen schuldig, auf die seine Antwort passen würde. Es braucht keine lebenslange Übung, um ein paar Sachen in eine Ecke zu stellen oder mit dem Hammer zu zerschlagen.
Beuys und seine Interpreten bedienen sich eines einfachen Tricks, um aus jedem billigen Witz etwas Erhabenes zu machen: Beuys oder der Kunstkritiker läßt irgendeinen Namen mit höchstem Bekanntheitsgrad erklingen, zum Beispiel Dürer oder Leonardo da Vinci. Als nächstes behauptet man, bei diesem Künstler habe sich etwas getan oder angedeutet, was seither verloren ging oder verschüttet wurde. Dabei macht es sich gut, wenn man diese Behauptung mit einem zivilisationspessimistischen Seufzer schmückt, der mit Namen wie Husserl oder Heidegger eingerahmt wird. Und jetzt kommt der Sturz vom Erhabenen zum Lächerlichen, den auch nur wahrzunehmen fast keiner mehr wagt:
Die Größe, die Bedeutung von Beuys bestünde darin, daß er am Tiefpunkt unseres Menschseins um 1960 begonnen habe, mit den zu diesem Zeitpunkt einzig angemessenen Mitteln – wie Filz, Fett und Sperrmüll – das wieder aufzubauen, was seit Dürer oder Leonardo da Vinci verschüttet worden sei oder was selbst diese, weil bereits am Eingang zum heutigen Jammertal stehend, gar nicht mehr hätten vollbringen können.
Bezeichnend ist nun, daß im Bereich der heutigen bildenden Kunst

(ohne Können) so gut wie keiner gegen diesen offensichtlichen Unfug und die Verhöhnung seiner Intelligenz protestiert, während fast jeder sofort loslachen würde, wenn man den gleichen Trick mit Werken der Wortkunst versuchte.
Etwa so: Es fällt der Name von Platon, Spinoza, Paracelsus, Leibniz oder Shakespeare. Man behauptet dann, bei diesem Philosophen oder Dichter sei ein tiefes Anliegen a) zum letzten Mal angeklungen, b) nie ganz zur Vollendung gekommen oder c) seither vernachlässigt oder verschüttet worden. Wir heute, am Tiefpunkt der Menschheitsgeschichte, könnten somit nur auf Rettung hoffen, wenn wir als Philosoph oder Dichter bei a, b oder c anknüpfen. Dies ginge, unserer fürchterlichen Zeit entsprechend, aber nur, wenn wir die Silben da, da, da über dreißig Druckseiten hinweg in wechselnder Zeilenlänge publizieren.
Die Exponate eines Beuys und ähnlicher Vertreter dieser Art von moderner Kunst verhalten sich zu den Werken von Dürer oder Leonardo da Vinci wie das »Werk« eines heutigen Schriftstellers, das nur aus einer Serie von 25000 hingeschriebenen, da, da, da bestünde zu den Werken eines Leibniz oder Shakespeare. Um zu zeigen, daß ich Beuys und seiner Kohorte von Kunstkritikern nicht etwas untergeschoben habe, wozu selbst sie nicht die Dreistigkeit hätten, zitiere ich einige Stellen aus einem Aufsatz in der Süddeutschen Zeitung Nr. 141 vom 22./23. Juni 1985. Sein Autor, Peter-Klaus Schuster, ist Referent für deutsche Kunst des 20. Jahrhunderts bei den Bayerischen Staatsgemäldesammlungen. Illustriert ist dieser Artikel mit dem Selbstbildnis von Dürer (1500) und mit einem Photo von Beuys im Gammler-Look. Anlaß war die Ausstellung »Deutsche Kunst seit 1960« in München. Schuster schreibt unter dem Titel »Der Mensch als sein eigener Schöpfer/Dürer und Beuys – oder: das Bekenntnis zur Kreativität«:
Es könnte sein, »daß der wohl größte Künstler der Deutschen mit dem noch immer umstrittensten Vertreter deutscher Gegenwartskunst doch mehr gemeinsam haben könnte, als es manchem Dürerfreund lieb sein mag«. Zur Begründung seines Kunstbegriffes »beruft sich Beuys ... insbesondere auf Leonardo da Vinci ..., Gründerfigur eines neuzeitlichen Bewußtseins, aber auch der Beginn eines damit verbundenen Elends«. Die Selbstermächtigung der Naturwissenschaften seit der Renaissance habe nach Beuys »eine

Verarmung des Menschen im Gefolge« gehabt. Die Kunst nehme seither an den von den Wissenschaften geprägten Lebenszusammenhängen »kaum mehr aktiven Anteil«: »Ihre anthropologische Funktion für jedermann scheint verloren zu sein.« So ziele Beuys darauf, den Menschen in seiner »verschütteten Kreativität wieder zu aktivieren«. Und jetzt ist dieser staatliche Kunstreferent an dem Punkt, wozu er den bombastischen Vorbau brauchte:
»Um dieses Gefühl einer ursprünglichen Einheit wiederzuerwekken, arbeitet Beuys mit betont armseligen Materialien wie etwa mit Filz, Fett, toten Tieren und Abfall, die bisher kaum kunstwürdig waren und die sich nicht unmittelbar rational definieren lassen. Diese Materialien haben vielmehr einen reichen Assoziationsüberschuß und werden von Beuys intuitiv, ja häufig mit geradezu provozierender Absurdität verwendet zur Verdeutlichung höchst einfacher polarer Gegensätze wie Wärme und Kälte ...«
Wir sehen: Fast alles, was die offizielle Kunstkritik zum Ruhme von Beuys sagt, taugt auch wörtlich dazu, einem heutigen Philosophen oder Dichter, der nur Serien von da, da, da, da, da drucken läßt, zu bescheinigen, daß er in direkter Linie zu Platon, Leibniz oder Shakespeare stehe, aber eben nur mit armseligen und absurden Silbenhäufchen arbeiten könne, damit jeder Leser sich aus dem »reichen Assoziationsüberschuß« als Dichter oder Philosoph selber betätigen kann.
Anschließend findet dieser Experte der Bayerischen Staatsgemäldesammlungen natürlich ein paar passende Worte bei Adorno und Horkheimer, bei Husserl und Heidegger, die auch bereits hellseherisch auf das Anliegen von Beuys hingewiesen hätten. Mit Hilfe dieses philosophiegeschichtlichen Geleitzuges gelangt Peter-Klaus Schuster dann zur Feststellung, daß Beuys, der »erste Aussteiger«, genau das verwirkliche, was Dürer auf seinem Selbstbildnis von 1500 angestrebt habe, »die Wiederherstellung der ursprünglichen Gottesebenbildlichkeit des Menschen kraft seiner schöpferischen Gaben«. Und: »Nicht erst für Beuys, sondern schon für Dürer ist also nach humanistischer Überzeugung jeder Mensch ein Künstler.«
Abschließend heißt es dann, so finde »Dürers veredeltes Selbstbildnis im entsprechend frontal geläuterten Selbstbildnis von Beuys sein Pendant ... In voller Montur mit Gangsterhut und Fliegerweste, die

Hand zur Faust geballt, nimmt der Künstler in einer Mischung aus armem Sämann und Wanderprediger unbeirrbar seinen Weg.«
Ja, aber eben nur auf einem inszenierten Photo von Beuys (1972) mit dem Titel »La rivoluzione siamo Noi«, wie es auch jeder Schüler von sich machen lassen kann, wenn er zum Beispiel in voller Montur Winnetou frei nach Karl May spielt, genauso wie Beuys 1972 Revolution spielte – nämlich vollkommen risikolos!
Beuys ist keine Revolution, sondern der billige Bluff einer in Galerien und Redaktionen etablierten Schickeria, die uns für dumm verkauft.

Ist jede Geräuschfolge Musik?

Seit es die »moderne« Musik gibt, hört man auch die Klage über das ihr fehlende Publikum. Wenn aber ein Sachverhalt um 1925, 1950 und 1985 mit gleichen Worten festgestellt und erklärt werden muß, kommen Zweifel, ob das wirklich nur an der Unverständigkeit, der Lernunwilligkeit des Publikums liegen kann. Schließlich hat sich das Publikum für schwierige und ihm gegen den Strich gehende künstlerische Darbietungen im Lauf des Jahrhunderts durchaus gefunden, mit der einzigen Ausnahme: die ganz moderne Musik. Gekränkt äußern sich die Urheber, Interpreten und Bewunderer der Musik, die nichts unversucht ließ, das 20. Jahrhundert zu repräsentieren, über die Unerziehbarkeit des Publikums. Es lasse sich einfach nicht umgewöhnen und könne wohl aus Borniertheit mit der Musik der eigenen Zeit nichts anfangen. Auffallend ist auch dies: Nicht einmal die Verbannung und Verfolgung durch das Hitlerregime hat der modernen Musik geholfen, beim Publikum Anklang oder wenigstens Duldsamkeit zu finden. Alle anderen im Hitlerreich verbotenen Erscheinungsformen der Kunst konnten mit einem solchen Bonus rechnen.
Das Publikum für bildende Kunst ist zu jedem Zeitpunkt unseres Jahrhunderts bereit gewesen, sich Ausstellungen von Künstlern anzusehen, die fast ausschließlich das Schauderhafte, Häßliche, Abstoßende, das Ekelerregende im Menschen, in seinen Lebenslagen

und Katastrophen herausgearbeitet hatten. Hängt dies vielleicht damit zusammen, daß der Mensch auch extrem aufwühlende und verstörende visuelle Eindrücke geistig zurechtrücken und entschärfen kann, während akustische Reize in tieferen Regionen des zentralen Nervensystems bereits voll wirken und von anderen Bewußtseinsinhalten nicht neutralisiert werden können? Eine Gemäldeausstellung, die nur Bilder zeigte wie zum Beispiel Max Beckmanns Bild »Der Traum« (1921) wäre für das Gemüt und Gedächtnis der Betrachter eine schwere Belastung, aber sie fände zweifellos zahlreiche Besucher. So wirr, gräßlich, abstossend, inkongruent und ängstigend »Der Traum«, wie ja auch unsere geträumten Träume oft genug, wirkt: Man kann solche Bilder viel leichter ertragen als eine sinnlose Serie durchdringender Geräusche. Im Wahrnehmungsfeld des Auges ruft unser Bewußtsein aus dem Gedächtnis Formen und Bedeutungen zu Hilfe, um auch den gräßlichsten Anblick in Sinn einzubetten und damit zu entschärfen.
Auf die Frage, weshalb die »wirklich« moderne Musik fast immer so klingt, daß kein noch so engagiert für sie aufgeschlossener Dirigent und Impresario es riskieren könnte, mit ihren Werken den Großteil des Repertoires zu füllen, heißt es oft: In einem Jahrhundert nie zuvor dagewesener Entsetzlichkeiten und Häßlichkeit, müsse eben auch die ihm angemessene Musik dies zum Ausdruck bringen. Damit ist allerdings noch nicht erklärt, weshalb man die Fürchterlichkeiten des Dreißigjährigen Krieges, der Französischen Revolution und der Napoleonischen Kriege nicht in der Musik ihrer Epochen hören kann oder jedenfalls nicht so, daß sie die Konzertsäle räumt.
In einem Interview in London (BBC World Service, 15.1.1985) erzählte Stockhausen wie er zu den Geräuschen kam, die seine Komposition »Mikrophonie I« (für Tamtam, 2 Mikrophone, 2 Filter und Regler) 1964 enthält. Er habe in seinem Garten ein riesiges Tamtam aufgehängt gehabt, das er für ein anderes Werk Jahre zuvor gebraucht hatte. Dieses Tamtam, eine Art Gong, bestehend aus einer runden, leicht gewölbten Scheibe aus Bronze, habe ihn gelockt, darauf Töne zu erzeugen, für die es eigentlich nicht bestimmt ist. Einmal kratzte er mit einem Stein auf der Bronze herum, dann wieder mit verschiedenen Utensilien aus der Küche, solche aus Metall und aus Plastik. Die auf diese Weise entstandenen ungewöhnlichen

Töne hätten ihn dann auf die Idee gebracht, einen Toningenieur vom Rundfunk zu bitten, mit zwei Mikrophonen und Filtern zu ihm zu kommen. Er habe dann wieder mit einem Stein, mit Werkzeugen, Küchenlöffel und Plastikdingen auf der Bronzescheibe herumgerieben und die Geräusche aufzeichnen lassen. Zuweilen habe er die Mikrophone dabei mit verschiedener Geschwindigkeit auf der Oberfläche des Tamtams hin und her bewegt. Nun klingt Stockhausens Geräuschkollektion »Mikrophonie I« tatsächlich so wie es nach seiner Beschreibung ihrer Erzeugung zu erwarten ist. Zum Glück verschont er uns, im Gegensatz zu Künstlern wie Beuys, mit einer Begleitphilosophie wie sie dieser für seine entsprechenden Kollektionen aus der dreidimensionalen Welt liefert. Stockhausen hatte auch 1985 für die von ihm aus dem Tamtam herausgeriebenen Geräusche im Gespräch mit einem Londoner Musikkritiker nur ein Wort, das erklären soll, weshalb die Sammlung Mark und Bein durchdringender Geräusche ein Werk der Musik sei. Stockhausen sagte, das Ergebnis sei absolut »stunning« gewesen. Das konnte man beispielsweise auch von der Stuttgarter Straßenbahn sagen, wenn sie in der ersten Nachkriegszeit die Neue Weinsteige in Richtung der Bopseranlage herunterfuhr. Die durch Räder, Bremsen und Schienen in den Kurven erzeugten Geräusche glichen Stockhausens »Mikrophonie I«. Nur hatte niemand den Einfall, sie aufzuzeichnen und zur Neuen Musik zu erklären.

Zweimal gebrauchte Stockhausen das Wort »stunning« für sein Geräuschprodukt. Dem Londoner Musikkritiker war es recht. Ich finde ja auch, daß es paßt. Die Grundbedeutung von to stun ist nämlich »bei jemandem den Verlust des Bewußtseins durch Schlag oder Gehirnerschütterung bewirken«. Als literarisches Beispiel gibt dafür eines der größten Wörterbücher der englischen Sprache die Wendung, »ein Kaninchen mit einem Stein betäuben«. Die Spezialhandgranaten zur Ausschaltung von Geiselnehmern und Terroristen durch überirdisch grelle Geräusch- und Lichteffekte, in England entwickelt und seit der Geiselbefreiung in Mogadischu aus der Lufthansamaschine 1977 auch bei uns bekannt, heißen »stun-grenades«. -

Im Unterschied zur Eigenschaft zweckentsprechender Töne, so gut wie jeden Hörer aus ihrem Wirkungsbereich zu vertreiben, gibt es keine visuelle Botschaft, kein Plakat, kein Horrorgemälde, keine

Kriegsbemalung, kein Bild gleich welcher Art, die in der Lage wären, auch nur entfernt so verläßlich Menschen zu verscheuchen. 1984 hörte ich zum Beispiel eine Sendereihe der British Broadcasting Corporation, in der – wie es hieß, bleibende – Meisterwerke der modernen Musik vorgestellt wurden. Eine dieser halbstündigen Sendungen war dem Werk des ungarischen Komponisten György Ligeti (geb. 1923; seit 1956 im Westen) gewidmet. Eine britische Musikwissenschaftlerin hatte einen Querschnitt aus seinem Schaffen zusammengestellt. Die Klangwirkung dieser Kompositionen war für die weitaus meiste Zeit, körperlich spürbar, unangenehm. Man hatte fortwährend Empfindungen im Leib wie wenn man sich im Urlaub aus Versehen in Hörweite einer Sensen- oder Marmorschleiferei eingemietet hat. Es schmerzte bis ins Rückenmark. Mit schrillen Geräuschen ausreichender Intensität und höchster Frequenz können Menschen in die Flucht geschlagen werden. Es gibt Unterschiede in der Fähigkeit, ihnen gerade noch standzuhalten, aber technisch lassen sich heute Geräusche einer schmerzhaften Unerträglichkeit und Stärke erzeugen, die jeden Raum, in dem sie zu hören sind, von Eindringlingen frei blasen. Es ist unerfindlich, weshalb die ganz moderne Musik unseres Jahrhunderts diese Technik des Raumschutzes vorwegnehmen zu müssen glaubte.
Oder kann man es sich mit einer Beobachtung von Rolf Liebermann erklären? Er fand: »Die junge Generation sucht sich besonders gern ›Leitbilder der Aggression‹ und findet sie in Künstlern wie Pierre Boulez oder Mauricio Kagel. Boulez ist und bleibt ein ›angry young man‹, und seine schneidenden Bemerkungen imponieren den jungen Leuten. Dennoch lebt er recht angenehm im warmen Nest der Gesellschaft, die er am liebsten zerstören würde. Die Schizophrenie, die ihn einerseits zu dem Ausspruch veranlaßte, alle Opernhäuser sollten in die Luft gesprengt werden, ihn andererseits aber nicht hindert, in Bayreuth zu dirigieren, sichert ihm weiterhin Zulauf aus beiden Lagern.« (Rolf Liebermann, Opernjahre, 1977, S. 304)

Führt die Flucht vor dem Schönen in der Kunst zur Tieranbetung?

An der Verpflanzung eines Pavianherzens in ein Baby nahmen 1984 manche Anstoß. Der Bonner Professor für Sozialethik und evangelische Theologie Martin Honecker z. B. fand es ethisch bedenklich, daß bei solchen Transplantationen ein Tier getötet werde, um ein Menschenleben zu verlängern. Man fragt sich, ob dies auch der Zeitgeist 1985 wäre falls vor 20 Jahren die Nierentransplantation aus Schweinen gelungen und heute Routine wäre? Im Öko-Organ »Scheidewege« (Band 1984/85) meinte der Schriftsteller Jürgen Dahl, daß es, abgesehen von Notwehr, keine vertretbaren Gründe gebe, um irgendwelche Interessen des Menschen über das Lebensrecht der Tiere zu stellen. Wer es doch tue, mißbrauche nur seine Macht. Aber man überlege sich doch einmal folgendes:
Wenn der Mensch kein Tier mehr töten darf, weder als Nahrung für sich oder andere Tiere (was wird aus den Zoos?), noch als Versuchstier oder Organspender, weil der Mensch dem Tier gleichrangig, ja eher an Wert bereits unterlegen gilt, dann kann sich der Mensch auch nicht mehr die Kompetenz, das Recht und das Wissen anmaßen für die Entscheidung, welche Tiere vor welchen ihrer tierischen Feinde geschützt werden sollen. Laisser-faire total im Tierreich, Homo sapiens eingeschlossen! Heute schon wissen Dorfbewohner in Indien davon ein Lied zu singen: Der Augapfel der Tierartenschützer, der Tiger hat sich dort wieder so vermehrt, daß er immer häufiger Dorfbewohner als Frühstück holt. Kommt der Wal vor dem Hai, das Zebra vor dem Löwen, die Taube vor dem Falken? Konkret: Was werden Tierschutz-Puritaner z. B. tun, wenn – was durchaus möglich ist – immer mehr Wölfe aus Südosteuropa in deutschen Wäldern auftauchten und sich auf Kosten des heute dort normalen Wildbestandes vermehrten? Wäre der Wolf dann auch eine Art, die es um jeden Preis bei uns in freier Wildbahn zu erhalten gälte? Und was wird dann aus dem Wintersport, etwa aus dem Skilangläufer im Schwarzwald, den dieser durch Autobahntempo 100 und Katalysator für seine Wintererholung gerettet zu haben glaubte?
Immer häufiger werden die Schildbürgerstreiche der Tierschützer

zu Landplagen, gegen die sich kein Mensch wehren darf. Ein Beispiel: 1979 wurde auf Wunsch des Vogelschutzbundes im Landkreis Cham mit öffentlichen Mitteln in einem Baggersee ein Vogelschutzgebiet angelegt. Pioniere der Bundeswehr legten zwei Brutinseln an. Sie wurden von Lachmöven entdeckt. 1985 brüteten dort bereits zwischen 3000 und 4000 Möven, deren durchdringendes Gekreische die 1700 Einwohner der Gemeinde Weiding nicht als Naturbereicherung, sondern als unzumutbare Nervensäge empfinden. Auch werden die Landwirte beim Pflügen auf ihren Traktoren von Mövenschwärmen verfolgt wie die Dorfbewohner in dem Hitchcock-Film »Die Vögel«. Die ursprüngliche Absicht der Vogelschützer haben die Lachmöven ohnehin verhindert: Die schützenswerten Vögel wie Haubentaucher, Kiebitz, Wildente und Brachvogel wurden durch die Mövengeschwader längst in alle Winde verjagt. Doch die Vogelschutzbündler wollen von wirksamen Gegenmaßnahmen, wie Entfernung der künstlichen Inseln, nichts wissen. Man könne ja durch Absammeln einiger Möveneier die Vermehrung dieser Tiere etwas bremsen.
Noch ein Beispiel: 1985 beklagte man es, daß Eichhörnchen in den deutschen Wäldern nur mehr sehr selten gesehen werden. Daran sind aber nicht nur ihre natürlichen Feinde, die Marder schuld, sondern zunehmend auch Greifvögel wie Habichte, Sperber und Bussarde, die sich die putzigen kleinen Pelztiere zum Fraß holen. Zwar kann es ein Eichhörnchenpaar in fünf Jahren auf 1600 Nachkommen bringen, aber selbst diese Fortpflanzungsrate gewährleistet nicht mehr das Überleben der Eichhörnchen in Wäldern seit die genannten Raubvögel auf Betreiben der Tierschützer unter Schutz stehen und sich ungehindert vermehren dürfen.
Der heute meist automatisch gewährte Rechtsvorsprung des Tieres vor Gericht ist aus vielen Urteilen erkennbar, wobei es kaum mehr von Belang ist, ob es sich um den letzten Adler im Gebirge oder den ersten Frosch in des Nachbarn neuem Kunstteich handelt. Wenn aber der Mensch das einzige Tier mit Ethik, mit Gewissen und Willensfreiheit, also ein höheres Wesen mit Seele sein soll, dann darf er nicht nur aus rein ästhetischen Präferenzen entscheiden, ob Wal vor Hai, Giraffe vor Löwe oder Adler vor Zicklein rangiert, sondern eben auch, wann und wo die Belange der Menschen letztlich vor denen aller Tiere kommen. Im Kompetenzwahn der Ökologisten und

Biotopisten steckt ein Widerspruch. Was soll das salbungsvolle Motto »Versöhnung mit der Natur«? Falls der Mensch auch nur ein Tier unter lauter Tieren und gleichrangiger Teil der Natur sein soll, braucht es keine Versöhnung. Sie zu fordern ist so zwecklos wie die Forderung einer Versöhnung von Wal und Hai, Wolf und Lamm, Falken und Kücken.

Was steckt dahinter? Vielleicht auch dies: Die modische Besessenheit mit seiner Häßlichkeit als Gattung, die dem Menschen seit der Mitte des Jahrhunderts in sämtlichen Kunstarten aufgenötigt wurde, führte bei manchen zur Tiervergötzung: Das Tier ist schön und sündenfrei, und ich armseliger Menschenwurm darf ohne Sünde wider den Zeitgeist seine Schönheit auch sehen. Ist der jüngste Ausbruch des Tierschutztotalitarismus vielleicht unbewußt die Sehnsucht nach Schönheit, vor der man im Menschenreich die Augen zu schließen hat? Zwar hat es auch in früheren Jahrhunderten in der Kunst bedeutende Darstellungen des häßlichen Menschen gegeben, aber kein Künstler, der damals überwiegend die Schönheit von Menschen darzustellen suchte, galt deswegen als Künstler minderen Ranges. Er hatte kein schlechtes Gewissen als Gestalter schöner Menschen. Heute ist dies anders. Seit der Mitte unseres Jahrhunderts maßt sich selbst die kläglich ungekonnte Darstellung der Häßlichkeit des Menschen den höchsten Rang im Kunstbetrieb, ja eine Art Kunstmonopol an. Wer es als Künstler wagen würde sich der Schönheit des Menschen zu widmen (für Modefotografen gelten Ausnahmebewilligungen), liefe Gefahr, mit der Vergangenheit Arno Brekers aus der feuilletonfähigen Kunstszene geprügelt zu werden.

Ist der Verdacht abwegig, daß die Flucht vor dem Schönen in der Kunst während der letzten Jahrzehnte in einem mittelbaren Zusammenhang steht mit der Herabstufung des Menschen zu einem ästhetisch minderwertigen Element in der Fauna des Erdballs? Kein Künstler unserer Zeit könnte auf Beifall rechnen, wenn er Tiere so boshaft verhäßlicht darstellen würde wie es dem Menschen angetan wird. Selbst dort wo Tiere in einer Karikatur unentbehrlich sind, bleiben sie stets liebenswert. Was auf einen Künstler zukäme, der ein Tier ins ekelhaft Häßliche entstellte, zeigt das Los einer Karnevalszunft in Süddeutschland, die seit Menschengedenken in Katzenmasken auf die Straße ging. Sie wurde 1984 verklagt wegen Verletzung der Würde von Tieren.

Je mehr sich aber der Mensch ranggleich mit dem Tierreich eins glaubt, desto weniger kann er behaupten, ihm obliege es, für die Komplettheit der Arten zu sorgen. Es wäre ein Test der Aufrichtigkeit dieser Artenschutzphilosophie, wenn es gelänge, von einer vor 10 000 Jahren ausgestorbenen Tierart heute Exemplare zu finden, aus deren Zellen sich im Labor fortpflanzungsfähige Geschöpfe entwickeln ließen. In Frage käme das Kältesteppenmammut, von dem im sibirischen Bodeneis vollständig erhaltene Exemplare gefunden wurden. In Moskau experimentiert man mit ihrer Erbsubstanz.
Der Plan, solche Mammuts in die Fauna wieder einzugliedern, stieße vermutlich bei den Tierschützern auf Widerstand – wie alles, was aus der Wissenschaft kommt. Das Mammut aus dem Pleistozän gälte ihnen als Störenfried im Biotop des Jahres 2000.
Worin unterschiede sich aber dieses Vorhaben von dem, das die niedersächsische Landesregierung in Hannover Anfang 1985 angekündigt hat? Sie will Samen und Embryonen von Haustierrassen, die vom Aussterben bedroht sind, tiefgefroren aufbewahren zwecks künftiger Nachzucht. Man denkt an Brauereipferde, schwere Akkergäule und ältere Rinderrassen. (Süddeutsche Zeitung, 28.2.1985). Die Debatten im US-Kongreß zum »Endangered Species«-Gesetz zeigten, daß es um ästhetische Werte ging, wie die Erhaltung des Amerikanischen Adlers, Wappentier der USA. Kein Politiker sah voraus, was kam: dieses Gesetz diente dazu, z. B. einen fast fertigen Staudamm zur Investitionsruine zu machen, weil der Snail Darter (eine Zwergbarschart), ein kleinfingergroßer Schlammbewohner im Flußbett auf dem Boden des Stausees nicht überleben könne. Gesehen hatte man den Snail Darter zuvor nie. Entdeckt wurde er von Staudammgegnern. Zwar hat der Snail Darter in den Schriften deutscher Ökophilosophen wie Meyer-Abich die Rolle eines Wappentiers ihrer Zunft erlangt, doch dies widerlegt nicht meine Feststellung, daß die dogmatischen Schützer gefährdeter Tierarten überwiegend ästhetische Motive und Wertmaßstäbe haben. Elefanten ja, aber schlüge ihr Herz auch für Dinosaurier, falls es sie noch gäbe? Insoweit es sich beim Tierartenschutz um ein ästhetisches Anliegen handelt, ist seltsam, daß gerade seine Fürsprecher dem Menschen verwehren wollen, sich selber nicht zuletzt auch aus ästhetischen Gründen einen Rang über dem Tier einzuräu-

men. Solange es in den Augen des totalitären Tierschutzes noch erlaubt ist, als Mensch den Wal schöner zu finden als den Tintenfisch und den Jaguar schöner als die Hyäne, solange müßte auch das ästhetische Werturteil erlaubt sein, daß der Mensch allein schon als Gesamtkunstwerk der Schöpfung im Rang über unzähligen Tierarten steht.

IRRTUM VIER:

»GEIST UND WISSENSCHAFT, DIE WIDERSACHER DER NATUR«

Wann kann der Mensch wissen, ob er zuviel weiß?

Die Frage, wie man die heile Natur vor den Naturwissenschaften in Schutz nehmen könne, bewegt heute viele. Im April 1983 stellte ein Professor der Jurisprudenz in der Wochenzeitung »Die Zeit« Überlegungen an, wie künftig eine Selbstkontrolle der Wissenschaft vorsichgehen könnte:

»Eine ernstzunehmende Selbstkontrolle des Forschers (würde) voraussetzen, daß er sich nicht nur für die Machbarkeit, sondern auch für die Beherrschbarkeit seines Erkenntnisprodukts verantwortlich weiß ...erst den Lauf steuern und notfalls auch bremsen können, das macht den Meister aus. Und nur solche Forscher wünschen wir uns am Werk.«

Dieser fromme Wunsch setzt eine lineare und eindimensionale Zukunftskenntnis voraus, die es prinzipiell nie geben kann und an die zu glauben in der Regel den Forscher zur Einfallslosigkeit bringen würde. Man kann der eigenen unmittelbaren Gegenwart nicht beliebig die Weitsicht, die Phantasie und die geistige Durchdringungsfähigkeit aller denkbaren Dinge zuschreiben, um sich für die Zukunft alle überhaupt gerade noch wünschenswerten und brauchbaren Entdeckungen oder Neuerungen und die daran sich möglicherweise anschließenden Entwicklungspfade vorzustellen. Wer an die sanfte und naturgemäße, auf Sparflamme zurückgedrehte Zivilisation glaubt, aus der dann gerade noch ein paar erlaubte Fortschritte entspringen werden, folgt einem Irrlicht im Sumpf der Angst. Wie weit entfernt ein solches Welt- und Wissenschaftsbild von der Wirklichkeit und von den Ausgangsbedingungen für ergebnisreiche Forschung liegt, möchte ich an zwei Entwicklungspfaden zeigen:

Als vor 15 Jahren die ersten Rundflüge zum Mond unternommen wurden, konnte man die Gefahr nicht ausschließen, daß die Astronauten vom Mond Krankheitserreger mitbringen, gegen die wir uns mit dem Stand der Heilkunde von 1970 nicht wehren könnten. Die Heimkehrer vom Mond wurden vorsorglich so empfangen und in Quarantäne genommen als ob sie eine unheilbare Krankheit vom Weltraum mitbrächten. Die Befürchtung erwies sich als vollkommen unbegründet. Wenige Jahre nach den bemannten Monderkundungsfahrten kam eine andere Besorgnis. Anfang der 70er Jahre machte sich die Molekularbiologie auf den Weg zur Gentechnologie. Von diesen Experimenten, so glaubten manche, ging ein unkontrollierbare Gefahr aus. Irgendwelche völlig neuartigen Krankheitserreger könnten aus dem Labor der Gentechniker entweichen und die Menschheit mit einer Seuche anstecken, gegen die es kein Mittel gibt. Der Biochemiker Erwin Chargaff zum Beispiel warnte 1976 in einem Brief an den Herausgeber der US-Zeitschrift »Science« vor der Gentechnik, vor molekularbiologischen Experimenten: »Neue Lebensformen können nicht zurückgerufen werden ... Ist es klug, zu vermischen, was die Natur getrennt voneinander gehalten hat?«

In seinem Buch »Warnungstafeln« (Stuttgart 1982) meinte Chargaff, daß es sich bei der Gentechnik »um die unwiderrufliche Erzeugung neuer Arten des Lebens handelt. Und noch dazu von Arten, in denen oft eine einzigartige Verschmelzung von Erbelementen stattgefunden hat, zwischen denen die Natur eine unüberwindliche Schranke eingerichtet hat«. Und im Sommer 1984 erklärte er in einem Interview:

»Ich habe warnen wollen vor einer nicht akuten, aber denkbaren Gefahr: der Verschmutzung der Umwelt durch neue Lebensformen ... Im Vergleich etwa zur Verschmutzung mit Radioaktivität haben wir keine Handhabe zur Kontrolle. Es gibt etwa den Geigerzähler, um Radioaktivität festzustellen, bei Bakterien geht so etwas nicht.« (Erwin Chargaff, Gewerkschaftliche Monatshefte, Oktober 1984, weshalb er vor 10 Jahren gegen die Gentechnologie war).

Heute wissen wir: Weder das Betreten des Mondes noch die Molekularbiologie brachten eine völlig neue und schreckliche Krankheit in die Welt. Die Furcht vor einer solchen Krankheit aus dem Weltraum oder aus dem Genlabor hing wohl auch mit der Abneigung vieler Zeitgenossen gegen die vermeintliche Naturwidrigkeit und das frevelhafte Unterfangen eines Mondbesuches zusammen. Im Fall der Gentechnologie galt das Gleiche. Diese unerhörte Vermessenheit der Forscher mußte doch den Zorn der Natur provozieren und die Strafe in Form einer unheilbaren Seuche bringen. Doch was kam in Wirklichkeit? Die seit Jahrhunderten erste neue Infektionskrankheit, und im Verlauf eine so grauenhafte und nicht heilbare Krankheit wie man sich die Seuchen vom Mond oder aus dem Gen-

labor vorgestellt hatte, ist tatsächlich gekommen: Die erworbene Immunschwäche, das Acquired Immune Deficiency Syndrome, AIDS.
Inwieweit man diese Krankheit voll aufklären und bekämpfbar machen kann, wird sich erst, unter anderem nach unzähligen Tierversuchen, zeigen. Einige der Forscher, die daran arbeiten, haben die Befürchtung geäußert, bisherige Verfahren zur Entwicklung von Behandlungs- und Impfmöglichkeiten für Infektionskrankheiten könnten im Fall von AIDS ergebnislos bleiben, weil AIDS – und das ist ja das vollkommen Neue – so unmittelbar das Immunsystem des Individuums abblockt und zerstört, daß dort keine Bausteine mehr vorhanden sind, mit denen, oder an denen, man bisher die Widerstandskräfte des Organismus gegen eine Krankheit aufbauen konnte.
Erwin Chargaff, 81, behauptete 1984: »Die Wissenschaft ist erst in meiner Zeit deformiert worden. Sie ist zunächst um das Zehnfache gewachsen ... Das Wissen – das ist, was ein menschliches Gehirn bewältigen kann – war richtig bis zum Jahre 1940. Seitdem ist man in Amerika ... daran gegangen, das Wissen zu vertausendfachen. Nun ist es nicht mehr Wissen: Mit der Quantität ist die Qualität verändert worden.« (Gewerkschaftliche Monatshefte, Nr. 10, 1984, nachgedruckt auch in der »Frankfurter Rundschau«).
Das Wissen der Menschheit war um 1940 »richtig« und optimal! Damals war Professor Chargaff 35 Jahre alt. Man stelle sich vor, die Naturwissenschaften wären auf dem Stand von 1940 stillgelegt oder, wie Chargaff vorschlägt, durch ein Staatsmonopol auf Forschung bis auf eine vermeintlich ungefährliche Langsamkeit ihrer Erkenntnis- und Methodenfortschritte heruntergefahren worden! Möglicherweise stünden wir dann 1985 vor der vollkommen unvorhergesehenen und in keiner bisherigen Hypothese über Infektionskrankheiten auch nur denkbaren Krankheit AIDS so unausgerüstet und hilflos wie unsere Vorfahren in früheren Jahrhunderten vor der Pest.
In der Süddeutschen Zeitung vom 2. /3. März 1985 schrieb Klaus Michael Meyer-Abich unter dem Titel »Umkehr zum Leben«, wir müßten uns ändern und lernen, »aus technischen Neuerungen niemals einen Vorteil zu Lasten des Ganzen zu ziehen.« Der einzige Weg »zur Rettung der Wissenschaftsfreiheit« sei der, »eine Innere

Führung der Wissenschaft« einzurichten. Der Begriff Innere Führung hat aber bisher nur eine Bedeutung: nämlich »Prinzip der Menschen- und Truppenführung in der Bundeswehr.«
Hier wird über das Anliegen Naturschutz eine äußerst gefährliche und dem Wesen jeder Forschungsarbeit zuwiderlaufende Wissenschaftspolitik gefordert. Meyer-Abich verlangt:
»Die Freiheit der Wissenschaft (sei) endlich in der Verantwortung für das Ganze wahrzunehmen.«
Wer legt fest, was das Ganze ist? Wer prüft und entscheidet, was ihm dient und was nicht? Umfang und Inhalt einer solchen Ganzheit entziehen sich grundsätzlich unserem Wissen. Wer Forschung und Entwicklung jeweils auf das vermeintlich erkennbare Wohl des Ganzen begrenzt, hat, wie die Wortwahl zeigt, eine totale Wissenschaftspolitik im Auge. Und diesem Vorwurf kann man sich auch nicht mit Leerformeln entziehen wie die folgenden:
»Wir wissen heute zu vieles, was Nebenwirkungen hat, Lebensbedingungen zerstört oder den Frieden stört. Ein Atombombenwissen ist nicht nur nicht wissenswert, sondern geradezu unvernünftig. Wissenswert wäre, was dem Leben dient und dem Naturzusammenhang des menschlichen Lebens entspricht, ein Erhaltungswissen anstelle eines Zerstörungswissens.«
Begriffe wie »Atombombenwissen« oder »Erhaltungswissen« sind so abwegig wie z. B. der Begriff Wissenschaftssenatorwissen. Selbstverständlich wird es immer offene Fragen zum optimalen Verhältnis zwischen Menschen und Teilen der sogenannten Natur geben. Die von Fall zu Fall und von Ort zu Ort relevanten Elemente einer vom Menschen als Gestalter seiner Umwelt abgrenzbaren »Natur« werden aber nicht einer brauchbaren Definition näher geführt, wenn man mit einem globalen und pathetischen Naturbegriff arbeitet wie er zur Zeit wieder einmal in Mode ist, im Rückgriff auf eine – nicht gerade wegen ihrer Klarheit und Rationalität berühmten – Lebens- und Naturphilosophie aus dem ersten Drittel unseres Jahrhunderts. Das Beschwören von Ganzheit ist kein Ersatz für Schärfe der Gedanken.
Ein solcher Naturbegriff taugt nicht dazu, Entscheidungskriterien für den Verantwortungsethiker bereitzustellen. Er ist nur Baustein einer Erbauungsliteratur für Gesinnungsethiker, die glauben, das Gefühl einer löblichen Gesinnung in sich und einigen Gesinnungs-

genossen verleihe automatisch das Monopol auf ein endgültiges Wissen darüber, welche naturwissenschaftliche Forschung im Namen der Natur noch erlaubt sein soll und welche nicht – das Monopol auf ein abschließendes Wissen darüber, gerade welche Art und welche Inhalte unseres Wissens in Zukunft erforderlich und welche überflüssig sein werden.

Sich dem Kosmos anvertrauen?

Einen mittleren Weg in dieser Kontroverse deutet Prof. Witt an. H.T. Witt, Professor für Biophysikalische Chemie, hat sich mit der Frage befaßt, ob wir uns weiterer Grundlagenforschung enthalten oder sie mit irgendwelchen Sicherungen gegen Entgleisungen versehen sollten. Witt hält nichts davon, von der praktischen Undurchführbarkeit solcher Maßnahmen ganz abgesehen. Er möchte sich eher der Natur anvertrauen:

»Vielleicht hält sich die Natur in der Phase der jetzigen intellektuellen Evolution mit der negativen Komponente der Ambivalenz sogar ein Mittel bereit, um die nach ›ihrer‹ Meinung aufgelaufenen Fehlentwicklungen korrigieren zu können. Denn in der vorausgegangenen biologischen Phase der Evolution ist die Natur in dieser Beziehung mit ihren Korrektiven ungemein rigoros vorgegangen.«

Prof. Witt glaubt: »Gemessen an dem bescheidenen Stand unserer derzeitigen Bemühungen zur Abwendung von Gefahren, ist es nach meiner Meinung offen, ob wir den möglichen evolutionären Eingriffen, die wir aus menschlicher Sicht als apokalyptische Katastrophen hinnehmen müßten, durch vernünftiges Handeln zuvorkommen können.« (»Frankfurter Allgemeine Zeitung«, 29.1.1985)

Man kann es wohl so sehen: Der Mensch ist Teil der Natur und des Kosmos im Sinne eines Kontinuums, das erlaubt, ihn als Schöpfung einer außerirdischen Intelligenz aufzufassen (so der Astronom Sir Fred Hoyle, Evolution from Space, 1981). Es genügt auch zu sagen, der Mensch ist das, wie immer auch zustandegekommene, Spitzenergebnis genetischer und evolutionärer Prozesse. Welche Deutung man auch wählt, keine gestattet verbindliche Urteile über die

Soll-Bruchstelle an der sich der Mensch von der Natur abgetrennt hat, um von da an ihr Feind zu sein.
1942 hörte ich als 20jähriger zum ersten Mal von der Möglichkeit einer Atombombe. Der Münchner Philosophieprofessor Kurt Schilling (1899-1977) erläuterte mir erstaunlich zutreffend ihr Grundprinzip und prophezeite, daß eine solche Explosion am Ende des Zweiten Weltkrieges stehen werde. Zu diesem Gespräch kam es so: Im Sommersemester 1942 hatte ich neben meinem Medizinstudium auch Philosophie belegt und im Seminar Schillings ein Referat über »Naturphilosophie und Naturwissenschaft bei Descartes« gehalten (in Erstfassung im Februar 1950 in der »Naturwissenschaftlichen Rundschau«, Stuttgart, S. 49-54, veröffentlicht). Schilling hatte mein Referat so gut gefallen, daß er mich zu einigen Gesprächen in sein Haus in Freimann einlud. Schilling war der erste Technikgegner, der mir in meinem Leben bis dahin begegnet war. »In fünfzig Jahren wird kein Mensch mehr etwas von der Technik wissen wollen!« sagte er zu mir.
Geprägt hatten Schilling die deutsche Jugendbewegung, Martin Heidegger, Oswald Spengler, das Fronterlebnis im Ersten Weltkrieg und die Philosophen der griechischen Antike. Schillings Einstellung zur Technik kann man in seinem späteren Buch »Philosophie der Technik« (1968) nachlesen. Ich argumentierte gegen seinen Technikpessimismus als wir an einem Sonntag 1942 über die nassen Wiesen vor München stapften. Plötzlich untermauerte er seine Meinung mit einer verblüffenden Information, die er vom Atomphysiker Walther Gerlach, im Anschluß an eine Senatssitzung, gesprächsweise bekommen hatte. Physiker seien dabei, eine Atombombe zu entwickeln, die dank der Kernspaltung mit ihrer Explosivkraft alles bis dahin Denkbare überbieten wird. Sorgen mache allerdings ein Problem: man könne nicht ausschließen, daß eine globale Kettenreaktion einsetzt, die um den Erdball rast und die Atmosphäre aufzehrt. (Bis zum ersten Test am 16. Juli 1945 in der Wüste von New Mexico war auch J. Robert Oppenheimer, wie er später beschrieb, diese Sorge nie losgeworden.)
Professor Gerlach hatte nun Schilling 1942 eine Problemlösung genannt: man werde um die Atombombe einen Mantel bauen, aus dem eine gegenläufige Explosion kommt, die jene befürchtete Kettenreaktion stoppt. Und dies bewog Professor Schilling zu einer

seltsamen Prognose: »Glauben Sie im Ernst«, sagte er zu mir, »daß man sich darauf wird verlassen können? Angesichts des Nihilismus im 20. Jahrhundert wird es mit Sicherheit irgendwo einmal einen Techniker, einen Offizier geben, der absichtlich diesen Mantel wegläßt, nur um die Welt untergehen zu lassen, aus Lust am Untergang!«

Nun, die endlose Kettenreaktion bei Nuklearwaffen gibt es offenbar nicht. Die Physiker hatten die Robustheit des Kosmos unterschätzt. Die mutwillig ausgelöste Kernwaffenexplosion, die Tat des einsamen Nihilisten, von der Schilling 1942 zu mir sprach, hat es bisher auch nicht gegeben, obgleich die Zahl der vorhandenen Sprengköpfe inzwischen alles übersteigt, was er sich damals vorstellen konnte.

Woran erkennt man natürliche Natur?

Heute hört man wieder einmal viel von einer sogenannten Versöhnung mit der Natur. Das ist jedoch eine irreführende Verwendung der Begriffe. Die Versöhnung zwischen Franzosen und Deutschen war möglich, weil sie ähnliche Menschen sind, mit Einsicht und Gedächtnis. Die Natur hat keine Einsicht und übt auch gegen niemanden Nachsicht. Sie ist unbarmherzig; daran ändern auch Delphine nichts, die gelegentlich einen Schiffbrüchigen an Land getragen haben sollen. Die Natur hat noch nie Rücksicht auf den Menschen genommen und kann es nie tun. Der von heutigen Naturphilosophen verlangten Versöhnung mit der Natur als eine Art Bruder oder Zweitmensch liegt eine absurde Anthropomorphisierung zugrunde. Zwar gibt es zahme Tiere und Haustiere. Auffallend ist aber wie wenige Tiere in der Geschichte der Menschheit je domestiziert wurden, und wie lange es schon her ist, seit die letzte Domestikation stattgefunden hat. Der Naturforscher wird heute wie früher in vielen Fällen tätig, weil er einen Angriff der Natur auf den Menschen oder auf Tiere, die dem Menschen etwas bedeuten, abwehren möchte. Wer von früh bis spät nur auf Versöhnung mit der Natur trachtet, kann zwar auch höchst bemerkenswerte Entdeckungen

machen, wie Konrad Lorenz zum Beispiel, aber dieser hat nie eine Krankheit aufgeklärt oder Wege zu ihrer Heilung gewiesen.
Vom Naturphilosophen Klaus Michael Meyer-Abich erschien 1984 das Buch »Wege zum Frieden mit der Natur«. Man ist neugierig, wer oder was denn nun diese »Natur« eigentlich ist, mit der sich der Mensch auszusöhnen habe? Für Meyer-Abich ist »nur das ein Ding oder Lebewesen der Natur, worin die lebendige Kraft Natur wirkt und sich ausdrückt« (S. 130).
Das ist purer Ludwig Klages, leider ebenso wirr und vage wie dieser. Nun fragt sich der Leser, woran denn die wirklich natürliche Natur zu erkennen sei? Man muß im Buch von Meyer-Abich lange suchen bis man auf seine Definition der wahren Natur stößt. Es fällt ihm nämlich schwer, die Kunstprodukte des Menschen, die dieser in seiner Eigenschaft als Teil der Natur hervorbringt und die als natürlich gelten sollen, von den naturwidrigen Werken abzugrenzen. Die Werke des Menschen sind für Meyer-Abich nur dann natürlich, »wenn die Natur des Ganzen als unsere eigene Natur in uns wirkt« (S. 131). Das sei der Fall zum Beispiel bei Naturheilmitteln, aber nicht bei Bioziden, beim Fahrrad, aber nicht beim Düsenflugzeug, beim Buch, aber nicht beim Fernsehen, bei Kunst, aber nicht bei Konsum.
Wie untauglich ein derartig willkürlicher, uferloser und platter Begriff von Natur ist, erkennt man auch daran wie weit entfernt er von all dem ist worin die Gegenstände der Naturwissenschaften mittlerweile bestehen.
Im Lauf unseres Jahrhunderts kamen die Naturwissenschaften zu immer feiner differenzierten – und für die konkrete Handhabung in der Forschung operationalisierbaren – Bildern, Vorstellungen, Modellen und Hypothesen für die kleinsten und auch die größten Bausteine und Prozesse im Universum. Nichts davon ist heute abgeschlossen, doch der Unterschied zum Stand des Wissens noch um die Mitte unseres Jahrhunderts ist enorm.
Eine wissenschaftliche Auseinandersetzung mit Autoren, deren Begriff von Natur letzten Endes immer nur auf ein paar Worte hinausläuft, die ein lockendes Landschaftsfoto im Prospekt des Fremdenverkehrsbüros eines Alpendorfes beschreiben, ist zwecklos. Einerseits leben wir in einer Epoche, in der Menschen es offenbar mit ihrer Natur vereinbaren können, monate- oder jahrelang in

vollkommen künstlichen Umwelten zu leben – in Raumfahrzeugen oder in Unterseebooten mit Nuklearantrieb, andererseits glaubt die Zivilisationskritik als Naturbegriff nicht mehr ins Feld führen zu müssen als ein herzerfrischendes Bild von einem romantischen Urlaubsziel.

Übrigens: Zu den schönsten Flecken der Erde mit einem Gesamtbild von Naturgegebenheiten, die uns begeistern, gehören gerade auch solche Gegenden, wo es die Natur mit dem Menschen und seinem Umweltanspruch nach heutigen Maßstäben überhaupt nicht gut meint. Zu den Landschaftsbildern, an denen man sich nicht satt sehen kann, gehören solche, wo Vulkane regelmäßig und Erdbeben in gewissen Abständen in Erscheinung treten. Sie gehen nun wahrlich nicht aufs Konto des Menschen. Nachdenklich könnte uns aber auch die Tatsache machen, daß auf der ganzen Erde im Lauf der letzten Jahrtausende keine Bevölkerung von ihrem Vulkan weggezogen ist. Selbst wenn er relativ wenig tut und nur vor sich hin qualmt, kann es doch mit der Luftreinheit nicht weit her sein. Es wäre eine Untersuchung wert, einmal die Schwefeldioxyd-Werte in den Siedlungen im Bereich verschiedener Vulkane zu messen und die Bevölkerung zu fragen, was sie davon hält? Die Vermutung, je näher der Natur, desto gesünder das Leben, täuscht. Das East-West Center (auf Hawaii) hat z. B. 1984 festgestellt, daß bei Naturvölkern, die in ihren kaminlosen Hütten über einem offenen Holzfeuer kochen, die Frau an einem Tag so viele Karzinogene inhaliert wie sie dem täglichen Rauchen von zwanzig Packungen Zigaretten gleich kämen.

Versöhnung und Einklang mit der Natur? Machte man das erst einmal dort zum Ziel, wo jeder wirklich von heute auf morgen damit beginnen könnte, bricht Verlegenheit aus. Raubbau an der Natur findet doch auch im Organismus des Menschen statt. Und man ist dabei nicht immer allein. 1984 hat ein britischer Psychologe mit Ultraschall untersucht wie menschliche Föten im Mutterleib auf verschiedene Arten von Musik reagieren. Sie sind äußerst sensibel und wählerisch. Wenn eine Schwangere die Art von Musik genießt, die für unsere Epoche seit etwa 1965 charakteristisch gilt, kann kaum von Rücksichtnahme auf die Natur die Rede sein. Musik in der Umgebung der Schwangeren wirkt sich, wie eine andere Untersuchung in England 1984 ergab, auf den Herzschlag, Blutdruck und die

Durchblutung des Gehirns beim Fötus aus. Elektronisch bis zur Grenze der Erträglichkeit für Erwachsene, und in Disco-Sound bis zum Gehörschaden, verstärkte Rockmusik könnte durchaus beim Fötus die Gehirndurchblutung so beeinträchtigen, daß beim Kind bleibende Behinderungen verursacht werden. Wo bleibt der Öko-Protest?

Der Philosophieprofessor Wolfgang de Boer (geb. 1914), dessen prägende Erlebnisse Hölderlin und Heidegger waren, bezweifelt in Bausch und Bogen (»Universitas«, März 1985) die Entlastung des Menschen durch seine Kultur, mit den bekannten und allmählich schon uralt gewordenen Klischees der Zivilisationskritik. Er rügt Leonardo da Vinci, da er nur die vom Menschen entworfenen Dinge rühmenswert gefunden habe, nicht diejenigen, welche die Natur in ihrem Lauf hervorbringe, und meint:

»Das ist die Gesinnung der neuen Zeit ... des homo faber ... Was machbar ist, hat seinen Wert in sich selbst und darf nicht verhindert werden ... Nur der an sich selbst verzweifelte Mensch kann das Machen so hoch schätzen, daß er sich ihm als einem Eigenwert verschreibt ...« Die Kultur des homo faber »vernichtet den Menschen als Gesamtgestalt. Der Prozeß ist inzwischen so fortgeschritten, daß er kaum noch als anstößig oder abnorm empfunden wird«.

Unsere Kultur des homo faber sei »geistig überhaupt nicht legitimierbar«; sie würde uns auch gar nicht entlasten. Prof. de Boer: »Muß nicht, konsequent zu Ende gedacht, die ›Entlastung‹ vom Menschen irgendwann in seine Liquidierung übergehen? Womöglich liegt das zuletzt in der Logik des homo faber?« Als Ausweg kurz vor dem Untergang erblickt de Boer das Bild einer Gegenkultur, »welche die Seele nicht als labiles Vakuum versteht, sondern, im Gegenteil, als unausschöpfbare Möglichkeit ...«.

Ich selber stehe solchen Katastrophen-Szenarios skeptisch gegenüber, nicht zuletzt, weil es sie schon vor über siebzig Jahren gab, als man vom heutigen Inhalt dieser Untergangs-Drehbücher keine Vorstellung haben konnte. 1929, im Vorwort zum 1. Band seines Werkes »Der Geist als Widersacher der Seele« schrieb Ludwig Klages (Privatgelehrter, Lebensphilosoph und Graphologe):

»Im Jahre 1913 verfaßte ich (auf Wunsch) für die Festschrift der Freideutschen Jugend zur Jahrhundertfeier auf dem Hohen Meißner die Abhandlung ›Mensch und Erde‹, worin ich anhand einer furchtbaren Kasuistik der Naturzerstörung durch die Menscheit der Gegenwart den Nachweis zu führen versuchte, daß der Mensch als Träger des Geistes sich mit dem Planeten, der ihn gebar, zerworfen habe.«

Wie verschieden war 1913 die Welt verglichen mit der von heute! Und doch wollte »die Jugend« nichts lieber hören als die Geschichte vom Menschen als Feind des Planeten. Die folgenden zwanzig Jahre hindurch eiferte Klages gegen den Geist, gegen Technik und Wissenschaft. Von 1929 bis 1932 erschien dann sein Werk »Der Geist als Widersacher der Seele«. Es umfaßt rund 1500 Druckseiten. Gegen Ende des letzten Bandes schrieb Klages:

»Kein Zweifel, der Fieberglaube an eine Art zukünftiger Allmacht des Menschen ... ist eines der stärksten Symptome des nahenden Endes ... Nicht allzu fern läge dann der Gedanke: wenn der Geist dem Leben feindlich ist, so sollte man eigentlich wünschen, er wäre gar nicht vorhanden ... Gibt es Mittel und Wege, den Geist aus dem Leben auszuschalten oder ... ihn unwirksam zu machen oder ... ihn von neuem in den Dienst des Lebens zurückzuzwingen«. (Der Geist als Widersacher der Seele, 3. Band II. Teil, 1932, S. 1423).

Klages schwächt dann ab: »Wie es bestimmt keine Rückkehr gibt, so könnte es – Umkehr geben« (S. 1424), aber nach konkreten Rezepten dürfe man ihn nicht fragen. Und die lieferten dann in der unmittelbaren Folgezeit leider andere. Über die Philosophie und Publizistik von Ludwig Klages (1872–1956) heißt es in Band 13 von Meyers Enzyklopädischem Lexikon (1975): »Durch irrationale Tendenzen seiner Philosophie wirkte Klages direkt auf den Nationalsozialismus«.

Tierschutzrigorismus – Ventilsitte für Gesinnungsethiker im Zwiespalt?

Für manche ist der Glaube süß, allein die Welt vor dem Erscheinen des Menschen sei sanft und gut gewesen. Der Mensch als Gewohnheitsfrevler, als Unhold gegen den Rest der Natur! Vor hundert Jahren machte sich Nietzsche bereits Gedanken über die Wurzeln dieses Selbsthasses bei Zivilisationsmüden. Und wo ein alter Glaube neu erscheint, ist auch bald der Politiker auf dem Plan. 1984 stellte die SPD in Bonn einen Gesetzentwurf für ein neues Tierschutzgesetz vor. Nach einer Übergangszeit von drei bis vier Jahren käme das völlige Verbot von Tierversuchen. Zur Erprobung neuer Operationsmethoden könne nämlich nicht sofort darauf verzichtet werden, hieß es. Wie beruhigend! Erst nach drei oder vier Jahren nach Inkrafttreten des Gesetzes wäre die Medizin, ging es nach der SPD, gezwungen, neue Operationstechniken für Menschen und sonstige Säugetiere an Amöben oder Bakterien zu erproben, falls diese bis dahin nicht auch Schutz genießen.

Ende Juli 1984 konnte man im Hessischen Rundfunk gute Ratschläge zur Haustierpflege bei Hitze hören. Man müsse auch ans Vogelheim denken, sagte die Sprecherin. Das Vogelheim dürfe nicht in der Sonne stehen, man solle es aber auch täglich auf den Balkon stellen. Und man könne das Vogelheim auch zur Hälfte mit einem weißen Tuch umkleiden. Die Dame vom Hessischen Rundfunk meinte, wie man sieht, nicht etwa ein Vogelheim, wo man den Kanarienvogel während des Urlaubs parken kann. Sie meinte den Vogelkäfig! Weder ich noch irgendeine der inzwischen befragten Personen hatte 1984 zuvor das »Newspeak«-Wort Vogelheim an Stelle von Vogelkäfig gehört. Vermutlich gelang dem Hessischen Rundfunk 1984, im Orwell-Jahr, eine copyright-reife Wortschöpfung. Wie sie zustandekam, läßt sich ahnen. Es dürfte eines der ersten amtlichen Newspeak-Wörter in Holger Börners rot-grünem Hessen gewesen sein. Börner mußte ja auf Geheiß der Grünen das Halten von Hühnern in Käfigen verbieten. Alle Hühnerkäfige in Hessen wurden erfaßt, damit man nach dem Inkrafttreten des Käfigverbots kontrollieren kann, ob auch wirklich alle weg sind. Zu solchen Zeiten wäre es ein wenig seltsam, wenn die Eierproduzenten in Hessen, denen die wirtschaftliche Existenzgrundlage entzogen wird, aus dem Hessischen Rundfunk erführen, daß man für Vogelkäfigbesitzer allerlei Ratschläge hat, ausgenommen einen: die Tür des Käfigs offen zu lassen. Das Newspeak-Wort Vogelheim löst dieses Problem des Politikers.

An Vogelheimen werden sich Tierschützer kaum vergreifen, nicht einmal in den Tierhandlungen. Heim ist Heim, aber Käfig ist nicht gleich Käfig. Die Tierbefreiungen kamen gleichzeitig mit dem Ab-

flauen der Häuserbesetzungsbewegung in Gang. Wenn erst einmal die Geschichte des vagabundierenden Aktionismus seit 1965 vollständig geschrieben werden kann, wird sich eine aufschlußreiche Topographie und Chronologie der Angriffsthemen herausstellen, und auch ein betrübliches Bild der Berufspolitiker, wie sie sich, total tumb, aber stets beflissen, zwischen den wechselnden Tagesthemen der Berufshysteriker hin und her jagen ließen.
Zwei Fälle von Tierbefreiungen 1984, aus einer langen Reihe solcher Taten: Im Landkreis Aschaffenburg setzten autonome Tierschützer, so nennen sie sich selbst, 2000 Hühner aus den Käfigen einer Eierfarm frei und zerschlugen die vorhandenen Eier. Unterfranken konnte noch von Glück sagen. In England ließen militante Tier-Rechtler (so nennen sie sich dort) zur gleichen Zeit 200 Nerze frei. Ein Kommentator im Londoner Rundfunk meinte dazu, er sei gewiß ein Wild Life-Fan, aber 200 Nerze auf die Fauna Englands loszulassen, sei so ziemlich das Schlimmste, was man diesem Insel-Biotop antun könne. Kein Wunder, daß 1984 die älteste Tierschutzgesellschaft der Welt, 1823 in London gegründet, den Bruch mit den militanten Tierbefreiern vollzog: Man ließ sie aus der gemeinsamen Geschäftsstelle durch die Polizei ausquartieren.
Anfang 1984 wurden aus einer Hamburger Versuchstierzuchtanstalt 550 Meerschweinchen befreit. Die Frage ist nur, ob es ihnen seither besser ergangen ist? Man kann sich nicht gut vorstellen, daß die Tierbefreier sich zu Hause mit lauter Meerschweinchen-Heimen umgeben – zumal in Übersee große Aufgaben warten. 1983 stand in deutschen Zeitungen eine epd-Meldung aus Singapur. Man wollte dort vor der Küste schwimmende Milchfarmen verankern. In Singapur kostet Frischmilch sechs Mark pro Liter. Sie kommt von weither, aus Neuseeland. Die geplante Melkkuhbatterie auf See kostet etwa vier Millionen Mark und könnte Milch zum halben Preis in Singapur auf den Markt bringen. Rund 600 Kühe sollen auf hoher See in Schiffen im Stall stehen. Ihr Futter käme aus Wasserkulturen. Biogas aus dem Kuhmist diente als Energiequelle für die Klimatisierung der Kuhbatterie und für die Wasserentsalzung. Man sieht: Ein »Biotop« im wahrsten Sinn des Wortes! Und doch kann man sich schon Greenpeace-Leute vorstellen, die Kuhschiffe entern, um die seekranken Kühe freizulassen, wohl ins Meer. Vielleicht machte man aber für solche Melkkuhbatterien auf See vor Kü-

sten der Dritten Welt auch Ausnahmen. Im Interesse von Menschenbabies in Entwicklungsländern (aber nur dort!) wären vielleicht Ausnahmen vom absoluten Tierschutz erlaubt. Für den Gesinnungsethiker war die Welt immer schon ein Irrgarten, aber seit er sich so global und simultan Gedanken machen muß wie gegen Ende unseres Jahrhunderts, muß er sich wirklich von Dilemmas erdrückt vorkommen.

Bis vor wenigen Jahren verwiesen die großen Lexika beim Stichwort »Tierversuch« kurzerhand aufs Stichwort »Vivisektion«, wo dann regelmäßig, bereits vor einem halben Jahrhundert und früher, zunächst erklärt wird, daß es sich um eine mißverständliche Bezeichnung handelt, die für die meisten Fälle gar nicht den Schrecken bringt, der von Tierversuchsgegnern suggeriert wird. Seit dem Anfang des 19. Jahrhunderts bekämpften Tierschützer die Vivisektion, das heißt die anatomische Zerlegung eines noch lebenden Tierkörpers, wobei unterstellt wird, daß dies ohne örtliche Betäubung oder Narkose vor sich geht (und die es ja zur Zeit der Gründung der ersten Tierschutzvereine auch noch nicht gab!). Von dem diesem Sachverhalt gegenüber verständlichen Pathos zehrt die militante Tier-Rechtler-Bewegung der Gegenwart. Aber selbst vor der Erfindung von Methoden zur Anästhesie dürfte die buchstäbliche Totalvivisektion zu wissenschaftlichen Zwecken selten gewesen sein.

Nun wird aber nach wie vor irreführenderweise jeder Eingriff in einen lebendigen Organismus als »Vivisektion« bezeichnet und mit einer entsprechenden Gefühlsaufwallung des Tierfreundes beantwortet. So verstanden erlaubt aber auch heute noch jeder Mensch an sich selber eine »Vivisektion«, der z. B. einen Anfänger im Krankenhaus mit einer Kanüle verzweifelt in seiner Armbeuge nach einer geeigneten Vene herumbohren läßt. Manchmal kommt dann erst die dritte hinzugeholte Person zum Ziel. Geschähe dies einem Tier zu Versuchszwecken wäre die Klage nach dem Tierschutzgesetz fällig.

Vor hundert Jahren hatten Tierversuchsgegner schon einmal ihre große Zeit. 1876 erreichten sie eine gesetzliche Regelung in England, und eine ähnliche Einschränkung per Erlaß des Kultusministers in Preußen 1885, dem die anderen deutschen Bundesstaaten folgten. In Wirklichkeit ging es damals nur um die weitestmögliche Einschränkung der buchstäblichen Vivisektion: Wenn es dem

Zweck des Versuchs nicht streng widersprach, sollte das Tier ordnungsgemäß narkotisiert werden. Die Tierversuchsgegner im letzten Drittel des 19. Jahrhunderts waren vor allem Antivivisektionisten. Das Totalverbot des Tierversuchs im Labor strebten sie nicht an. Und es ist auch nicht auszudenken, wie miserabel es Mensch und Tier noch heute bei Verletzungen und Krankheit ginge, wenn vor hundert Jahren das Tier aus dem Labor verbannt worden wäre, so wie es 1985 auf einmal verlangt wurde.

Nietzsche muß die Bewegung der Antivivisektionisten vor Augen gehabt haben, als er sich 1887 in der »Genealogie der Moral« Gedanken über die Relativität der Schmerzempfindung machte: »Ich für meine Person zweifle nicht, daß, gegen *eine* schmerzhafte Nacht eines einzigen hysterischen Bildungs-Weibchens gehalten, die Leiden aller Tier insgesamt, welche bis jetzt zum Zweck wissenschaftlicher Antworten mit dem Messer befragt worden sind, einfach nicht in Betracht kommen.«

Als Nietzsche dies schrieb, lagen die ersten tastenden Experimente mit Narkose und örtlicher Betäubung am Menschen erst dreißig bis vierzig Jahre zurück. Als Nietzsche aufwuchs, 1844 bis 1860, war oft auch jeder Mensch bei einem operativen Eingriff, was den Schmerz anbelangt, kaum besser daran als ein Versuchstier. Selbst 1887, und auch noch später, waren die Mittel und Techniken für Anästhesie so spärlich und primitiv, daß von einem Recht auf Schmerzfreiheit in allen Lebenslagen weder bei Mensch noch Tier die Rede sein konnte. Nietzsches Frage nach der Relativität von Schmerz warf 1985 niemand mehr auf. Sie ließe sich nämlich sehr pointiert stellen: Kommen heute bei den seltenen, seit 1972 gesetzlich noch erlaubten und genau überwachten Tierversuchen, die wegen der wissenschaftlichen Fragestellung keine Vollnarkose gestatten, auf das Tier wirklich mehr Schmerzen zu als auf einen Fetus, der im medizinisch letztmöglichen Zeitpunkt einer Abtreibung entfernt wird? In den USA, und wohl auch in anderen Ländern, fürchten sich, nach Berichten 1984 in Fach- und Tagespresse, die Ärzte bei späten Abtreibungen so sehr vor dem Schock einer Lebendgeburt, daß sie den Fetus noch im Mutterleib zerstückeln. Wie selektiv die Fähigkeit zum »Betroffensein« geworden ist, welche Tabuverlagerung stattgefunden hat, zeigt der folgende Kontrast:

Unter denen, die das Totalverbot des Tierversuchs anstreben (»Jeder tierische Organismus hat ein Recht auf die ungekürzte artgemäße Lebensdauer und auf Schmerzfreiheit in jedem Lebensabschnitt!«), befinden sich auch Personen, die eben diese Rechte dem menschlichen Fetus absprechen und empört sind, wenn jemand die Frage nach der Schmerzempfindung des Fetus während der Abtreibung aufwirft. In den USA zeigten Abtreibungsgegner 1985 einen Fernsehfilm mit dem Ultraschallbild eines Fetus während der Abtreibung unter Hinweis auf eben diese Frage.

Die seit Beginn der achtziger Jahre, simultan zur »Friedensbewegung« und als Ersatz für das Thema Kernkraft, hochgespielte Tierversuchsgegnerschaft tut so als ob der Tierversuch eine besonders typische und verwerfliche Seite der heutigen Wissenschaft sei, die man eben insgesamt verteufeln will. Tierversuchsgegner werfen sich in ihre Rolle als ob das Tier an sich leidend auf sie hätte warten müssen. In Wirklichkeit hat die Bundesrepublik seit 1972 das strengste Tierschutzgesetz der Welt, mit einer ohnehin schon äußerst engen, für die Forschung gerade noch hinnehmbaren Indikationsstellung für jeden Tierversuch.

Die ersten Tierschutzvereine wurden in London 1824 und in Dresden 1839 gegründet. Die Vereine zur Verhinderung von Grausamkeit gegen Tiere schossen danach wie Pilze aus dem Boden. Sie kämpften vor allem gegen die Schinderei und Quälerei der Zugtiere. Das Tier litt nämlich immer, nicht erst seit es wissenschaftliche Forschung gibt. Daß sich gegen Ende unseres Jahrhunderts ausgerechnet Technikablehnung und Tierversuchsgegnerschaft vereinen, ist scheinheilig und zeugt von bodenlosem Unwissen. Die Tiere aller Länder, soweit sie sich als Zugtiere eignen, verdanken der modernen Technik und Wirtschaft – insbesondere dem Traktor, dem Lkw und Pkw, dem Bus – unendlich viel mehr an Schonung als heutzutage dem Tierreich insgesamt durch ein totales Tierversuchsverbot gewährt werden könnte. Der Tierversuchsgegner von heute will überhaupt kein Tier im Labor mehr sehen: Nicht einmal das Tier, an dem ein Impfstoff für andere Tiere oder seinesgleichen geprüft wird. Er übersieht, daß auch die Fortschritte der Tierheilkunde ohne Tierversuche nicht möglich gewesen wären. Und oft genug profitieren eben auch Tiere von biologischen und anatomischen Erkenntnissen, von chirurgischen Techniken, die durch Menschenversuche gewonnen wurden. Unzählige Menschen nahmen während der letzten 200 Jahre Risiken und Schmerzen auf sich zum Zweck medizinischer Fortschritte, ohne die auch der heutige Tierarzt für seine Patienten so wenig tun könnte wie ein Feldscheer auf den Schlachtfeldern der Napoleonischen Kriege für die seinen.

Die Träume vom einfachen Leben

1985 hatte ein britischer Film Premiere, »The Shooting Party«. »Jagdgesellschaft« – dies ist auch der Titel des Romans, der darin verfilmt wurde. James Mason (1909–1984) spielte in dem Film die letzte Rolle seines Lebens, Sir Randolph, einen englischen Landedelmann. Zeit der Handlung ist 1913. Mason war damals erst vier Jahre alt, aber in einem Interview zu den Filmarbeiten 1984 meinte er, ihm sei als Kind und Jugendlichen aus seiner Umgebung doch so viel vom Ton und Charakter jener Zeit vor dem Ersten Weltkrieg vermittelt worden, daß er einem Sir Randolph Authentizität verleihen könne.

Im Film sagt dieser einmal: »People say the military regime in Germany is going to insist on a trial of strength sooner or later. And supposing it did come, some great trial, might it not cleanse us from our materialism, our cynicism, our lack, our laziness, our hypocrisies. We could go at our sinews and find simplicity again? And then, should we not be fitter afterward to make a better world? That must be what we are here for.«

(»Man hört, das Militär in Deutschland besteht auf einem Kräftemessen, früher oder später. Und angenommen, es käme dazu: eine große Bewährungsprobe, könnte die uns nicht von unserem Materialismus, unserem Zynismus, unserer Schwächlichkeit und Bequemlichkeit, von unseren Heucheleien reinigen? Wir könnten auf unsere Kraftquellen zurückgreifen und wieder die Einfachheit finden. Wären wir danach nicht ertüchtigt zum Bau einer besseren Welt? Für das sind wir doch hier.«)

Als ob das Leben auf Erden, gleich welcher Art, auf Einfachheit hin angelegt wäre! Das Gegenteil trifft zu. Alles Leben, alles genetische Geschehen ist auf Vielgestaltigkeit, auf eine Unzahl von Experimenten hin angelegt und strebt fortwährend nach einer Vergrößerung der Vielfalt.

Die Verlogenheit und Vergeblichkeit dieser Suche nach der Einfachheit des Lebens zog sich durch unser ganzes Jahrhundert. Nur war sie jetzt noch unaufrichtiger als in früheren Zeiten: In unserem Jahrhundert kam doch gerade eine beispiellose Auffächerung, eine Bewegung hin zu immer mehr Vielgestaltigkeit in allen Lebensgebieten und gerade auch im täglichen Leben in Gang, die für immer mehr Menschen Bedeutung erlangte.

Um die Mitte des Jahrhunderts zum Beispiel – die Langspielplatte gab es seit 1948 – kamen die Anfänge der Hi-Fi-Technik für Musik, die sich rasch zu einem Kult entfaltete, dessen Ende nicht in Sicht ist und der gerade jetzt wieder mit dem Compact Disc einen Riesensprung machte. Die große Zahl der Menschen, die sich in der zweiten Hälfte des Jahrhunderts hingebungsvoll mit einer unüberschaubar vielgestaltigen Tonwiedergabetechnik und einem in seiner Vielfalt fortwährend vergrößerten Angebot von Aufzeichnungen befassen, sprechen nicht für einen Drang zur Einfachheit.

In seinem letzten Roman, »Das blaue Bidet« (auch verfilmt) bot Joseph Breitbach (1903–1980) eine Satire auf diesen Drang zum einfachen Leben, der nur zu oft zu tragischen Komplizierungen führt.

Das ganze Jahrhundert hindurch labte und erbaute man sich an der Idee der Einfachheit. Je schlechter das Gewissen über das Leben in einer faszinierenden Zeit fortwährend wachsender Vielgestaltigkeit, desto salbungsvoller lobte man die künftige Einfachheit und ihre Tugenden. Es war und ist die Lebenslüge aristokratischer oder intellektuell-elitärer Ästheten, die den wirklichen Gang aller Dinge nicht wahrnehmen wollen: für immer mehr Menschen wurde die Welt mit ihren Inhalten im Lauf des 20. Jahrhunderts ständig vielgestaltiger.

Der Roman »Das einfache Leben« von Ernst Wiechert (1887–1950) erschien 1939. Man kann nun wirklich nicht annehmen, daß Wiechert nach seiner Entlassung aus einem Konzentrationslager Hitlers ausgerechnet für dessen bevorstehenden Krieg die geistige, gemütsmäßige Einstimmung liefern wollte. Aber es lief darauf hinaus. Das Auskosten und Ausbreiten des Zivilisationsüberdrusses, der Stadtflucht, der Rückzug ins einfache Leben eines Fischers an den Masurischen Seen, das Pathos des Lebens in der ländlichen Idylle – dies alles lockte den Leser in eine Stimmung und in ein Weltbild, die der des Jahres 1913 in englischen Oberschichtkreisen ähnlich waren, und wie sie der eingangs genannte neue britische Film zu rekonstruieren sucht. Daß Wiechert selbst zur Absage an das vielgestaltige, komplizierte Leben in der Zivilisation noch unter dem Eindruck des Ersten Weltkrieges und der Zeit danach gekommen war, ändert nichts an der Eignung dieser Weltauffassung zur Einstimmung auf einen neuen Krieg.

1942 konnte sich der oben bereits erwähnte Philosophieprofessor Kurt Schilling einen für Deutschland guten Ausgang des Krieges zwar auch nicht vorstellen, aber unter vier Augen meinte er, selbst eine wie auch immer aussehende Niederlage oder ein Remis werde doch ihr Gutes haben, nämlich den Wiedergewinn eines einfachen Lebens. Ich erinnere mich genau, ihm widersprochen und auf das so irreführende Buch Wiecherts als eine mögliche Quelle seiner Sehnsucht hingewiesen zu haben.

Des Philosophen Hoffnung auf besseres Menschsein in der Kargheit und Simplizität nach dem Krieg, schien mir töricht und ich hielt ihm entgegen, daß ein paar hundert Leute, bei denen die Grundtechniken, das naturwissenschaftliche Grundwissen des Jahres 1930 in den Köpfen vorhanden sind, vollkommen ausreichen würden, an jedem einigermaßen mit Grundbaustoffen und Wasserkraft gesegneten Ort der Erde in wenigen Jahren die Zivilisation an dem Punkt fortzuführen, an dem sie 1940 angelangt war.

Es gab sie natürlich, nach 1945, die Sucher nach dem einfachen Leben irgendwo weit weg. Eine solche Unternehmung beschreibt Cecil Lewis in seinem jüngsten Buch. Lewis, Jahrgang 1898, focht, kaum von der Schule, im Ersten Weltkrieg als Kampfflieger, in den zwanziger Jahren gehörte er zu den vier Gründern der Rundfunkgesellschaft Großbritanniens (BBC). Journalist, Rundfunkfachmann, Schriftsteller, Autobiograph: so könnte man sein Lebenswerk umreißen. In seinem von ihm selbst 1984 im World Service der BBC vorgelesenen Buch »Gemini To Jo'burg« erzählt er von seinem Flug mit seiner Frau von England bis Südafrika in einer zweimotorigen Sportmaschine. Der Zweck des Fluges war die Suche nach einem Fleck Erde, wo das Ehepaar Lewis für sich und eine Gruppe von Gleichgesinnten, die zu Hause warteten, das einfache

Leben im Geiste eines Guru fortführen und pflegen wollten, den sie in tiefem Schmerz tot glaubten.
Der Flug fand 1947 statt, die Schrecken des Zweiten Weltkrieges und die Trostlosigkeit des Lebens in England danach noch im Nakken. Kenia erwies sich, näher besehen, als nicht einfach genug. Es gab dort zuviel britische Zivilisation. Endlich, nach einer Odyssee, fanden Lewis und seine Frau in einem schwer zugänglichen Tal in Südafrika, den Ort, wo sie ihr Kapital und das der Freunde zum Aufbau einer autarken Gemeinde des einfachen Lebens investierten.
Schafzüchter in Südafrika, so gibt Lewis für die Jahre 1947–50 in »Who's Who« an. In seinem Buch erzählt er nun wie das Ende kam. Eines Tages, mitten in die unsäglichen Mühen ihres einfachen Lebens, von Naturgewalten immer wieder hart getroffen, kam die Nachricht aus Europa: Der Guru war gar nicht gestorben. Er lebt und hält Hof in Paris, im Stil dieser Stadt. Lewis beschreibt den enormen Schock, den diese Nachricht in Briefen von Freunden in Europa für die Adepten des Guru inmitten ihrer Einöde hatte. Der ganze Sinn des Unternehmens, der Entbehrungen, der Investition aller ihrer ersparten Mittel am Ende der Welt stürzte in sich zusammen. Alles war umsonst gewesen. Das einfache Leben hatte sich wieder einmal als modische Lebenslüge erwiesen.
Die vermeintlich »neuen Werte« des »Postmaterialismus« sind in Wirklichkeit Uraltwerte und eine überwiegend deutsche Spielwiese für Hobbyphilosophen, wie man sie zum Beispiel bereits 1912 in der Vorstandsetage der AEG in Berlin antreffen konnte. Für die Angst- und Entrüstungsschreie, mit denen 1985 der Postmaterialismus propagiert wird, brauchte es weder das Erlebnis der beiden Weltkriege noch irgendwelche anderen Katastrophen seit 1912. Es bedurfte auch nicht der aberwitzigen Szenarios wie sie der Club of Rome seit 1972 in die Welt setzte, und auch nicht der ganzen Ökowelle.
Walther Rathenau (1867–1922), Vorsitzender des Aufsichtsrates der AEG, einer der einflußreichsten Industriellen seiner Zeit, der spätere Außenminister der Weimarer Republik, veröffentlichte 1913 ein Buch (geschrieben 1912) von über 300 Seiten, mit dem Titel »Zur Mechanik des Geistes«. Es wurde sofort, noch vor dem Ausbruch des Ersten Weltkrieges 1914, ein Bestseller und blieb es über

zehn Jahre lang. 1925 gab es bereits die 21. Auflage. Vielleicht half auch der schöne Untertitel: »Vom Reich der Seele«.
Rathenau forderte, daß die »wahrhaft Gebildeten ein einfaches, ja dürftiges Leben freiwillig führen« und damit »eine gemeinsame große Bewegung der Menschheit« in Gang setzen. Seine Begründung: »Die erste Folge wäre, daß ein höchst bedeutender Teil der materiellen Weltarbeit, der heute vergeudet wird, sei es erspart, sei es für echte Verbesserung und Verschönerung der Lebensverhältnisse, verfügbar würde. Denn wenn man annimmt, daß für die Herstellung von Giften, von Mitteln zu Berauschung, Betäubung und Reizung der Sinne ... für vorgeblichen Gebrauch, irrige Repräsentation und Neiderregung ein gutes Drittel der menschlichen Arbeit in Form von Bodenprodukten, Chemikalien, Mineralien, Textilstoffen, Keramiken, Leder-, Papier-, Stein- und Metallarbeiten aufgewendet wird, daß die Mittel und Einrichtungen zur Herstellung, zum Transport, zum Groß- und Kleinhandel und zur Anbringung dieser Überflüssigkeiten und Scheußlichkeiten nochmals die Hälfte dieses Betrages verschlingen, so darf man sagen, daß die halbe Arbeit der zivilisierten Welt der Erzeugung von Unrat dient und daß die Hälfte ihres Einkommens aufgewendet wird, um ihn zu bezahlen ... Die Hälfte unserer Lebensarbeit für Tand verausgabt, Völkerschaften durch freiwillige Vergiftung vernichtet ... Haushaltungen zerrüttet, um durch törichtes Gehabe und überflüssige Geräte Neid zu ernten, Ersatz natürlicher Freuden durch Lärm ..., durch öffentliches Essen unter lügenhaften Zeremonien ... und ostentative Reisen ... Fronarbeit und Verzweiflungskampf ..., um den Anteil an der Gütermenge zu vergrößern ... Leben der Angst, der Gier, des Schuftens und der Streberei und daneben ein so kläglicher Geiz der Gemeinschaft, daß sie lieber zu ihren Füßen Tausende verkommen sieht, statt von ihrem Kinderkram den Zehnten zu opfern und das Elend abzutun.« (zitiert nach Band 2 der Gesammelten Schriften, 1925, S. 294 f., 322 f.).
Solche Klagen und Behauptungen Rathenaus finden sich in Varianten über sein ganzes Buch hinweg. Er nahm das Meiste, vielfach wörtlich, vorweg, was die Kritiker der Angebotswirtschaft, der Konsumfreiheit, der Zivilisation seit John K. Galbraith (1958), seit dem Club of Rome (1972) und all die anderen Schriftsteller und Politiker mit der Litanei vom Postmaterialismus an Verdrossenheitsrhetorik produziert haben.

Übrigens: 1913, als Rathenaus Buch erschien, waren 90 Prozent der 541 000 qkm des Deutschen Reiches land- und forstwirtschaftlich genutzt, dazu kamen weitere 8 Prozent der Fläche für Ödland, Moore, Parkanlagen, Gewässer und Friedhöfe. Nur 1,1 Prozent der Fläche wurde für Gebäude und anschließende Hofräume gebraucht. Nach dem Stand vom 1985 nehmen Straßen nur 1,2 Prozent der Fläche der Bundesrepublik Deutschland ein und Gebäude einschließlich Frei- und Betriebsfläche bloß 6 Prozent.

Der Mikrochip und das Gespenst aus der Petrischale

Am 31. März 1985 konnte man im Hessischen Rundfunk in der Sendung »Frankfurter Gespräch« einen enthüllenden Vorgang hören. Das Gespräch hatte als Thema die denkbaren furchtbaren Folgen der Mikroprozessoren, die Schrecken einer Zukunft voller Kleinstcomputer. Die Diskussionspartner, neben dem Moderator, waren Bundesforschungsminister Riesenhuber und der Gewerkschaftler Siegfried Bleicher vom Bundesvorstand des DGB. Nach etwa 20 Minuten des Austausches von den bekannten Gemeinplätzen über die Notwendigkeit, den technischen Fortschritt an die Leine der humanen Gesellschaft zu legen, kam der Chemiker Dr. Riesenhuber endlich zur entscheidenden Frage an den Gewerkschaftsfunktionär. Sie lautete sinngemäß ungefähr so:
Bitte nennen Sie eine gegenwärtige Technik oder technische Möglichkeit, die aus Ihrer Sicht der Menschheit zuliebe hier und jetzt verworfen werden sollte, bei der die Interessen der Gesellschaft jeden denkbaren Nutzen für die Menschheit überwiegen?
Was folgte, war zunächst Schweigen von peinlicher Länge. Dann kamen stockend wieder einige Gemeinplätze, mit denen sich die Gesprächspartner aber nicht abfertigen lassen wollten. Endlich sagte der DGB-Spitzenfunktionär, was zum Beispiel wirklich sofort und für alle Zeit verhindert werden müßte, sei der geklonte Mensch, also die identische Kopie von Menschen.
Der Moderator fand, dies sei nun wirklich kein passendes Beispiel.

Schließlich drehe sich das ganze Gespräch um die möglichen Gefahren auf dem Arbeitsmarkt durch Fortschritte bei den Mikrocomputern. Ob dem Sprecher des DGB denn dazu nichts einfalle? Endlich rang sich Bleicher zur Aussage durch, eine Technologie oder heutige technische Möglichkeit, die wegen ihrer künftigen Risiken für den Menschen heute bereits unterbunden werden sollte, könne er nicht nennen.
Ist das nicht aufschlußreich? Um das in manchen politisch relevanten Kreisen seit Jahren so beliebte theoretische Horror-Szenario des Computerzeitalters mit Inhalt zu füllen, muß man zum Gespenst aus der Petrischale des Embryologen greifen. Der identische, durch künstlich herbeigeführte ungeschlechtliche Vermehrung aus einer menschlichen Körperzelle gezüchtete Doppelgänger setzt aber für sein Gelingen nichts von der Technik voraus, um deren denkbare Gefahren es in diesem Hörfunkgespräch ging. Der geklonte Mensch ist zwar theoretisch nicht unmöglich. Als Einzelexperiment mag er in der fernen Zukunft realisierbar sein. Von der abendländischen Ethik her betrachtet, wäre dies zweifellos angreifbar. Doch als Beispiel für eine Zukunftstechnik, über die sich der DGB 1985 Sorgen machen kann, taugt der kopierte Mensch nicht.
Vielleicht hat die Besessenheit, die Angstneurose im letzten Drittel unseres Jahrhunderts mit immer groteskeren Katastrophen-Szenarios auch mit einer Welle zu tun, die 1968 begann. In einem in England 1985 erschienenen Buch über den »Phantastischen Film« (die Geschichte dieser Filmgattung) erklärt sein Autor das Jahr 1968 zu einem Wendejahr: Bis dahin waren nur zwei Prozent aller Filme phantastische Filme. Seither ist dieser Prozentsatz ständig gestiegen. Heute beträgt der Anteil von »Fantastic Cinema« bereits 50 Prozent der gesamten Filmproduktion.
Weshalb war 1968 der Zeitpunkt, zu dem der Phantastische Film sich auszubreiten begann? Ursache und Wirkung sind wahrscheinlich ineinander verwoben. Jüngere Filmemacher und ihr Publikum können von derselben Zeitströmung getragen sein. Nachfrage und Angebot schaukeln sich dann allmählich gegenseitig hoch.
Doch warum ausgerechnet das Jahr 1968 als Sprungbrett für den phantastischen Film ins Bewußtsein unserer Zeit? Der Aufbruch der 68er Generation ins Utopische an der Hand greiser Gurus mag eine Ursache gewesen sein. Aber sie ging letztlich auf eine weitere

Ursache zurück, die auch ohne spätmarxistische Studentenrebellion ausgereicht hätte, um für den phantastischen Film eine so breite Gasse zu schlagen:
Um 1968 waren die Menschen als Konsumenten für Horrorphantasien im Science-fiction-Stil im Kino und vor dem Bildschirm herangewachsen, die selber den Zweiten Weltkrieg nicht einmal mehr als Kind erlebt hatten. Diejenigen Menschen hingegen, die ihn noch erlebt hatten, brauchten in der Regel keine phantastischen Filme zu ihrer eigenen Erbauung. Sie hatten einen solchen bereits in der Wirklichkeit erlebt.

Fortschritte und Rückschritte

Hermann Lübbe ist ein Philosophieprofessor, der die Technikangst und Zivilisationsmüdigkeit von heute für eine modische Besessenheit hält, die alles Augenmaß verloren hat. Er glaubt jedoch auch an einen abnehmenden Grenznutzen beim zivilisatorischen Fortschritt und gibt dieses Beispiel:
»Nachdem man durch fischereitechnischen Fortschritt über Jahrzehnte hin die Heringsfangquoten ständig gesteigert hat, muß man sie nunmehr, nachdem die Gefährdung der Reproduktionsfähigkeit der Gattung durch die erreichten Quoten sichtbar geworden ist, ... auf diejenigen Maße begrenzen, bei denen jene Reproduktionsfähigkeit sicher erhalten bleibt. Es heißt aber nicht, daß die Heringsfischerei überhaupt ein Irrweg gewesen sei und nun für dauernd eingestellt werden müßte.«
Dieses Beispiel geht aber am Wesen der Sache vollkommen vorbei. Inhalte, Formen, Arten und Kupplungen sind bei zivilisatorischen Prozessen so unvorhersehbar und zahlreich, daß ein Herunterfahren, ein Drosseln nur irrational oder in pseudowissenschaftlichen Modellen vorgenommen werden könnte. Jeder weiß, was ein Hering früher war, heute ist, welche Größe und Beschaffenheit er für den Markt haben muß, um auch künftig gefragt zu sein. Grenznutzenmanipulationen zum zivilisatorischen Fortgang der Dinge wären hingegen ein absurdes Unterfangen. Niemand kann wissen, zu

welchem Zeitpunkt gerade welches Element dieses Fortschrittes unvermittelt zu einer so überaus nützlichen Sache werden wird, daß niemand darauf mehr verzichten möchte. Gerade das Heringsfang-Beispiel zeigt, wie wenig die Grenznutzentheorie zum Gegenstand Zivilisation paßt und wie schwer sich der Philosoph tut, ein besseres zu finden.

Der Philosoph Robert Spaemann meinte im April 1985 zur Süddeutschen Zeitung, die Idee vom Fortschritt sei unvernünftig. Es gebe keinen Fortschritt, sondern nur sehr verschieden große Verbesserungen in einzelnen Gebieten. Diese Erwägung hat man oft genug auch schon früher geäußert. Es gibt schließlich auch klare Rückschritte. Vielleicht hätte man bis etwa 1975 oder 1980 im Hinblick auf die Welt von einem Fortschritt in der Freiheit der Frau unbefangen reden können, nicht überall gleich und in manchen Gegenden der Erde so gut wie gar nicht, aber über den Trend als solchen hätte man nicht streiten können. Um 1980 begann aber die Reislamisierung, die Ausbreitung des fundamentalistischen Islams, nicht nur im Iran, mit Folgen für Frauen, die einen Rückschritt in Zeiten vor 1000 und mehr Jahren bedeuten. Manches davon müssen sich selbst Frauen gefallen lassen, die in ihrem westlichen christlichen Land in Betrieben und Dienststellen arbeiten, die einem fundamental-islamischen Staat gehören. Wie wenig es dem linken Feminismus, der militanten Frauenbewegung im Westen um Frauen geht und wie sehr um antiwestliche Politik, sieht man am nahezu völligen Fehlen von Reaktionen auf die Entrechtungen der Frau im Zuge der Reislamisierungen: Kaum Kritik, eher schon Verständnisbereitschaft, keine Boykottversuche.

Auch die enormen Fortschritte im Hygienebewußtsein seit dem Anfang des 19. Jahrhunderts im Hinblick auf Infektionsquellen mit Mikroorganismen haben sich in westlichen Ländern seit 1970 zurückentwickelt. Fortschritte und Rückschritte finden gleichzeitig statt. Die Einstellungen, die Verhaltensweisen, die Weltanschauungen, die Betrachtungsweisen der Menschen sind davon ebenso betroffen wie von diesen bereits im Lauf der Zeit abgehobene und scheinbar verselbständigte Institutionen und Organisationen. Der Umgang der öffentlichen Hand mit der Landwirtschaft ist im 20. Jahrhundert zunehmend irrationaler geworden. Im Fall der technischen und wissenschaftlichen Fortschritte ist der Nachweis von Rückschritten weniger leicht zu führen. Man muß, um ein Beispiel zu nehmen, die Bewährung und Vervollkommnung der Grundidee von Verfallserscheinungen, die sie nicht verursacht hat, trennen: Die Eisenbahn in den USA fiel im Lauf der 2. Hälfte unseres Jahrhunderts auf ein klägliches Niveau. Das ändert aber nichts an der Tatsache, daß es auf allen Erdteilen, in Südamerika, Afrika, Asien, aber auch in der Schweiz 1985 Eisenbahnstrecken aus dem letzten Jahrhundert gibt, die eher wie Spielzeugbahnen anmuten, aber ihren Zweck an Ort und Stelle so erfüllen wie man es sich vor 100 Jahren gedacht hat. Und die relative Bedeutungslosigkeit und technische Rückständigkeit der Eisenbahnen in den USA gegen Ende des 20. Jahrhunderts lassen keine Rückschlüsse auf den Fortschrittsbeitrag der Idee und Technologie des Schienenverkehrs zu, angesichts der Superzüge auf Sonderstrecken in Frankreich und Japan.

Das Prinzip Unbeweglichkeit

Schon zu Beginn dieses Jahrhunderts, als weder Umwelt noch Ökologie Begriffe waren, spottete das Ausland über die typisch deutsche Besessenheit, überall Verbotstafeln aufzustellen. Überall wachte die Obrigkeit, ob ein Bürger dem Rasen im Park oder dem Abgrund am Berg einen Fußbreit zu nahe trat. So war es kein Wunder, daß der Zuständigkeitswahn des Politikers seit Anfang der sechziger Jahre in der Bundesrepublik Deutschland, beflügelt ab 1966 durch die Große Koalition, bei ihm zu einer progredienten Berufskrankheit wurde. Eine ihrer schlimmsten Folgen war die Bildungsreform auf allen Ebenen mit ihren expansionistischen, egalitären und teilweise auch ersichtlichen totalitären Anliegen.
Ganz so hatten es sich die Politiker um 1965 wohl nicht vorgestellt: Zwar wollten alle das Akademikerheer als mutmaßlich dankbare und politisierbare Manövriermasse für künftige Stammwähleranwerbung, aber sie rechneten nicht mit einem Nebeneffekt. Die expansive Bildungspolitik, an jeglichem Bedarf vorbei, half mit, den Virus des Kompetenzwahns der Politiker auch noch ins Volk zu

streuen. Es kam die Kompetenzinflation. Dank der großen Hysterie-Themen seit Anfang der 70er Jahre bot sich die Chance für jedermann zur des Deutschen liebsten Tätigkeit: Das Hantieren mit Verbotstafeln!

Die Hysterisierbarkeit von Teilen der Bevölkerung durch sich immer rascher einander ablösende Tagesthemen hängt mit einer Epidemie des Kompetenzwahns zusammen, der unsere Bildungsreformer die Brutkästen bereitgestellt haben. Diese Kompetenzanmaßung führt dazu, daß immer arroganter und totaler den Naturwissenschaftlern, Technikern, Ingenieuren, Statistikern und Fachleuten aus der Praxis die Kompetenz aberkannt wird, mit dem uralten marxistischen Ideologieverdacht: »Sie verbergen uns ein Risiko, weil sie von der Sache profitieren!« Seltsam: Nach dem Profitinteresse im Erkenntnisprozeß der Angstindustrie, der Öko-Institute und Öko-Verleger zu fragen, gilt als ausgesprochen unfein!

Der Markt für Mittel der Selbsthysterisierung wächst ständig. 1984, während der Formaldehyd-Hysterie, ließ die Süddeutsche Zeitung ihre Leser wissen: »Formaldehyd-Messungen führt auch das physikalische Labor (folgt Name, Adresse, Telefon) bis zum unteren Wert von 0,02 ppm durch (von 60 Mark an plus Mehrwertsteuer).« (Das war nicht etwa eine bezahlte Anzeige, sondern eine Meldung der Zeitung.)

Die Politisierung hysterischer Ängste ist nichts neues. Zur Hitlerwoge ab 1933 gehörte nicht nur die irrationale Volk-ohne-Raum-Angst, auch über den Platz des Waldes im deutschen Gemüt wußte Hitler Bescheid. Am 8. Januar 1934 kam bereits das Reichsgesetz gegen »Waldverwüstung« mit dem Verbot für alle nichtstaatlichen Waldungen, unter 50 Jahre alte Nadelhochwaldbestände abzuholzen (»zur Erhaltung des deutschen Waldes«).

Die Angst- und Überdrußmaske wurde zum Kompetenzausweis, vor allem auch bei jüngeren Menschen. Unglücklicherweise hatte man »die Jugend« schon Mitte der 60er Jahre, lange vor der Umwelthysterie, zum Gerichtshof letzter Instanz berufen. Seit 20 Jahren liest und hört man von hochangesehenen Persönlichkeiten wie aus einer tibetanischen Gebetsmühle immer wieder die gleichen Worte: »Ich bin überzeugt, daß in der Jugend durchaus Ansätze vorhanden sind für die Entwicklung neuer Formen ...« – und daran schließen sich jeweils die Versatzstücke an: ... der Hochschulen,

der Gymnasien, des Energiesparens, der sanften Energien, der asketischen Lebensweisen, der chemielosen Heilkunde, des Nah- und Fernverkehrs, des Umganges mit Natur, mit dem Tier, mit der Dritten Welt usw. Ich finde, nach 20 Jahren Gebrauch müßte der Schwachsinn dieser Litanei erkennbar sein: Sie nimmt offenbar an, Kompetenz und Augenmaß, Geduld und Erfahrung wüchsen in jedem neu hinzukommenden Jahrgang von jungen Leuten immer früher, prächtiger und verläßlicher heran. Zwar reden die gleichen Jugendanbeter ebenso monoton von »lebenslangem Lernen in unserer von Tag zu Tag komplizierteren Welt«, doch als Experten für alles Künftige stehen aus ihrer Sicht seit zwei Jahrzehnten jeweils die Kohorten der jüngst ins Alter der 14 bis 21jährigen gerückten Leute bereit. Eine solche Kompetenzzuweisung wäre schon in normalen Zeiten absurd gewesen. Nach 20 Jahren bundesdeutscher Bildungsreform ist sie jedoch nichts anderes als die Lust am Harakiri der Zivilisation des 20. Jahrhunderts.
Der Philosoph Hans Jonas (geb. 1903), Fachmann für Religionsgeschichte, insbesondere Gnosis und Spätantike, lieferte zuguterletzt für das Pathos der Verweigerungsethiker im ausgehenden 20. Jahrhundert den passenden kategorischen Imperativ: Der Mensch dürfe ab sofort all das nicht, dessen Folgen er nicht (positiv) belegen könne. Jonas oder sein Verlag nennen es »Das Prinzip Verantwortung«. Es bedeutet die Prädominanz der Negativprognose.
Diese Verweigerungsethiker haben eines übersehen: Die Selbstverpflichtung zur Innovationslosigkeit, zur Abtötung wissenschaftlicher Neugierde und Entdeckungslust, wie 1985 als deutsche Staatsdoktrin von lautstarken, medienbegünstigten und auf Landesebene auch schon regierenden politischen Kräften in der Bundesrepublik Deutschland ernsthaft in Betracht gezogen, wäre selber die ungewöhnlichste und größte Innovation in der langen Menschheitsgeschichte. Gerade sie müßte deshalb als erste unter das Innovationsverbot fallen.
Zumindest unter Deutschen hat bisher noch jede neue Bewegung ihre Hausphilosophen gefunden, die ein – nicht selten achtunggebietendes – Lebenswerk hinter sich hatten, aber mit ihrer Weltfremdheit noch voll einsatzfähig waren. Solche gibt es auch 1985. Und wie schon so oft seit 100 Jahren will man ihren Rat zur Ethik der Naturwissenschaften und Technik. Sie geben ihn gerne, auch in

umfangreichen Büchern. Er gleicht der Weisheit des Bürokraten: »Bei dem Vorgang, den ich unbearbeitet in meiner Schublade verstauben lasse, kann ich nichts falsch machen.« Philosophisch lautet dieses »Prinzip Verantwortung« so: Wenn irgendwelche Zweifel hinsichtlich der Unbedenklichkeit (Ungefährlichkeit für jedes auch nur vorstellbare Lebewesen in der fernsten Zukunft) bestehen, müsse man jede naturwissenschaftlich denkbare und technisch mögliche Handlung unterlassen. Da jedoch die Folgewirkungen unserer Handlungen niemals in alle Ewigkeit in allen Einzelheiten heute schon durchschaubar sein werden, fordert man praktisch das Verbot jeglicher Innovation. Der Philosoph und der Bürokrat haben sich endlich gefunden: »Im Zweifel für den totalen Immobilismus!

Sind wir die Hüter unserer Ururenkel?

Wer erinnert sich noch? Ende der sechziger Jahre kam es in den westlichen Ländern unter den Studenten zu telegenen Krawallen. Wie damals und heute üblich, wurde Tiefgang und Ausdehnung des Aufruhrs maßlos überschätzt. Händeringend suchte die ältere Generation nach Erklärungen, die den Zweck hatten, sich die Schuld selbst zuzuschreiben.

Am beliebtesten war die folgende: die akademische Jugend bäume sich verzweifelt gegen die Älteren auf, weil diese für sie eine so langweilig komplette Welt bereitgestellt hätten. Alles war schon da, ohne Zutun der Jüngeren: Wohlfahrtsstaat, Vollbeschäftigung in alle Ewigkeit, Sicherheit, Wirtschaftswachstum, die Pille, der Sieg über alle Infektionskrankheiten – und sogar der problemlose Rundflug zum Mond.

Was die Studenten so verdrossen und aggressiv mache, sei der Ausblick in eine Zukunft ohne Risiken, ohne ungelöste Aufgaben. Für alles schien man zu spät gekommen: Keine Entdeckungen, keine Herausforderungen warteten noch auf einen. Man bemitleidete die geprellte Generation – geprellt durch die Leistungssucht der Älteren um all die Unwägbarkeiten, die Risiken, die früheren Generationen das Leben lebenswert machten.

Der Unmut, das Gefühl der Leere war somit erklärt, und die Älteren konnten schuldbewußt, alles verstehend, alles verzeihend auf die sehr unakademischen Verhaltensmuster blicken, die sich im Vorfeld des späteren Terrorismus zu entfalten begannen.

Doch nur vier bis fünf Jahre später, um 1972, war auch schon die Wende da – die Kehrtwendung! Ausgerechnet dieselben Meinungsführer, die eben noch die Studentenrebellion mit der Problemarmut der Zukunft entschuldigt hatten, überboten sich plötzlich im Entdecken und Dramatisieren immer neuer, angeblich unübersteigbarer Hindernisse auf dem weiteren Weg der Menschheit. Demnächst schon kein Öl mehr, kein Ozonschild gegen UV-Licht, kein Platz für Atommüll!

Fünf Jahre zuvor galt die Klage nach dem Frust der Jungakademiker, denen man alle Lebensrisiken geraubt habe. Plötzlich war alles ganz anders: Es wurde zur höchsten Pflicht, ab sofort alles zu unterlassen, was 100, 1000 und 10000 Jahre später Probleme bringen könnte. Auf einmal waren wir zu den Hütern unserer Urenkel und Ururenkel bestellt!

Keine Aufgabe, kein Risiko, kein wissenschaftliches oder technisches Problem durfte für sie übrig bleiben. Nichts galt mehr erlaubt, für das nicht auf dem Boden unserer heutigen wissenschaftlichen, materiellen oder technologischen Möglichkeiten verbindlich und im letzten Detail gesagt werden könne, wie daraus sich vielleicht ergebende Probleme im Jahr 5000 zu lösen seien.

So fing man an sich zu sorgen, daß im Jahr 3000 oder noch später unsere Nachfahren unvorbereitet auf eine Nuklearmüll-Deponie 1,5 km tief in einem Salzstock stoßen und Schaden nehmen könnten. Ein Grund mehr also für die sofortige Abschaffung der Kernkraftwerke!

Sogar für den Fall, daß unseren fernsten Nachfahren die Bergbautechnik und die Lust am Schürfen völlig abhanden gekommen wäre, wußten die neuen Ururenkel-Hüter ihre Angst- und Sorge-Szenarios prophylaktisch auszubauen. So fand 1982 in den Spalten der Frankfurter Allgemeinen Zeitung ein längerer Gedankenaustausch zwischen Leserbriefschreibern statt, zum Thema »Gorleben und die Eiszeit«. Könnten nicht in vielleicht 50000 oder 150000 Jahren unsere Abkömmlinge oder andere Lebewesen gefährdet werden,

wenn eine neue Eiszeit denkbarerweise den Salzstock bei Gorleben samt Atommüll frei kratzen würde?
Und ein Professor für Rechtswissenschaft, Hasso Hofmann, fragte zur gleichen Zeit in einem Buch über Rechtsfragen der atomaren Entsorgung, ob Kernkraftwerke nicht letzten Endes als grundgesetzwidrig zu betrachten seien. Schließlich müßten Endlagerstätten 1000 Jahre lang bewacht werden, doch kein Staat könne dies garantieren. Es gebe aber eine zeitlich unbefristete Nachweltschutzpflicht. Diese könne nur der Gesetzgeber, im Fall einer anders nicht behebbaren Notlage der jetzigen Bevölkerung, einschränken. Und das hätte da auch ausdrücklich zu geschehen.
Aber weshalb drängt es die neuen Urenkelhüter so sehr, die totale Inkompetenz unserer Nachfahren in der fernsten Zukunft zu unterstellen? Wenn diese Leute tatsächlich bis dahin alles verloren und vergessen haben sollten, was 1985 über Endlager und Radioaktivität bekannt war, woher sollen diese seltsamen Abkömmlinge dann noch die Technologie und Neugier haben, um 1,5 km tief in einen Salzstock zu gelangen? Und schlimmstenfalls: Wäre es wirklich keinem unserer fernen Nachfahren zuzumuten, für sich und seine Nachfahren das noch einmal zu entdecken, was Marie Curie für uns entdeckt hat – ohne jemals über das damit zugezogene Leiden zu klagen?
Der Ururenkel als wehleidiger, ängstlicher Nutznießer der Forschungsfreude und Risikobereitschaft seiner Ururgroßeltern? Uns heute schon auf diesen Typus hin einzuschrumpfen wäre wohl das denkbar schlimmste Vermächtnis, das wir hinterlassen könnten. Kann man sich den Menschen des Jahre 3000 wirklich nur noch als Abbild des Grünen von 1985 vorstellen? Solche Prachtprototypen sind diese doch gar nicht.
Ein amerikanischer Autor hat kürzlich die Angstrhetorik gewisser TV-Journalisten mit einem Beispiel bloßgestellt:
Wer Angst hat, in einen Zoo zu gehen, weil er gehört hat, daß dort ein Löwe ausgebrochen sei, ist normal. Wer aber Zoo-Angst hat, weil dort ein Löwe irgendwann einmal ausbrechen könnte, ist neurotisch. Die Argumentation der Kernkraftgegner laufe aber in der Regel so: Man solle dem Zoo fernbleiben, weil es dort Löwen hinter Gittern gibt, und Löwen in Afrika fräßen nicht nur Zebras, sondern gelegentlich auch einen Menschen.

IRRTUM FÜNF:

»JEDES PROBLEM BRAUCHT SEINEN PSYCHIATER«

Sigmund Freud als Markenartikel

Wie man zum Werk Sigmund Freuds auch stehen mag, wieviel Bewunderung man für das Werk an sich und seinen Urheber hegt: Die Psychoanalyse hat das Jahrhundert nicht geheilt, vor nichts bewahrt und wohl auch nur auf der Ebene eines Ratespiels für Aufgeklärte oberer Schichten mitgeprägt. Von der Tiefe und Macht des Unbewußten, von der Tücke des Unterbewußtseins und vom Urphänomen Sex war auch lange vor Freud viel bekannt und beschrieben – was fehlte, war die Theorie an Hand griffiger Einzelfälle und eine Sekte, die jeden dieser Fälle zur ewigen Offenbarung erhob. Als ein Vorläufer von Freud kann zum Beispiel der Arzt und Philosoph Carl Gustav Carus (1789–1869) gelten, der den Begriff des Unbewußten in die Psychologie einführte.

Mir scheint es nicht einmal sicher, ob die Beliebtheit und Verbreitung von mehr oder minder tiefenpsychologisch vorgehenden Behandlungen im Lauf unseres Jahrhunderts allein der Pioniertat von Freud zu verdanken ist. Freuds Figur half zwar, denn sogar seine frühe und bis heute gespielte Rolle im Repertoire der Symbolfiguren des Karikaturisten trug bei, die Scheu vor Inanspruchnahme psychotherapeutischer Hilfe abzubauen. Der Termin beim Analytiker war in vielen Ländern und in manchen Kreisen eher ein Statussymbol. Es läßt sich aber gut vorstellen, daß die Nachfrage nach solchen Therapien auch ohne den Beitrag Freuds ähnlich groß und im Publikum ähnlich gestreut gewesen wäre. Schließlich haben alle Fortschritte und dauerhaften Erfolge der Schulmedizin, der naturwissenschaftlich geprägten Heilkunde die Vorliebe für Naturheilkundige und Heilpraktiker nicht beeinträchtigt, sondern eher noch gesteigert. Aber es gab und gibt für diese Formen der Heilkunde, für die man vielfach auch keine Zulassung als Arzt braucht, keine Gründergestalt, die weltweit das Ansehen und den Bekanntheitsgrad von Sigmund Freud erreicht hätte. Man denke zum Beispiel an Rudolf Steiner oder Sebastian Kneipp.

Jedes Bedürfnis, jede Nachfrage erzeugt ein Angebot. Den Nichtarzt in der Rolle des Heilkundigen fragt man ungehemmter Dinge, über die man reden möchte. Das Bedürfnis nach Gesprächskontakten, die man ohne schlechtes Gewissen in Anspruch nehmen kann, weil man für sie tüchtig zahlen muß, die Hochkonjunktur für Seelenheilkundige hätte auch ohne Sigmund Freud und seine Jünger bestanden. Und schließlich ist auch längst offenkundig und in einer Reihe von Publikationen belegt, daß viele Patienten von einem Therapeuten unbefriedigt oder verstört zum nächsten wandern. Es gibt die Kunstfehlergeschädigten nicht nur in der Schulmedizin, sondern auch in allen anderen Behandlungsverfahren. Nur ist bei diesen der Kunstfehler kaum nachweisbar, weil es so viele von ihnen gibt und der jeweilige Stand der Kunst, im Gegensatz zur Schulmedizin, nie auf einen gemeinsamen verbindlichen Nenner gebracht werden kann. Ist Sex des Psychotherapeuten mit dem Patienten nun ein Kunstfehler oder eine Spezialtherapie? Diese Frage ist heute in Nordamerika und auch in Europa nicht etwa geklärt, sondern heftig umstritten. Es wäre ja auch ein Wunder gewesen, wenn die permissive Gesellschaft, selbst zum Teil ein Ergebnis der Popularisierung der Psychoanalyse, an diesem Punkt spurlos vorbeigegangen wäre. Ich entsinne mich, bereits Anfang der 50er Jahre das Buch eines Psychotherapeuten für eine medizinische Zeitschrift besprochen zu haben, in dem das Plädoyer für Sex mit Patientinnen sich bereits abzeichnete.

Sigmund Freud wurde zu einem Markenartikel. Die Psychoanalyse und ihre Art zu sondieren, zu fragen und zu spekulieren umgab von Jahr zu Jahr mehr der Nimbus, eine Schlüsselwissenschaft des Jahrhunderts zu sein – ein »Sesam, öffne dich!« zu allen Geheimnissen der Seele, eine Sonde ins tiefste Unbewußtsein. Von diesem Image, an dessen Pflege der amerikanische Markt für Patentrezepte mithalf, profitierten auch Schulen der Psychoanalyse und Psychotherapie, die etwas andere Wege gingen als Freud und seine treuesten Jünger.

Der psychoanalytische Ansatz fand bald Anklang auch außerhalb des Feldes therapeutischer Bemühungen um einzelne Patienten. Kunst- und Literaturwissenschaftler, Historiker und Soziologen fingen an, Vergangenheit und Gegenwart im Licht der Psychoanalyse zu deuten. Erbitterte Angriffe und Einwände gegen das psychoanalytische Modell vom Menschen trugen, wie stets, wenn eine Sekte im Entstehen ist, eher noch zur Attraktivität des Gegenstandes der Kritik bei. Dank des Eindruckes, den die Psychoanalyse bei manchen Leitfiguren des Kulturbetriebes, der literarischen Szene, bei Intellektuellen machte, erlangte sie im Lauf der Jahre vergröbert und popularisiert auch Einfluß in Gebieten, wo Freuds Lehre und Methode, seinen eigenen Grundsätzen zufolge, gar nicht zuständig sein konnte. Auch die gesamte übrige phänomenologische und hermeneutische Psychiatrie und klinische Psychologie, selbst wenn sie zur eigentlichen Psychoanalyse Distanz hielten, kamen in den Genuß des Glaubens der Bildungsbürger, der sicherste Weg zum Kern unserer Zeit oder eines Menschen führe durch die Abnormität, durch das Pathologische, und zwar um so verläßlicher, je bizarrer es sich darbietet. Zumal es für jeden leicht gemacht schien, sein eigener Seelenpathologe zu werden. Der anatomische Atlas der Psyche frei nach Freud stellte keine großen Anforderungen an die Lernfähigkeit der Amateure. Er war auch das ganze Jahrhundert über für Satire und Karikatur gefragt. Mit sieben oder neun Fachausdrücken war jeder dabei und bei keiner Behauptung widerlegbar.

Ein britischer Historiker wünschte sich 1984 in einem Interview für sein Fach eine genauere Betrachtung der Geschichte von Gefühlen, von Emotionen. Manche seiner Kollegen im 20. Jahrhundert hätten sich zwar Begriffe und Hypothesen Sigmund Freuds zugelegt, um ihrem Fach einen Anschein von Modernität und Wissenschaftlichkeit zu geben, ohne sich klar zu machen, daß Freud nur die Gefühlswelt besonderer Individuen aus einer bestimmten Gesellschaftsschicht Wiens um die Jahrhundertwende erforschte. Die kaum noch in Angriff genommene Aufgabe des Historikers wäre es hingegen, mit eigenen Mitteln die Geschichte von Gefühlen zu erforschen und darzustellen.

Anfang der achtziger Jahre kam es zum Entsetzen der weltweiten Psychoanalytiker-Gemeinde zu einem Buch über Freud, das ein vermeintlicher Jünger der reinen Lehre aufgrund des ihm gewährten Zugangs zum Freud-Archiv schreiben konnte. Aber auch vorher schon, im Lauf des Jahrhunderts, tauchten gelegentlich Indizien auf, die das Dogma in ein Dilemma stürzten: Freud privat und Freud als Theoretiker des Seelenlebens kommen sich in die Quere. Das Fatale für Freuds Theorie und Menschenmodell ist nämlich, daß jede taktlose, leichtfertige oder böswillige Enthüllung aus seinem Privatleben an die Grundfesten der Lehre rührt. Und zwar gerade dann und um so triftiger, je mehr Freud als Theoretiker recht gehabt habt. Dies ist das Dilemma: Entweder sind Freuds Eckda-

ten, sind seine Paradefälle, die von ihm aus Patienten gefischten Indizien unbrauchbar, folgenlos, irrelevant für das Bild der Patienten von sich selber, vom Analytiker und von der Welt, dann sind natürlich auch die Enthüllungen aus Freuds Privatleben und Intimsphäre belanglos. Oder Freud hat im vollen Umfang recht und seine Belege sind stichhaltig, sind von monumentaler Theorieträchtigkeit, dann wird eben auch jedes bizarre Detail aus Freuds Privatleben, von Skrupellosen ans Licht gezogen und veröffentlicht, zu einer Gefahr für den Geltungsanspruch der Psychoanalyse.
Wie kann Freud den wahren Kern der Dinge in den Tiefen der Seele und ihr lebenslanges Weiterwirken zutreffend erkannt haben, wenn er selber in analogen Vorgängen, Sachverhalten und Problemen, sagen wir einmal, ein starkes Verdrängungsinteresse gehabt haben muß? Man kann nicht gut die beschlagene Brille für andere Leute putzen, wenn man dabei ständig auf die eigenen Gläser haucht.
Es handelt sich um dieselbe Zwickmühle, in der die Marxisten seit Marx und Engels stecken: Käme es wirklich so sehr auf das richtige Klassenbewußtsein an, das man sozusagen als Proletarierkind mit der Muttermilch und im eigenen Milieu erworben hat, dann sind Marx, Engels und alle Marxisten aus dem Großbürgertum, dann sind praktisch 99 Prozent aller marxistischen Intellektuellen bis heute die Darlegung schuldig geblieben, weshalb ausgerechnet bei ihnen die eigene Klasse nicht das falsche Bewußtsein auf Lebenszeit erzeugt hat.
Falls sie aber behaupten, sie hätten sich durch die Parteinahme für das Proletariat davon befreit, räumen sie eine Veränderbarkeit der sozial bedeutsamen Bewußtseinsverhältnisse ein, die dann natürlich auch das sozial aufgestiegene Arbeiterkind in Anspruch nehmen kann, ohne sich ein persönlich erschlichenes, klassenwidriges und somit falsches Bewußtsein vorwerfen lassen zu müssen.

Frühe Kindheit als Alibi

Während der letzten zwei Jahrzehnte konnte man häufig Berichte über Gerichtsverhandlungen lesen, in denen es um Personen ging,

die gräßliche Morde verübt hatten. Kamen im einen Fall die Täter aus, wie man entschuldigend sagt, pathogenem Milieu (geschiedene Eltern, allmähliche Verwahrlosung), so war im anderen Fall der Täter im Genuß eines soliden, freundlichen Elternhauses und gesicherter Zukunftschancen. Die Morde geschahen nur so im Vorbeigehen während eines geregelten Arbeitstages.
Die soziale Umwelt als Alibi der Enthemmten ist längst Allgemeingut. Ist der Sozialdeterminismus aber nicht einleuchtend genug, bleibt immer noch der Psychologismus Freudscher Prägung. 1956 stürzte über Amerika ein Passagierflugzeug ab, in das ein junger Mann seine Mutter und eine Zeitbombe verfrachtet hatte. Der Mutter- und Massenmörder (44 Menschen waren an Bord) hatte aber zuvor auch eine Flugversicherung für seine Mutter abgeschlossen und war in Kürze dingfest. Er wurde verurteilt und hingerichtet. Sein Gerichtspsychiater publizierte bald danach in der Fachzeitschrift der amerikanischen Psychiatergesellschaft eine Theorie, derzufolge man den Attentäter gar nicht hätte bestrafen dürfen, da seine Tat psychoanalytisch so gut begreifbar gewesen wäre: Als Kind habe er nämlich stets unter Angstzuständen gelitten, wenn seine Mutter für einige Zeit fortging, in der Sorge, sie könne ihn ganz verlassen. Unterschwellig sei ihm diese Angst geblieben, und die Flugreisen seiner Mutter waren ihm deshalb unerträglich. Deshalb sei ihm keine andere Wahl geblieben, als diese eine zu ihrer letzten zu machen.
Wir brauchen uns nicht zu wundern, wenn Sigmund Freud und Epigonen als Strafverteidiger in Amerika satirereif geworden sind. Das Skript des Films »West Side Story« (1958), von Leonard Bernstein zweifellos gebilligt, enthält eine treffende Szene. Ein New Yorker Vorläufer der gewalttätigen Demonstranten von später, im Kreis der Kumpane, lümmelt sich vor einem Polizisten aufs Pflaster und improvisiert eine psychoanalytische Sitzung für sich: Er tauge eben nichts, weil seine Mutter dies ihm antat, sein Vater jenes; der eine liebte mich zuwenig, die andere zuviel usw. Seit Jahrzehnten klagen aber auch New Yorker Detektive des wirklichen Lebens, daß bei schweren Verbrechen ertappte Jugendliche ihnen schon auf dem Weg zur Wache die psychiatrischen Fachausdrücke höhnisch aufsagen, dank deren sie dann in Kürze vom Jugendrichter wieder freigesetzt sein würden.

Die Naivität des Umweltdeterminismus bleibt dieselbe, ob man sagt, der Täter quält, raubt und mordet, weil er als Kind nie Taschengeld bekam oder weil er am Ödipuskomplex litt. Die psychoanalytisch ausstaffierte Umwelt oder eine nur ökonomisch unausgestattete bedeuten im Endeffekt dasselbe: Der Täter ist ein unschuldiges Opfer seiner anfänglichen Umwelt. Die Gesellschaft, die ja für Eltern, Inzesttabu und soziale Schichten verantwortlich sei, soll sich in Scham beugen, daß ihr solche milieugeschädigten Täter entschlüpfen; nie aber diese. Ist das wissenschaftlich begründbar?
Man hat seit Jahrzehnten, in Amerika vor allem, versucht, durch großangelegte Forschungsreihen, mit Kontrollgruppen, der Hauptursache des Verbrechens auf die Spur zu kommen. Aber auch die Lehrbücher der Kriminologie, die dort zur Soziologie zählt, resignieren am Ende: Wir wissen nichts, und alle Versuche, einen Kausalzusammenhang zwischen Umwelt der Täter und Tat oder Motiv herzustellen, enden im Leeren. Und zwar aus einem guten Grund: Für jeden Täter mit einem noch so glaubhaften Milieuschaden oder Trauma gibt es Dutzende von Menschen in einer Kontrollgruppe, die genau demselben Milieu entstammen, mit denselben Worten ihre Eltern schildern, dasselbe Trauma erlitten haben, aber weder Verbrechen verübt haben noch sich augenscheinlich auf einer schiefen Bahn befinden.
Bei den beliebten Versuchen, die Umwelt eines Menschen für schwere kriminelle Handlungen verantwortlich zu machen, wird, wie ich glaube, folgendes gerne übersehen. Die Anzahl der typisch verschiedenen – und so erlebbaren – Umwelten ist viel zu klein, und die Zahl der jedem nur denkbaren Umwelttyp ausgesetzten Individuen ist viel zu groß, um den winzigen Prozentsatz schwer Krimineller in einer Bevölkerung zu erklären. Man kann sein Elternhaus, die Schule, die Wohngegend usw. nicht in millionenfachen Variationen erleben und verarbeiten. Man hat strenge, aber einsichtige, strenge und uneinsichtige, gute und schlechte Eltern, aber viel zu viele Menschen haben zumindest einen dieser Milieutypen erfahren, um mit irgendeinem von ihnen das abweichende Verhalten einer kleinen Gruppe zu erklären.
Wir müssen ja nach der kriminologisch relevanten Umwelt, also der erlebten Umwelt des Einzelnen fragen. Diese aber wird von dessen Bewußtsein, im Zusammenwirken mit den Auffassungen der jewei-

ligen Kultur, sehr vereinfacht. Das menschliche Bewußtsein tendiert dahin, die objektiv vielleicht feststellbare Vielfalt der sozial möglichen Umwelten zu verringern. Man hat entweder gute, gleichgültige oder schlechte Erinnerungen an seine Eltern. Wenn wir die Güte des Elternhauses auf eine Skala von 0 bis 1000 brächten, wobei 500 das weise und angemessene Elternhaus darstellt, könnten wir vielleicht die von 0 bis 50 und von 950 bis 1000 einzureihenden Individuen in ihrem extrem asozialen Verhalten einigermaßen erklären. In Wirklichkeit werden wir aber nie Personen finden, die uns über ihre Jugend so verschiedene Eindrücke berichten, daß eine solche Skala aufgestellt werden könnte. Dem Angeklagten, der eine Schauergeschichte über seine Kindheit berichtet, stehen hundert andere Personen gegenüber, deren Bericht seinem aufs Haar gleicht, die aber keine Gewaltverbrechen begangen haben.
Welche Umwelten sollen denn für Kriminalität verantwortlich sein: Armut oder Überfluß, Gleichgültigkeit der anderen oder ihre Überbesorgtheit? Wir sehen bald, weshalb die Fachliteratur schon vor über zehn Jahren in einer Sackgasse endete. Jede normale und jede abnormale Handlung ist eingebettet in einer komplexen Konstellation von Faktoren, die in sämtliche Ebenen unseres persönlichen Daseins reichen. Irgendwie und irgendwo hängt alles zusammen. Aber die Zahl der verschiedenen und markanten Konstellationen in der sozialen Umwelt, die wir als für uns relevant im Handeln verarbeiten können, ist bestimmt viel zu klein als Erklärung für irgend etwas bei einem Bruchteil eines Prozents einer Bevölkerung, wenn dieser sich das gesamte Angebot möglicher Umwelten mit den übrigen 99,5 % der Bevölkerung teilen muß. Es gibt keine absolut typische Umwelt, die der Täter und nur der Täter erlebt.
Die forensische Psychiatrie, der Psychiater als Sachverständiger vor Gericht konnten in der zweiten Hälfte des Jahrhunderts ihre Zuständigkeit dank der Geltung Freudscher Annahmen im geistigen Leben immer weiter ausdehnen. Sowohl bei der Suche nach Tatursachen, nach Motiven, nach Beweggründen als auch bei der Prognose künftiger Harmlosigkeit von Gewaltverbrechern hatte eine Psychiatrie immer mehr zu sagen, die sich in der Psyche des Probanden an einzelnen mutmaßlichen Traumata in den frühesten Lebensphasen zu orientieren suchte.
Daß sich die Behörden im Fall von Tätern immer mehr auf die Pro-

gnosen über künftiges Verhalten verließen, die ihren Anspruch auf Wahrscheinlichkeit letzten Endes nur von einer Handvoll Grundannahmen der Psychoanalyse ableiten konnten, also genau besehen nur auf das Markenzeichen Sigmund Freud pochten, ist erstaunlich, denn sowohl nach der Lehrmeinung, der unverzichtbaren Doktrin der Psychoanalyse als auch nach der Länge und unüberprüften Erfolgsquote ihrer Behandlungen kann sie gar keine Prognosen über das Verhalten von Individuen in kommenden Jahren stellen. Und sie kann ebensowenig auf Grund ihrer eigenen Praxis und Theorie einer Behörde sagen, welche Art von Behandlung oder Nichtbehandlung die denkbare Gefährlichkeit eines Menschen für seine Mitmenschen im Verlauf von mehreren Jahren erhöht oder gesenkt haben wird. Wäre dies nämlich nicht so, beginge jeder Psychoanalytiker einen Betrug an seinem Patienten, der sich bei ihm auf eine fünf- oder mehrjährige Behandlung zu horrenden Kosten einläßt und dem der Psychoanalytiker, nach eigenem Bekunden, ja gerade nicht vorhersagen kann, wie lange er sich der Behandlung unterziehen muß, ehe er sich als geheilt betrachten kann – falls überhaupt je.
Es war paradox: Die »Unschärferelation« im Freudianismus ist enorm groß und alle Welt weiß es, eingeschlossen die Praktiker der Psychoanalyse. Doch der Nimbus des Freudianismus verlieh der Psychiatrie und Psychologie insgesamt eine vermeintliche Fähigkeit zur Diagnose und Prognose, die sie am ehesten noch hätten haben können, wenn sie ihre Wege so weit von Freud wie nur möglich gegangen wären. Je unähnlicher das Modell der Psyche des Menschen in unserem Jahrhundert dem Modell der Freudianer geblieben wäre, desto mehr Vertrauen in ihre Feststellungen hätten Psychiatrie und Psychologie verdient. Statt dessen entfalteten diese Fächer ihren Zuständigkeitsanspruch im Kielwasser des Freudianismus selbst dort, wo sie Freud gar nicht folgten oder folgen konnten, weder nach seinen noch nach den eigenen erklärten Grundannahmen.
Dieser Gang der Dinge wirft Licht über Freud und die Psychologie hinaus. Der Ablauf ist von allgemeiner Bedeutung und erklärt auch den Erfolg anderer Irrtümer: Je mehr eine Lehre, ein schriftstellerisches Werk, eine Theorie den Anschein weckt, es handele sich um eine emanzipatorische Enthüllungskunst, eine Entlarvungswissenschaft, die verwerfliche Zwänge der Vergangenheit auflöse, desto leichter konnte sie in unserem Jahrhundert als Superwissenschaft

auftreten und Einfluß aufs Weltbild jener nehmen, die immer schon gerne bei einer grandiosen Demaskierung dabei gewesen wären. Sigmund Freud und Karl Marx kamen auf vollkommen verschiedenen Gebieten und in vollkommen verschiedenen Zusammenhängen auf ihr jeweils großes Thema. Ihre Paarung von fremder Hand in der Frankfurter Schule wirkte sich unheilvoll aus. Sie bescherte uns nicht zuletzt den emanzipatorischen Pädagogismus, dessen Opfer in ihrem Hedonismus und als rollenlose Monaden vielfach unfähig wurden, in der wirklichen Welt einen Sinn zu finden, mit dem man ihre unvermeidlichen gelegentlichen Widrigkeiten durchstehen könnte.

Wieviel Zeit für einen Patienten?

Was die Leiden des Menschen an sich selbst und seinem Nächsten im Lauf unseres Jahrhunderts für zahlreiche Personen erträglicher machte, waren nicht irgendwelche Fortschritte der Freudschen Kunst oder ihrer Sekten, sondern einige Fortschritte und Glücksfälle der Chemie. Die Psychoanalyse, gelte sie nun als Kunst oder als Wissenschaft, konnte schon nach ihren eigenen Grundauffassungen, ihren verpflichtenden Prinzipien keine Fortschritte für viele Menschen als Fach erzielen. Fortschritte der Psychoanalyse und der an sie angelehnten Psychotherapien bestanden im wesentlichen immer nur darin, daß ein weiterer Lebensbereich dem Einfluß, dem Urteil, ja oft dem Diktat der Psychiatrie unterworfen wurde: Expansion der Psychiatrisierung durch ein psychoanalytisches Welt- und Menschenbild, das sich so streng gegen jede Kritik und Erfolgskontrolle abschirmte und immunisierte, daß Fortschritte darin im Sinne von Verzicht auf falsche Hypothesen und grundlegende Revisionen der Theorie kaum möglich waren.
Sie müßten auf die Freiheit seelisch vorbereitet werden, hieß es Anfang 1981 in den Medien, als sich Psychologen und Psychiater der zweiundfünfzig Amerikaner annahmen, die als Geiseln in der US-Botschaft in Teheran gefangengehalten worden waren. Die Geisel als Mündel des Psychiaters! Muß das sein?

In Schweden (wo sonst!) fing das 1973 an. Damals hielten Gangster einige Personen viele Tage im Tresorraum einer Bank in Stockholm gefangen. Je länger die Geiselnahme dauerte, je mehr Tonaufnahmen von den abgehörten Gesprächen zwischen Gangstern und Geiseln vorlagen, desto herrischer meldeten Psychologen und Psychiater ihre Kompetenz und das Recht auf ihre psychologische »Erstautopsie« an. Seit 1973 gilt: jede befreite Geisel müsse in eine psychologisch vorbereitete »Dekompressionskammer«, als ob sie ein Taucher wäre, der zu rasch aus der Tiefe geholt wurde. Das Paradoxe an diesem Anspruch ist aber auch folgendes: Diese Auffassung verbreitete sich gleichzeitig mit der Bewegung, die – wie zum Beispiel in Italien mit fürchterlichem »Erfolg« – die Abschaffung aller geschlossenen Anstalten für Geisteskranke fordert. Weshalb also darf die befreite Geisel nicht selbst entscheiden, ob sie in die Obhut von Psychologen oder Psychoanalytikern möchte?
Beim Personal der US-Botschaft in Teheran mag es entschädigungsrechtliche Gründe gegeben haben. Auch wollte man vielleicht feststellen, ob einige Amerikaner von den Iranern »umgedreht« worden waren, ob eine Gehirnwäsche stattgefunden hat. Es kann auch in einem Fall wie diesem gute Gründe geben, die Ex-Geiseln nicht unvermittelt den Massenmedien vor die Mikrofone geraten zu lassen. Aber prinzipiell ist Widerspruch angezeigt, falls die seelentherapeutische Zunft sich einen Kompetenzzuwachs für ihr Fach zu erangeln sucht, indem sie jede Ex-Geisel zunächst zu ihrem Mündel erklärt. Der Mensch ist, bis zum Beweis des Gegenteils, im Einzelfall fit für die Freiheit, auch ohne Psycho-Hebamme.
Genauer ansehen muß man sich auch die oft gehörte Behauptung, in der modernen Medizin werde dem Patienten nicht die Menge Zeit gewidmet, die er brauche, auf die er einen Anspruch habe. Die Schuld gibt man teils dem Vergütungssystem für ärztliche Leistungen, teils den falschen Einstellungen vieler Ärzte. Die Klage, die moderne Medizin nehme sich zu wenig Zeit für den Patienten, ist so alt und so früh belegbar, daß man sich wundert, wie alt die moderne Medizin schon geworden ist. Wieviel Zeit und Zeit welcher Art wäre denn jeweils genug? Darauf kann niemand eine Antwort geben. Zeit ist in der Beziehung zwischen Arzt und Patient, noch mehr als sonst im Leben, eine subjektiv ganz verschieden empfundene Quantität. Seit ungefähr 100 Jahren haben Wissenschaftler sich mit

der sozialen, der subjektiven Zeit, im Unterschied zur meßbaren Weltzeit beschäftigt. Dr. Gerhard Schmied hat sich 1983 bei mir mit einer Arbeit über dieses Phänomen und seine bisherige Erforschung habilitiert (Soziale Zeit. Duncker & Humblot, Berlin 1985).
Wir müssen uns klarmachen, daß ein objektiv festgestellter Zeitraum von fünf, zehn oder zwanzig Minuten, für den Arzt und für den Patienten subjektiv völlig verschieden verarbeitet werden. Die richtige Wortwahl, die Intensität einer Zuwendung auf Seiten des Arztes kann bewirken, daß dem Patienten die ihm gewidmeten fünf Minuten ausreichend, nützlich und wertvoll erscheinen. Bei einem Kollegen dieses Arztes könnte derselbe Patient unter Umständen die Spanne von fünfzehn Minuten als unbefriedigend verbuchen. Die Redensart »weniger wäre mehr gewesen« gilt auch für die Zeitspanne einer Zuwendung zum Mitmenschen.
Und auch der Arzt wie jeder Lehrer oder Seelsorger, wird merken, daß die gleiche Menge von Minuten, verschiedenen Patienten gewidmet, ihm selber verschiedene Grade des Gefühls hinterlassen, er habe sich genug Zeit genommen. Der Arzt kann durch den ständigen öffentlichen Vorwurf, er geize mit seiner Zeit, auch in die Lage geraten, daß er einem Übersoll-Zwang nachgibt und daß dadurch seine Zuwendungszeit bei manchen Patienten kontraproduktiv wird. Manche Menschen werden sich nun einmal immer und überall benachteiligt, vernachlässigt, nicht ernst oder wichtig genug genommen fühlen. Der Uranlage des Menschen zu einem prinzipiellen Benachteiligungsverdacht hat der Zeitgeist im Lauf unseres Jahrhunderts fortwährend Entfaltungshilfe gegeben. Es war unvermeidlich, daß sich das auch auf die Patient-Arzt-Beziehung auswirkt. Nachdem viele Menschen ohnehin überall ihr Zukurzkommen wittern, gehört nicht viel Phantasie dazu sich auszumalen, wie das pausenlose Bejammern der Zeitknappheit beim Arzt für den Patienten, in allen Medien, aus aller Politiker Munde, bei manchen Personen bewirkt, daß sie keine Zeitspanne der ärztlichen Zuwendung zu ihnen mehr als adäquat erleben werden. Weder der Arzt noch sein Patient können feststellen, welche Menge von Uhrzeit, von jedem der beiden subjektiv betrachtet, objektiv genug Zeit gewesen wäre. Es ist deshalb unklug, wenn bekannte Professoren medizinischer Fächer in ihren Eröffnungsvorträgen zu Kongressen regelmäßig den Umstand beklagen, daß in der heutigen Medizin nicht

genug Zeit für die Zuwendung zum Patienten vorgesehen sei. Gerade diese Bemerkung wird in der Presse dann zur Schlagzeile und trägt somit bei, auch völlig unvernünftige Anspruchshaltungen in manchen Patienten zu verfestigen.
Die Vermutung ist wohl nicht ganz abwegig, daß hundert Jahre Psychoanalyse und verwandte Psychotherapien mit ihrem ungeheuren Zeitaufwand für das Zwiegespräch mit dem Patienten zu einer allgemeinen Überbewertung der bloßen Quantität heilkundlicher Zuwendungszeit geführt haben. Der verschwenderische, und auch »elitäre« – weil überwiegend wortgewandten Patienten gewidmete – Umgang mit Zeit bei tiefenpsychologischen Behandlungen hat vielleicht zur regelmäßigen Geringschätzung des Zeiteinsatzes in der Schulmedizin beigetragen.
Dabei fällt ein Widerspruch auf. Einerseits wird vor dem imponierenden Hintergrund der vielen Stunden, die ein Psychoanalytiker einem einzigen Patienten widmen kann, dem Schulmediziner ein Schuldkomplex suggeriert: Wieviel Heilung könntest du deinen Patienten bringen, wenn du dir mehr Zeit für sie nehmen würdest! Andererseits ist aber angesichts des maßlosen Zeitaufwandes bei einer psychoanalytisch orientierten Behandlung die Frage naheliegend, was es denn dem durchschnittlichen Patienten wirklich bringen könnte, falls sein Arzt für ihn im Regelfall, sagen wir, zwanzig statt zehn oder fünfzehn statt sieben Minuten zur Verfügung hätte? Gemessen an den Äonen, die in einer Psychoanalyse für einen einzelnen Patienten zur Verfügung stehen, wäre auch die verdoppelte Zuwendungszeit zum Patienten in der schulmedizinischen Sprechstunde nur ein Augenblick.
Möglicherweise hat also gerade das Stereotyp, das allgemeine Vorstellungsklischee vom Therapeut-Patient-Verhältnis aus der Psychoanalyse im Lauf unseres Jahrhunderts die im ärztlichen Alltag auch unter optimalen Bedingungen aufwendbare Zuwendungszeit zum Patienten entwertet und bei manchen Patienten möglicher Wirkungen beraubt, weil sie an einem unerreichbaren Ideal gemessen wird. Es gibt auch noch eine viel peinlichere Frage: Woran soll der Schulmediziner oder ein Krankenversicherungsträger die tatsächlichen Erfolgsaussichten für eine Art Schmalspurbegleitpsychotherapie zur erforderlichen somatischen Behandlung ablesen? Die Heilungsquote, die Erfolgsbilanz der klassischen psychothera-

peutischen Langzeitbehandlungen ist gerade in den letzten zehn Jahren immer heftiger umstritten gewesen.

Freud und der Feminismus

Der in London lebende amerikanische Psychiater Dr. Joseph H. Berke schrieb mir Ende 1984, nach der Lektüre meines Buches »Der Neid«, einige Fragen und Beobachtungen zum Thema Penisneid. Dr. Berke arbeitet an einem Buch über den Neid aus psychoanalytischer Sicht. Worüber er rätselt, ist dies:
Während nämlich Freud und andere frühe Psychoanalytiker unter Penisneid eine Art Wunsch von Frauen nach gleicher anatomischer Ausstattung wie Männer verstanden hatten, begann sich, unter dem Einfluß des radikalen Feminismus unserer Zeit, bei einigen Neo-Freudianern die Auffassung durchzusetzen, Penisneid habe mit dem Haß von Frauen auf Männlichkeit an sich zu tun. Erscheinungen von Penisneid, die der Psychoanalytiker in der Praxis bei Frauen beobachte, seien bereits eine Reaktion auf die in der Kultur einer Gesellschaft verankerte privilegierte Stellung der Männer.
Dieser Sachverhalt kann zwar im Spiel sein, meint Dr. Berke, sowohl beim Wunsch, es den Männern in der Welt gleich zu tun als auch beim Haß auf alles Männliche aus Frustration. Doch hat Berke Zweifel, ob man den Penisneid nur als weibliche Reaktion auf die »Ungerechtigkeit« bestimmter Kulturen betrachten darf. Schließlich müßte in diesem Fall der Penisneid in matriarchalischen Gesellschaften weitaus geringere Bedeutung haben als in patriarchalischen.
Angesichts der wenigen konsequent matriarchalischen Kulturen und der Neigung vieler Ethnologen, im Feld das Thema des Tages zuhause aufzugreifen, so fürchte ich, dürfte dieser Nachweis schwer zu führen sein. Man denke zum Beispiel nur an die »Entdekkungen« Margaret Meads auf Samoa, die erst Anfang der achtziger Jahre Derek Freeman in einem Buch (deutsche Übersetzung: »Liebe ohne Aggression«, 1983) als pure Legenden aufgedeckt hat.
Dr. Berke befaßt sich auch mit dem Gebärmutterneid (womb

envy), den Männer auf Frauen haben sollen, als Pendant zum Penisneid. Beispiele für ihn glaubt man in dem Sadismus zu finden, der während der Inquisition in den Hexenverfolgungen gegenüber Frauen praktiziert wurde. Dr. Berke meint, dies könne mit der negativen Einstellung des Christentums zur Sexualität zu tun haben. Ich zweifle daran. Schließlich erhalten wir nun seit sechs Jahren aus dem Iran Khomeinis pausenlos Berichte über schauderhafte Folterungen von Frauen, die der Religion des Bahaismus anhängen, und natürlich auch von Frauen, die westlicher Anschauungen verdächtigt werden. Diese Folterungen, oft bis zum Tode, gleichen im Detail dem, was während der Inquisition der Verbrennung von »Hexen« vorausging. Auch hier der Uterus als Objekt maskulinen Vandalismus. Im Hinblick auf die Einstellung zur Sexualität läßt sich jedoch zwischen dem eher prüden Christentum und dem hypersexuellen Islam keine Ähnlichkeit finden.
Ist es nicht viel wahrscheinlicher, daß der ewige »Kampf der Geschlechter« lange vor der Ausformung verschiedener Kulturen in Gang kommt und gelegentlich eben auch die Variante »Penisneid« birgt? Dieser Streit über die eigentliche Ursache des mutmaßlichen Penisneides bei weiblichen Personen zeigt, weshalb die Folgen Freuds ohne sein Zutun soviel Verwirrung und Aggressivität gestiftet haben. Freuds Lehrmeinung machte es möglich, daß winzige Minderheiten – manchmal ein einziger Autor – sich eines seelischen Vorganges und eines anatomischen Unterschiedes bemächtigen konnten, um daraus in der Art von Freud eine mächtige Theorie zu bauen, die dann für eine soziale Bewegung benutzt wird.
Für die weitaus meisten Mädchen und Frauen dürfte der Penisneid ebensowenig bedeuten wie für die meisten Männer der Gebärmutterneid, wobei ich einräume, daß für den kleinen Buben die Existenz des Uterus nicht so gut erkennbar ist wie die Existenz des Penis für das kleine Mädchen. Was aber dank der Fixierung der Freudianer auf diese anatomischen Unterschiede in unserem Jahrhundert unglückseligerweise noch mehr Glauben geschenkt bekam als ohnehin schon, war die Meinung, jede Ungleichheit bei Menschen führe notwendigerweise bei allen Menschen zu Neid und verwandten Gefühlen. Damit wird auch dem Irrtum Vorschub geleistet, jede Verschiedenheit bei der Beschaffenheit und Befindlichkeit von Menschen sei als empörende Ungleichheit anzusehen.

Am Ende gelten dann auch Verschiedenheiten als Wurzeln allen Übels, die ihre Ursache in dem Weg haben, den die Entwicklung des Lebens bereits ganz am Anfang einschlug: Fortpflanzung durch das Zusammenwirken von zwei verschiedenen Geschlechtern bot einen optimalen Evolutionsfaktor. Einige unaufhebbare Folgen dieser notwendigen Verschiedenheit heute nicht mehr wahrhaben zu wollen und statt dessen eine feministische Verschwörungstheorie gegen die Männer aufzubauen, gelang der radikalen Frauenbewegung eben auch dank der Überbewertung der anatomischen Unterschiede von Mann und Frau im Freudianismus.
Freud – entgegen seinen Absichten und Überzeugungen – lieferte Rüstzeug für die Anfechtung der »Gerechtigkeit« der ganzen bisherigen Evolution auf der Erde, wobei immer mehr aus den Augen verloren wurde, daß nichts in der Welt so eindeutig feststeht wie die Abwesenheit jeder Vorstellung von Gerechtigkeit oder Fairneß im Entwurf und Vollzug für die Evolution allen Lebens und für die Streuung aller Formen von anorganischer Materie auf dem Erdball.
Freuds Ruhm als eine geistige Jahrhundertgestalt gab Rückenwind für den Denkfehler, man könne anatomische Gegebenheiten als Kausalfaktoren für abschaffbare Mißstände gleichzeitig bagatellisieren und »monumentalisieren«.
Um welche Art von Verschiedenheit auf der Erde es auch geht, ob es nun der Körperbau des einen Geschlechts unter den Menschen oder die Länge der Meeresküsten unter den Staaten ist, es gehört zur Kategorie der Verschiedenheit, daß es immer Personen geben muß, die aus der jeweiligen Verschiedenheit unvermeidbarerweise einen Vorteil haben. Unter den Millionen von denkbaren, durch die Beschaffenheit des Kosmos vorgegebenen Verschiedenheiten bei den nutzbaren Situationen, in denen sich Menschen finden, gibt es so gut wie keine, die nicht ihren Vorteil oder Nachteil im Hinblick auf eine andere Situation erkennen läßt.
Insoweit nun der Egalitarismus in unserem Jahrhundert zum Grundpfeiler herrschender Moralanschauung geworden ist, gelingt es immer, irgendwelche Personenkategorien oder Teile der Bevölkerung mit dem ihnen aufgenötigten schlechten Gewissen zu demoralisieren und andere mit einem guten Gewissen für Aggressionen auszustatten. Die Drahtzieher, die Regisseure, die Meinungsführer für diese Be- und Entlastungen der Gewissen ihrer Mitmenschen

können selber sowohl in der Lage der zu Belastenden als auch in der Lage der zu Entlastenden sein.
Ein beherrschender Denkfehler unseres Jahrhunderts, eigentlich ein Fühlfehler und lange vor ihm bereits im Kommen, ist dieser: Jede irgendwie vorgegebene Verschiedenheit ist eine anstößige und veränderbare Ungleichheit. Dabei kann es sich um Gegebenheiten im Körperbau des Menschen, in der Anatomie der Säugetiere handeln, ebensogut wie um die geologischen und geographischen Beschaffenheiten der Siedlungsflächen für die verschiedenen Völker und Stämme auf der Erde.
Die als selbstverständlich und moralisch allein zulässig geltende Gefühlsreaktion auf alle und jede dieser »Ungleichheiten« (Verschiedenheiten) ist die eines tiefen Unbehagens, einer Beschämung, eines schlechten Gewissens. Nichts adelt im 20. Jahrhundert so sicher wie die Fähigkeit an immer neuen und jüngst entdeckten Ungleichheiten publikumswirksam zu leiden.
Je mehr aber viele von den zum Leiden an den Verschiedenheiten in der Welt abkommandierten Zeitgenossen doch die Ahnung nicht vollkommen unterdrücken können, daß sie angehalten sind, letztlich die gesamte Beschaffenheit des Kosmos als unsittlich weil gleichheitsfeindlich zu empfinden, bemächtigt sich ihrer eine dumpfe verzweiflungsvolle Wut, die Ziele sucht. Und genau dies ist der Zweck der ganzen Veranstaltung.

Gehört zur Rollengleichheit von Frau und Mann auch die Monogamie?

Der Feminismus der achtziger Jahre hat sich in Widersprüchen verfangen. Er bestreitet, daß es eine natürliche Mutterrolle mit der dazu vorgegebenen Antriebsstruktur gibt. Folglich sei auch die Vaterrolle etwas Künstliches und Beliebiges. Mann und Frau seien ein beliebig austauschbarer Elternteil, je austauschbarer desto naturnäher sei dies. Man müsse nur die patriarchalische Klassengesellschaft beseitigen, dann käme auch die Befreiung der Frau aus dem Rollenzwang der Familie. 1985 hörte ich mit eigenen Ohren eine englische

Soziologiedozentin die Behauptung aufstellen, die Familie sei überhaupt fast nur eine Erfindung der britischen Oberschicht im Viktorianischen Zeitalter gewesen, man habe die Familie als Institution aufgebaut, um repräsentative Möglichkeiten für das Ausgeben von Geld zu haben.

Der feministischen Soziologin wäre ein Blick in die Geschichte und in die Völkerkunde zu empfehlen, besser noch: ein Blick in die Soziobiologie. Die Kernfamilie, sei es relativ allein oder eng verquickt mit einer Großfamilie, hat es in allen menschlichen Kulturen gegeben, wobei viele Familientheoretiker lange Zeit übersehen hatten, daß Kern- und Großfamilien in den meisten Zeiten und Ethnien nebeneinander existierten. Je mehr sich aber die Feministinnen in die Beliebigkeit der Elternrollen verbeißen und die Gleichheit der Aufgaben für Mann und Frau als das Naturgegebene betonen, desto mehr kommt auf sie ein Imperativ der Natur zu, der ihnen überhaupt nicht ins Konzept passen wird.

Es gibt in unserer tierischen Ahnenreihe tatsächlich die Kernfamilie, wo das Männchen fast alles für und mit dem Nachwuchs tut, was das Weibchen tut. Das Männchen füttert und brütet, es trägt die Jungen mit sich herum. Je vollkommener aber im Tierreich die Aufgaben von Vater und Mutter sich gleich geworden sind, desto ausschließlicher üben die beiden dann auf Lebenszeit eine Tugend: sie sind absolut treu und monogam.

Kann man der Sache auf den Grund gehen? Ist der Mensch als Tier betrachtet auf Monogamie oder Polygamie (insbesondere Polygynie) angelegt? Verhaltensforscher sehen den Stand unseres Wissens dazu wie folgt:

Nur fünf Prozent aller Säugetiere sind monogam, dafür aber die meisten Vögel. Die ausgeprägte Monogamie bei Vögeln hängt offenbar damit zusammen, daß beide Eltern für das Aufziehen der Jungen erforderlich sind. Es spielt zunächst keine Rolle, ob das Männchen oder das Weibchen die Eier brutwarm hält. Sie können sich abwechseln. Noch wichtiger ist aber das eng verbundene Elternpaar zum Füttern der ausgeschlüpften Brut. Die für die Überlebenschancen der Brut erforderliche Nahrung kann nur von zwei erwachsenen Vögeln herangeschafft werden.

Besonders eindrucksvoll geschieht das bei den Albatrossen. Es gibt von ihnen dreizehn Arten auf den Meeren der Südhalbkugel der Erde. Ein englischer Forscher berichtete 1985 über seine mehrjährigen Beobachtungen bei drei Arten auf der Inselgruppe Südgeorgien nahe der Antarktis. Seevögel haben allgemein ein besonders enges Verhältnis zur Nachkommenschaft, beim Albatros fand der Ornithologe einen nahezu unglaublichen Grad von »parental behaviour«, von elterlichem Verhalten. Das Weibchen und Männchen widmen sich in gleichem Umfang dem Bebrüten des Geleges (stets nur ein Ei) im Bodennest und der Aufzucht des Jungen. Die Brutzeit beträgt etwa achtzig Tage, und das Aufziehen eines jungen Albatros braucht noch wesentlich länger. Der Wanderalbatros kümmert sich um sein Junges den ganzen arktischen Winter hindurch. Er wie auch der grauköpfige Albatros brütet nur jedes zweite Jahr, und es wird dazu jeweils nur ein Ei gelegt. Über einen Zeitraum von zehn Jahren beobachteten Forscher des British Antarctic Survey, daß die nur jedes zweite Jahr brütenden Albatrosarten einen größeren Fortpflanzungserfolg haben als die jährlich brütenden. Wenn jedoch ein ausgeschlüpfter Albatros nicht überlebt (nur fünfzig Prozent tun es), dann schalten seine Eltern vom zweijährigen Zyklus auf einen einjährigen und versuchen die Fortpflanzung bereits im folgenden Jahr.

Die soziobiologische Betrachtungsweise ethischer Verhaltensweisen leitet diese von dem Grad der Wahrscheinlichkeit für die größtmögliche Verbreitung der Gene des Einzelwesens ab, der durch eine bestimmte Verhaltensweise gewährleistet wird. Der Kategorische Imperativ von Kant läßt sich in die Sprache der Soziobiologie kleiden. Kant sagt: »Handle so, daß die Maxime deines Willens jederzeit zugleich als Prinzip einer allgemeinen Gesetzgebung gelten könne.« Soziobiologisch müßte man sagen: Handle so, daß die Maxime deines Willens jederzeit auf die weitestmögliche Verbreitung deiner Gene zielt. Unter diesem Gesichtspunkt ist für Säugetiere das Prinzip Monogamie nur selten erfolgversprechend. Sie ist bei ihnen deshalb nur dann zu beobachten, wenn die Männchen, ähnlich wie bei den Vögeln, direkt an der Aufzucht der Jungen mitwirken müssen. So sind Säugetiere dann monogam, wenn sie ihre Jungen in Höhlen, in Schlupflöchern aufziehen, wohin das Männchen Futter für das Weibchen bringen muß. Wölfe sind deshalb monogam. Auch manche Affenarten sind monogam, weil die Männchen in der Lage sind, die Jungen hin und her zu tragen, während sich das

Weibchen aufs Stillen beschränkt. Zur Monogamie tendieren Säugetiere, bei denen es ihr Körperbau erlaubt, die Jungen herumzutragen.

Es gibt auch andere Ursachen. Kleinwüchsige Antilopen zum Beispiel sind in der Regel monogam. Je nach dem Gelände, auf dem sie leben, ist ein großes Territorium erforderlich, um ein einziges Weibchen zu ernähren. Die Aufgabe des Antilopenmännchens ist die Verteidigung dieses Territoriums gegen Konkurrenten. Wenn nun das zur Ernährung erforderliche Territorium so umfangreich wird, daß das Antilopenmännchen es gerade noch verteidigen kann, bietet die Monogamie Überlebensvorteile für die Nachkommenschaft. Die Antilope ist programmiert auf die Beherrschung eines Areals, das als ausschließliche Futterquelle das Elternpaar und seinen jeweiligen Wurf ernährt. Das Männchen muß in der Lage sein, ein Areal zu verteidigen, in dem alles für Antilopen Freßbare das exklusive Eigentum des Weibchens und der Jungen ist.

Was ist nun für Menschen naturgemäß? Monogamie oder Polygamie? Wahrscheinlich begünstigen angesichts der langen biologischen und psychischen Abhängigkeit der Menschenkinder von älteren Personen solche Verhältnisse die Überlebenschancen, bei denen sich Vater und Mutter um ihre Kinder gemeinsam kümmern. Möglicherweise hat die Natur noch einen zusätzlichen Sicherheitsfaktor geschaffen: Die Lebensphasen, in denen keine Gebärfähigkeit besteht, also bis etwa zum fünfzehnten und nach dem fünfundvierzigsten Lebensjahr, erhöhen die Wahrscheinlichkeit, daß für die jeweils vorhandenen und allein noch nicht überlebensfähigen Kinder auch Schwestern und Tanten als Helfer beim Aufziehen in Reserve stehen.

Bekannt ist auch, daß in den meisten Gesellschaften, die Polygynie zulassen, nur wenige Männer davon Gebrauch machen. Die meisten sind nicht in der Lage, für mehr als eine Frau und ihre Kinder den Lebensunterhalt aufzubringen. Das Nebeneinander von polygamen und notgedrungen monogamen Männern in einer Gesellschaft wird aber immer Unzuträglichkeiten bedeuten, die auf die Dauer im Wettbewerb mit monogamen Gesellschaften behindern. Die auf Monogamie beruhende Form der Familie dürfte deshalb tiefere Wurzeln in der menschlichen und vormenschlichen Entwicklung haben als ihre Verächter wahrhaben wollen.

Die Ergebnisse der vergleichenden Verhaltensphysiologie, der Ethologie und Soziobiologie müßten für Sigmund Freud, der am Anfang unseres Jahrhunderts stand, und für die Radikalfeministinnen, die zu seinem Ausgang aufgetaucht sind, gleichermaßen unbequeme Fragen aufwerfen. Aus welcher Perspektive man auch die Form der Familie, das Muster ihrer Grundfiguren und die aus der frühesten Kindheit stammenden Verbiegungen und Verengungen im Lebensweg eines jeden Menschen in Zweifel zieht, für veränderbar und gefährlich hält, die Lage wäre düster. Weder Legionen von Psychoanalytikern noch die totale Kapitulation aller Politiker vor den Feministinnen können an dem viel ändern, was offenbar unvorstellbar lange Zeit vor dem Erscheinen des Menschen in seiner Ahnenreihe der Wirbeltiere, Säuger und Eierleger, sich in Frühformen des Gefühlslebens angebahnt hat. Was letzten Endes Menschen weltweit in wesentlichen Dingen irgendwie als natürlich empfinden, dürfte tatsächlich mit der Natur zu tun haben: einer Natur, die lange vor uns fertig war. Sowohl die Freudianer als auch die Feministinnen werden sie nicht aus den Angeln heben. Und je mehr man permissiv dem Prinzip huldigt, der Mensch ist auch nur ein Tier, desto klarer sollte man eigentlich erkennen, daß er bleiben wird wie er ist.

IRRTUM SECHS:

»JEDES PROBLEM BRAUCHT SEINEN POLITIKER«

Zuständigkeitswahn der Politiker und Vollbeschäftigung

Was für ein Widerspruch im Zeitgeist: Einerseits nötigt er dem Politiker, dem Gesetzgeber, dem Staat, der öffentlichen Hand immer mehr Zuständigkeiten auf. Unsere Politiker nehmen sie beflissen an, in der Hoffnung auf dankbare Wähler. Es gibt fast nichts, was der typische Politiker nicht unter seine Fittiche nähme, wenn man es ihm als eine neue Aufgabe andient. Andererseits aber wollen in der Regel gerade dieselben Leute, die sich im Ausdenken neuer Zuständigkeiten für die Politiker hervorgetan haben, dem Parlament, dem Staat fortwährend Zuständigkeiten wegnehmen, die ihnen bis vor kurzem unangefochten zustanden:

Einen fälschungssicheren Personalausweis, eine Volkszählung, eine Flughafenerweiterung, ein Kraftwerk, eine Bahntrasse: Für all dies und vieles andere sind nach dem herrschenden Zeitgeist in vielen Medien die Politiker neuerdings nicht mehr zuständig. Und auch nicht für die Kriterien, nach denen eine Demonstration friedlich und gewaltfrei gelten kann. Ebensowenig geht es nach Ansicht der Progressiven den Staat und den Steuerzahler etwas an, was 1,3 Millionen Studenten mit ihrer völlig unbefristeten und gebührenfreien Studienzeit eigentlich anfangen. Der Staat, seine Organe und die politischen Parteien werden heute von Teilen der Bevölkerung, von manchen Massenmedien und von vielen Prominenten des Kulturbetriebes erbitterter als jemals zuvor abgelehnt und wegen ihrer Inkompetenz verhöhnt. Paradoxerweise ist aber in den Augen gerade solcher Zeitgeistmacher eben dieser Staat, der Gesetzgeber, der Politiker für den jeweiligen Stand der Arbeitslosenstatistik uneingeschränkt verantwortlich und für umgreifende Maßnahmen zur Senkung zuständig.

Doch diese Betrachtungsweise ist nicht so althergebracht wie manche glauben: Liest man in den Lebenserinnerungen von Menschen, die zwischen 1922 und 1932 in Deutschland oder Österreich ihre Berufsausbildung oder ein Studium abschlossen, dann merken wir, daß sie sich damals eine Arbeitsplatzgarantie des Staates überhaupt noch nicht vorstellen konnten. Man nehme z. B. die Autobiographie »Lange Lehrzeit« (1975) von Karl Korn in die Hand, um zu sehen wie jene Generation auf die Berufswelt blickte. Auch die folgende Generation, die ungefähr die Jahre 1932 bis 1942 in den Gymnasien verbrachte, konnte sich – nicht einmal vor der Kulisse des Zuständigkeitswahns der Nationalsozialisten – so etwas wie eine Arbeitsplatzgarantie vorstellen. Unter meinen Klassenkameraden Ende der dreißiger Jahre wurde überlegt, in welchen Berufen wohl am ehesten das Arbeitsplatzrisiko gering sei. Einige dachten daran, Chemiker zu werden. Wir hatten schließlich Hermann Römpp (1901–1964), den fähigsten und faszinierendsten Chemielehrer, den man sich wünschen konnte – übrigens war Römpp auch einer der erfolgreichsten naturwissenschaftlichen Sachbuchautoren dieses Jahrhunderts. Chemiker wurden zu jener Zeit von der Industrie an den Hochschulen, oft schon vor dem Examen, so eifrig angeworben, daß die Reichsregierung – um 1937 – als Anfangsgehalt für Chemiker einheitlich ein Höchstgehalt von 330 RM dekretierte. Doch soviel ich weiß, entschloß sich dann doch keiner, Chemie zu studieren. Die Information, man brauche bis zur Promotion vierzehn bis sechzehn Semester, schreckte ab. Wer sollte so etwas finanzieren? Und Mutter Natur ist launisch. Niemand kann wissen, wie lange es braucht, ehe sie eine brauchbare chemische Verbindung glücken läßt. Als Arzt aber, so sagten sich viele, bleibt man ungesichert bis die Zulassung zu den Kassen da war. Das konnte zehn oder fünfzehn Jahre dauern.

Die Idee, daß irgendjemand für das Vorhandensein von Arbeit, von Nachfrage in irgendeinem Beruf zuständig sei, war den Menschen bis zur Mitte dieses Jahrhunderts vollkommen fremd. Erst in den 40er Jahren, anfänglich nur in den anglo-amerikanischen Ländern, und allgemein dann in den 50er Jahren wurde die Vollbeschäftigungs-Ökonomie zur Staatsdoktrin. Die Politiker aller Parteien erklärten bereitwillig ihre uneingeschränkte Zuständigkeit und glaubten fortan mit dem großen Keynes, daß Arbeitslosigkeit ab einer bestimmten Höhe als »politisch unmöglich« zu gelten habe. Und wenn sie schon nicht ganz verhindert werden kann, müsse zumindest jeder Politiker durch bedenkenloses Geldausgeben ununterbrochen so tun als ob er mit der Verhinderung und Bekämpfung von Arbeitslosigkeit befaßt sei. Begreiflicherweise durften sich konservative oder jeweils die weniger linken Politiker bei diesen Bemühungen nie von einer linken Konkurrenz überholen lassen. Ein fortwährender politischer Aktionismus zum Zweck der Abwendung von Arbeitslosigkeit war die Folge. Unter dem nachwirkenden Eindruck der Weltwirtschaftskrise ab 1929 und der bis zum Ausbruch des Zweiten Weltkrieges sehr hohen Arbeitslosenzahlen war jeder Politiker in der zweiten Jahrhunderthälfte von der Angst geplagt, er müsse selber einmal während einer solchen Arbeitslosigkeit seinem Handwerk des Wiedergewähltwerdens nachgehen. Aus diesem Grund waren die meisten Politiker auf Dauer programmiert, stets das Falsche zu tun.

Die Lage der Arbeitslosen zwischen 1929 und 1939, die damaligen besonderen Umstände hätte man nie als unveränderliche politische Gegebenheit in alle Zukunft projizieren dürfen. Noch weniger hätte man sich aber eine Beschäftigungstheorie zu eigen machen dürfen, die Mitte der dreißiger Jahre nur für die unmittelbar vorausgegangene Zeit aufgestellt werden konnte. Und auch Keynes selber war nie so naiv wie seine einflußreichen Anhänger in der Folgezeit. So lebte dreißig Jahre lang jeder Berufspolitiker in den westlichen Demokratien unter einem Alptraum: Wie kann ich, wie kann meine Partei, wie kann überhaupt irgendein Politiker wiedergewählt werden, wenn es noch einmal zu einer ganz großen Arbeitslosigkeit käme? Natürlich hat im Ernst keiner dieser Politiker, keiner ihrer Berater und Hausökonomen bis weit in die siebziger Jahre hinein jemals geglaubt, er werde noch zu seinen Lebzeiten mit einer Arbeitslosigkeit der Art und Größe konfrontiert werden wie wir sie heute haben. Falls es eine überzeugende Prognose gegeben hätte, mit der man den Berufspolitikern zwischen 1950 und 1975 die tatsächlichen Arbeitslosenzahlen ab 1979 hätte wahrscheinlich machen können, ich glaube, die meisten wären in einen weniger gefährlichen Beruf abgewandert.

In Wirklichkeit kam alles ganz anders: Die schlimmste Arbeitslosigkeit seit dreißig Jahren, in einer Höhe, die man sich vor nur zehn Jahren nicht einmal vorzustellen wagte, hatte auf Jahre hin offenbar keinen Einfluß auf den Ausgang von Wahlen oder höchstens in einer jeder früheren Annahme entgegengesetzten Richtung. In den großen Industrieländern hatten von Anfang 1979 bis Ende 1984 gerade diejenigen Parteien und Politiker jeweils die Wahlen haushoch gewonnen, die nach der politischen Theorie keine Chancen hätten haben können. Man denke an die Wahlen in Großbritannien 1979 und 1983, in den USA 1980 und 1984, in der Bundesrepublik Deutschland 1983. Ähnlich gingen die Wahlen in einigen kleineren Ländern der EG aus. Und auch in Italien war 1985 die bürgerliche Regierungskoalition fest im Sattel.

Das gesamte Instrumentarium, die Theorien und Praktiken, die riesigen öffentlichen Ausgaben, die Subventionen und Förderungsprogramme, die Aufpäppelungen von Regionalstrukturen, die Bildungsreformen, die Umschulungsprogramme – was auch immer Politiker seit 1945 gegen die Arbeitslosigkeit unternommen haben – dies alles war offenbar wirkungslos und eher konterproduktiv. Das belegen auch viele Einzelanalysen von Branchen, Berufen und Regionen. Die Finanzmittel, welche die Politiker in ihrem Zuständigkeitswahn während der letzten dreißig Jahre in Maßnahmen zur Abwendung von Arbeitslosigkeit gesteckt haben, waren wohl überwiegend Fehlinvestitionen, eine Vergeudung von Kapital. Diese Mittel fehlten dann den Unternehmen und fehlten auch für das aleatorische Spiel der Marktkräfte auf der Klaviatur der Ressourcen. Wahrscheinlich wäre die Arbeitslosigkeit 1985 weniger groß und in geringerem Umfang in unzähligen falschen Strukturen festgefahren, wenn die Politiker ab der Mitte dieses Jahrhunderts es unterlassen hätten, die Vollbeschäftigungskompetenz so bedenkenlos an sich zu ziehen. Getan haben sie es ja in vielen Fällen in erster Linie ohnehin bloß aus Sorge um ihre eigene Weiterbeschäftigung als Berufspolitiker. Und auch ein ganzes akademisches Fach wirkte, teilweise aus ähnlichen Motiven, an dem Unheil mit.

Zwischen 1936 und 1975 hatten die meisten Nationalökonomen und Wirtschaftswissenschaftler im Anschluß an den von ihnen maßlos überinterpretierten John Maynard Keynes (1883–1946) unentwegt eine längst unüberschaubar gewordene Flut von Veröffentlichungen produziert, die alle eines gemeinsam hatten: Man betrachtete die Wirtschaft als ein System, das sich zur Erforschung in Gestalt von künstlichen Modellen eignet, die darüber hinaus in einer Weise für quantifizierbar und mathematisierbar galten, die man unsinnigerweise einigen mißverstandenen strengen Naturwissenschaften nachmachen zu können glaubte. Keiner der Keynesianer nahm zur Kenntnis, daß in dem Buch von Keynes, womit er dies alles in Gang gesetzt hatte, ein Satz versteckt war, in dem Keynes anmerkt, daß seine Theorie und alles übrige in seinem Buch »Allgemeine Theorie der Beschäftigung, des Zinses und des Geldes« (1936) auch ohne mathematische Gleichungen und Beweisführungen auskäme. Er habe dies nur hinzugefügt, weil es die neue Mode seiner Zunft erfordere.

Um 1975 begann man es zu ahnen, 1985 steht fest: Der gesamte systemtheoretische und systemanalytische Bombast der Keynesianer war nur Blendwerk: Er hatte weder die wirtschaftlichen Probleme ab Mitte der 70er Jahre vorhersehbar gemacht, noch bietet er Mittel zur ihrer Behebung. Friedrich A. von Hayek (Nobelpreis für Wirtschaftswissenschaften 1974) sagte in einem Interview anläßlich seines 86. Geburtstages zur Wochenzeitung »Rheinischer Merkur« (11. Mai 1985:)

»Keynes, mit dem ich befreundet war, der sich in den Kriegsjahren rührend um mich gekümmert hat, ... war einer der intelligentesten Menschen, die ich gekannt habe, überhaupt kein Doktrinär, aber er hat sehr wenig von Nationalökonomie verstanden. Er war so davon überzeugt, klüger zu sein als andere Menschen, daß er gesagt hat: Meine Instinkte sagen mir, was ich tun soll. Und ich kann jederzeit eine Theorie dazu erfinden, um die Menschen zu überzeugen, daß das richtig ist. Das letzte Mal habe ich ihn wenige Wochen vor seinem Tod gesehen und ihn gefragt, ob er nicht beunruhigt sei, was seine unmittelbaren Schüler, die ja als ›Keynesianer‹ Beachtung fanden, da verbreiteten: Richard Kahn und Joan Robinson machten nach dem Krieg Propaganda für Inflation. Das sei doch eine große Gefahr! Worauf Keynes aufbrauste und sagte: Der dumme Kahn! Meine Theorie war furchtbar wichtig, als es sich darum handelte, in den dreißiger Jahren die Tendenz zur Deflation zu bekämpfen. Aber glauben Sie mir: Wenn meine Theorien je gefährlich werden, dann werde ich selbst die öffentliche Meinung umdrehen! Sechs Wochen später war er tot und konnte es nicht tun. ›Keynesianismus‹ ist etwas, was Keynes absolut abgelehnt hätte.«

Die Entscheidungsangst des Politikers und ihre Kosten

Dem Steuerzahler kommt die Entscheidungsangst des Politikers so teuer zu stehen, weil dieser an einer doppelten Angst leidet: Neben der, überhaupt eine Entscheidung, die ihn angreifbar machen könnte, treffen zu müssen, hat er gleichzeitig immer Angst, er könne die eine oder andere Entscheidung nicht rasch genug getroffen haben. Seine Gegner könnten eine zu einem bestimmten Zeitpunkt in seinem Zuständigkeitsbereich ausgebliebene und bis zur genaueren Sachaufklärung vertagte Entscheidung polemisch gegen ihn ausbeuten. Für dieses Dilemma haben die Politiker sich ein Newspeak-Wort ausgedacht: »Entscheidungsbedarf«. Bundesfinanzminister Stoltenberg zum Beispiel, 1985 gefragt, wann er es mit der Senkung des Spitzensteuersatzes Vorbildern wie Reagan und Thatcher gleichtun werde, erwiderte: »Dafür besteht kein Entscheidungsbedarf«. Richtig und ehrlich hätte die Antwort lauten müssen: Die Koalition in Bonn braucht die Stimmen der mutmaßlichen Neidhammel. Diese brauchen den jetzigen Spitzensteuersatz als Salz zum Lecken. Das Sprachungetüm »es besteht kein Entscheidungsbedarf« kaschiert das wahre Motiv und erweckt den Anschein, Politiker seien Marionetten irgendwelcher vager »Entscheidungsbedürfnisse« im Schnürboden des Theaters, auf dessen Bühne sie das ihre veranstalten. Bundesinnenminister Zimmermann hingegen hat ständig Entscheidungsbedarf, meist vor allen anderen, wenn es um bleifreies Benzin oder um Katalysatoren in Autos, Mehrwegflaschen oder ähnliches geht. Es kommt nur darauf an, welcher Zeitgeist in welchem Politiker gerade den »Entscheidungsbedarf« vordenkt.

Man sieht: Für den Berufspolitiker gibt es keine Entscheidung mehr und auch keinen Zeitpunkt für eine solche während der Dauer seiner Entscheidungsbefugnis, wo er frei von Angst vor Stimmenverlusten und durch seine Gegner ausbeutbaren Blößen handeln könnte, nur geleitet von Sachverstand, von praktischer Vernunft, vom Rang des Gegenstandes. Natürlich gibt es diese Zwangslage auch im Privatleben und in der Privatwirtschaft, aber ihre Kosten laufen hier nicht gleich zu so gigantischen Unkosten für ein ganzes Land oder

die ganze Europäische Gemeinschaft auf wie es beim Politiker der Fall ist.
Ich erinnere mich noch an eine Tagung der Mont Pelerin Society im September 1957, auf der Wilhelm Röpke (1899–1966), deutscher Nationalökonom mit Lehrstuhl in Genf, als einziger beschwörend vor der voraussehbaren finanziellen Paralyse und absurden Ressourcenvergeudung in der künftigen EG warnte, die 1957 unter Mitwirkung einiger prominenter Teilnehmer jener Tagung, als EWG in der Gründungsphase war. Fast alle Professoren und Politiker aus verschiedenen Ländern Europas auf jener Tagung lachten Röpke aus, und meinten nachher in den Wandelgängen, Röpke habe offenbar die Römischen Verträge nicht einmal gelesen. Mag sein. Das brauchte er nicht. Er hatte die menschliche Natur gelesen und das Herz des Politikers.
Wilhelm Röpke erlebte leider nicht mehr wie berechtigt seine Warnung gewesen war. Auf derselben Tagung 1957 zerpflückten die Wirtschaftswissenschaftler Milton Friedman (USA) und Peter T. Bauer (Großbritannien) kompromißlos die Konzepte, Hypothesen, Begründungen und Aussichten der Entwicklungshilfe (foreign aid), die damals – es gab Entwicklungspolitik erst seit 1950 – alle Welt begeisterte. Friedman und Bauer sagten genau das voraus, was 1985 kaum jemand mehr als Befund bestreitet: Es wird alles wirkungslos versickern, die Eliten der »Entwicklungsländer« werden unabwählbar und diktatorisch, immer reicher und korrupter, die Wirtschaft wird dadurch so politisiert, daß sie nicht einmal mehr das leistet, was sie vor 1950 dort zu leisten im Stande war. Friedman und Bauer ging es mit ihren Thesen nicht besser als Röpke. Immerhin haben beide die traurige Genugtuung, 1985 die Bilanz von fünfunddreißig Jahren Entwicklungshilfe betrachten zu können, Friedman als Nobelpreisträger für Wirtschaftswissenschaften (1976) und Bauer als Lord Bauer im Britischen Oberhaus.
Entscheidungsangst der Politiker ist nicht zuletzt auch deshalb zur teuersten Berufskrankheit des 20. Jahrhunderts geworden, weil der Politiker fast nie ein Produkt seiner Vorgänger vom Markt zu nehmen wagt, gleichgültig, wie offenkundig die Mängel sind – selbst dann nicht, wenn diese Vorgänger seine politischen Gegner sind.
In der Wirtschaft ist es anders: Wenn ein Unternehmen konkursreif von einem neuen Eigentümer oder Managerteam übernommen

wird, ist es kaum denkbar und jedenfalls äußerst selten, daß die neue Equipe aus Pietät und der Public Relations halber gerade diejenigen Produkte weiter herstellt, mit denen die vorherigen Eigentümer sich zu Tode geritten haben. Der Unternehmer, im Unterschied zum Politiker, kann ein fehlerhaftes, ein auf dem Markt nicht angekommenes Produkt oder eine nicht angenommene Dienstleistung kurzerhand zurückziehen, ohne sich etwas zu vergeben.

Die gelegentliche Entscheidungsangst des Unternehmers vor Investitionen und Innovationen ist nicht vergleichbar mit der Entscheidungsangst des Politikers. Dieser stößt allerdings den Unternehmer oft überflüssigerweise in Entscheidungsängste. Er weiß ja heute bei keiner unternehmerischen Entscheidung, welchen legislativen Prügel die Politiker bei der nächstbesten Gelegenheit ihm und seinem Produkt in den Weg werfen werden, um sich vor irgendeiner mutmaßlichen Wählergruppe zu profilieren oder bei einer Splitterpartei im Parlament anzubiedern.

Der Politiker hat den Beruf, in dem die Pietät vor den Miß- und Totgeburten der Vorgänger an der Macht am größten ist. Dafür mag es in Bonn, dank der Rolle der Freien Demokraten, besondere Gründe geben, die im Parlament Großbritanniens nicht auftreten können. Immerhin fällt auch beim Zweiparteiensystem der USA eine erhebliche Pietät der Politiker gegenüber dem Unfug ihrer Vorgänger auf. Politiker benehmen sich eben wie jede in vielen Jahren zusammengewachsene Zunft: Auch die schlimmsten Kunstfehler müssen möglichst gedeckt werden. Die Angst des Politikers vor dem (vermeintlich) tödlichen Vorwurf, er versuche »das Rad der Geschichte« zurückzudrehen, er restauriere, lähmt ihn. Warum denn nicht, wenn die Geschichte miserabel gelaufen war? Eigenartigerweise ist in Großbritannien, diesem so überaus geschichts- und traditionsbewußten Land, die Furcht vor diesem unsinnigen Bild der Geschichte als Einbahnstraße für politische Fahrschüler in den letzten sechs Jahren geringer geworden. Zwar bezweifeln britische Kommentatoren, ob die Konservativen wirklich grundlegende Änderungen am Nationalen Gesundheitsdienst (National Health Service), der auf den Bürger des Jahres 1939, den man 1945 vor Augen hatte, zugeschnitten war, in absehbarer Zeit wagen werden. Auf anderen Gebieten aber, wo Änderungen als politisch unmöglich galten, hat die britische Regierung seit 1979 erstaunliche Kühnheit bewiesen: Sofortiger Abbau der Spitzensteuersätze, Aufhebung aller Beschränkungen im Geldverkehr über die Grenze, Beendigung einer Rechtslage, in der die Gewerkschaftsführer nach Belieben und ohne Konsequenzen die Rechte der Mitglieder, aller Bürger und die Gesetze des Landes mißachten konnten. Wie immer es nach 1985 in den USA und in Großbritannien weitergehen wird: In zwei Amtsperioden haben Prime Minister Thatcher und Präsident Reagan gezeigt, was für ein Papiertiger das fünfzig Jahre lang beschworene Gespenst des »politisch Unmöglichen« in Wirklichkeit ist.

Die »Akzeptanz« und ihr Phantombild

Wer kennt nicht das Bild! Ein Politiker blickt mit gefurchter Stirn in die Kamera und sagt: Dafür fehlt leider die Akzeptanz. Der Fernsehreporter schiebt erfreut nach: In der Tat, niemand weiß, ob es 1990 noch eine Akzeptanz für Kraftwerke, Kunstdünger, Staudämme, Tierversuche oder für Salz auf den Straßen bei Glatteis geben wird! Seit Anfang der achtziger Jahre lähmt dieses neue Modewort die Politik. Die Angst des Politikers vor der Akzeptanz! Wie kam es dazu? Die jüngere Vergangenheit hat uns doch gezeigt, daß sich stets Unheil anbahnt, wenn Politiker und bestimmte Medien anfangen, ein bislang unbekanntes Fremdwort täglich im Mund zu führen. Als zum Beispiel Ende der sechziger Jahre über Nacht alle Welt von Curriculum und curricular zu reden anfing, läutete dies den Ruin des Bildungswesens in der Bundesrepublik Deutschland ein, von den berüchtigten Rahmenrichtlinien zwecks Hirnwäsche der Schüler bis zur Deformation der Oberstufe des Gymnasiums. Der Begriff Lehrplan verpflichtete noch den verantwortungsbewußten Fachmann. Das Modewort Curriculum hingegen öffnete den Dilettanten und Spinnern Tür und Tor.

Nun also die »Akzeptanz«! Auch der Chefredakteur der Zeitschrift »Der Arbeitgeber« (Köln) kam 1984 nicht mehr ohne dieses Wort aus, wenn er über die Zukunft der Technik mutmaßte. Das sechsbändige große Wörterbuch der deutschen Sprache (Duden) kannte 1976 (Band 1) das Wort »Akzeptanz« noch nicht, sondern nur den

Akzeptanten, zum Beispiel eines Wechsels. Die Neuausgabe vom Fremdwörterbuch des Duden brachte 1982 erstmals »Akzeptanz«, definiert jedoch als »positive Einstellung einer Käuferschicht gegenüber einem neuen Produkt«. Ja, betrachten unsere Politiker sich und ihr Tun neuerdings nur noch als Gegenstand von merkantilem Marketing? Man muß sich folgende Entwicklung ansehen:
Zwischen 1949 und 1969 redeten die Politiker immer vom angeblich »politisch Unmöglichen«, wenn für eine vernünftige Entscheidung die Mehrheit der Stimmen im Bundestag fehlte. Das hatte ja noch Hand und Fuß. Irgend etwas war politisch unmöglich, weil die Stimmen im Parlament nicht aufzutreiben waren. Der Begriff enthielt noch die Mahnung an den Politiker, sich im Parlament zu bemühen, daß die Sache politisch möglich wird. (Man vergleiche dazu mein Buch »Was heißt politisch unmöglich?«, Zürich und Stuttgart 1959).
Im Lauf der siebziger Jahre redeten die Politiker dann immer häufiger vom »politisch nicht Durchsetzbaren«, wie zum Beispiel eine nukleare Aufbereitungsanlage an diesem oder jenem Standort. Sie hatten mittlerweile die Angst vor gewalttätigen Großdemonstrationen in den Knochen. So kam es zum Beispiel in Österreich zur verhängnisvollen Volksabstimmung über das fertig zur Inbetriebnahme bereitstehende erste Kernkraftwerk der Alpenrepublik in Zwentendorf, gegen das die Bevölkerung in der Umgebung nichts einzuwenden hatte. Der damalige österreichische Bundeskanzler Bruno Kreisky fürchtete jedoch den Aufmarsch des Mobs der Kernkraftgegner aus allen Ecken Europas in seinem kleinen Land. So schob er dem Volk den Schwarzen Peter zu und rief zur Volksabstimmung über Kernkraftwerke auf, im Vertrauen auf eine Mehrheit für die Vernunft. Doch im Herbst 1978 lehnten die österreichischen Wähler Kernkraftwerke mit 50,47 % zu 49,53 % der Stimmen ab. Besonders gegen das Kernkraftwerk waren die Menschen, die am weitesten davon wohnen – in Vorarlberg! Und das Ende für jegliche Nutzung von Kernkraftwerken in Österreich – wie 1985 ersichtlich – kam letztlich, weil 1978 manche Bürger einfach dem sozialistischen Bundeskanzler Kreisky für seine offensichtliche Feigheit einen Denkzettel geben wollten. Ob Kreisky sich damals hatte träumen lassen, daß sein Schachzug sein Land 1985 in die Lage gebracht hat, daß die Regierung in Wien weder ein neues Wasserkraftwerk

gegen Demonstrantengewalt durchsetzen kann, noch eine neue Volksabstimmung über die Inbetriebnahme des vorhandenen Kernkraftwerkes? Der Politiker der achtziger Jahre vollendet die Abdankung des Parlaments auf sanfte Weise. Er steht passiv und beeindruckbar vor dem Akzeptanzphänomen – und paßt. Diese Akzeptanz ist natürlich ein Phantom und zwar ein viel dürftigeres Phantombild als es das noch vor zwanzig Jahren gewesen wäre – wozu ausgerechnet unsere Politiker beigetragen haben.

Im Lauf der letzten Jahre haben nämlich die Politiker unüberlegterweise Hand an ihr Hauptalibi gelegt, mit dem sie seit dreißig Jahren alle ihre Entscheidungsängste, ihre Duckmäuserei vor dem angeblich jeweils politisch Unmöglichen gerechtfertigt haben. Die Politiker haben es vielleicht noch nicht erkannt, aber sie selber führten Verhältnisse herbei, die der Demoskopie, der repräsentativen Meinungsumfrage immer mehr die Repräsentativität, die Glaubwürdigkeit rauben werden. Bisher war es doch so: Je genauer die Methoden der Meinungsforscher wurden, desto schlechter wurde die Politik. Mit welcher Torheit eine Partei oder alle Politiker zusammen auch vorpreschen wollten, welche vom gesunden Menschenverstand gebotene Entscheidung ein Politiker zu vertagen wünschte – stets konnte er auf die passenden Umfrageergebnisse pochen. Mit jeder Bestätigung der Genauigkeit der Demoskopie durch eine stattgefundene Bundestagswahl nahm die Abhängigkeit der Politiker von Umfrageergebnissen zu. Vielleicht haben wir aber den Höhepunkt dieser Entwicklung hinter uns. Zum ersten Mal nämlich haben die Politiker durch eines ihrer eigenen Steckenpferde einen Bumerang-Effekt erzeugt, der dazu führen könnte, daß sie in Zukunft doch wieder auch häufiger Politik mit ihrem Urteilsvermögen und nicht nur nach den jeweiligen Umfrageergebnissen machen. Ich meine die Datenschutz-Bewußtheit in der Bevölkerung, von der sich die Politiker anfänglich prachtvolle neue Tätigkeitsgebiete erhofft hatten, wo sich die Parteien beim Liebkindmachen gegenseitig überbieten wollten. Im Mai 1985 forderte zum Beispiel der SPD-Politiker Volker Hauff anläßlich einer EDV-Tagung, die Anonymisierung der Scheckkarte. Es sei unerträglich, daß ihr Benutzer jedesmal seine Identität preisgeben müsse. Das Scheckkartensystem solle so verändert werden, daß man mit Eurocheques ebenso anonym zahlen kann wie mit Bargeld. Das ist ein bizarrer Vorschlag. Schließlich

setzt das europaweite Zahlen mit Schecks gerade die Eindeutigkeit der Identität des Scheckkarten-Inhabers voraus, die er notfalls auch noch durch seinen Lichtbildausweis erhärten kann.
Daß infolge dieses neuen Datenschutzbewußtseins auch eine längst überfällige und aufwendig vorbereitete Volkszählung abgeblasen und das informationelle Selbstbestimmungsrecht des Bürgers vom Bundesverfassungsgericht festgestellt sein würde, sah wohl keiner der anfänglich vom Datenschutz-Thema erfreuten Politiker voraus. Aber das ist noch nicht einmal das Schlimmste für sie. Gefährlicher könnte für den Politiker die schwindende »Akzeptanz« der Meinungsumfragen sein.
In knapp zehn Jahren hat die Datenschutzbewegung die Auskunftswilligkeit der Bürger gegenüber den Demoskopen einem Tiefstand entgegengeführt. Anfang der sechziger Jahre waren nur zehn Prozent der Bürger bei Meinungsumfragen Verweigerer. 1975 waren es bereits 25 Prozent. 1983 fanden die Meinungsforscher, daß die Verweigerer oft schon die Mehrheit in der anfänglich gezogenen Stichprobe bilden. Mit anderen Worten: Vor zwanzig Jahren ließen sich 90 Prozent der für eine repräsentative Umfrage ausgesuchten Einwohner in Westdeutschland auf Anhieb vom Demoskopen befragen. Heute sind es nicht selten nur noch 40 Prozent! (Konrad Adam: »Die Empirie als Gegner der Erfahrung«, Frankfurter Allgemeine Zeitung, 10. September 1983). Wenn sich das aber erst einmal herumgesprochen hat, und wenn die Ausflüchte der Meinungsforscher durchschaut sind, sollte der Politiker doch in der Lage sein, dem Phantombild der Akzeptanz die Stirn zu bieten?
Man kann die Dinge zuversichtlicher betrachten: Auch Hysterie hat ihre Grenzen. Sie ist auf dem Markt der Meinungen sogar ein knappes Gut. Die Hysterie-Manager in den Massenmedien wissen genau, daß sie jeweils nur ganz wenige Themen – am besten nur ein bis zwei Brennpunkte der angestifteten Angst – zur Panikmache in Gebrauch haben dürfen. Und irgendwann verbietet sich auch die Wiederholung des Spielplanes. Das Publikum bleibt weg oder erlahmt und gähnt. Den Kampf gegen das Kernkraftwerk Brockdorf und gegen die Stationierung der Pershing II-Raketen kann man nicht gleichzeitig inszenieren; das würde auch die Truppe überstrapazieren. Aber nach einer Anti-Pershing II-Kampagne kann man nicht mehr mit gleichem Pathos wie Mitte der siebziger Jahre auf Anti-

Brockdorf zurückschalten. Es liegt in der Natur der Themen, mit denen die Verhinderungsbewegung arbeitet, daß sie einander aushöhlen und abstumpfen.
Im Rückblick aufschlußreich ist auch die Tatsache, daß Mitte der siebziger Jahre, als die Verhinderung von Brockdorf und der Explorationen des Salzstockes bei Gorleben die Hysterie-Industrie auslastete, weit und breit auch nicht die Spur einer besonderen Beklommenheit wegen der nuklearen Waffensysteme anzutreffen war. Im Gegenteil: Kernkraftgegner waren damals schockiert, wenn sie gefragt wurden, weshalb ihnen zu den Kernwaffen nichts einfiele. Die einem Strohfeuer ähnlichen Erfolge der Einspruchsbewegungen deuten zugleich auch schon auf ihre Schwächen hin: Die Automatik, mit der die Protest-Industrie seit fünfzehn Jahren dank ihrer Vorposten in einigen Massenmedien bestimmte Themen schlagartig hochspielen kann, die plakative Art und Weise wie die jeweils gebrauchten Ängste des Jahres vor- und aufbereitet werden – diese Plumpheit und Plattheit setzt auch bereits die Grenzen dieser Methode.

Datenschutzbewegung und Bürokratismus

Ist es nicht paradox? Wir haben heute unter dem Zwang desselben Zeitgeistes und oft auch im Bewußtsein desselben Menschen einander vollkommen widersprechende Wünsche und Forderungen bezüglich des Einsatzes der elektronischen Datenverarbeitung. Wer kennt nicht den Menschen, der in fälschungssicheren Personalausweisen und unablösbaren Kraftfahrzeugkennzeichen einen »unliberalen« und obendrein sündhaft teuren Bürokratismus erblickt – doch ist dieser Mensch zugleich ein kompromißloser Verbraucherschutzanwalt. Im Interesse des vermeintlich doch meist über die Ohren gehauenen Verbrauchers findet es der datenschutzbewußte Mensch notwendig, daß man an jedem Industrieprodukt, unauslöschbar eingraviert, ablesen kann, zu welchem Zeitpunkt es an welcher Maschine von wem hergestellt wurde, und welche Person die Qualitätskontrolle vorgenommen hat. Man will schließlich wissen, wen man schadenersatzpflichtig machen kann! In dem einen Lebensbereich möchte man eine lückenlose, unbefristete, möglichst personenbezogene Identitätskontrolle für die Urheber von Produkten und Dienstleistungen, zum Zweck von mehr persönlicher Sicherheit und erfolgreicheren Schadenersatzprozessen. Wie schön wäre es doch, wenn jeder, der an unserem Auto in der Werkstatt einen Handgriff verrichtet, sich mit Namen und Personalnummer, einem Aufkleber eingeprägt, am Tatort, sei es unter der Haube oder im Gestänge, verewigen müßte!

Selbstverständlich findet auch ein Inhaber von musikalischen Aufführungsrechten nichts daran, daß die Verwertungsgesellschaft für sein Urheberrecht, mit ausgeklügelten Fahndungsmethoden für ihn pausenlos tätig ist, um zu sehen, ob nicht irgendwo ein Wirt oder Klub eine Melodie erklingen läßt, für die eine Gebühr fällig ist.

Wer wann wo und vor wem seinen Schlager erklingen ließ, das möchte der Künstler absolut lückenlos erfaßt haben – mit welchen Methoden auch immer. Derselbe Künstler aber empfindet äußersten Unwillen, wenn bei Terroristensuche die Rasterfahndung verwendet wird oder wenn er in einem Flughafen seinen Paß unter einer TV-Kamera verschwinden sieht, so daß ein entfernter Beamter den Computer abfragen kann.

Andere Leute wieder sind in ihrer Abneigung gegen EDV-Netze geradezu schizophren: Sie erwarten und empfangen von solchen Organisationen und Systemen wahre Wunder an Hilfe und Entwirrung ihrer persönlichen Probleme oder Mißgeschicke, aber zugleich diffamieren und dämonisieren sie eben diese technischen Einrichtungen in anderen Zusammenhängen.

Wer mit dem Flugzeug unterwegs ist, begrüßt dankbar das weltweite Computernetz, das seinen fehlgeleiteten Koffer binnen Sekunden oder Minuten auf einem anderen Erdteil aufspüren und zurückbeordern kann.

Am komischsten ist aber die Datenschutzhysterie von Leuten, die in jeder Talkshow im Fernsehen bereitwilligst über die kleinsten und verfänglichsten Details ihres Lebens plaudern – und offensichtlich nie einen Gedanken daran verschwenden, daß diese Einblicke in ihre Autobiographie gleichzeitig auf unzähligen Videorecordern aufgezeichnet werden könnten, um ihnen gezielt oder durch Zufall zur Unzeit einmal vorgehalten zu werden.

Wer den Bürokratismus verringern will, braucht Klarheit, wogegen man sich wendet. Es gibt mindestens drei Formen des Bürokratismus:

1. Die Unnahbarkeit, die Ungeschicklichkeit, die Schikane, die Verschleppungstaktik oder schlicht die Trägheit einer Behörde, von der ein Bürger etwas braucht: Ein Dokument, eine Bewilligung, die Abnahme eines Bauwerkes.

2. Als Bürokratismus wird es erlebt, wenn sich irgendein Amt in die Angelegenheiten des Bürgers ungebeten behindernd, kostensteigernd einmischt. Eine Kaufhauskette beklagte sich kürzlich, daß ihr die Lust vergangen sei, in ihren Häusern Friseursalons anzubieten. In der einen Stadt beanstandete die Gewerbeaufsicht das Fehlen eines Sichtkontaktes zwischen Friseuren und Straßenpassanten. In der anderen Stadt wurde der Arbeitsplatz als inhuman erklärt, weil Sichtkontakte zwischen Friseuren und Straßenpassanten möglich waren.

3. Bürokratismus kann den Bürger ärgern, wenn durch Gesetze oder Anordnungen Gegenstände des täglichen Gebrauches verändert oder entzogen werden, weil sich die Politiker in ihrer Beschützer- und Wohltäterrolle gegenseitig übertreffen wollen. Vor ein paar Jahren fiel mir eine amerikanische Touristin auf, die in Europa große Mengen sacharinhaltiger Diätkost einkaufte, um sie mit nach Hause zu nehmen. Heißt das nicht, fragte ich sie, Eulen nach Athen oder Kohlen nach Newcastle tragen? Keineswegs, sagte sie: die verrückt gewordene Verbraucherschutz-Bürokratie habe in den USA all diese Dinge aus den Regalen räumen lassen. Das Sacharin sei ein Risikofaktor. Doch sie denke nicht daran, sich von Uncle Sam ihre Diät bestimmen zu lassen.

Übrigens sind einige Fortschritte im Umgang mit Bürokraten gerade dank der Technik für jedermann möglich geworden: Für den Bürger ist heute die Auseinandersetzung mit der Bürokratie in mancher Hinsicht wesentlich leichter geworden als früher. Seit es zum Beispiel für jedermann jederzeit preiswerte Fotokopien gibt, können alle zu einem Vorgang gehörenden Unterlagen beliebig oft – und notfalls auch ganz vertraulich – reproduziert und an ein Amt geschickt werden, bis sich dort, durch eine Art Zufallstreffer, die bürokratische Verzögerung oder Verwirrung löst. Ein guter Teil dessen, was der Bürger als Bürokratismus empfindet, entsteht

durch Kommunikations- und Informationslücken. Diesen Mängeln in der Verwaltung kann der einzelne heute weitaus besser entgegenwirken als früher.
Von jeher verbindet man mit Bürokratie die Vorstellung der Verlangsamung, einer Verzögerung von Vorgängen, wie das unsinnig späte Eintreffen von Bescheiden, von Antworten. Dank der EDV-Anlagen ist dieses Bürokratismusmerkmal an sich anachronistisch geworden. Seit die EDV-Epoche voll begonnen hat, wären auch den meisten Bürokraten geradezu unheimliche Geschwindigkeiten beim Erledigen der meisten Vorgänge ohne weiteres möglich. Es brauchte nur den politischen Willen dazu. Wer zum Beispiel über Jahrzehnte hinweg mit seiner privaten Krankenversicherung zu tun hatte, konnte verfolgen, wie das Eintreffen der Erstattungsbeträge auf seinem Konto immer rascher geschah.
Nun wurde aber inzwischen der Datenschutz zu einem Angstthema hochstilisiert, grundrechtlich abgesichert und perfektioniert. Die Folge: In allen Bürokratien kann es wieder so langsam zugehen wie zur Zeit der handschriftlichen Kartei- und Aktenführung, mit der in der Regel unwiderlegbaren Begründung, wegen des Datenschutzes ginge es nicht anders.
Man kann aber nicht über zwei Entwicklungen gleichzeitig klagen: 1. Die Mikrochip-Revolution würde künftig immer mehr Arbeitsplätze in Büros vernichten. 2. Es gäbe immer mehr Bürokraten, die immer mehr Finanzmittel aufzehren, die dem Steuerzahler und der öffentlichen Hand für wichtigere Aufgaben fehlen.
Man kann nicht mit diesen beiden Entwicklungen gleichzeitig hadern. Schon aus innovationsstrategischen Gründen ist es nicht möglich, die Computerisierung für den privaten oder für den öffentlichen Bereich willkürlich zu verzögern, je nach arbeitsmarktpolitischen Erwägungen. Im Gegenteil:
Es sollte möglich sein, einen wachsenden Teil der unproduktiven und teuren staatlichen Bürokratie, die uns im täglichen Leben privat oder beruflich plagt, so loszuwerden, wie es weltweit im Telefonsystem gelungen ist: Bei geringen Gebühren, aus denen enorme Überschüsse erwirtschaftet werden, wird der Endverbraucher vollkommen bürokratiefrei bedient.
Als ich vor zwanzig Jahren vom Hotel in Frankfurt aus, meiner Frau in den USA telefonisch das Ergebnis meiner Berufungsver-

handlungen in Mainz mitteilen wollte, fragte ich, ob ich nach den USA durchwählen könne. Ich war damals vom deutschen Selbstwählsystem beeindruckt, weil sich in Amerika bei selbstgewählten Ferngesprächen immer noch ein Fräulein fragend dazwischen schaltete. Die Telefonistin im Hotel lachte mich aus: »Leben Sie im Film?!«, fragte sie spöttisch. Das war 1965. 1984 konnte bereits jeder von der Bundesrepublik aus in 116 Ländern der Erde 95 Prozent aller Telefonanschlüsse der Welt per Knopfdruck von seinem Apparat aus in Sekunden erreichen – ohne einen Beamten als Mitwisser, Vermittler, Bewilliger oder Zuteiler zu benötigen. Das Ferngespräch ist dasjenige »Gut«, ist die Dienstleistung geworden, die von ihrer Technik her immer noch eine der phantastischsten Errungenschaften darstellt, zugleich aber so egalitär angeboten und konsumiert wird wie sonst nichts.

Ein Blick auf ein halbes Jahrhundert Postgeschichte zeigt, daß Automatisierung und sprungartige Fortschritte in der Elektronik selbst dann insgesamt keinen Rückgang der Zahl der Beschäftigten bringen müssen, wenn das Unternehmen seine traditionellen, nicht automatisierbaren Aufgaben und Leistungen radikal verringert:

1932 beschäftigte die Post im Deutschen Reich nur 350 000 Personen, brachte aber die Post an sieben Tagen in der Woche, werktags dreimal in jede Wohnung und jeden Betrieb auf einem Staatsgebiet von 470 000 km mit 63 Millionen Einwohner. Die Post vermittelte um jene Zeit (1927) pro Jahr rund 240 Millionen Ferngespräche von Hand. 1955 kam die Bundespost auf der halben Fläche und bei geringerer Bevölkerung noch mit 360 000 Beschäftigten aus. 1978 aber brauchte sie bereits rund 510 000 Arbeitnehmer, obwohl die Post inzwischen ihre traditionellen Dienstleistungen auf ein klägliches Minimum reduziert hatte. Inzwischen war aber ein weltweites Telefonselbstwahlsystem hinzugekommen und auch der Postgiroverkehr war mittlerweile voll auf EDV umgestellt worden.

1966 hatte die Bundespost 435 000 Beschäftigte und bewerkstelligte 2 Milliarden Ferngespräche, 1970 war die Zahl der Menschen im Dienst der Post auf rund 480 000 gestiegen, die der Ferngespräche auf 3,3 Milliarden, 1973 lagen diese beiden Vergleichszahlen bei 487 000 Personen und 4,3 Milliarden Ferngespräche. 1978 gab es 509 279 Postler und 6,4 Milliarden Ferngespräche.

1955 hatte die Bundespost (einschließlich Westberlin) 360 000 Beschäftigte, der Fernverkehr beim Telefonieren wurde noch handvermittelt; erst 1957 gab es auch im innerdeutschen Fernverkehr die Selbstwahl. Man kann leicht erkennen, daß eine 1985 veröffentlichte Schätzung zutreffen muß: Müßte man heute die Zahl der Telefongespräche in der ganzen Welt auf dem Stand der Technik von 1930 bewerkstelligen, wäre die gesamte erwerbstätige Menschheit in den Vermittlungsstellen der Fernsprechämter beschäftigt. Doch welcher Politiker oder Gewerkschaftler, dem man 1950 den Stand der Technik von 1985 vorhergesagt hätte, wäre bereit gewesen, die Nachfrage nach Ferngesprächen im Jahr 1985 als Prognose und Argument gegen seine Angst vor Arbeitsplatzverlusten durch technische Fortschritte im Bereich der deutschen Post zu akzeptieren?

Entbürokratisierung auf europäisch oder auf amerikanisch?

Vor rund dreißig Jahren formulierte der britische Historiker Cyril Northcote Parkinson sein berühmtes Gesetz: Die bürokratische Arbeit in Behörden wird so lange ausgedehnt, bis sie die zur Verfügung stehende Zeit ausfüllt. Als 1984 die Grenze am Brenner für Lastkraftwagen wieder einmal dicht war, erlebte man im Fernsehen die Antwort des italienischen Verkehrsministers auf die Frage: Wie werden sie Abhilfe schaffen? »Wir werden 850 neue Zollbeamte einstellen!« Als der Reporter, der sich offenbar verhört zu haben glaubte, nachhakte: »850?! Und wann?«, kam strahlend vom Minister die Antwort: »Subito! Wir werden auch die Einstellungsvoraussetzungen erleichtern.«

Selten sieht man die typische Reaktion des Politikers auf ein »Problem«, auf einen Engpaß so klar wie hier. Wo sollten diese 850 Instant-Zöllner eigentlich was tun? Vielleicht die handschriftlichen Kopien der Lkw-Begleitpapiere – deren Anfertigung vollkommen überflüssig ist, weil der Zöllner und der Finanzbeamte an der Grenze ohnehin je einen Durchschlag zum Verbleib bei ihm überreicht bekommt – noch einmal abschreiben und einem weiteren Beamten zum Korrekturlesen vorlegen? Der Brüsseler EG-Kommisar Karl-

Heinz Narjes gibt seit langem die Hauptschuld für die Grenz-Groteske im Binnenraum der EG dem Parkinsonismus der Zollverwaltungen, die um ihr Fortbestehen bangen. So müssen zum Beispiel Handwerker, die auf beiden Seiten der Grenze arbeiten, reisende Orchester und Film-Crews ihre Instrumente und Geräte an manchen Grenzen beim Übertritt all den Formalitäten unterwerfen, die beim kommerziellen Warenverkehr erforderlich sind.
In den dreizehn Jahren von 1956 bis 1968 benötigten die Regierungen in Bonn nur 16806 Seiten im Bundesgesetzblatt. In den folgenden 13 Jahren von 1969 bis 1981 brauchte Bonn aber bereits die doppelte Menge von Seiten im Bundesgesetzblatt: 33876. Die Bundesregierung in Bonn beteuerte Anfang 1984 ihre Grundsatzentscheidung für Entbürokratisierung, und ihre 1983 ins Leben gerufene Entbürokratisierungs-Kommission legte dazu den ersten Zwischenbericht vor. Man fragt sich: Wird am Ende auch die Entbürokratisierung zur Daueraufgabe – mit Entbürokratisierungsbehörden und neuen Entbürokratisierungs-Beamten samt Entbürokratisierungs-Vorschriften – wie der Informationsdienst des Instituts der deutschen Wirtschaft 1983 bereits spottete? Und das alles vielleicht mit dem Argument: Wir dürfen doch gerade im öffentlichen Dienst nicht Arbeitsplätze vernichten! Es sieht so aus:
Im April 1985 teilte das Statistische Bundesamt in Wiesbaden mit, daß es zur Mitte des Jahres 1984 in der Bundesrepublik 4,55 Millionen Beschäftigte im öffentlichen Dienst gab. Das waren 13000 mehr als zur Jahresmitte 1983. Von den 4,3 Millionen Beschäftigten im unmittelbaren öffentlichen Dienst waren 1984 bei den Länderbehörden 1,9 Millionen eingesetzt, bei den Gemeinden 1,2 Millionen, bei der Bundespost 531000, bei der Bundesbahn 310000 und bei den Bundesbehörden 331000 (nach Dienstverhältnis aufgegliedert: 1,8 Millionen Beamte, 1,5 Millionen Angestellte, 1,1 Millionen Arbeiter).
Entbürokratisierung auf amerikanisch sieht anders aus: Reagans Ziel am Anfang seiner Präsidentschaft (Abbau der Bundesbürokratie um 75000 Stellen bis 1984) hatte er bereits im September 1983 um fast 17000 weit überrundet. Nach Angaben des US-Bundespersonalamtes wurde während der ersten drei Amtsjahre Präsident Reagans im außermilitärischen Sektor das Personal der Bundesbürokratie um 7,4 Prozent verringert. Bis September 1983 waren 91717

Stellen weggefallen. Unter den zweiundzwanzig personalstärksten Ministerien und Bundesämtern (das Verteidigungsministerium nicht mitgezählt) befanden sich elf, bei denen das Personal seit Anfang 1981 um jeweils mehr als zehn Prozent abgebaut worden war. Bei neun von diesen elf betrug der Abbau zwischen zwanzig und achtundzwanzig Prozent: Am drastischsten traf Reagans Entbürokratisierung das Bundesbildungsministerium, das in Washington (wie in Bonn) ungefähr so nötig ist wie ein Kropf. Von seinen 7256 Beamten (Ende 1980) gab es Ende 1983 nur mehr 5226: Ein Abbau von achtundzwanzig Prozent. Kaum ein Bürger in den fünfzig Bundesstaaten weinte diesen »Educationists« eine Träne nach. Jahrzehntelang hatte es nämlich in Washington nur ein kleines Bundesbildungsamt gegeben, ohne Eingriffs- oder Richtlinienkompetenz, das im wesentlichen Statistiken sammelte und progressive pädagogische Erbauungsbroschüren über das Land verstreute. Erst Präsident Carter machte 1979 daraus ein Bundesministerium – übrigens gegen den Widerspruch der amerikanischen Lehrergewerkschaft.
Am zweithärtesten traf es TVA, das Prunkstück der Bundeskompetenz aus den dreißiger Jahren, die Tennessee Valley Authority: eine Elektrizitätserzeugungsbehörde für das Tal des Tennessee River, mit zahlreichen Nebenaufgaben. TVA war der Paukenschlag, mit dem Präsident F. D. Roosevelts New Deal 1933 der Privatwirtschaft den Kampf ansagte. Diese Symbolbehörde der US-Linken erlitt einen Personalabbau um 27,3 Prozent, von 51146 auf 37181.
Am dritthärtesten traf es das Wohnungs- und Städtebauministerium. Von 17709 waren nach drei Jahren Reagan nur noch 12953 Mitarbeiter übrig, ein Minus von 26,9 Prozent.
Das Wirtschafts- und Handelsministerium verlor 12717 Mitarbeiter, ein Rückgang von 26,5 Prozent. Im Bundespersonalamt waren von 8344 Leuten nach drei Jahren Reagan nur noch 6322 (–24,2 %) übrig: weniger Bundespersonal braucht schließlich auch weniger Bürokraten zu seiner eigenen Verwaltung – und auch weniger zu seiner Verwöhnung: Das Amt für allgemeine Dienstleistungen (an die übrigen Bundeseinrichtungen) muß nun mit 29214 Angestellten auskommen, statt bisher 37010 (ein Rückgang von 21,2 %). Der US-Umweltbehörde wurde das Personal um 20,7 Prozent gekürzt (auf rund 11000). Gleich hart traf es (mit jeweils –19,7 %) das Arbeitsministerium und das Energieministerium. Danach kommen

das Verkehrsministerium (−13,4 %), das Bundesamt für Entwicklungshilfe (−12,2 %) und das Bundesgesundheitsministerium (−9 %).

Unter den dreiundzwanzig größten Ministerien und Ämtern der US-Bundesexekutive (hier das Verteidigungsministerium samt Streitkräften mitgezählt) gab es Ende 1983 nur vier (!), deren Personalbestand nach drei Jahren Reagan zugenommen hatte: die Streitkräfte (+6,0 %), die Bundesjustiz (+4,0 %), das Versorgungsamt für ehemalige Wehrmachtsangehörige (+1,8 %) und das Außenministerium inklusive diplomatischer Dienst (+1,6 %). Diese wenigen geringfügigen Personalaufstockungen zeigten ebenso deutlich, wo Reagan die eigentlichen Zuständigkeiten Washingtons erblickt wie es das Ausmaß der Personalkürzungen in den neunzehn anderen großen Einrichtungen des Bundes getan haben. Reagan soll mit seinem Schlüssel für Personalabbau und Personalvermehrung in seiner ersten Amtsperiode den Vorstellungen der meisten Amerikaner genau entsprochen haben.

Man muß wissen: Gerade die »civil servants«, die beamtenähnlichen Angestellten des Bundes, gehören in den USA zu den ganz wenigen Arbeitnehmern, die praktisch unkündbar sind. Die wenigen Personen, die von der Reagan-Administration im Zuge des Regierungswechsels entlassen werden konnten, fielen bei dem Personalabbau nicht ins Gewicht. Der größte Teil der »Entbürokratisierung auf amerikanisch« bestand darin, freigewordene Stellen nicht mehr zu besetzen und Zeitverträge nicht zu verlängern. Reagan erfüllte sein Wahlversprechen, mit der Entbürokratisierung im Ernst zu beginnen, auf spektakuläre Weise. Er widerstand der Versuchung, angesichts der erschreckend hohen Arbeitslosenquote bei seinem Amtsantritt, jede nur irgendwie aufspürbare Nische im öffentlichen Dienst mit Arbeitslosen zu füllen. Das wäre auch der falsche Weg gewesen. Reagans Abbau von über 90000 Stellen in der Bundesbürokratie verlief zeitgleich mit dem Sinken der Arbeitslosenrate und der Schaffung der größten Zahl neuer Arbeitsplätze in der Privatwirtschaft seit Jahrzehnten. Zwischen 1975 und 1985 wurden in den USA rund 20 Millionen neue Arbeitsplätze geschaffen, während der letzten drei Jahre davon sechs Millionen.

Der Politiker als Impresario der Lustgesellschaft

Worte, die in einer Sprache fehlen, sind oft aufschlußreich. Ohne die Vorsilbe »De ...« ginge bei uns nichts: Demaskieren, Desinfizieren und Dekolleté sind altbekannt. Auch das Jungwort Dekontaminierung ist ein Öko-Hit. Doch das im Englischen so gängige Wort Decontrol fehlt bei uns. Auch zum Wort »Entkontrollieren« kam es nicht, obgleich es in der Wirtschaft das Wort »Endkontrolle« gibt. Es hat im Lauf des 20. Jahrhunderts zwar gelegentlich spektakuläre Dekontrollen gegeben, zum Beispiel die Abschaffung der Zwangsbewirtschaftung durch Ludwig Erhard 1948, die Aufgabe der Devisenkontrollen in der Bundesrepublik Deutschland und, viel später, in Großbritannien durch die Regierung Thatcher. Die Aufhebung der Impfpflicht gegen die Pocken fällt mir noch ein, und der Verzicht der Politiker, irgendeine andere der zahlreichen bewährten Schutzimpfungen gesetzlich zu verlangen. Bei der Einführung eines obligatorischen Sexualkundeunterrichts in allen Schulen waren sich praktisch alle Parteien und Politiker einig, zur selben Zeit aber wurde für sie der bloße Gedanke an irgendeine Impfpflicht, wie zum Beispiel gegen Röteln bei Mädchen im Hinblick auf Schwangerschaftsrisiken, undenkbar.

Allen Beteuerungen des Gegenteils zum Trotz ist man die Maxime »Im Zweifel für die Kontrolle« nicht losgeworden. Sie allein eröffnet dem Politiker immer neue Tätigkeitsfelder, auf denen er sich als Mann oder Frau der Tat profilieren kann. Kontrolle der Ladenöffnungszeiten, der erlaubten Zahl der Überstunden oder des gerade noch erlaubten Anteils von Einwegverpackungen bei Milch und Bier, die Kontrolle der Quoten in der Produktion der subventionierten Bauern: All dies füllt den Politiker so aus wie der Gedanke an die Chance eines neuen Produkts den Unternehmer. Angesichts der Erfahrungen, die man im Lauf des Jahrhunderts mit Kontrollen gemacht hat, ist es erstaunlich, welche Anziehungskraft das Wort Kontrolle behalten hat. Fast jeder verspricht sich auf den einen oder anderen Gebieten wahre Wunder von der Kontrolle: Rüstungskontrolle, Investitionskontrolle, Geldmengen-Kontrolle, Devisenausfuhrkontrolle, Fortschritts- und Forschungskontrolle, Immissionskontrollen, Tempokontrollen. Oder man denke an die unzähligen Kontrollen, Kontrollbeamten und Kontrollämter, die im Wohlfahrtsstaat erforderlich werden, weil die Politiker nicht aufhören, Wohltaten per Gießkanne zu verteilen, aber unter ihrem Guß dann doch wieder nicht alle gleich sein können, weil das Geld nicht reicht.

Die ungebrochene Begeisterung für Kontrollen und die dazugehörenden Kontrolleure ist aber paradoxerweise vereinbar mit der Billigung von Strömungen und Bewegungen, die in bestimmten Gebieten unseres Lebens von Kontrollen nichts wissen wollen. Von einer Erziehung zur Selbstkontrolle hat man seit Jahrzehnten nichts mehr gehört. Sie ist verfemt, wenn nicht vergessen. Selbstkontrolle gilt als das Gegenteil von Selbstverwirklichung, obgleich sie das nicht sein müßte. Der Nachteil der Tugend der Selbstkontrolle liegt darin, daß es für jeden sofort erkennbar ist, wenn sie fehlt, auch für den, dem sie entglitt. Die Selbstverwirklichung hingegen kann ein Leben lang betrieben werden. Wie weit man damit ist bleibt immer ungewiß, aber so ziemlich alles kann man mit ihr entschuldigen. Auch die Kontrolle und Kontrollierbarkeit gewalttätiger Demonstrationen gilt seit Mitte der 60er Jahre als irgendwie unfein. Und von der Kontrolle der Pornographie befreite man sich geradezu mit einem legislativen Lustschrei, aber weiß heute nicht, wie man die Horror-Videokassetten unter Kontrolle kriegen kann. Unter dem Gebot der Permissivität kam es zu einer fortwährenden Ausweitung des privaten Lustsektors durch staatliche Komplizenschaft und Gönnertum der öffentlichen Hand.

Gleichzeitig mit der Förderung des Lustsektors kam es aber zu einer ständigen Ausweitung der staatlichen Kontrolle und Gängelung überall dort, wo es um die Erwirtschaftung des Lebensunterhalts eines Landes geht. Die progressiven Politiker aller Parteien empfahlen sich als Impresarios der Lustgesellschaft, und so galt ihnen der Bürger auch nur dort mündig, wo er sich als sein eigener Freizeitimpresario betätigt. Als Arbeitnehmer oder Unternehmer hingegen wurde der Bürger von Jahr zu Jahr mehr das Mündel des Staates. Der Widerspruch in seiner Doppelrolle – hier Impresario der Lustgesellschaft, dort Bevormunder der Arbeitswelt – fiel dem Politiker nicht aufs Gewissen. Im Gegenteil: Je tiefer er sich in diesen Widerspruch verstrickte, desto sicherer wußte er sich im Gleichtakt mit dem Jahrhundert. Wer immer auch wirtschaften möchte, mußte sich vor dem Berufspolitiker, vor den Intellektuellen, vor den Sozialutopisten und Marxisten sozusagen entschuldigen, daß er sich auf eine so verdächtige Angelegenheit wie Arbeit einzulassen gedenkt. Er selber und seine Mitarbeiter könnten davon auf eine Weise Schaden nehmen wie in keinem anderen Lebensgebiet außerhalb der Arbeitswelt. Die Mahnworte Überarbeitung und Entfremdung taten ihre Wirkung. Ermüdbar und somit eine Gefahr für alle in seiner Umgebung kann ein Mensch offenbar auch nur während der Arbeit sein. Der übermüdete Freizeitler am Lenkrad eines Kraftfahrzeuges wird als Risikoquelle bei weitem nicht so düster beurteilt. Sobald sich einer in der Freizeit tummelt, traut ihm der Gesetzgeber all die Tugenden und Kräfte zu, die er demselben Menschen in der Arbeitswelt abspricht.

Sogar der Neid braucht seinen Politiker

Als eines ihrer »Wörter des Jahres« 1984 erkor die Gesellschaft für deutsche Sprache das Wort »Neid-Steuer«, andere waren »wg.« (wegen), »gläserne Taschen« (der Politiker), »Umwelt-Auto« und »Tempolimit«. Diese Wörter waren Indizien für ein Syndrom: Auf der Flucht vor Flick und den Grünen war die CDU auf den Neid gekommen. In Panik beging sie einen der gröbsten politischen Fehler, den eine Bundestagsmehrheit überhaupt begehen kann: Nämlich den Versuch, einer Minderheit, die gegen ihre willkürliche Schlechterstellung mit Erfolg vor dem Bundesverfassungsgericht Klage erhoben hatte, postwendend eine Ersatzstrafe aufzubürden – die »Neidsteuer«, wie sie ihre Kritiker sofort nannten. Das war, von allem anderen abgesehen, politisch so denkbar ungeschickt, weil es in der Bevölkerung viele Minderheiten gibt – nicht nur die der »Besserverdienenden« – und weil keine weiß, wann sie in einer für sie wichtigen Sache nur noch auf das Bundesverfassungsgericht hoffen kann. Diese Hoffnung auf Vorrat eines jeden Bürgers wird jedoch untergraben, wenn er sieht, daß selbst eine Partei wie die CDU es wagt, sich an Mitbürgern erneut zu vergreifen, die gerade ihren

Schutz vor der Willkür der parlamentarischen Mehrheit vor dem Bundesverfassungsgericht erreicht hatten.
Das Wort »Neidsteuer« war übrigens falsch gebildet. Schließlich zahlt die Hundesteuer nicht der hundelose Nachbar, sondern derjenige, der einen Hund hat. Im Wörterbuch der Brüder Grimm kann man auch nachlesen, daß es das Wort »Neidhund« bereits vor dem Wort »Neidhammel« gab. Eine Neidhundesteuer wäre somit sprachlich möglich, aber nie eintreibbar. Sprachlich zutreffend hätten sich Genscher und Strauß gegen eine »Politik des Neides« oder gegen die »Fütterung der Neidhammel« (so die Süddeutsche Zeitung) wenden müssen.
Nun machte Ende 1984 das Urteil aus Karlsruhe den vermeintlichen Wahlschlager der CDU im Winter 1982/83 rückwirkend zunichte – im schlimmstmöglichen Zeitpunkt, als man mit Flick-Geld an den Fingern im Regen stand und düster auf die kommenden Landtagswahlen 1985 blickte. Aus der Zwangsanleihe war bloß ein Zwangssparen für Besserverdienende geworden, die nun unverhofft vor Weihnachten gebündelt das Geld zurückbekamen, das sie sonst vielleicht auch nicht mehr beisammen gehabt hätten. Um den Alptraum der CDU perfekt zu machen, kam die Werbeagentur für De Beers, größter Konzern der Welt für die Förderung und den Verkauf von Diamanten (Sitz in Südafrika) auf einen bizarren Gag. Sie überflutete Tages- und Wochenzeitungen, Illustrierte und Magazine mit ganzseitigen Anzeigen, auf denen ein strahlendes junges Paar, von Diamantschmuck eingerahmt, im Spurt gezeigt wird, dazu der Text: »Schnell, bevor die es sich mit der Investitionsabgabe wieder anders überlegen!« Darunter »Frohe Weihnachten! Ein Diamant ist unvergänglich.« Was hier mit dem Werbe-Etat von De Beers gemacht wurde, war für die SPD und die Grünen ein Geschenk des Himmels. Für diesen Hieb gegen die Bonner Regierungsparteien hätten sie selber nie die Millionen DM gehabt. Gibt es in Werbeagenturen Maulwürfe bestimmter Parteien?
Nichts war für die Zeit von 1969 bis 1982 im emotionalen und ideologischen Bereich charakteristischer als das Unterfangen, vom Kindergarten-Curriculum bis zur TV-Talk-Show, die Gefühle des Neiders als Leitwert zu legitimieren, und den Inhalt der Zehn Gebote vergessen zu machen. Die »Emanzipationspädagogik« wollte den Unmut, die Melancholie, die Frustration des chronischen Neides in

allen Kindern zum Lebensgefühl der Epoche machen. Die geistige Wende, Losung der CDU, hätte deshalb auch eine seelische Wende und eine Offensive gegen die linke Mentalität sein müssen. Es war der krankhaften Neigung entgegenzuwirken, sich fortwährend neidvoll mit anderen, in Selbstmitleid schwimmend, zu vergleichen. Eine solche Wende hätte durchaus politische Chancen gehabt, wie die Wahlen seit 1979 in Großbritannien und in den USA zeigten.

Was die CDU in der Opposition jahrelang angekündigt und versprochen hatte, war der Schluß mit der Politik des Neides. Das war glaubhaft, weil eine Partei, den Grundwerten des Christentums verpflichtet, nicht mit einem Kotau vor der Sünde an sich, dem Neid, um Wählergunst buhlen kann. Seit sich aber die CDU vor der Bundestagswahl 1983 auf das Feindbild »Besserverdienende« eingeschossen hat, schrumpft die für sie mögliche Bandbreite ihrer rhetorischen und argumentativen Mittel. Sie hat das Kunststück fertiggebracht, sich mit den Begriffen des politischen Gegners selbst zu besetzen. Soziale Gerechtigkeit, Ausgewogenheit, Symmetrie und Solidaropfer: Alle diese Worte sind geduldig und leer. Ein Wissen darüber, wie ein Sachverhalt auszusehen habe, um durch eines dieser Worte korrekt bezeichnet zu werden, gibt es nicht und kann es grundsätzlich auch nicht geben. Ludwig Preller, einst führender Sozialpolitiker der SPD und engagierter Gewerkschafter, schrieb 1962 in seinem Buch »Sozialpolitik«: »Soziale Gerechtigkeit« ist »ein verworrener und verwirrender Begriff.« (S. 96)

Glaubt die CDU, das Neidmotiv sei bei den Deutschen ausschlaggebender als bei Amerikanern und Briten? Nicht einmal in Peking buhlt die Regierung mehr um die Neider. Am 31.7.1984 berichtete z. B. die Schweizer Zeitung »Der Bund« unter der Schlagzeile »Neider sind schlechte Kommunisten« aus Peking über die Kampagne gegen Neid und Mißgunst, die den Leistungswillen der Chinesen hemmen. Den Chinesen werde heute vielmehr gesagt, wer seinem Arbeitskollegen dessen höheres Gehalt mißgönne, sei ein schlechter Kommunist. In den Zeitungen Chinas wird ganz offen über den Schaden berichtet, den das »Neidsyndrom« der Entwicklung Chinas zufüge. Die offene und die Welt verblüffende Absage an Marx und Lenin als Ratgeber für heute Ende 1984 in Peking zeigte, wie ernst dort die Wende gegen den Neid gemeint ist.

In Großbritannien gewann Margaret Thatcher 1979 einen großen Wahlsieg mit der Kernaussage: »Nieder mit dem Neid! Jeder Mensch hat ein Recht auf Ungleichheit!« Kaum im Amt, stutzte sie die Spitzensteuersätze drastisch. Eigentlich hätte sie für diese Kühnheit, diese Mißachtung der linken Zeitgeistmacher nach vier Jahren ihrer Amtszeit eine Niederlage einstecken müssen. Statt dessen war der Erdrutsch der Stimmen zugunsten der Konservativen 1983 noch weitaus größer.

Auch der überwältigende Wahlsieg Ronald Reagans 1980 bestätigte den Trend. Er hatte wie Thatcher der »Neidsteuer« den Kampf angesagt und genau wie seine Kollegin nur wenige Wochen nach Amtsantritt 1981 die Spitzensteuersätze weit nach unten gesenkt. Im Wahlkampf 1984 zog Reagan nun das Progressionsprinzip in Zweifel. Am Tag nach seinem Wahlsieg – noch größer als 1980 – legte seine Administration bereits Pläne vor, wie die Abkehr vom Prinzip der Einkommensteuerprogression stufenweise vorsichgehen könnte (u. a. ein Höchstsatz von 35 %). Im Mai 1985 ging Reagan, getragen von einer Woge der Zustimmung im Volk, für eine Steuerreform in die Offensive, die das Ende der progressiven Neidsteuer bedeutet. Reagan und Thatcher haben das wegen des Neides im Volk angeblich für alle Zeiten politisch Unmögliche gewagt und zweimal hintereinander haushoch gewonnen. Sie trauten ihrem eigenen Gefühl der Neidlosigkeit und den Umfragen in beiden Ländern, die seit Jahrzehnten gezeigt hatten, wie wenig die absurden Spitzensätze der »Neidsteuer« dem Gerechtigkeitsempfinden der meisten Menschen entsprechen, wenn diese so gefragt werden, daß sie selber für konkrete Fälle die Abgabenhöhe ihrem Gefühl nach als fair festzulegen haben.

Heiner Geißler schrieb am 23.11.1984 in der Zeitung »Die Welt«: »Die Frage nach einer Ersatzlösung für die nichtige Investitionshilfeabgabe ist nicht vom Neid bestimmt wie manche meinen, denn Neid ist ein schlechter Ratgeber. Die Union hat vielmehr ein soziales Gewissen ... Würden beispielsweise die Konsequenzen ... des Wortes von der ›Neidsteuer‹ zu Ende gedacht, so bedeutete dies schlußendlich, die Steuerprogression zu beseitigen.«

Vollkommen richtig! Aber wäre dies ein Unglück? Sie ist auf Dauer nicht begründbar und bringt den Politikern nur immer neue unlösbare Probleme, die sie auf immer groteskere Art zu überkleistern suchen. Vor allem aber: Der Lohn des Neides fehlt am Wahltag stets in der Urne.

Professor Dieter Bös, Finanzwissenschaftler an der Universität Bonn, hat sich auf der Tagung des Vereins für Socialpolitik 1982 in einer umfangreichen Abhandlung mit der Frage »Neid und progressive Besteuerung« befaßt: »Ist die progressive Einkommensteuer ein Mittel zur Reduzierung, Minimierung oder Ausschaltung des Neides in einer Gesellschaft? Ist die progressive Einkommensteuer von Politikern eingeführt worden, die eine Mehrheit neidiger Wähler hinter sich vereinigt wissen und einer Minderheit die Einkommen kürzen wollen?« Prof. Bös räumt ein, daß übermäßiger Neid in einer Gesellschaft leistungslähmend wirkt, das soziale Zusammenleben erschwert, so daß es naheliege, wenn Politiker den sozialen Frieden erhalten wollen, indem sie versuchen, den Neid über die progressive Einkommenbesteuerung zu verringern.

Professor Bös prüft dann mehrere ökonometrische Modelle unter dem Gesichtspunkt, ob tatsächlich eine Neidminimierung in einer Bevölkerung durch das Operieren mit progressiven Steuersätzen erreichbar sei. Eines seiner Zwischenergebnisse lautet: Vollständige Gleichheit (= neidfreie Allokation) ließe sich nur erreichen, wenn keiner mehr arbeitet! Vom volkswirtschaftlichen Standpunkt aus gesehen, sei dies natürlich ein unerwünschter Zustand. Bös kannte noch nicht die Grünen in den Parlamenten des Jahres 1985.

Bös hält fest: »Der Unmöglichkeitsbeweis (für Neidreduzierung) gilt selbst für die in der Praxis nicht sehr sinnvoll erscheinenden Fälle eines Grenzsteuersatzes über 100 %.« Beneidet werden nämlich »letztendlich die Fähigkeiten des anderen, da Einkommen und Arbeitseinsatz, die der direkte Ansatzpunkt des Neides sind, von diesen und nur von diesen parametrisch abhängen.« Deshalb sei der Neid weder durch die Finanzpolitik noch durch die Bildungspolitik aus der Welt zu schaffen. Beide können ihn aber, so möchte ich in Deckung mit Bös hinzufügen, erheblich durch ihre Dummheiten in beiden Bereichen verschlimmern.

Am Ende bleibt von den normativen Rechtfertigungen der progressiven Einkommensteuer als verteilungspolitisches Instrument, um die sich mehrere Generationen von Finanzwissenschaftlern bemüht haben, nach Professor Bös nicht viel übrig. Sobald man nämlich die leistungsentmutigenden Wirkungen zusammen mit der Spezifizierung der individuellen Nutzenfunktionen berücksichtige, »wird es unmöglich, generelle Resultate zur Begründung einer progressiven Einkommensteuer und ihres Progressionsgrades zu geben.« Er schließt: »Daß eine progressive Steuer ›den Neid‹ reduziert, würde einem im ersten persönlichen Gespräch jeder abkaufen. Erst die klare mathematische Definitorik und Modellbildung macht es möglich, solche a priori geglaubten Aussagen zu widerlegen.«

Aber auch der bekannte Finanzwissenschaftler Heinz Haller hat in seinen Veröffentlichungen auf die wissenschaftliche und ethische Unbegründbarkeit der Einkommensteuerprogression und des Verlaufes der Progression hingewiesen: »Die Wissenschaft ist außerstande, einen ›richtigen‹ Tarif zu eruieren, der dann vom Steuergesetzgeber zu übernehmen wäre, sofern ein gleiches relatives Opfer angestrebt wird.« Eine proportionale einfache Besteuerung könnte eher mehr Evidenz beanspruchen als die progressive, weil diese letztlich ihre Begründung in der Behauptung finde: »So sage einem das Gefühl.« Haller deutet an, daß dieses Gefühl im Lauf der Zeit von den Politikern zu seiner heutigen mutmaßlichen Stärke und Einsichtigkeit – durch das ständige Manipulieren mit der Progression – gebracht worden ist: »Am Beginn der Diskussion einer proportionalen Steuer müßte also eine Überprüfung dieser Wertvorstellungen stehen und jeder müßte sich die Frage vorlegen, ob sein Gefühl ihm ein absolutes Nein zur proportionalen Besteuerung suggerieren würde.« (Probleme der progressiven Besteuerung, 1970).

Und der Finanzwissenschaftler Prof. Fritz Neumark (Grundsätze gerechter und ökonomisch rationaler Steuerpolitik, 1970) weist ebenfalls auf die jeweils erst durch Intellektuelle erzeugten Ungerechtigkeitsgefühle hin und läßt erkennen, wie wenig wohl ihm bei der Rechtfertigung des Progressionsprinzips zu Mute ist.

Bis zum Regierungswechsel in Bonn 1982, die 13 roten Jahre hindurch und auch schon vorher, diente das Wort Gleichheit in zahllosen Verbindungen und Zusammenhängen als Kampfwort. Der politische Gegner tat nie genug für sie. Je mehr die Folgen des Gleichheitswahns sichtbar wurden, zum Beispiel nach den Bildungsreformen, desto vorsichtiger nahm man die Gleichheit in den Mund. Selbst SPD-Prominente redeten Ende der 70er Jahre meist nur noch »von dem Mehr an Gleichheit«, das sie herbeiführen wollten. Nun war seit Jahrhunderten das Wort Gleichheit auch der glanzvolle Euphemismus für Anliegen, die aus dem Neid kamen. Doch das Wort, geschweige das Ziel »Gleichheit« zieht seit einigen Jahren immer weniger. In Großbritannien, in den USA ist das seit einem halben Jahrzehnt deutlich, in Frankreich jüngst, in einigen anderen EG-Ländern auch, und in China seit 1976 zunehmend bis zur aggressiven Absage an die Gleichheitsfanatiker in Peking 1984.

In der Debatte zur Ersatzzwangsanleihe Ende 1984 fiel auf, daß von Gleichheit nie die Rede war. Nach dem »Mehr an Gleichheit« konnte die CDU eben wirklich nicht rufen. Leider ist es aber noch schwieriger, mit Neidgefühlen Politik zu machen als ohnehin schon, wenn die Utopie Gleichheit nicht mehr als Generalabsolution für alle Widersprüche und Holzwege, alle Schäden der Gleichmacherei zur Verfügung steht. So blieb für die Politik mit dem Neid für die CDU nur die Schlechterstellung einer Minderheit auf Zeit. Da der CDU aber im Gegensatz zu Gleichheitsutopisten der Sankt Nimmerleinstag nicht aushilft, war ein Fiasko vorprogrammiert: Wie immer man auch die schlechterzustellenden Besserverdienenden den Wölfen vorübergehend vorzuwerfen gedachte, irgendwann kommt die Zeit für ihre Rehabilitierung im Zuge der angekündigten Wende – und dieser Termin wird immer neidpolitisch höchst peinlich in der Nähe eines Wahltages liegen.

Der synthetische Wähler der Meinungsforscher, für Politiker das Maß aller Dinge, ist doch kein Monolith, sondern Repräsentant für lebendige Menschen, die durchaus über den Tellerrand schauen. Der über eine geringe Rentenerhöhung verärgerte Rentner wird nicht automatisch als CDU-Wähler festgenagelt, wenn die CDU den willkürlich ausgegrenzten »Besserverdienenden« eine Neidsteuer auferlegt. Der Neidpolitiker übersieht, daß es unter den Personen, welche die CDU mit einer für andere Leute geltenden Strafsteuer ergötzen möchte, auch viele geben kann, die eher den Zorn ihrer Kinder teilen und die CDU mit neuen Augen betrachten werden. Der ledige Akademiker als Berufsanfänger geriet ja nicht selten bereits in den Bereich der Neidsteuer. Die CDU hat ein falsches Bild vom Volk. Dieses ist doch nicht beliebig zerlegbar in synthetische Kategorien von Besser- und Schlechterverdienenden an willkürlich gewählten Markierungen des Bruttoeinkommens.

Die Versuche der CDU, mit willkürlichen und opportunistischen

Zusatzbesteuerungen der von der bestehenden Progression ohnehin schon am meisten getroffenen Personenkategorien können also dem vorhandenen Neid in der Bevölkerung nur weitere Nahrung geben. Sie polarisieren die Bevölkerung in absurder Weise und vergiften das Klima zwischen den Menschen. Die CDU kann aber grundsätzlich keine irgendwie verläßliche Schätzung bekommen, wie groß der Nettogewinn an Wählerstimmen bei einer Neid- und Schadenfreude-Maximierung für sie sein wird. Wie die Dinge nun einmal liegen, leitet jede Neidausweitung nur Wasser auf die Mühlen der Grünen und der Roten. Wer mit Streicheleinheiten für Neider Politik zu machen sucht, tut für den Wirtschaftsaufschwung soviel wie die Anleitung zur Onanie im Sexualkundeunterricht in den Schulen für das Steigen der Geburtenrate. Maßnahmen, die der Politiker mit dem Universaletikett »sozial« oder »soziale Ausgewogenheit« zu rechtfertigen sucht, könnten nur dann, in Grenzen, begründet werden, und würden nur dann dankbare Wähler versprechen, wenn es langfristig möglich wäre, eindeutig voneinander abgehobene Bevölkerungskategorien zu erkennen, in denen eine einheitliche Interessenlage sicher ist.
Diese Bedingungen sind aber selten gegeben. Eine homogene Interessenlage ist kaum je in der Wirklichkeit vorhanden, mit Sicherheit nicht auf Dauer, wie seit Mitte der achtziger Jahre auch die Gewerkschaften zu entdecken beginnen. Aber selbst wenn es sie gäbe, bleibt für die Bürger innerhalb der zu begünstigenden Wählerkategorie das Risiko groß, daß der Politiker bei der Wahl der Mittel für einen guten Zweck meist daneben greift und eine Lawine von – zumindest von ihm – unerwarteten Nebenwirkungen lostritt. Diese verschlingen nicht nur Geld unproduktiv, sondern sind oft auch schädlich. Dazu kommt es nicht zuletzt, weil der Politiker alle Daten der Demoskopie egoistisch, aufs Glück seiner Person und seiner Partei gemünzt, zunächst einmal nur benutzt, um seine grob geschätzten Aussichten in bevorstehenden Wahlen zu verbessern. Er tut das aber nicht nur mit einwandfrei erhobenen und gedeuteten Daten der Meinungsforscher, sondern auch im Fall von Umfrageergebnissen, die sowohl hinsichtlich ihrer Wirklichkeitsnähe als auch ihrer Auslegung fragwürdig sind.
So oft auch der Politiker die Leerformel »sozial« als Eigenschaftswort vor sein jüngstes Vorhaben setzt, er kann es nach Lage der

Dinge gar nicht verhindern, daß der wahltaktische oder wiederwahlstrategische Optimierungsversuch der eigenen Chancen anhand demoskopischer Momentaufnahmen in vielen Fällen kontraproduktiv für das Wohl eben der vermeintlich besser zu stellenden Wählerkategorie sein wird, zum Beispiel eine gesetzliche Arbeitsplatzgarantie für Personen, die zuhause bleiben, um das »Erziehungsgeld« zu bekommen. Die Dicke des Bretts, das ein Politiker dabei vor dem Kopf haben kann, wäre kaum in einem anderen Beruf auf Dauer tragbar.

IRRTUM SIEBEN:

»AN DEN SOZIAL-WISSENSCHAFTEN SOLL DIE WELT GENESEN«

Die soziale Wirklichkeit war nicht käuflich

Zu den großen Irrtümern gehört der Glaube an die Käuflichkeit der sozialen Welt. Zwar gab es eine schier grenzenlose Finanzierung der Sozialwissenschaften, aber die damit ermöglichte Sintflut von unverdaubaren, nicht selten bewußt oder unbewußt zurechtgemachten Daten, Hypothesen und Prognosen verwandelte sich am Ende in der Hand des Politikers zu einem Trommelfeuer mit Nebelkerzen, in deren Rauch Politiker, Parlamente und Gerichte in den westlichen Demokratien darangehen konnten, zahlreiche bewährte Institutionen zu deformieren oder ganz zu tilgen. Wer kann eine Institution nennen, die dank der Komplizenschaft von Politiker und Sozialwissenschaftler besser geworden ist? Wer kann eine vollkommen neue Einrichtung nennen, die dank des Bundes zwischen Sozialwissenschaft und Politik entstanden ist und zum Wohle der Betroffenen geführt hat? Die Antwort ergibt sich aus den Negativbeispielen: Die Tagesmutter, die Wohngemeinschaft an Stelle der herkömmlichen Familie? (1984 brachte »Die Zeit« eine Artikelserie mit einem traurigen Abgesang auf das Experiment Wohngemeinschaft), die reformierte Oberstufe der Gymnasien, die integrierte Gesamtschule, die dahinsiechende »Laborschule«, die man einem Oberguru der Pädagogik aus den sechziger Jahren auf die grüne Wiese gestellt hatte, die paritätische Mitbestimmung in den Theatern, Museen, Universitäten, die Reform der Approbationsordnung für Ärzte, die Gebietsreform, die Akademikerschwemme als Folge von Bildungsplanung. Zur Negativliste gehören auch die Unterorganisationen der UN, zum Beispiel die UNESCO und vor allem die zahllosen Organisationen und Projekte mit dem Etikett Entwicklungshilfe. Fast unabhängig vom politischen Standort, fällt heute das Urteil über diese Gebilde, Programme und Kommissionen skeptisch, resignierend, oft zornig und nicht selten vernichtend aus (wer das knapp schwarz auf weiß haben will, lese die Bilanz von fünfunddreißig Jahren Entwicklungshilfe: »Am Ende nur ein Scherbenhaufen«, Die Zeit, Nr. 20, 10. Mai 1985, S. 33–34).

Preisfrage: Kam es im 20. Jahrhundert zu einer neuen Institution, deren Entstehung und Gestalt auf sozialwissenschaftliche Vorstudien und Erkenntnisse zurückgeht und die 1985 noch als unersetz-

lich oder tauglicher als die durch sie verdrängte Institution gilt? Nein? Es ist aber in den restlichen fünfzehn Jahren unseres Jahrhunderts nicht mehr damit zu rechnen, daß eine solche Institution auftauchen könnte. Die meisten westlichen Demokratien werden 1985 von Konservativen regiert, ob sie nun den Mut haben, sich so zu nennen oder nicht. Die Politiker dieser Parteien, aber auch viele der oppositionellen Parteien, sind von den Sozialwissenschaften enttäuscht. Viele wollen es öffentlich nur nicht zugeben, weil sie ihnen zu lange getraut, zuviel Geld nachgeworfen und ihrem Rat folgend zu viele Reformruinen und Geldvernichtungsapparate in die Landschaft gesetzt haben.
Für kommunistische oder konsequent sozialistische Länder ist die Situation anders, aber für die Bilanz der bisher im Westen dominierenden Sozialwissenschaft ebenso verheerend: Was allein diese Länder aus der permanenten wirtschaftlichen, gesellschaftlichen und kulturellen Stagnation befreien könnte, ist die Wiederherstellung von Institutionen oder Abbau ihrer Behinderungen, die im Westen weit in die Geschichte zurückreichen und die Reformwut westlicher Sozialwissenschaftler und Politiker leidlich intakt überdauert haben.
1985 hat auch Papst Johannes Paul II. klarer als je zuvor festgestellt, daß seine Kirche durch das mit dem II. Vatikanischen Konzil (1962–65) in der folgenden Praxis Angerichtete schweren Schaden erlitten habe. Die allgemeine Idee war gut, die Ausführung in den Händen von Sozialwissenschaftlern und Gesellschaftspolitik treibenden Klerikern war kontraproduktiv. Mich wundert das nicht. Ich hatte bereits Ende der sechziger Jahre geschrieben, daß die katholische Kirche auf dem Weg sei, den gewollten Distanzabbau zur Welt so zielsicher gegen ihr eigentliches Anliegen ins Werk zu setzen, daß man glauben könnte, dem Teufel sei es gelungen, sich verkleidet als versierter Religionssoziologe und Religionspsychologe ins Vatikanum II. einzuschleichen.
Oder war es etwa sinnvoll für die katholische Kirche, sich in Tragikomödien wie die folgende hineinzumanövrieren?
Der Oberste kanadische Gerichtshof mußte sich 1985 mit der Frage befassen, ob man bei Austeilung der Kommunion in einer katholischen Kirche wie früher knien darf statt zu stehen. Das Urteil setzte 1985 den Schlußpunkt unter einen jahrelangen Streit zwischen dem

Bischof der Provinz Nova Scotia und sechs Katholiken, die in einer kleinen Gemeinde, entgegen den neuen liturgischen Regeln beim Empfang des hl. Abendmahls, knien wollten, so wie sie es von Kindheit an getan hatten. Die kanadischen Bundesrichter in Ottawa überstimmten zwei untergeordnete Instanzen, die jene sechs wegen Kniens in der Kirche angeklagten Gläubigen zu einer Strafe auf Bewährung verurteilt hatten. (»Frankfurter Allgemeine Zeitung«, 18.3.1985)

Als ein Grundirrtum des 20. Jahrhunderts erweist sich der Glaube, der neueste Plan sei immer besser, keine Struktur, keine Organisation von gestern könne viel taugen, weil sich doch seither so vieles gewandelt, weil sich alle Maßstäbe verschoben hätten. Die Versessenheit im 20. Jahrhundert auf ständig neue Pläne, Rahmenbedingungen, Organisationen und Strukturen für die »so ganz andere Welt von morgen« war das Gedankengut meist linker Gesinnungsethiker, manchmal auch zynischer Scharlatane ohne politischen Hintergrund, dem eher biedere Könner dann Gestalt geben zu müssen glaubten. Wie wenig die unbestreitbar auf uns in der jeweiligen Gegenwart zukommende »Welt von morgen« einen Grund hergibt für die fortwährende Erzeugung zukunftsgerechter Rahmenbedingungen, zeigt folgende Tatsache:

1985 sind es 200 Jahre her, seit die USA sich ihre Verfassung gaben. Sie hat bis heute ohne Unterbrechung, wortwörtlich unverändert, nur mit wenigen späteren Zusätzen versehen (die ursprüngliche Anliegen verdeutlichen sollten) das gesamte Leben in den USA so gut geregelt, daß niemand an ihr zu rütteln wagt. Doch diese Verfassung war für eine überwiegend landwirtschaftlich tätige Bevölkerung von weniger als vier Millionen ersonnen worden, in einem Land, das seither zu einer Industrienation mit bald 240 Millionen Einwohnern geworden ist. Kein einziger der rund zwei Dutzend Ergänzungsartikel zur Verfassung aus dem 18. Jahrhundert bezieht sich auf ein Problem, das mit dem Wachstum der Bevölkerung, der Industrialisierung, der Verstädterung, der Technik unserer Zeit oder irgendeinem anderen Element der Modernisierung zusammenhing.

Die Überschätzung der Systemanalysen

Während der letzten dreißig Jahre breitete sich die Mode auf immer neue Gebiete aus, diese als ein System zu betrachten. Man versprach sich ungemein viel von Systemanalysen und Systemtheorien. Zum Teil handelte es sich bei diesen Bemühungen wohl auch um Beschäftigungstherapien und Legitimierungsstrategien verschiedener Sozialwissenschaften. Eine Reihe von mehr oder weniger willkürlich abgrenzbaren Sektoren der sozialen Wirklichkeit wurden zu Systemen erklärt und als solche erforscht: Die Wirtschaft, die Weltwirtschaft, einzelne Entwicklungsländer oder, noch schlimmer, die »Dritte Welt«, das Bildungswesen, die gesamte Umwelt und natürlich auch das System Gesundheitswesen.

Im Rückblick auf die letzten dreißig Jahre in den Sozialwissenschaften kann man 1985 starke Zweifel haben, ob die unzähligen Veröffentlichungen unter systemtheoretischen Gesichtspunkten über die genannten Sektoren der sozialen Welt viel dazu beigetragen haben, den Gang der Dinge günstiger für die betroffenen Menschen zu gestalten. Im Gegenteil: Der Glaube an die Systemanalysen der Ökonomen im Kielwasser von Keynes hat dank des Kompetenzwahns der Politiker größtenteils die Fehlentwicklungen und Kapitalvergeudung herbeigeführt, an denen die westlichen Industrieländer heute zu kauen haben. Ähnliche Folgen werden solche Gutachten und Veröffentlichungen über den Medizinsektor haben, die nach dem Vorbild der Ökonometrie angefertigt wurden.

Als Prognosen sind sie überflüssig, weil man seit 60 Jahren weiß, woran das Naturalleistungsverfahren im Bereich der Krankenversicherung grundsätzlich immer scheitern wird. Die Bücher des Arztes Erwin Liek (1878–1935) hatten es schon 1925 beschrieben. Die ökonometrischen und soziologischen Systemanalysen des Medizinsektors sind eine Gefahr, weil sie Politikern, Funktionären und Medien dazu dienen, die eigenen politischen Ziele zu tarnen oder scheinbar zu legitimieren. 1985 müßte es für jeden vernünftigen Menschen erkennbar sein, daß sozialwissenschaftliche Spiegelfechterei mit einem mutmaßlichen »Gesamtsystem« von diesem oder jenem verheerende Folgen hat. Politiker mißbrauchen die Ergebnisse als Rechtfertigung für massive flächendeckende Interventionen mit dem einzigen erkennbaren Zweck der Wählergunstgewinnung. Das zeigt auch der Zustand des »Gesamtsystems Bildung« in den westlichen Ländern. Die Bildungsplaner, die Heuschreckenplage der sechziger Jahre, haben nicht nur in Westdeutschland die öffentlichen Kassen leergefressen: 1965 gab es in Großbritannien sechzehn Universitäten, 1985 waren es sechsundvierzig. Sie produzieren viel zu viele Absolventen und diese meist in den falschen Fächern.

Der Glaube, an den Sozialwissenschaften werde die Welt genesen, mußte allein schon aus einem Grund, von vielem anderen abgesehen, zu einem der größten Irrtümer des Jahrhunderts werden: Man unterschätzte die Progredienz der teuersten Berufskrankheit unserer Zeit, nämlich des Kompetenzwahns des Berufspolitikers. Wir haben in vielen westlichen Ländern seit bald hundert Jahren das Fach Agrarsoziologie. Die Erkenntnisse dieser Spezialsoziologie haben aber bis heute in keinem Land, weder in den USA noch im Bereich der EG, geholfen, die Landwirte aus den Absurditäten, den wuchernden Kontrollmechanismen des staatlichen Subventionssystems zu befreien. Die Kosten für den Verbraucher landwirtschaftlicher Produkte und für alle Steuerzahler steigen in unvorstellbare Höhen, die Vergeudung oder sinnlose Langzeitlagerung vom Überschuß nimmt zu, und ebenso die Verbissenheit, mit der alle Politiker und die Agrarbürokratien am eingefahrenen System hängen. Insoweit viele Agrarsoziologen ihre Forschungsaufträge aus den öffentlichen Agrarbürokratien bekommen, haben sie ein Interesse am Fortbestand des unsinnigen Systems.

Wenn man sich ansieht, was die viel jüngere Medizinsoziologie in den letzten Jahren erforscht und behauptet hat, und für welche Art von Projekten sie öffentliche Mittel bekam, scheinen die Aussichten sehr gering, daß ausgerechnet ihre Forschungsergebnisse die Politiker bewegen könnten, sich der Vernunft zu beugen. Vergleicht man Agrar- und Medizinsoziologie, kommt man zu einem beklemmenden Schluß: Es gibt wahrscheinlich kein Gebiet, auf dem sich Leistungserbringer und Leistungsempfänger unter dem Schirm staatlicher Subventionen, mit oder ohne Umverteilungspolitik, begegnen und wo man durch Soziologie, durch Systemanalysen die Spannungen zwischen den beiden Gruppen abbauen könnte. Diese These gilt auch für das gesamte Bildungswesen. Die vorärztliche Prüfung war in ihrer ganzen Geschichte noch nie ein derartiges Konfliktfeld wie das Physikum bei uns seit die von allen guten Geistern verlassenen Politiker es dem Mainzer Institut überantwortet haben. Auch die ständigen Konflikte an den staatlich subventionierten Theatern, bei deren Lösung Geld nie eine Rolle spielt – man denke an Vorfälle in Hamburg oder Bonn 1985 – sind in dieser Form in den USA viel seltener, wo es dem Politiker versagt ist, sich als Kunstmäzen zu profilieren.

Etwas kann die Sozialwissenschaft allerdings liefern: Brauchbare Erklärungen für die Fortdauer des Irrationalen in politisierten Gebieten unseres Lebens, die in vergleichbaren Ländern der Welt weitaus weniger solchen Irrationalitäten unterworfen sind. Die Unantastbarkeit des Naturalleistungsverfahrens in der gesetzlichen Krankenversicherung, der Gruppenuniversität oder des Subventionssystems im Agrarsektor sind Beispiele, aber auch das Prinzip Gießkanne für die Steigerung der Geburtenrate wäre zu nennen. Der Politiker klammert sich an immer neue Kategorien von Klienten, und zwar auch schon an Klientenkategorien, die er zum Zweck ihrer Umarmung überhaupt erst erfindet.

Für diese Art von Politikmachen gibt es nichts Erschreckenderes als den Gedanken an Ausweitung des Prinzips Selbstbeteiligung an irgendwelchen Kosten nach Maßgabe der persönlichen Leistungsfähigkeit, soweit es sich um ein Gut, um eine Dienstleistung handelt, die als so wichtig erklärt werden kann, daß sie für die Gießkanne des Politikers in Betracht kommt: Leider zählen dazu die Leistungen der Schulmedizin und des Bildungswesens. Sobald aber der expansive Selbstbestätigungsdrang der Politiker ein solches Gebiet so in Grund und Boden gefahren hat, daß manche Menschen sich lieber auf eigene Kosten Ersatz suchen, gerät der Politiker in Zorn und diffamiert Leistungsempfänger und Leistungserbringer, die sich in freier Vereinbarung zusammenfinden: Der Privatpatient und der ihm dienende Sektor im schulmedizinischen Gesundheitswesen werden ebenso angegriffen wie derjenige, der für private Hochschulen plädiert oder eine bestehende besucht.

Der soziale Zeitgeist enthält hierbei übrigens einen Widerspruch: vom gleichheitswidrigen Prinzip der Einkommenbesteuerung nach finanzieller Leistungsfähigkeit über die progressiven Steuertarife sind bei uns noch alle Politiker überzeugt, doch wenn jemand entsprechend seiner finanziellen Leistungsfähigkeit sich eine individuelle ärztliche Leistung oder eine individuellere Ausbildung gönnen will, haut man ihm sofort wieder das Prinzip Gleichheit und Gerechtigkeit um die Ohren. Das heißt: derselbe soziale Zeitgeist empfindet es als gerecht, wenn ein Bürger wegen seiner neiderregenden finanziellen Leistungsfähigkeit einem progressiven Steuersatz unterworfen wird, für den es keine wissenschaftliche oder moralisch schlüssige Begründung gibt. Wenn aber ein Bürger auf die staatliche Naturalleistung verzichtet und sich den Ersatz dafür auf eigene Rechnung leistet, gilt er als böser Ausbrecher aus dem Kral der Gleichen, der seine private finanzielle Leistungsfähigkeit mißbrauche, um das harmonische Bild vom Glück der Gleichheit zu beflecken.

Beim Zugriff des Staates, letzten Endes also einer zufälligen Konstellation von Politikern, auf den Lohn seiner Leistungen wird für den Betroffenen das Gleichheitsgebot der Verfassung mit dem Hinweis auf die größere finanzielle Leistungsfähigkeit außer Kraft gesetzt. Doch wenn derselbe Mensch seine ihm dann noch verbliebene finanzielle Leistungsfähigkeit freiwillig dazu benutzt, sich etwas zu gönnen, was der Umverteilungsstaat egalitär und für den Leistungsempfänger (scheinbar) kostenlos austeilt, dann sieht sich der Bürger dem Ansinnen gegenüber, seine finanzielle Leistungsfähigkeit unter den Scheffel zu stellen und sich in die Schlange der Wartenden einzureihen, die auf die Zuteilung durch den Staat warten.

Der Agrarwissenschaftler Dr. Ulrich Hamm hat in der »Frankfurter Allgemeinen Zeitung« (10. Mai 1985) am Beispiel staatlicher Maßnahmen zur Flächenstillegung als Mittel gegen die Überschußproduktion an EG-Agrarprodukten aufgezeigt, wie die politische Intervention zwangsläufig das erklärte Ziel unerreichbar macht:

Ungefähr zehn Prozent der für Getreideanbau benutzten Fläche müßten im Bereich der EG stillgelegt werden, um die Überschüsse einzudämmen. Damit wird aber das eigentliche Problem der Landwirtschaft nur verschlimmert. Es sind zu viele Menschen in der europäischen Landwirtschaft tätig und sie müssen intensiv wirtschaften, um aus knapper Fläche ein ausreichendes Einkommen zu erzielen. Durch Flächenstillegungen, wie jetzt geplant, wird das Mißverhältnis zwischen zu vielen Arbeitskräften und zu geringer Fläche noch folgenreicher. Wenn die freigesetzten Arbeitskräfte, vor allem die jüngeren, außerhalb der Landwirtschaft keine Arbeit finden

bzw. durch Ausgleichssubventionen in der Landwirtschaft bleiben, ist vorherzusehen, was sie tun werden: Nämlich ihre eigene Arbeitskraft noch besser auszulasten durch noch energischere Produktion auf den nicht stillgelegten Flächen.
Wenn heute der Staat in der Bundesrepublik Deutschland im Krankenversorgungswesen einerseits mengenbeschränkende Maßnahmen trifft, gleichzeitig aber vollkommen ungerührt die von den Politikern produzierte Ärzte- und Apothekerflut weiter steigen läßt, muß sich in diesem Sektor ebenfalls der Effekt einstellen, den der Agrarwissenschaftler Hamm für die Landwirtschaft beschrieben hat. Immer mehr Ärzte werden gezwungen, jeweils den Bereich ihrer Leistungen immer intensiver zu bewirtschaften, Patienten immer produktiver zu beackern, wo ihnen noch ein persönlicher Gestaltungsspielraum geblieben ist. Nur eine Prognose ist in diesem Zusammenhang möglich, aber zugleich auch äußerst sicher: Die Ärzte werden sich geraume Zeit vor den Landwirten zwangsweise als weisungsgebundene Staatsangestellte vorfinden. Die Angst des Politikers vor den Landwirten ist größer als die vor den Ärzten.

Humanisierung der Arbeitswelt

Im Mai 1974 stellte die SPD/FDP-Bundesregierung in Bonn ihr epochales Forschungsprogramm zur Humanisierung der Arbeitswelt vor. Nach Auskunft des zuständigen Referenten im Bundesarbeitsministerium Ende Oktober 1984 waren bis dahin rund 800 Millionen DM durch ein kleines Heer von Humanisierungsforschern verforscht. An eine Wende zur Wirklichkeit denkt man offenbar nicht. Im Etat der Bundesregierung sind künftig 100 Millionen für Humanisierungsforscher pro Jahr vorgesehen und auch eine jährliche Steigerungsrate von drei Prozent für diesen Talerregen über die Artisten des Gewerbes, das man seit Jahrzehnten in den USA sarkastisch als »grantsmanship« bezeichnet.
Doch wie sieht es vor Ort aus? Ein Beispiel: 1984 erhielten die Chefs der Personal- und Beschaffungsabteilungen von Behörden, Ämtern, Hochschulen und diversen öffentlichen Anstalten in der Bun-

desrepublik Deutschland empörte Telefonanrufe aus den Reihen ihrer Belegschaft. Vor allem Sekretärinnen, Verwaltungsangestellte aller Art und andere Bürokräfte beklagten sich über Rückenschmerzen, Hexenschüsse, steife Hälse und überhaupt eine unerträgliche Rundumbehinderung am Arbeitsplatz. Sie konnten sich nämlich nicht mehr wie bisher gewohnt durch eine leichte Rumpf- und Schulterwendung oder mit der Fußspitze zwischen Schreibmaschine und Telefon, zwischen Registratur und Bildschirm, zwischen Aktenregal und Antragsteller hin und her bewegen. Sie saßen wie festzementiert. Alle ergonomischen Errungenschaften und Fortschritte der letzten fünfzig Jahre waren für sie über Nacht verschwunden: Im Wettlauf mit einem drohenden Termin hatte die Verwaltung von den Drehstühlen und Drehsesseln dieser Mitarbeiter kurzerhand die Rollen abmontiert und durch Kufen aus Eisen ersetzt. Zwar hatten die technischen Abteilungen diese Umrüstungsaktion »auf Gleiter« per Rundschreiben angekündigt. Doch nichts glitt. Die Drehsessel blieben stehen wie ein Schlitten auf einer Schotterstraße. Eine plötzliche und absurde Dehumanisierung des Arbeitsplatzes wie es zuvor wohl keine gegeben hatte! Wie war es dazu gekommen?

Nach den Bestimmungen des Bundesverbandes der Unfallversicherungsträger der öffentlichen Hand sind für die ab dem 1. Januar 1977 neu einzurichtenden Büroarbeitsplätze Drehstühle mit mindestens fünf Rollen vorgeschrieben. Die bereits vor dem 1.1.1977 vorhandenen Drehstühle durften für eine Übergangszeit ihre vier Füße und vier Rollen behalten, wenn eine dreiseitig wirksame Kippsicherung angebracht wurde. Ab dem 1. Januar 1985 wurde aber auch dies unzulässig. Normalerweise wäre das in einem westlichen Industrieland kein Problem. Weg mit den mindestens acht oder mehr Jahre alten Bürositzmöbeln! Der Haken: Es war 1984 in vielen Bürokratien der öffentlichen Hand dafür kein Geld verfügbar. Eine mir bekannte Universität zum Beispiel, mit rund 25 000 Studenten, braucht rund 2500 Drehstühle und -sessel. Von diesen waren 1984 noch 800 sogenannte Vierfüßler – vier Beine mit Rollen. 800 neue vorschriftsmäßige Fünffüßler zum 1.1.1985 hätten aber 185 000 DM gekostet. Zur Verfügung gestellt für die ganze Unfallverhütungsaktion bekam die Universität jedoch nur 20 000 DM, also 25 Mark pro Risiko-Stuhl. Das reichte nur für die Umrüstung auf

gußeiserne Kufen. Die ihrer Rollen beraubten Stühle sehen damit nicht nur grotesk aus. Die Arbeit auf ihnen ist eine Qual. So kommt man auch nicht so nahe und aufrecht an die Schreibmaschine heran wie es die Ergonomik verlangt. Die Bürodamen gleichen eher einer Giraffe, die an einem viel zu niedrigen Busch naschen muß statt an Wipfeln.
Wer je – wie der Verfasser – in seinem Leben auf einem der Sessel mit nur vier Rollen gesessen oder versucht hat, sich auf einen solchen zu setzen, weiß natürlich wie wichtig der technische Fortschritt zu den Fünffüßlern gewesen ist. Die Vierfüßler hatten die tückische Eigenschaft unversehens unter einem nach hinten wegzutauchen. Man stürzte aufs Kreuz, man brach sich ein Handgelenk, und auch ein Genickbruch wäre denkbar. Mir gelang es zwar jedesmal mich am Schreibtischrand zu fangen, aber das Gefühl dabei glich dem eines Passagiers, dessen Flugzeug in ein Luftloch absackt.

Und nun also die Kufen statt Fünffüßler für Arbeitnehmer im öffentlichen Dienst! Es ist so überaus bezeichnend für den Aberwitz des Politikers: Da hat man im Takt mit Bonn und DGB geredet und geforscht, gefordert und getagt wegen der Humanisierung der Arbeitswelt und gab dafür Geld aus wie Heu an die Ochsen. Doch als die Lage im Büro da war, konnte die öffentliche Hand nur Kufen statt Fünffüßler geben. Ein Abbild dessen, was sich im Bildungswesen abspielte. In Sachen »Humanisierung der Arbeitswelt« wollte sich die Bundesrepublik eben von keinem Land der Welt übertreffen lassen. Ein Berliner Soziologe zum Beispiel erhielt 250000 DM, um herauszufinden, wo den Bürodamen der Schuh drückt. Die Kufe des Jahres 1984 am Fuß der Drehstühle kam in seinem Forschungsbericht natürlich nicht vor. Legten die Humanisierungsforscher – zum überwiegenden Teil alimentiert vom Bonner Forschungsministerium – eine Pause von nur 12 Monaten ein, so ließen sich mit den ersparten 100 Millionen Mark rund 500000 neue Fünffüßler für die auf Kufen gesetzten Bürokräfte des öffentlichen Dienstes anschaffen. Aber solche »Emanzipationen« sind eben »sozial« uninteressant. Dafür wächst die Wut und der Neid bei denen, die aus purem Pech auf die Kufen kamen, während andere vergnügt und beschwingt durch ihren Arbeitstag rollen. Ein an Komik kaum überbietbares Beispiel für die konkurrenzlose Gabe der Politiker mit ihrer Reformsucht den tatsächlichen Alltag der Bürger ständig zu verschlimmbessern. Über jedes nur irgendwie aufspürbare Wehwehchen am Arbeitsplatz hatten sie zehn Jahre lang für fast eine Milliarde DM forschen lassen. Nur eines hatten die Politiker hier wie überall sonst übersehen: Die Frage, ob nach einer Weile noch das bißchen Geld im Haushalt vorhanden sein wird, für Reformen, die ausnahmsweise wirklich not tun – wie eben die Drehstuhl-Reform 1984.

Die Mode der Welt-Modelle

Seit 1972 jonglierte man überaus gern mit den Weltmodellen aller Art und merkte nicht, wie falsch unsere Vorstellungen von der sozialen Wirklichkeit und ihrer Beeinflußbarkeit durch gute Absichten damit wurden. Ein prominenter Weltmodell-Betreuer in der Bundesrepublik Deutschland, Professor E. Pestel, erzwang Mitte der siebziger Jahre von einer Rundfunkanstalt eine volle Stunde Sendezeit für seine Gegendarstellung, um mit einer vorausgegangenen Sendung abrechnen zu können, die Zweifel an der Seriosität seiner Weltmodelle geäußert hatte. Ein fast beispielloser Fall in der Geschichte des Fernsehens. Wie weich müssen die Knie des Intendanten bereits sein, wenn sie einen erbosten Weltmodellhüter vor sich haben! Gleich zu Beginn dieser Gegendarstellung aufgefordert, doch einmal zu definieren, was er unter »Menschheit« verstehe, fiel dem Weltmodell-Bauer Pestel nur folgendes ein:
»Wir sind heute so weit gekommen, daß wir eine Menschheit vor uns haben ... weil die Welt zu einem System verkoppelt worden ist ... wenn z. B. in Rußland ein Bürokrat vergißt, ausgefrorene Saat schnell zu erneuern, dann werden Riesenkäufe von Weizen in Amerika notwendig, und die haben ganz unerwartete Folgen: daß einmal die Hausfrauen streiken, daß in Indien, plötzlich, wenn der Monsun ausfällt, keiner da ist, der genügend liefern kann ...«
Ganz abgesehen davon, daß streikende Hausfrauen in den USA die Exportkapazität der USA eigentlich wieder vergrößern müßten, hätte dieser Weltmodell-Konstrukteur keine besseren Beispiele

bringen können, wenn es seine Absicht gewesen wäre, zu beweisen, daß »die Menschheit« und die Welt eben kein System darstellen. Die aufgezählten Vorgänge (vergeßlicher allmächtiger Bürokrat in der UdSSR, Hausfrauenstreiks, Wetter in Indien; die Tatsache, daß sich seit dreißig Jahren fremde Regierungen stets auf die US-Farmer verlassen) belegen ja nur, wie unsinnig es ist, von einer einzigen Menschheit zu reden, die »zu einem System verkoppelt ist«. Vielmehr sind es regionale Probleme innerhalb voneinander völlig abgeschirmter Regierungssysteme und in Gebieten auf ganz verschiedenen physischen und kulturellen Wirklichkeitsebenen. Indem der Weltmodell-Politiker auffordert, vor diesen aufgezählten Problemen zu erschrecken, beweist er ja nur, daß es gar kein Weltsystem gibt.

Wäre die Welt ein echtes System, dann müßten sowjetische Bürokraten, amerikanische Hausfrauen und Farmer, indische Regierungen und viele andere die Befehle einer einzigen Weltzentrale nicht nur erhalten, sondern auch befolgen. Diese Zentrale müßte ihrerseits auf Grund von Daten, die sie in Wirklichkeit gar nicht haben kann, rational handeln. Und selbst wenn eine solche Weltzentrale, die uns die Weltmodell-Betreuer auf den Hals schaffen möchten (mit sich selbst an den Schalthebeln), verläßliche und problembezogene Daten hätte, wäre damit noch nichts gesagt über die Chancen, die verschiedenen Systemglieder diesen Daten gemäß tanzen zu lassen. Wie soll es in einer überschaubaren und vorstellbaren Zukunft dazu kommen, wenn es nicht einmal möglich ist, innerhalb der Europäischen Gemeinschaft auch nur den Anbau von Weintrauben und die Weinerzeugung zu harmonisieren? Die EG bringt über Brüssel zwar keine überregionale Lösung des Weinanbaues zustande, aber die Weltmodell-Impresarios trauen sich zu, russische Agrarbürokraten, US-Farmer und Hausfrauen, indische Regierungen und Bauern, einschließlich des Monsuns so aufeinander abzustimmen, daß der Weltuntergang ausbleibt.

Nein: was immer an Problemen auf einzelne Länder, einzelne Industrien, auf einzelne überschaubare Wirtschaftsgebiete zukommen wird, Augenmaß und gute Nerven für realistische Politik werden nur vorhanden sein, wenn man sich aus dem Bann der Pseudowissenschaft der Weltmodelle löst. Sie verführt zu kurzschlußartigen, vereinfachenden Denkvorgängen. Es ist weniger Denken als bloßes

Schauen. Man schaut auf drei oder fünf Paradoxien oder Kontraste auf dem Erdball und glaubt damit Entwicklungsgesetze zu erfassen, denen sich am Ende nichts entziehen könne.
Auf diese Weise bringen es Politiker und Publizisten im Westen fertig, in ihr eigenes Land auch Spannungen und Probleme hinein zu projizieren, die oft gar nicht vorhanden sind. Indem sie die Blicke der Bürger dauernd auf chaotische Verhältnisse, auf entstabilisierende Trends in der ganzen Welt lenken, könnte es natürlich auch gelegentlich zur sich selbst erfüllenden Prophezeiung kommen, zur Vorhersage, die ihr Eintreten selbst herbeiredet. Die Weltmodell-Mode verleitet zur Verwechslung und Vermengung von »Weltproblemen« mit Binnenlandproblemen. Sozialpolitische Probleme werden aber in keinem Land lösbarer, wenn seine Politiker sich von Weltmodellen faszinieren lassen. Es ist natürlich verlockend, sich zu Hause als Problemlöser zu empfehlen, indem man die großen ungelösten Weltprobleme beschwört, aber man weiß eben nie, ob die eingejagte Angst nicht dem Gegner zugute kommt. Professor Biedenkopf bot vor einigen Jahren ungewollt dafür ein hübsches Beispiel. In einem Interview in der »Wirtschaftswoche« malte er zunächst eine düstere Prognose an die Wand:
»Es geht ... um die Erhaltung des Gesamtzusammenhangs unserer Gesellschaft, die im Begriff ist, in lauter Einzelteile zu zerfallen, weil die geistigen und politischen Kräfte, die den Zusammenhalt sichern müssen, zu erlahmen drohen.«
Mir scheint eher, eine Gesellschaft ist selten in Gefahr, »in lauter Einzelteile zu zerfallen«. Was sie nämlich zusammenhält, sind nicht nur geistige und politische Kräfte, sondern vor allem auch elementare individuelle Selbsterhaltungskräfte und wechselseitige Interessen bei der Mehrzahl aller Einwohner. Die meisten Menschen in jeder Bevölkerung haben ein ausreichend starkes Interesse an einer Art Mindestgesellschaft. Den gleichen Zweifel des Interviewers spürend, fuhr Biedenkopf fort, seine Befürchtung zu belegen: »Die ganze Welt befindet sich im Zustand des geistigen und politischen Umbruchs ... In weiten Teilen der Welt wird die Frage diskutiert, ob eine überbevölkerte Welt sich noch Freiheit leisten kann, oder ob sie verwaltet werden muß ...«
Zunächst ist es schon unsinnig, so zu sprechen, als ob »die Welt« eine Person sei, die rational erwägen könne, was sie sich leisten kann

oder nicht. So eine Welt wird es nie geben. Aber noch ungeschickter ist es, wenn ausgerechnet mit der Beschwörung des Problems der Überbevölkerung sich ein Politiker als Problemlöser empfiehlt, in dessen Land das Problem bereits darin besteht, daß die Geburtenrate auf das Null-Wachstum hin sinkt, und somit die künftige Finanzierung der Rentendynamik in Frage gestellt wird. Unsere Politiker und Prediger müßten sich eher überlegen, wie sie der eigenen Bevölkerung wieder Mut zu Kindern geben könnten, statt zu suggerieren, mit jedem Kind, das eine Familie sich gönnt oder zutraut, sei man ohnehin nur schuld an immer unlösbareren »Weltproblemen«, ja am Ende vielleicht sogar schuld an einer totalitär verwalteten Welt. Den Pessimismus der Weltmodell-Betrachter aus den siebziger Jahren sollte man sich in den achtziger Jahren nicht länger leisten.

Der Club of Rome und seine Jünger

Selten zuvor ist es selbsternannten Wächtern über das Wohl der Welt gelungen, so lange vom Eindruck eines spektakulären, längst aber widerrufenen und von der Fachwelt widerlegten Ersterfolgs zu zehren, wie dem Club of Rome. Das Buch »Die Grenzen des Wachstums«, das Dennis Meadows für den Club aus dem Computer holte, machte ihn zum Markenartikel, dem das Stammpublikum bis heute treu blieb. Weder die eigenen Rückzieher des Clubs vom Szenario, das ihn einst bekannt machte, noch die Ablehnung durch die große Mehrheit der Fachleute im In- und Ausland wollen seine Fans wirklich zur Kenntnis nehmen.

700 Professoren, die sich 1979 in Mannheim auf einer Tagung der Gesellschaft für Wirtschafts- und Sozialwissenschaften mit großer Mehrheit gegen die Krisenbilder und Ressourcen-Theorien des Clubs of Rome wandten, fanden in der Öffentlichkeit wenig Gehör und keine Gegenliebe. Ein Hauch von Ironie im Kommentar der FAZ zu seiner Berliner Tagung im Herbst 1979 – und schon hagelte es empörte Leserbriefe. Eine ARD-Fernsehsendung vom SFB 1975, die den Weltuntergangs-Phantasien des Clubs Mitschuld daran gab,

daß die OPEC-Staaten ihr Ölpreis-Diktat ohne Widerstand durchsetzen konnten, löste eine der größten Brieflawinen in der Geschichte des Senders aus. Die Wut darin war um so deutlicher, je höher sich der Schreibende mit seiner Berufsangabe in der Bildungspyramide ansiedelte.

Kein Zweifel: Der Club of Rome kam einem Bedürfnis des Bildungsbürgertums entgegen wie einst Oswald Spengler mit seinem »Untergang des Abendlandes«. Vermutlich ungewollt gab der Club die Parolen aus für das bizarre Bündnis zwischen national-konservativem Naturschutzanliegen älterer Jahrgänge und dem Spätmarxismus der ganz Jungen. Düstere Endzeiterwartungen sind für viele zu einem unverzichtbaren Lebenselexier geworden. Der Verfasser der angegriffenen SFB-Sendung meinte 1974 zu mir: »Es muß Leute geben, die beten, unsere tägliche Angst gib uns heute.«

War das alles wirklich unabwendbar? Mir kommen Zweifel. Im Frühsommer 1973 saß ich mit dem Generalsekretär des Club of Rome, Dr. Hugo Thiemann, am Abend in einem Berghotel zusammen. Zuvor war es zwischen ihm und mir im Streitgespräch hart hergegangen. Nun war das Publikum abgereist. Die gemeinsame Manöverkritik stimmte uns milde. Die Frage nach der Entstehung des Clubs lag nahe, und sein Generalsekretär war gesprächig.

Das Leben des Clubs hatte bereits zweimal an einem Haar gehangen. Die Volkswagenstiftung, vom Club um Geld gebeten, holte von zwölf Wissenschaftlern Gutachten ein. Elf von ihnen warnten vor der Torheit des Weltmodells. Dr. Thiemann zu mir: »Sie waren doch sicher einer von diesen elf?« Ich beteuerte wahrheitsgemäß dies sei nicht der Fall gewesen. Er schien zwar nicht überzeugt, aber er erzählte weiter: Der direkte Draht eines bundesdeutschen Clubmitglieds in die VW-Stiftung wog das Urteil der Wissenschaftler auf, und der Scheck wurde ausgestellt, mit dem drei Gründungsmitglieder des Clubs zum Massachussetts Institute of Technology in Cambridge (USA) flogen, für ein letztes Gespräch mit dem US-Computerteam über das Weltmodell. Doch dort kamen einem der drei Zweifel. Er bat um eine Unterredung unter vier Augen mit dem älteren der Amerikaner. Nach 20 Minuten kam er zurück und sagte: »Meine Herren, hiermit erkläre ich meinen Austritt aus dem Club. Was hier gemacht werden soll, kann ich nicht verantworten.«

Thiemann und der noch verbleibende Zweite im Bunde, der Deutsche, saßen wie vom Blitz getroffen. Alles Abblasen? Aber wie sähe das zu Hause aus und wohin mit dem Scheck? Und so ging Kassandra mit dem Computer des Massachussetts Institute of Technology zu Bett. Der Rest ist Zeitgeschichte.

Der Club of Rome war das Hobby seines Gründers, der italienische Industrielle Dr. Aurelio Peccei. Als dieser nach einer Tagung des Clubs of Rome Mitte der 70er Jahre einige Teilnehmer zu sich lud, blieb einer von diesen, ein ZDF-Journalist, mit ihm für eine Weile allein, bewunderte die herrlichen Chippendale-Möbel und fragte: »Woher haben sie eigentlich die Idee, daß Schrumpfen schön sei?« Das Schlüsselerlebnis, so die Antwort, sei an dem Tag gekommen, als Italien für immer von Äthiopien Abschied nahm. Wenn alle Weltreiche schrumpfen müssen, weshalb nicht auch die Weltwirtschaft?

»Interfuturs« hieß Ende der 70er Jahre das Projekt, auf dessen 440 Seiten Futurologen der OECD vorgerechnet hatten, was die Welt im Jahr 2030 brauchen wird. Man wollte das »nicht Voraussagbare lenken«. Und dazu muß alles anders werden, vor allem das, was die Menschen persönlich wollen. Immer wenn eine solche Woge aus dem Computer über uns zusammenschlägt, wie schon mehrmals seit 1972, denke ich an ein Erlebnis im Sommer 1975.

Es war auf einem Symposium, wo Wachstumskritiker, Kernkraftfeinde und Marxisten verschiedener Spielarten Pessimismusverbreitungs-Strategien übten. Allerdings waren sie nicht ganz unter sich. Neben Leuten wie Peter Merseburger gab es auch bewährte Garanten der Ausgewogenheit, wie z. B. Golo Mann. Viel versprochen hatten sich die Veranstalter von einem jungen Zukunftsforscher, dessen Buch damals gerade erschienen war. Es verkündete die Erkenntnis, daß die westliche Zivilisation am Ende ihres Einfallsreichtums sei, zumindest, was die wirklich großen Erfindungen und Durchbrüche anbelangt. Fünf Jahre später sprach natürlich kein Mensch mehr von jenem Buch. Dafür starrten Anfang der 80er Jahre alle gebannt auf die epochalen Erfindungen, die angeblich vor der Tür stehen und die Nutzung der Kernenergie überflüssig machen sollten.

Jener Futurologe hatte eine feststehende Formel für die Diskussion: Wann immer während der Woche jenes Symposiums 1975 ein Frager konkret wissen wollte, wie was wo wirklich weitergehen werde, faltete er die Stirn und sagte:

»Aber diese Zusammenhänge im Weltmodell sind doch so unvorstellbar kompliziert. Es gibt in ganz Europa nur drei oder vier Experten, die das noch im Kopf und Griff haben. Auf der ganzen Welt sind es bestenfalls zehn oder zwölf. Wie können Sie von mir verlangen, daß ich für sie eine so unendlich schwierige Materie auf den Boden Ihrer Alltagsprobleme herunterbringe?«
Damit machte er jeden unbequemen Frager mundtot. Nach dem dritten oder vierten Mal fing ich diesen Professor vom Wissenschaftszentrum Berlin in einem engen Gang des Hotels ab und fragte unter vier Augen: »Lieber Kollege, können Sie mir nicht die Namen der drei oder vier Experten in Europa verraten, die allein noch all das überschauen, was es braucht, um zu wissen, was die Menschheit tun muß, um zu überleben?« Was kam, war Schweigen und ein tieftrauriger Blick. Ich ließ aber nicht locker: »Mein Gott, drei oder vier Namen kann doch jeder behalten, selbst wenn er die ganze übrige Welt im Kopf haben muß. Nennen Sie mir bitte doch wenigstens einen?« Er schwieg noch eine Weile, die Spannung war fast schon unerträglich geworden, als er endlich flüsterte: »Ja, in Europa kann ich Ihnen eigentlich nur einen nennen ... mich selber.« Das war's, und ich fragte erst gar nicht mehr, wer die anderen neun auf dem Globus seien.
Wohlgemerkt: Prof. N. ist ein sehr sympathischer Mensch. Ein wohltuender Kontrast zu einigen rüden Linken, die das Symposium bevölkerten. Auch hat er etwas für Familientradition übrig, denn dem »Wer ist wer« hat er anvertraut, daß Frank Wedekind sein Großonkel war. Was mich erschütterte, war vielmehr dies: Kern aller Pläne im Stil und im Kielwasser des »Club of Rome« ist doch dies: Hunderte Millionen Menschen müßten binnen weniger Jahrzehnte eine radikale Einstellungsänderung vollziehen, mit einschneidenden Folgen für den Alltag eines jeden von uns. So müßten beispielsweise Millionen von Frauen, die sich nur dank des Zweitwagens der Familie im Beruf irgendwo selbstverwirklichen können, wieder bei Kind und Küche bleiben, damit es die autofreie Gesellschaft geben kann, und im Jahr 2030 noch genug Sprit, mit dem sich die UNO- und OECD (etc.)-Fürsten samt Troß, rund um den Erdball auf Gipfeltagungen wie gehabt und regelmäßig, als das einzig noch verbliebene Jetset vergnügen können.

All das und mehr aber sollen die Menschen bereitwillig tun, nur aufs Wort einer Handvoll Magier hin, die gewöhnliche Sterbliche fürs Mysterium der Futurologie nicht reif genug halten. Eine größere Autoritätsanmaßung hat es unter säkularisierten Menschen noch nie gegeben.

Der Glaube an die Einstellungsänderungen

Unwiderlegbar durch Fakten scheint der Glaube aller aufgeklärten Kreise an die Wahrscheinlichkeit und Wunderkraft von Einstellungsänderungen. Sei eine solche erst einmal herbeigeführt, im Volk, im Westen oder weltweit, dann werde das Problem X oder Y lösbar. Dieser Aberglauben verdankt seine Überzeugungskraft nicht zuletzt auch vermeintlichen Fortschritten der Art von Psychologie, die sich als Hebamme für den garantiert vorurteilsfreien Menschen anbietet. Vor allem amerikanische Sozialwissenschaftler haben sich seit mehr als 50 Jahren in einem platten Empirismus in Tausenden von Experimenten mit der angestrebten Einstellungsänderung ihrer Mitmenschen beschäftigt, auf der Suche nach Harmonie im Zusammenleben. Herausgekommen ist dabei sehr wenig. Kein Sozialpsychologe kann 1985 den Bürgerkrieg in Nordirland, im Libanon oder den Krieg zwischen dem Iran und Irak besser erklären oder andere Rezepte für sein Ende anbieten als ein beliebiger Dorfpfarrer 1885 es gekonnt hätte.
Haben wir erst einmal die Einstellung zu Arbeit und Freizeit geändert, wird auch der Arbeitsmarkt wieder ins Lot kommen. Hat sich erst einmal die Einstellung zum Konsum geändert, kann man auf Kernkraftwerke und Großchemie verzichten. Ist das nicht ein Widerspruch? Ausgerechnet Freizeitanbeter (35 Stundenwoche, Frühruhestand) bauen auf die Einstellungsänderung zur Arbeit, zugleich aber auch auf eine entsagungsvolle neue Einstellung zum Energieverbrauch in der Freizeit. Diese würde aber einen Verzicht auf viele Formen der Freizügigkeit gerade in der erweiterten Freizeit verlangen und die Frage verschärfen: Freizeit wofür? Ein Informatikprofessor an der Universität Bremen hat zum Beispiel 1984 ein Buch

über Mensch und Computer im Jahre 2000 veröffentlicht, in dem für dieses gefährliche Zweigespann eine völlig neue Bewußtseinswelt verlangt wird, anderenfalls stünde uns Schreckliches bevor. Es müsse für die neue Informationstechnik, die unser bisheriges Vorstellungsvermögen sprenge, eine ganz neue Einstellung, ein neues Bewußtsein geschaffen werden. Dies sei aber nur durch eine neue Gesellschaftspolitik möglich, vor allem durch gänzlich neue Basisarbeit in den Parteien und Gewerkschaften. Damit müsse der einzelne aktiviert und umgestaltet werden, denn »die Balance zwischen menschlicher und technischer Informationsverarbeitung ist letztlich ein individuelles Problem.« Das Hauptanliegen dieses Futurologen ist die »sozial gerechte« Verteilung der Produktivitätssteigerung, die jene neuen Techniken bringen. Er plädiert für eine vollkommen lohnunabhängige materielle Grundversorgung aller Bürger. (Klaus Haefner: »Mensch und Computer im Jahre 2000. Ökonomie und Politik für eine human computerisierte Gesellschaft«, 1984).

Der 1984 demoskopisch erkannte neue tragende Flügel der SPD, die Hedonisten (laut DUDEN bedeutet Hedonismus eine Lebensauffassung nach der das höchste ethische Prinzip das Streben nach Sinnenlust und Genuß ist), baut ganz auf die kommenden Einstellungsänderungen bei den Mitmenschen zwecks Lösung aller anstehenden Probleme. Dieser Optimismus ist unbegründet. Bis etwa 1960 hieß es von einem Menschen, der Fehleinstellungen bei sich beseitigen wollte, er »arbeite an sich selbst«. Doch gerade dies hat die Hedonismuswelle verpönt. Was in der Welt kann überhaupt wesentliche und bleibende Einstellungsänderungen bringen? Und würden sie auch immer die gewünschte Richtung nehmen? Eine Gegenprobe:

1985 konnten wir bereits auf vierundzwanzig Jahre mit bemannten Raumflügen zurückschauen. Für alle Menschen unter dreißig waren sie schon eine Selbstverständlichkeit gewesen seit sie angefangen hatten sich ein Bild von der Welt zu machen. Zwar konnte sich bis 1957 niemand – vielleicht von einigen wenigen Raketen-Narren oder Science-fiction-Fans abgesehen – im Ernst eine derartige Routine-Raumfliegerei vorstellen. Hätte man es aber gekonnt, so würde damals, vor knapp fünfundzwanzig Jahren, jeder Menschenkenner, Laie oder Fachmann, Philosoph oder Psychologe, als Hauptfolge

der Weltraumeroberung durch den Menschen eine deutliche und auch positive Einstellungsänderung des Menschen zu sich selber und seinen Werken vorhergesagt haben. Wo ist diese Einstellungsänderung? Die Sicherheit und Perfektion bemannter Raumflüge hat offenbar keine Einstellungsänderung gebracht, die einer plausiblen Vorhersage entspräche. Im Gegenteil:
Gerade in den zwei Jahrzehnten bemannter Raumfahrt entstanden – um 1960 überhaupt künftig nicht mehr für möglich gehaltene – Formen der Technikfurcht und des Wissenschaftspessimismus. Eigentlich hätte man doch erwartet, daß ein Menschheitsereignis wie der Übergang zur bemannten Raumfahrt und die Erkundung ferner Planeten mit Sonden, die auf den Bildschirm eines jeden Fernsehgeräts Farbbilder davon bringen, das Zutrauen des Menschen zu sich selbst vergrößert, zumal die Astronauten nichts ungetan lassen, um im All wie auf Erden zu beteuern: Wir sind Leute wie ihr! Doch statt auf die Sterne und ins Weltall zu schauen, blicken telegene Zeitgenossen auf irgendwelche bis dahin unbekannte Schneckenfische im Bett eines zu einem fertig gebauten Staudamm fließenden Flusses und machen ihre Erhaltung als Tierart zu einem Anliegen der Nation.
Bei den meisten Menschen scheint der zur Routine gewordene Ausgriff der Menschheit in den Weltraum überhaupt keine Einstellungsänderung zu irgend etwas gebracht zu haben. Diejenigen Zeitgenossen hingegen, um die sich die veröffentlichte Meinung heute reißt, sind während der Eroberung des Weltraumes in eine Weltanschauung geraten, nach der sich die Menschheit dem Tierreich unterzuordnen habe.

Die Prognostiker als Stehaufmännchen

Unser Jahrhundert der Berufsprognostiker und der Prognosen versagte bei den meisten Vorhersagen. Zwar hatte es in der Regel zu jeder Prognose auch die entgegengesetzte gegeben, aber für die Beurteilung der gängigen Prognosen und ihrer Trefferquote kommen eben nur diejenigen in Betracht, die das Feld und den Zeitgeist beherrschten. Es gibt kein Gebiet, wo Prognostiker sich nicht wiederholt geirrt hätten. Ein Grund dafür ist der Glaube an die gesellschaftspolitische Veränderbarkeit der menschlichen Natur, der Gewohnheiten und Grundmotive. Bei den meisten Prognosen und Planungen in ihrem Licht baute man auf die Veränderung der Einstellungen, Wünsche, Abneigungen und Vorbehalte der Menschen zugunsten der Prognose. Man überging einfach, gerade auch in scheinbar wissenschaftlichen Untersuchungen, jeweils die Grundmotive und Verhaltensmuster, die nicht zum Anliegen des Prognostikers paßten. Dazu gehörten z. B. die Anlage zum Patriotismus, zur Heimatliebe, der Revierinstinkt und das Territorialverhalten, die Macht von Voreingenommenheiten (Ethnozentrismus), der überaus starke Widerwillen der Menschen Überkommenes aufzugeben, selbst wenn es Mühe macht wie selten gewordene Sprachen innerhalb einer flächendeckenden »Großsprache«. Man kann in diesem Zusammenhang auch an das Versäumnis erinnern, die Konflikte zwischen Stämmen, zwischen Sprachgebieten in den aus Kolonialreichen entlassenen Territorien in Afrika und Asien vorherzusehen.

Unser Jahrhundert der vermeintlichen Triumphe der Psychologie versagte vor allem bei den Prognosen über psychologisch erklärbares menschliches Verhalten – im Einzelfall, im durchschnittlichen Verhalten von Bevölkerungen und im Verhalten von Kollektivgebilden. Die klägliche Bilanz der Prognostiker zum Ende dieses Jahrhunderts rührt überwiegend daher, daß man im Rahmen der Prognosen versäumte, künftiges menschliches Verhalten zu berücksichtigen oder – wenn es geschah – falsche Annahmen bevorzugte. Natürlich gab es auch Prognosen, die zutreffend waren. Wer kennt sie schon? Die einst gestellten und tatsächlich eingetroffenen Prognosen umgeben uns in der Gegenwart samt ihrem Sachverhalt immer wie Selbstverständliches, zum Beispiel die Prognosen einer Akademikerschwemme, die von einigen wenigen vor zwanzig Jahren eben auch gestellt worden waren. Es hätte doch eigentlich nie anders kommen können, glaubt man in jeder Gegenwart und kümmert sich nicht darum, ob es dafür Prognosen gegeben hat. In diesen Fällen waren die ursprünglichen Prognosen oft von solcher Schlichtheit, daß weder ihre Stellung noch ihr späteres Zutreffen besonders aufgefallen sind. Andere Prognosen wieder werden in der

jeweiligen Gegenwart, an der sie zu prüfen wären, vergessen, weil das Nichtvorhandensein, das nicht Eintreten einer Erscheinung, die man hätte erwarten müssen, den meisten Menschen ohnehin nicht auffällt. Auf dieser Tatsache beruht ja ein bekannter Effekt der Autoren von Kriminalgeschichten. Sherlock Holmes fragt Dr. Watson: »Weshalb hat der Hund in der Nacht *nicht* gebellt?«
Noch vor zehn Jahren enthielt keine Prognose die heutige Arbeitslosenquote in den EG Ländern, keine die Höhe der Zinsen in den USA oder die Niedrigkeit der Inflation in der Bundesrepublik Deutschland. Niemand wagte es, den Zerfall des OPEC-Kartells vorherzusagen. Vor nur zehn Jahren waren Ölknappheit und immer höhere Ölpreise auf lange Sicht die gängigste Prognose. Vor nur 15 Jahren beherrschten noch Prognosen das Feld, die für das Wohlergehen der Bundesrepublik die größtmögliche Zahl von Abiturienten und Akademikern unerläßlich hielten. Die integrierte Gesamtschule wurde als Regelschule vorhergesagt. Der große Bestseller 1968 war das Buch »Die amerikanische Herausforderung«, worin der Franzose Servan-Schreiber den Aufkauf fast aller nennenswerten europäischen Unternehmen durch amerikanische Käufer vorhersagte, aber natürlich nicht den Sturz des Dollarkurses während der siebziger Jahre, der zum entgegengesetzten Kapitalfluß führte.
Am erstaunlichsten ist aber dies: Obgleich alle diese wichtigen, vermeintlich zentralen Prognosen – wie man heute sieht – falsch waren, ging es im großen und ganzen recht gut weiter. Das heißt aber, wir hätten diese Prognosen, jeweils zur Zeit als sie gestellt wurden und danach, überhaupt nicht gebraucht, um in leidlich erträglicher Verfassung – als einzelner, als Branche und Industriezweig, als Land oder als »Weltwirtschaft« genau dort anzukommen, wo wir jetzt sind. Das ist um so verwunderlicher, als nicht nur die genannten berühmten oder angeblich gewichtigen Prognosen falsch waren, sondern zahllose andere Prognosen müssen ebenfalls falsch gewesen sein, insoweit sie von den Hauptprognosen abgezweigte Nebenprognosen, spezieller oder punktueller Art waren. Wie kann man sich das erklären? Vielleicht so: Jene Prognosen halfen jeweils zu ihrer Zeit und für eine Weile danach, teilweise vielleicht im Un- oder Unterbewußtsein, manchmal in den von Überbleibseln des gemeinsamen Uraberglaubens der Menschheit durchwucherten Winkeln

unseres Gemüts, über Erwartungs- und Zukunftsängste hinweg. In allen bisherigen Kulturen, gleich welcher Bevölkerungsgröße und zivilisatorischen Ausgestaltung, bei schriftlosen Naturvölkern und in den Hochkulturen finden sich die Vorstellungen und Praktiken des Aberglaubens, mit geringen Variationen. Aberglauben ist nichts anderes als Zukunftsbewältigung, auf die eben jeweils mögliche Art. Die Ängste und Hoffnungen im Aberglauben haben stets mit Künftigem zu tun. Die Menschen brauchten immer eine Zunft der Zukunftsmanager. Solche, die den Blick ins Übermorgen ermöglichen (Hand- oder Eingeweidedeuter, Seher), ohne damit die Abwehr des Unheils auch nur im geringsten versprechen zu können, waren genauso erforderlich wie jene, die in der Zukunft etwas bewirken sollten, wie die Regenmacher oder Astrologen, die immerhin die Wahl eines weniger gefährlichen Datums gestatten. Die Trefferquote bei alledem muß sehr klein gewesen sein, und doch ging es nirgends ohne diese Zünfte. Ich vermute, die wissenschaftlichen Prognostiker unseres Jahrhunderts verdanken ihr Glück als Stehaufmännchen dieser besonderen – ihn vom Tier unterscheidenden – Anlage des Menschen, auf Prognostizierbarkeit in seinem Leben angewiesen zu sein. Diese Sucht nach Vorausschau erklärt auch den Erfolg jener Religionen, die entweder durch relativ leicht überblickbares – und vermeintlich leicht übbares – Wohlverhalten Einflußnahme auf künftige Geschehnisse erlangbar erscheinen lassen oder aber den Menschen von seinem Zukunftsbezug abkoppeln und ihm das Bewußtsein verschaffen, alles werde ohnehin kommen wie es kommt – sei es infolge der Willkür von undurchschaubaren Kräften, die erst noch ihre Wirkung entfalten müssen, sei es durch die willkürliche unrevidierbare Losverteilung lange vor aller Zeit. Es wäre auch nicht abwegig, an einen Vergleich mit dem Märchen zu denken. Insoweit die Märchen aller Völker, auch der Naturvölker, ein fester Inhalt der Menschheitsgeschichte sind, wofür auch die Ähnlichkeit vieler Märchen spricht, verhält es sich vielleicht so: Die Prognosen in unserem aufgeklärten progressivistischen Jahrhunderts sind Märchenersatz, einfach umgedreht: statt »es war einmal« heißt es nun »es wird so kommen«. Ist das der Grund, weshalb der Mensch mit Prognosen besser lebt als ohne sie, selbst wenn sie sich immer wieder als falsch erweisen? Ich glaube, die Prognose ist das Placebo und wie dieses für viele fast genausogut wie es der – in

Wirklichkeit unerträgliche – wahre Blick in die Zukunft wäre – wahrscheinlich sogar besser. Und auch die apokalyptischen Prognosen tun manchen wohl: Womit hätten z. B. die Aussteigerscharen aus der Leistungsgesellschaft während der siebziger Jahre ihr Gemüt erbauen können, ohne die Prognosen des Club of Rome & Co? Die Apokalypse birgt stets Trost bei Unmut.

Der Ökonomieprofessor John Kenneth Galbraith (Harvard) habe mit seinem Buch »The Affluent Society« (1958; deutsch »Gesellschaft im Überfluß«) für die (nahende) Pleite des Wahlgeschenkstaates im 20. Jahrhundert soviel getan wie Adam Smith für den Wirtschaftsaufstieg im 19. und 20. Jahrhundert mit seinem Buch »The Wealth of Nations« (1776). Das sagte 1984 ein Präsident Reagan nahestehender Nobelpreisträger für Wirtschaftswissenschaften (ich bin mir nicht mehr sicher, welcher es war, es sind so viele). Wer es auch war (Friedman, Stigler, Hayek usw.), er überschätzt Galbraith. Zwar hatte Galbraith in seinem Buch 1958 (ausdrücklich geschrieben für John F. Kennedys Marsch zum Weißen Haus 1959/60) die manische Suche des Politikers nach unentdeckten Bewässerungsaufgaben für seine öffentliche Gießkanne mit der Aura der Elite-Universität Harvards verklärt, aber gegen diese Manie wäre auch ohne Galbraith kein Kraut gewachsen.

Kennedy bezog das Weiße Haus, und Galbraith fand sich, tief enttäuscht, nicht als US-Botschafter in London, Paris oder Bonn, sondern in New Delhi (1961–63), was ihm Gelegenheit bot, über die Entwicklung der Dritten Welt nachzudenken. Man muß es ihm lassen, er wurde früher realistisch als die meisten Linken. Sein Vorschlag, im Buch des Indienheimkehrers: Man solle ein Kontrazeptionsmittel erfinden, das geeignet ist, von Hubschraubern über gebärwütige Völker wie Indien verstäubt zu werden. 1984 war Galbraiths Rat, auf einer Tagung in Boston, nicht minder bizarr. Man wunderte sich nämlich, weshalb die Prognose von 1973 des Futurologen Kahn vom Hudson-Institut falsch gewesen sei. Kahn hatte prophezeit, Anfang der 80er Jahre würde Frankreich die Bundesrepublik Deutschland in High-Technology überholt haben. Dazu Galbraith: Die Franzosen sollten die Spitzentechnik vergessen. Sie werde nie ihre Stärke sein. Sie sollten vielmehr bei ihrem Leisten bleiben: Mode, Weine, Küche und Kultur.

Apropos: Die glückliche Hand der Bundesregierung in Bonn, auf dem Gebiet des Geistigen zielsicher ihre Gegner zu fördern, erwies sich auch an Galbraith. Bekannt als Frühapostel des Postmaterialismus, Technikverächter und Asket (ein US-Magazin hatte ihn einst karikiert auf dem Cover, wie er sich lustvoll gequält in seiner Übergröße in einen Volkswagen zwängt), schien Galbraith für Bonn 1985 die Idealbesetzung ihres Berliner Symposiums (mit dem Berliner Wissenschaftszentrum) über die Zukunft der technischen Zivilisation.

Eine Kostprobe seiner Kompetenz als Wirtschaftswissenschaftler und Sozialgeschichtler gab Galbraith auch einmal Ende der siebziger Jahre in einem Interview mit »Newsweek«. Auf die Frage, weshalb in Großbritannien nach 1945 im Unterschied zur Bundesrepublik Deutschland kein Wirtschaftswunder stattgefunden habe, obwohl es doch ein Wohlfahrtsstaat mit verstaatlichten Schlüsselindustrien, mit enormen Ausgaben der öffentlichen Hand sei, also ein Land wie Galbraith es in seinen Büchern als Modell anpreist, gab er dies als Antwort: Westdeutschland habe sein Wirtschaftswunder doch nur dank der Gastarbeiter, durch Ausbeutung zuwegegebracht. Daß die Flut der Gastarbeiter überhaupt erst anfing, als das Wirtschaftswunder bereits bewirkt war, weiß Galbraith offensichtlich nicht.

Weshalb sich mit dem Marxismus die Welt nicht entwickeln ließ

Die Leistungskraft der Wirtschaft in Westdeutschland seit der Währungsreform von 1948, der wirtschaftliche Aufschwung in den USA seit 1981, die wirtschaftlichen Erfolge Japans, Taiwans, Hongkongs und Südkoreas, die wirtschaftliche Gesundheit der Schweiz haben eines gemeinsam: In keinem Fall brauchte man dazu eine Philosophie oder sonstige Lehrmeinung, die man nicht auch bereits um 1800 hätte voll erfassen können. Zu den verhängnisvollsten Irrtümern unseres Jahrhunderts gehört der Glaube, die Theoretisierbarkeit, die philosophische Bespielbarkeit eines Sachverhalts, einer Aufgabe in der wirklichen Welt bedeute auch schon, daß mit dem betreffenden Gegenstand oder Gebiet in der Praxis besonders erfolgreich umgegangen werden könne, wenn es im Lichte dieser geistigen Anstrengungen geschähe. Unser Jahrhundert bewies das Gegenteil. Je mehr eine Angelegenheit Raum bietet für eine hochgestochene philosophische Behandlung, für Orgien einer Theorie mit neuen Sondersprachen (wie zum Beispiel in der Pädagogik seit dem Ende der 60er Jahre), desto schlimmer sind die Folgen, wenn Politiker sich dieser Sache annehmen und dabei vom Glanz der Philosophie des Tages profitieren wollen. Je mehr ein Lebensbereich, ein Aufgabengebiet sich als Tummelplatz für Modephilosophen und ihre Sondersprachen eignet, desto gefährlicher ist in der Regel auch seine Politisierung.

Kein anderer philosophierender Schriftsteller hat eine größere Zahl akademischer Paradiesvögel und Parasiten in unserem Jahrhundert ernährt als Karl Marx. Doch mit dem, was die Marxisten hundert Jahre lang an philosophischen Überlegungen auf unserem Planeten produziert und verbreitet haben, hat sich kein einziges Land so voranbringen lassen, daß es ohne die ständige Hilfe in Wirtschaft und Technik aus den nicht marxistischen Ländern auskommen könnte. In der Sowjetunion und in ihrem Hegemonialbereich wußte es spätestens seit Mitte der siebziger Jahre jeder, der mit der wirklichen Welt zu tun hat, daß Marx und Engels für das 20. Jahrhundert die total falschen Rezepte hatten. Auch viele Intellektuelle wissen es dort. Nur durfte es keiner aussprechen. In China bekannte sich die Regierung in Peking Ende 1984 selbst zu der Erkenntnis: Marx und Engels haben von der Welt von heute nichts wissen können. Ihre Lehrsätze behindern uns nur.

Für mich ist es nicht schwer, die Überlegungen in Peking nachzuvollziehen: Die gesamte Ausbeutungs-, Mehrwert- und Entfremdungstheorie von Karl Marx war bereits vorgeprägt in den Vorstellungen, die sich die Menschen der Naturvölker über die Ursache der wirtschaftlichen Ungleichheiten in ihrer Mitte seit jeher gemacht haben und heute noch machen. Naturvölker haben diese Ansichten über die erfolgreichen Mitmenschen in vollkommen vorindustriellen Verhältnissen, die man nun wirklich nicht gut mit dem Etikett Kapitalismus versehen kann.

Für den Menschen eines Naturvolkes ist es ausgemacht: Wem immer auch es ein wenig besser geht, wer mehr kann, wessen Vieh

oder Acker fruchtbarer ist, muß notwendigerweise andere Dorfbewohner um etwas gebracht haben, das ihnen zusteht. Diese fixe Idee prägt den Alltag, und man trifft sie an, gleichgültig wo das Dorf steht, in Afrika, Lateinamerika oder Asien, und auch in manchen Winkeln Europas. Hier ein besonders anschauliches Beispiel, dem viele hundert ähnliche Fälle aus der Fachliteratur der Völkerkunde zur Seite gestellt werden könnten: Die Bakweri sind ein Bantu-sprechender Stamm im Westen von Kamerun in Westafrika. Um die Mitte unseres Jahrhunderts beobachtete Edwin Ardener dort den Glauben an eine besonders bösartige Form von Schadenzauber, den die Einheimischen *nyongo* nennen. Diese Fähigkeit wird grundsätzlich dem wohlhabenderen, erfolgreicheren Stammesgenossen zugeschrieben. Zugleich unterstellt man ihm die Mitgliedschaft in einer geheimen Zauber- bzw. Hexenvereinigung, welche die Macht besitze, den Tod sogar der nächsten Verwandten eines Mitglieds, selbst seiner Kinder, zu verursachen.
Nach ihrem Tod würden diese Personen auf einen etwa hundert Kilometer nördlich gelegenen Berg gebracht, Mount Kupe, wo diese um ihr Leben betrogenen Personen für diejenigen Stammesmitglieder schuften müssen, welche die Fähigkeit zum *nyongo*-Zauber haben. Solche Nyongo-Leute, das glauben die Stammesgenossen, erkenne man an den besseren Häusern, die sie bauen konnten. Vor etwa 40 Jahren war dieser Glaube so stark geworden, daß keiner es mehr wagte, sich ein modernes Haus zu bauen. Der Ethnologe Ardener fand diesen Glauben in allen Klassen der Bevölkerung und erklärte mit ihm die weitverbreitete Unlust der tüchtigeren Leute, überhaupt noch etwas zu unternehmen. (Edwin Ardener: »Witchcraft, Economics, and the Continuity of Belief«, in: Witchcraft Confessions & Accusations, hrsg. von Mary Douglas, London 1970, S. 146 ff.).
Wir sehen: Die Bakweri in Kamerun haben auf ihre Weise die Ausbeutungs-, Mehrwert- und Entfremdungstheorie von Karl Marx und seinen ideologischen Nachkommen vorweggenommen. Wer überhaupt etwas unternimmt und dabei noch Erfolg hat, muß einfach ein böser Mensch sein, der andere beraubt. Er macht sich der Entseelung seiner Mitmenschen schuldig. Der Anklang, den die Lehre von Karl Marx und den späteren Marxisten in der ganzen Welt bei vielen gefunden hat, erklärt sich letzten Endes aus dieser

Deckungsgleichheit zwischen dem Kern seiner Doktrin und dem allgemeinmenschlichen Uraberglauben an eine jeweils besonders teuflische Ursache für jede Verschiedenheit zwischen den Lebenserfolgen der einzelnen Menschen innerhalb einer Gesellschaft. Im Wintersemester 1984/85 hatte ich einen bereits graduierten Studenten aus Schwarzafrika im Seminar. Er berichtete unaufgefordert von dem auch heute durch nichts entkräftbaren Glauben seiner Stammesgenossen an die Hexerei jener Dorfbewohner, die in irgendeiner Hinsicht ihre Lage verbessern konnten.

Was für eine Ironie der Geschichte, was für ein Dokument bildungsbürgerlicher Dummheit: Während der Marxismus seit dem Ende der sechziger Jahre in allen Staaten, wo er das Ideologiemonopol hatte, seine Bedeutungslosigkeit und Antiquiertheit nicht länger verheimlichen konnte, lagen zur gleichen Zeit im Westen bürgerliche Politiker und Meinungsführer noch im Wettbewerb mit den Sozialisten, wer von ihnen wohl – der Ausgewogenheit halber – die meisten Marxisten zu Hochschulprofessoren machen könne. Schließlich hätten Marxisten doch so bemerkenswerte Gesichtspunkte zu jedem Fach beizusteuern.

Zum Glück für diese Professoren, die mit ihrer Marx Exegese ohnehin am Ende waren, kam ab 1970 die Ökowelle, die Umweltangst, die Sachbuchflut über die Grenzen des Wachstums. Die Marxisten auf ihren Lehrstühlen waren gerettet: Sie konnten im Mantel des nach wie vor andächtig angestaunten, waschechten Marxisten von heute auf morgen zu Umweltphilosophen, zu Ökosozialisten werden. Zwar fand sich dazu nichts bei Marx, Engels oder Lenin, aber man war für die siebziger und achtziger Jahre vom Erklärungszwang erlöst, weshalb Wirtschaft und Technik, die Versorgung des Volkes in kommunistischen Ländern so armselig blieb. Die Marxisten im Westen konnten sich der angeblichen Unvereinbarkeit von Umweltperfektion und dem Lebensstandard der westlichen Marktwirtschaften widmen. Die alten Schlagworte »Ausbeutung« und »Entfremdung« paßten wie angegossen, und über die tatsächlich systemimmanente Umweltvernachlässigung in den von Marxisten kontrollierten Ländern konnte man schweigen.

In der Evolutionstheorie gibt es neuerdings einen Streit zwischen den sogenannten Gradualisten und den punctuationists, wie sie im Englischen heißen. Die ersteren nehmen eine gleichmäßig und eher

glatt verlaufende Entwicklung der Arten an, die »Punktualisten« hingegen eine zumindest gelegentlich ruckartige oder wackelige. Beispiele gibt es für beide Theorien. Entsprechend diesen beiden Möglichkeiten, sich den Gang der biologischen Evolution vorzustellen, kann man das Dilemma des Marxismus betrachten:
Von Haus aus waren die Marxisten eher Punktualisten. In naher Zukunft wird durch eine Revolution, ruckartig und endgültig, sozusagen aus dem Stand der Arbeiterklasse die heile Welt des Sozialismus geschaffen. Und man kann in den Tagebüchern vieler Sozialisten und Kommunisten aus der Zeit zwischen 1880 und 1930 entnehmen wie es den Intellektuellen von Jahrzehnt zu Jahrzehnt schwerer und peinlicher wurde, den Proletariern, wenn man zum 1. Mai mit ihnen auf Tuchfühlung gehen mußte, zu erklären, weshalb sie sich den Gang der Dinge doch besser allmählich, also gradualistisch vorstellen sollten. Je mehr nun im Lauf des 20. Jahrhunderts die Marxisten, der Kraft des Faktischen erliegend, auf ein gradualistisches Entwicklungsmodell ausweichen mußten, desto mehr trat – unabhängig davon und von den kommunistischen Staaten nicht beeinflußbar – eine sich beschleunigende punktuationistische Entwicklung in den Vordergrund: die Quantensprünge in Technik und Wissenschaft. So wurde beispielsweise im Westen der einfache Mann aus dem Arbeiterstand binnen weniger Jahre nach 1960 dank Jet und Massentourismus zum Kosmopoliten, zum Weltbürger. Etwas Schlimmeres konnte den marxistischen Wächtern der kommunistischen Völkergefängnisse kaum in die Quere kommen. Hitlers »Kraft-durch-Freude«-Kreuzfahrten, bei denen die Volksgenossen, wegen ungehobelten Benehmens, am Ende vor Madeira nur mehr vor Anker liegen, aber nicht an Land gehen durften, wären keine Konkurrenz gewesen.

»Friedensforschung« statt »Kriegsforschung«

Nach dem Zweiten Weltkrieg finanzierte die UNESCO einige Jahre lang Friedensforschung unter dem Namen »International Ten-

sions-Project«, an dem bedeutende Soziologen und Sozialpsychologen wie Robert Angell und Otto Klineberg mitgewirkt haben. Sie wurde als ergebnislos eingestellt.
Um Friedensforschung kriegsvorbeugend treiben zu können, müßten richtige Prognosen über Ereignisse und Entwicklungen möglich sein, aus denen es zu Konflikten kommt. Sie sind es aber fast nie. Das zeigte z. B. der Rückblick der amerikanischen Zeitschrift »Newsweek« in der letzten Nummer des Jahres 1969 auf die eigenen Prognosen im Dezember 1959 für die sechziger Jahre. Unter ihnen fehlten der Vietnamkrieg, die Kuba(raketen)krise, der weltweite Aufstand militanter Studenten, der Neo-Anarchismus, der Rauschgiftkult der Mittelklasse, die verschiedenen Attentate auf Staatsmänner und führende Politiker, die Resignation der Schwarzen unter dem Banner »Black Power«. Newsweek verzichtete deshalb auf Prognosen für die siebziger Jahre: »Wir haben viel zu viel in Bewegung gesetzt, wir haben die Institutionen der Gesellschaften und die psychischen Strukturen der Menschen viel zu stark gestört. Niemand kann sagen, was aus all dem werden wird.«
Die Sozialforschung hat bisher die unvorhersehbaren Umschlagmöglichkeiten im Kollektivverhalten der Minderheiten viel zu optimistisch bzw. einseitig beurteilt. So waren die amerikanischen Soziologen noch gegen Ende der fünfziger Jahre überzeugt, die fortschrittlichsten und die jüngeren Neger der USA wünschten die Integration in die weiße Standardkultur und Gesellschaft ihres Landes. Die gesamte offizielle Gesellschaftspolitik der USA stellte sich auf diese Prognose der Sozialwissenschaftler ein. Kein Befund der Minderheitenforschung hätte bis etwa 1960 erkennen lassen, daß Mitte der sechziger Jahre eine ganz andere Gesinnung, ein ganz anderes Zukunftsbild gerade bei der jüngsten und intellektuellsten Generation der Farbigen auftauchen würde: die Autonomie und Autarkie, die Ausklammerung, der Rückzug aus der Kultur und Gesellschaft der Mehrheit. »Black states«, »black power«, Pflege afrikanischer Kulte, Konsumgewohnheiten, Kleidung, Haartracht, Kunst: eine Identifizierung mit dem afrikanischen Erbe. Ende der sechziger Jahre erzwangen an verschiedenen amerikanischen Hochschulen Negerstudenten genau das, wogegen ihre älteren Brüder um 1959 gekämpft hatten: eigene Wohnheime, eigene Eßsäle, eigene Unterrichtsprogramme und möglichst nur farbige Dozenten.

Wer dies auf einem amerikanischen Soziologenkongreß um 1962 vorausgesagt hätte, wäre als Irrer erschienen. Man sieht also, wie riskant es ist, auf Grund einer noch so repräsentativen Stichprobe zu einem gegebenen Zeitpunkt irgendwelche Grundeinstellungen einer Bevölkerungsgruppe auch nur für die nächsten fünf oder zehn Jahre vorauszusagen. Die »rationalste« Gesellschafts- und Sozialpolitik, auf den Meinungsumfragen von zwei oder drei Jahren fußend, kann nach weniger als zehn Jahren den Wünschen der Betroffenen bereits wieder entgegengesetzt sein. Die sachliche Dependenz der Menschen garantiert nicht die Konvergenz ihrer Einstellungen.
Vor einem solchen Hintergrund erscheint die »Friedensforschung« als Dilettantismus. Wessen Friedensvorstellungen sollen der Forschung zugrunde liegen? Für den Marxismus aus Lenins Schule kommt der echte Friede erst, wenn der Kommunismus auf der ganzen Erde herrscht. Bis dahin seien Kriege unvermeidlich. Diese These änderte sich auch nicht dadurch, daß man im östlichen Lager nukleare Kriege als vermeidbar, aber dafür Bürgerkriege, die unter der nuklearen Reizschwelle bleiben, für um so unerläßlicher hält. Einen Ansatzpunkt für Friedensforschung gäbe es allerdings: nämlich die fanatische, wirklichkeitsblinde Persönlichkeitsstruktur, die sich vom Spätmarxismus den ewigen Frieden verspricht. Diese nahmen die Friedensforscher nicht unter die Lupe, denn das hätte sie ja in einem Teil der veröffentlichten Meinung zu »Kalten Kriegern«, zu »Kriegsforschern« gestempelt.
Bis etwa 1965 hätte man unter Kriegsforschung lediglich die wissenschaftliche Untersuchung der Ursachen und Erscheinungsformen von Kriegen verstanden. Seit dem Ende der 60er Jahre aber dient das Schlagwort »Kriegsforschung« dazu, den Anschein zu erwecken, jede Forschung mit militärischen Anwendungsmöglichkeiten sei das Werk kriegslüsterner Haudegen. Zwar gibt es »Friedensforschung« und »Zukunftsforschung«. Beide werden von Leuten getrieben, die ihre Liebe zum Frieden und zur Zukunftsgestaltung beteuern. Entsprechend muß also der als »Kriegsforscher« diffamierte Wissenschaftler ein Militarist sein?
Mit diesem Wortspiel wurde auch die Erwägung der bloßen Möglichkeit moralisch unanfechtbarer militärischer Aufgaben (Verteidigungskrieg, Abschreckung, Selbstschutz) aus dem Bewußtsein der Öffentlichkeit manipuliert. Vermutlich wäre auf diese Weise auch

jeder Optiker, der an der Verbesserung des Zielfernrohrs für Jagdflinten arbeitet, oder jeder Pharmakologe, der mit giftigen Substanzen umgeht, als »Mordforscher« zu bezeichnen?

Schon um 1968 hatten es die Gegner der »Kriegsforschung« in den USA und bei uns, auffallend synchronisiert, auf die Verbesserung von Landeverfahren für Hubschrauber abgesehen. Und zwar nach dem Motto, je genauer ein Hubschrauber – auch ohne Sicht – landen kann, desto gefährlicher ist er für Guerillas. Es kam zu einem Angriff auf die berühmteste Technische Hochschule der USA, M.I.T. (Massachusetts Institute of Technology). Dort hatte man während des zweiten Weltkriegs das Radar entwickelt und damit entschieden zur Niederlage Hitlers beigetragen. Aber während des Vietnamkrieges hieß es auf einmal, eine weitere Verfeinerung der Funkmeßtechnik sei unmoralische »Kriegsforschung«, weil dieses Radar dazu diene, Guerillas aufzustöbern, die sich im Dschungel versteckt haben.

Unter dem Druck der Demonstrationen setzte die Fakultät von M.I.T. damals einen Ausschuß ein, der künftig »Kriegsforschung« verhindern soll. Die erste Uneinigkeit entstand aber bald danach über Forschungsarbeiten an Senkrechtstartflugzeugen. Die einen halten sie für eine zivile Aufgabe (z. B. Lösung vieler Verkehrsprobleme der großen Metropolen; Integration abgelegener Ortschaften usw.). Die Pazifisten der Fakultät, wie N. Chomsky, wollten jedoch keine Forschung mehr an Senkrechtstartverfahren, weil solche Flugzeuge, wie es wörtlich hieß, zur Unterdrückung innerer Aufstände dienen könnten. Und Bürgerkriege sind heutzutage Friedenshandlungen; für die Linke jedenfalls.

Was soll »Kriegsforschung« aber ernsthaft bedeuten? Grundsätzlich jede Erweiterung unserer Kenntnis der organischen und anorganischen Natur, jede Entwicklung von Geräten und Stoffen mit Umweltwirkungen, kann als »Kriegsforschung« verdächtigt werden. Das Schießpulver diente einige Jahrhunderte lang nur zur Volksbelustigung mit harmlosem Feuerwerk. Die Brüder Wright dachten 1903 sicherlich nicht an »Fliegende Festungen« und Bombenteppiche. Justus v. Liebig mit seinen Forschungen über die Grundlagen der künstlichen Düngung um die Mitte des 19. Jahrhunderts tat mehr gegen den »Hunger in der Welt« als alle Theologen seither. Aber er legte auch die Grundlagen für die Stickstoffindustrie und damit die von Bodenschätzen unabhängige Sprengstofferzeugung, ohne die der 1. Weltkrieg niemals vier Jahre lang hätte dauern können. Das Haber-Bosch-Verfahren wurde in Deutschland vor dem 1. Weltkrieg nicht zuletzt aus strategischen Erwägungen forciert.

Als sich Hülsmeyer 1904 das erste Radargerät patentieren ließ, ahnte er gewiß nicht, daß die weitere Entwicklung bis kurz vor dem Ausbruch des zweiten Weltkrieges auf sich warten lassen würde.

Erst die Auftragsforschung der angelsächsischen Streitkräfte im zweiten Weltkrieg führte zur Vervollkommnung des Radarverfahrens. 1943 verlor Hitler ein Drittel aller eingesetzten Unterseeboote infolge des Radars der alliierten Streitkräfte und damit wohl auch die letzte Möglichkeit, die Invasion zu verhindern. Seit dem Ende des zweiten Weltkrieges ist die zivile Anwendung der Funkmeßtechnik in aller Welt zur wichtigsten Grundlage der Verkehrssicherung geworden. Ist diese Technik aber vielleicht für alle Zeiten moralisch fragwürdig, weil sie in ihrer entscheidenden Entwicklungsphase vor fünfzig Jahren von der amerikanischen Armee gefördert wurde?

1984 trafen sich, wie seit vielen Jahren, einige Nobelpreisträger in Lindau am Bodensee, und die Max-Planck-Gesellschaft hatte fast zur gleichen Zeit Geistesgrößen, von innerhalb und außerhalb ihrer Reihen, an den Tegernsee gebeten. Überall galt es ein Thema auszuloten, das Gewerkschaftsintellektuellen und SPD-Prominenten, Pastoren und Pazifisten ebenso am Herzen liegt wie unentwegten Wachstumsgegnern: Eine neue Industrie- und Forschungspolitik muß her, mit gesetzlich eingebautem – so möchte ich es nennen – Friedensfilter. Wo immer gedacht, geforscht, experimentiert und entwickelt wird, soll dieses Gedankenfilter künftig alles abfangen, was irgendwann einmal auch militärisch anwendbar sein könnte.

Zur Freude mancher Medien läßt sich immer irgendein Nobelpreisträger aufbieten, der – wie 1984 in Lindau – für so ein absurdes Friedensfilter plädiert. Maurice Wilkins, Biophysiker aus London, verdammte jegliche Mitarbeit der Wissenschaftler in Forschung und Entwicklung für militärische Ziele, sie müßten sich der »Kriegsforschung« verweigern (»Süddeutsche Zeitung«, 12.7.1984). Und auch am Tegernsee waren einige klangvolle Namen davon zutiefst angetan. Es gab dort allerdings auch deutlichen Widerspruch.

Mir scheint nämlich das Joch einer unbefristeten Universalverantwortlichkeit des einzelnen Wissenschaftlers ein Holzweg: (Carl Friedrich von Weizsäcker ließ bei seinem Bonmot die Billigung durchblicken: Nach dem nächsten Krieg würden es wohl die Physiker sein, die man als erste aufknüpft!) – ein Holzweg, der allerdings den Vorteil hat, daß keiner überhaupt je wissen kann, wo und wann er ihn einschlagen müßte. Dazu ein Beispiel:
Backwaren der Marke Sara Lee werden in den USA allerorts angeboten. Zu diesem Zweck ließ sich der Backkonzern die größten Tieffrieranlagen der Welt bauen. Die in Chikago hat die Fläche eines Fußballplatzes. Das Know-how von Sara Lee im Umgang mit Kälte war aber genau das, was die Firma Northrop für den Bau der jüngsten Generation ihrer Düsenjäger brauchte. Sara Lee gab das Betriebsgeheimnis gerne weiter: »Wir sind sicher, daß Northrop uns nicht mit Schokoladekuchen Konkurrenz machen wird.« Northrop braucht die Tieffriertechnik der Bäckerei, um ein neues Material zum Flugzeugbau verarbeiten zu können. Es besteht aus Kunstharz und verkohlten Acrylfasern. Der schwarze Werkstoff, auch für Tennisschläger geschätzt, wiegt 40 Prozent weniger als Aluminium, ist aber genauso stark, wenn er bis zur Schlußphase der Verarbeitung tiefgekühlt bleibt. Leider ist er zehn- bis fünfzehnmal so teuer wie Aluminium. Die Flugzeugbauer suchten deshalb eine Zuschneidemaschine, die haarscharf jede nur denkbare Form schneiden kann, aber so gut wie ohne Abfall. Sie fanden sie in der Bekleidungsindustrie. Die Firma Gerber Garment Technology hatte für ihre Präzisionsmaschinen als Abnehmer ursprünglich nur die Fabrikanten von Kleidung und Teppichen. Heute gehen aber bereits 15 Prozent dieser Maschinen – mit ganz geringfügigen Abänderungen – an die Flugzeug- und Raumschiffhersteller. (»The Wall Street Journal/Europe«, 31.7.1984).
Wie stellen sich also die Friedensfilterfreunde eigentlich das Filter in der Praxis vor? Der eine kluge Kopf hat als Ziel den Erfolg auf dem zivilen Markt vor Augen, vielleicht auch einen Fortschritt in der Heilkunde oder die Humanisierung eines Arbeitsplatzes. Doch was am Ende unbeabsichtigt herauskommt, ist ein neuer Baustein für ein Waffensystem. Ein anderer kreativer Kopf wiederum zielt von Anfang an auf die waffentechnische Verbesserung, bringt aber am Ende auch die Heilkunde entscheidend weiter. Wie und wann hätte

beispielsweise das Friedensfilter bei der Forschung und Entwicklung auf dem langen Weg zum Laser die »Kriegsforschung« herausfiltern sollen? Der erste Laser wurde 1960 konstruiert, aufgrund eines Experiments von 1940, das auf Beobachtungen bei einem Versuch im Jahr 1928 fußte, der seinerseits eine Vorhersage Einsteins aus dem Jahr 1917 als Anlaß hatte. Welchen Forscher oder Theoretiker auf dem Pfad zur heutigen Lasertechnik hätte der Gedanke an die künftige Heilbarkeit von Netzhautablösungen beflügeln und der Gedanke an die maximale Zielgenauigkeit eines Waffensystems bremsen sollen – zumal sich Fortschritte im Westen und Osten ergänzten?

Einem Studenten der Philosophie aus einem Entwicklungsland, der kürzlich in meinem Seminar zur Wissenschaftssoziologie vor dieser Frage stand, fiel die Antwort leicht: Was bedeuten schon die wenigen Menschen, denen der Augenarzt mit dem Laser die Netzhaut wieder befestigen kann, angesichts der Schrecklichkeit von Waffen mit Lasertechnik! Ein Weltbild wie aus dem Bilderbuch des kleinen Moritz tut sich auf: Politiker und Allparteienethiker als Lenker von Forschung und Entwicklung sollen künftig jegliche »Kriegsforschung« in der Wiege erdrosseln, so daß nur Entdeckungen und Innovationen übrig bleiben, die garantiert militärisch untauglich sind. Notabene: Es gibt auch Abwehrmittel, die als Angriffswaffe total untauglich sind, zum Beispiel undurchdringliche Netze gegen fremde U-Boote. Vielleicht sollte sich Schwedens Olof Palme einmal in der amerikanischen Textilbranche umhören, ob sie für seine Marine so etwas liefern kann – wenn er sich schon nicht traut, bessere Wasserbomben entwickeln zu lassen?

Bei den »Kriegsforschungs«gegnern fällt auch ein Widerspruch auf: gerade Persönlichkeiten aus Kirche, Kommerz, Kunst und Politik im Westen, die nach einem Friedensfilter gegen Kriegsforschung in Technik und Wissenschaft im Westen rufen, sind es wiederum, die sich empört oder spöttisch geben, wenn irgendwelche Industriegüter für den Export in die Sowjetunion gesperrt werden, weil sie auch für militärische Rüstungszwecke brauchbar sein könnten, ohne dies auf den ersten Blick für den Laien erkennen zu lassen.

Selbstverständlich kann man über alles in der Wirklichkeit Forschung treiben, sofern man sich mit der Erkundung der wichtigsten Ursachen und der Beschreibung der wesentlichen Vorgänge begnügt, die sich auf einem bestimmten Feld in der Vergangenheit abgespielt haben. So läßt sich ohne weiteres untersuchen, weshalb es im 19. Jahrhundert etwa, seit dem Wiener Kongreß, weithin und lange Frieden gegeben hatte. Frieden allerdings nach der Definition der Menschen, die im 19. Jahrhundert lebten. Ein wenig von dieser Friedensforschung kann sogar heute und künftig noch etwas nützen. Henry Kissinger z. B. hielt und hält sehr viel von der Diplomatie des 19. Jahrhunderts und der Kunst ihrer Meister. Fragwürdig ist hingegen die Einrichtung eines neuen, über- oder außerdisziplinären Forschungszweiges, im Hinblick auf die Planung der Zukunft wenn sein Name lediglich aus einem diffusen Etwas besteht, von dem wir nur wissen, daß es alle Menschen wünschen oder verabscheuen. Atomforschung ist möglich, weil wir uns über die Definition der wichtigsten Elementarteilchen einig sind. Auch Krebsforschung ist als Schwerpunkt sinnvoll, weil wir uns über die meisten Erscheinungsformen dieser Krankheit einig geworden sind. »Slumforschung« oder »Armutsforschung« hingegen ist ein ähnlicher Dilettantismus wie »Friedensforschung«, weil Slums und Armut sich ständig wandeln und willkürlichen politischen Definitionen unterliegen. Was in den USA zur Zeit als Slum oder Armut eingestuft wird, kann in einem Provinzort der Sowjetunion als normaler Lebensstandard gelten.

»Friedensforschung« könnte sich höchstens den Formen der Selbstbeschränkung, den Verzichthandlungen, der Kunst des »Gesicht-Verlierenkönnens«, des Kleinbeigebenkönnens«, der realistischen Selbsteinschätzung widmen. Schließlich sind die meisten Kriege bisher die Folge der Hybris, der Selbstüberschätzung weniger Individuen gewesen. Aber darüber ist eigentlich alles Wissenswerte längst bekannt.

Durch nichts erweist heute jemand seine Rückständigkeit mehr als durch den Anschein, er glaube noch an eine »heile Welt«. Pastoren und Fernsehkommentatoren spotten über nichts lieber als über den Mythos von der »heilen Welt«. Nur glaube ich, daß es sie überhaupt nie gegeben hat. Weder zur Zeit Goethes, noch zur Zeit Stifters, sofern damit gemeint ist, daß es dann nirgends auf der Welt gleichzeitig Heil und Unheil geben dürfe. Die Inkonsequenz der Modernitätswächter in den Massenmedien zeigt sich: jeden, der sich heute auf einem kleinen Gebiet, das sich überschauen und tatsächlich be-

einflussen läßt – eine Kunstgattung oder eine Psychotherapie, ein Gebäude, eine Schule – vom Bild eines Ideals leiten läßt, trifft ihr Hohn. Der Anfang der siebziger Jahre von links konzipierten »Friedensforschung« gegenüber verflog hingegen ihre Skepsis, obwohl gerade ihr Grunderfordernis der Konsensus über die »heile Welt« wäre.
Übrigens: Friedensforschung ist keineswegs die Novität, die viele aus ihr seit 1970 machen wollen. Herbert Hoover gründete schon bald nach dem Ersten Weltkrieg die Hoover Institution on War, Revolution and Peace an der Stanford University. Mit riesigem Etat und der größten Fachbibliothek der Welt für diesen Zweck wird dort seit über einem halben Jahrhundert Friedensforschung getrieben. Allerdings ohne den geringsten Einfluß auf die Friedlichkeit der seither verstrichenen Jahrzehnte.

Der Politiker im Gestrüpp seiner Nebenwirkungen – unentmutigt

Es ist erstaunlich welche Nachsicht große Teile der veröffentlichten Meinung immer noch den unbeabsichtigten Nebenwirkungen der Bemühungen unserer Politiker um die Gesundheit der Gesellschaft entgegenbringen. Die in den letzten Jahren offenkundig gewordenen schlimmen Nebenwirkungen der Jahrhunderttaten der Politiker bilden zusammen ein ganzes Bündel, das man aber genauer betrachten muß. Es gibt darin nämlich solche Nebenwirkungen, von denen man mit einiger Wahrscheinlichkeit annehmen kann, daß sie wirklich von keinem der daran beteiligten Politiker, gleich welcher Partei, insgeheim angestrebt wurden.
Damit meine ich folgendes: Die meisten bildungspolitischen Reformen seit 1965 hatten, wie heute klar erkennbar, verheerende Wirkungen. Bei einigen von diesen politischen Kraftakten mit dem beschönigenden Etikett »Reform« darf man aber glauben, daß die CDU und ihr nahestehende Personen diese Nebenwirkungen tatsächlich nicht vorhersahen und natürlich auch nicht wollten. Man redete von Chancengleichheit, aber die Nivellierung, die Entwer-

tung aller Zeugnisse und Diplome sah man nicht und wollte sie auch nicht herbeiführen. Ebensowenig wollten die bürgerlichen politischen Kräfte das Heranwachsen einer Reihe von Generationen, die durch eine maßlose Überbeschulung mit »curricular« verdorbenen Fächern am Arbeitsmarkt vorbei zutiefst enttäuscht und desorientiert dastehen werden.

Man kann aber auch belegen, daß eben diese furchtbaren Folgen und Nebenwirkungen in Wirklichkeit die eigentlichen Ziele der linken Kräfte waren, nach dem Motto: Kommt es zur Revolution, sind wir die Gewinner. Langt es nicht zur Revolution, sondern nur zum Aufstauen eines großen Potentials von Frustrierten, Mißvergnügten, Verdrossenen und Zivilisationsmüden, dann sammeln wir sie immerhin als Wähler ein. Das Erscheinen der Grünen als politische Partei war im Fahrplan der Linken Ende der sechziger Jahre allerdings nicht ganz so vorgesehen wie es sich dann abgespielt hat.

Außer den verschiedenen Nebenwirkungen gesellschaftspolitischer Gestaltungskünste, bei denen die bürgerlichen Mitläufer von der Linken und ihren Medien getäuscht wurden, gibt es aber auch die Nebenwirkungen, bei denen man nahezu sicher sein kann, daß sie von keinem Politiker irgendeiner Partei insgeheim gewollt waren. Dafür ein Beispiel: Ende März 1985 berichtete das Statistische Bundesamt in Wiesbaden das Ergebnis einer Befragung im Frühjahr 1984 in den Abschlußklassen, die zur Hochschul- oder Fachhochschulreife führen. Es zeigte sich, daß der Anteil der Schüler, die 1984 ein Studium aufnehmen wollten, nur mehr 59,2 Prozent betrug. Vor dreizehn Jahren, 1972, waren es noch 89,7 Prozent. Die hinter diesen Zahlen erkennbare gigantische Vergeudung von Steuergeldern im Bildungswesen war wohl kaum das Ziel der bürgerlichen Politiker und auch nicht das der vernünftigen Sozialdemokraten.

Zutage getreten ist aber auch eine Nebenwirkung der expansiven Bildungspolitik, die kein Politiker heimlich angestrebt haben konnte, gleichgültig wie weit links er stand. Das Statistische Bundesamt fand 1984 nämlich auch, daß sich die Haltung der Jungen und Mädchen zur Frage, ob sie ein Studium beginnen sollen, seit 1972 auseinanderentwickelt hat. 1972 war die Zahl der Schüler in den Abschlußklassen, die studieren wollten, bei beiden Geschlechtern gleich groß gewesen. Zwölf Jahre später, in der Befragung von

1984, gab es nur noch 49,6 Prozent Mädchen, die studieren wollten, gegenüber 67,2 Prozent Jungen.
Hier haben wir eine Nebenwirkung der bildungspolitischen Kraftakte unserer gesamten Politikerzunft vor uns, die niemand gewollt haben konnte, nicht einmal insgeheim zum Zweck einer künftigen Revolution. Eine Auseinanderentwicklung in der Einstellung zum Sinn eines Hochschulstudiums bei Frauen und Männern im Besitz eines Reifezeugnisses in einer derartigen Größenordnung – 49,6 Prozent Mädchen, 67,2 Prozent Jungen – im Lauf von nur zwölf Jahren »Gleichheitsstaat«, in der Epoche der fieberhaften Rollentechnologie, ist ein lehrbuchreifer Fall der Unfähigkeit des Politikers, vorherzusehen, wie sich seine gesellschaftspolitischen Manipulationen gegenseitig zunichte machen.
Man könnte einwenden, der auffallende Rückgang in der Absicht ein Studium aufzunehmen bei den Abiturientinnen 1984 beweise doch die beklagenswerte Ungleichheit der Chancen für die Geschlechter: Bei den jungen Frauen habe die Umstellung der Stipendien auf später zurückzuzahlende Darlehen viel abschreckendere Wirkung als bei jungen Männern. Hier komme also wieder der Männlichkeitswahn unserer Gesellschaft zum Vorschein. Mag sein. Aber vielleicht sind es eben unsere um die Frau im Beruf so bemühten Politiker gewesen, die auf einer anderen Schiene des Sozialstaates alles getan haben, um die Frage in jungen Frauen zu wecken: Wie kann ich denn aus meinem Arbeitseinkommen als verheiratete Frau ein Stipendiendarlehen überhaupt zurückzahlen? Es ist nämlich bezeichnend für die Ungereimtheit der meisten Wohltätigkeitsvorhaben der Politiker, daß sie nicht merken wie ihre vermeintlichen Wohltaten sich gegenseitig aufheben und die angestrebten gesellschaftspolitischen Ziele unerreichbar machen. Die Unionsparteien wünschen sich die Ehefrau mit Kindern, die aber gleichzeitig von Kopf bis Fuß ganz aufs eigene Berufsleben eingestellt ist und bleibt. Die gibt es ja auch, aber weshalb haben unsere Politiker noch nicht entdeckt, wie sehr ihr fortwährender Ausbau des Steuer- und Abgabenstaates gerade diese Idealfrau längst am Sinn ihrer Arbeit außer Haus zweifeln läßt?
Das Institut für Mittelstandsforschung hat 1985 für die Industrie- und Handelskammer Koblenz folgende Rechnung aufgemacht: Die Frau eines höheren Beamten kehrt, als ihre Kinder flügge geworden

sind, ins Berufsleben zurück. Vor ein paar Jahren blieben ihr von einem Bruttogehalt von 2681 DM netto noch ganze 1125,05 DM. Von einer Gehaltserhöhung zum 1. Januar 1984 von 107 DM im Monat behielt diese berufstätige Ehefrau nur 11,80 DM übrig. Von einer weiteren Gehaltserhöhung zum 1. Januar 1985 in Höhe von 125 DM verbleiben ihr gerade noch 24 Pfennig.

Wie wir gehört haben, kann eine wirklich motivierende Steuerreform, nach dem Motto der CDU in der Opposition »Leistung muß sich wieder lohnen!«, nicht stattfinden, weil Bonn nicht gewillt ist, dem Bürger das Geld in der Tasche zu lassen, das die Unionspolitiker für das Erziehungsgeld per Gießkanne benötigen. Nun wird diese neue Umverteilungsmaßnahme damit begründet, daß zwar alle Frauen Kinder und einen Ehemann haben sollen, aber daneben auch mit Begeisterung in einem Beruf stehen. Doch wie verlockend wird denn künftig für viele die Rückkehr auf den Arbeitsplatz sein, wenn – wie in dem genannten Beispiel – von einem Bruttogehalt der Frau in Höhe von DM 2700 netto nicht einmal mehr das Zweifache vom Erziehungsgeld übrig bleibt?

Falls die Wende bereits Vergangenheit und die Umverteilungsschraube die Zukunft sein sollte, ist folgende Entwicklung denkbar: Die Mittel, die der Staat als Erziehungsgeld verteilt, damit die Mütter dem Berufsleben erhalten bleiben, fehlen für eine wirklich spürbare Senkung der Einkommensteuer, mit der Folge, daß in erster Linie verheiratete Frauen finden werden: Leistung im Beruf lohnt sich doch kaum!

Als Ziel der Umverteilungsmaßnahme Erziehungsgeld gilt ein gleich langes Berufsleben für Männer und Frauen, wobei diese nebenbei auch noch ein paar Kinder haben sollen. Eine Folge dieser Umverteilungsmaßnahme ist jedoch, wie man sieht, die Beibehaltung von Grenzsteuersätzen, die das Verbleiben von Ehefrauen im Erwerbsleben als Arbeitnehmer immer weniger attraktiv machen. Mir scheint, der Drang des Politikers zur Umverteilung ist umgekehrt proportional zu seiner Fähigkeit, ihre Nebenwirkungen vorherzusehen.

Der Politiker als Rollentechnologe

Verzweiflung packt einen aber, wenn man sieht, daß nicht einmal der gesellschafts-, finanz-, bildungs-, jugend-, familien- und frauenpolitische Trümmerhaufen aus der Zeit von 1965 bis 1985 ausgereicht hat, um bei deutschen Politikern das Gespür für unbeabsichtigte, aber nahezu totsichere Nebenwirkungen ihrer Umgestaltungskünste zu schärfen. Man denke nur an die Eigensinnigkeit, mit der Heiner Geißler und sein Gefolge sich weigern, einzuräumen, daß eine gesetzliche Arbeitsplatzgarantie bei der Inanspruchnahme des Erziehungsgeld-Urlaubes ein Anstellungshindernis für viele Frauen mit sich bringen wird. Was Heiner Geißler und ähnlich von ihrer rollentechnologischen Kompetenz überzeugte Politiker darauf erwidern werden, ist bekannt. Sie sagen, der Rückgang der Absicht zu einem Hochschulstudium bei jungen Frauen, aber auch die Verringerung ihrer Chancen auf einen Arbeitsplatz im Fall einer gesetzlichen Arbeitsplatzgarantie während des Erziehungsgeldurlaubes – all das beweise doch nur, wie veraltet und verkrustet, wie traditionsgebunden, wie unmodern unsere Gesellschaft im Hinblick auf Mann und Frau noch immer sei. Das neue Ziel der CDU müsse deshalb sein, das Werk zu vollenden, das der Linken lediglich mißlungen sei.

Man kann die Waghalsigkeit und das Selbstvertrauen dieser Rollentechnologen nur bestaunen. In bestenfalls 15 Jahren, bis etwa zum Jahr 2000, wollen sie so ziemlich alles, was sich in unüberschaubar großen Zeiträumen der menschlichen und vormenschlichen Geschichte entwickelt, eingespielt und mit unzähligen, vielfach für die meisten Menschen gar nicht sichtbaren Institutionen verzahnt hat, in einem gesellschaftspolitischen Anlauf aus den Angeln heben – ohne wissen zu können, welche Lawine von unvorhersehbaren Nebenwirkungen sie damit auslösen würden. Dazu eine Überlegung: Die gesamte Weltliteratur in jeder ihrer Gattungen lebte bis heute zum größten Teil von einem Thema: Mann und Frau suchen sich gegenseitig, weil sie verschieden sind. Auch die Sprachen aller Völker tragen das in sich, sonst hätte es die Gesamtheit der Weltliteratur mit diesem Kernthema nicht geben können.

Nun ist diese Tatsache den feministischen Rollentechnologen

schmerzlich bewußt, und sie haben, zuerst im Bereich der englischen Sprache, angefangen, die Alltagssprache und die Bibel umzuschreiben. Wie groß der Teil der ganzen Weltliteratur sein wird, den man nach den Maßstäben dieser Rollentechnologen vergessen oder wegwerfen muß, und wie fabelhaft spannend zu lesen sein wird, was unter diesen Maßstäben künftig als Weltliteratur noch geschrieben werden darf, zeigt ein Blick in die Fassung der englischsprachigen Bibel, die uns feministische Federn kürzlich beschert haben.

Ist es nicht ein Widerspruch? Seit zehn Jahren leben wir pflichtgemäß in der Angst vor Entgleisungen, vor gefährlichen Nebenwirkungen der Gentechnologie, die im Deutschen besonders unheimlich scheint, weil man sie auch Genmanipulation nennt. Meist dieselben Leute und Massenmedien, die nach wie vor die Gentechnologie als Ausgeburt einer frevelhaften Vermessenheit, einer Hybris in Frage stellen, sind zugleich aber auch Befürworter soziologischer Rollentechnologie, die sie ohne Rücksicht auf Verluste auf gut Glück vorangetrieben haben wollen.

Muß es wirklich das Anliegen des Politikers sein, mit gesetzgeberischen Eingriffen – insbesondere einem neuen Schub von Umverteilungspolitik per Gießkanne – einen neuen Menschentyp zu entwikkeln: das Allzweck-Elternteil? Wer glaubt, dies sei heute eine überfällige Aufgabe, hat offenbar zuviel Soziologie gelesen und zu wenig Sozialgeschichte. Die Entstehung des Allzweck-Elternteils habe ich bereits um die Mitte unseres Jahrhunderts beobachtet und in einem Buch über die USA beschrieben, das vor 27 Jahren erschienen ist (Stuttgart 1958). Es stützte sich auf meine Beobachtungen und Befragungen in Amerika seit 1950. Das achte Kapitel trägt die Überschrift »Die Vatermutter: Amerikas neue Familienform«. Ich schrieb darin:

»Zu den auffallendsten und vielleicht weitesttragenden Entwicklungen der amerikanischen Familienstruktur gehört die Geburt der Vatermutter. Ich meine die ungezwungene Verschiebung, Verflechtung und Überkreuzung der ursprünglichen geschlechtsgebundenen Rollen der beiden Eltern ... Ich meine (damit) auch die Verfraulichung des Vaters, der längst hundert Verrichtungen selbstverständlich übernommen hat, die einst der Mutter oder der älteren Tochter zufielen.«

Das war die Lage in der amerikanischen Mittelschicht vor dreißig

Jahren – eine Schicht, zu der sich damals bei Umfragen die weitaus meisten Amerikaner zählten. Es konnte durchaus vorkommen, daß ein kleines Kind nachts im oberen Stockwerk des typischen amerikanischen Eigenheims weinte, und sein Vater sich auf den Weg zu ihm machte. Sobald das Kind seine Schritte auf der Treppe erkannte, brüllte es: »Nein! Nicht diese Mama, die *andere* Mama!« Ich schrieb dazu vor 30 Jahren: In naiver Treffsicherheit hat das Kind ein soziologisches Grundgesetz der amerikanischen Familie von heute erkannt, »dessen statistische Erforschung Hunderte von Fachsoziologen und Doktoranden noch in Bearbeitung haben.«
Die Vatermutter, das Ziel Heiner Geißlers, für das er ungezählte Milliarden zwischen den Taschen der Bürger hin und her bewegen möchte – und wie ich fürchte, von zahlreichen Begleitforschern teuer beobachten lassen wird – war vor 30 Jahren in Amerika längst gekommen, ohne irgendein Zutun eines Politikers oder Reformers. Die deutsche Gesellschaft, Kultur und Alltagszivilisation sind von der amerikanischen nun wirklich nicht so verschieden, daß man die Vatermutter als gesellschaftspolitische Aufgabe 1985 in den Mittelpunkt stellen müßte. Ich halte dies eher für gefährlich, weil wir oft genug erlebt haben, wie in verschiedenen Bereichen unseres Lebens eine natürliche, ausgewogene Fortentwicklung, eine »Modernisierung«, wenn man so sagen will, erst von dem Zeitpunkt an unterbrochen und am Ende in der schlimmstmöglichen Phase festgenagelt oder abgewürgt wurde, nachdem der betreffende Lebensbereich – zum Beispiel das Bildungswesen – zur Profilierungs- und Wahlgeschenkveranstaltung der Politiker zwangsverpflichtet worden war. Die Frage liegt jetzt nahe: Wie konnte der Feminismus, die neue Frauenbewegung seit 1970 ein so großes Medienereignis werden, daß 1985 die staatliche Erzwingung der Vatermutter ein Thema sein kann? Die Antwort ist aus der Geschichte der letzten dreißig Jahre zu geben:
Die militante neue Frauenbewegung ist in den USA gegen Ende der sechziger Jahre entstanden im Anschluß an zwei andere Bewegungen. Von 1954 bis 1964 erkämpften sich die Schwarzen – damals nannten sie sich selber auch Neger – ihre konkret einklagbaren Bürgerrechte. Nach 1964, als diese Bewegung ihren Gipfelpunkt hinter sich, aber neue Formen des Protestes, des Widerstandes und der Gleichheitserwartungen zurückgelassen hatte, kam die Bewegung

gegen den Vietnamkrieg. Sie nahm von 1965 bis 1975 ihren Lauf. Diese beiden Bewegungen schufen dank ihrer Unterstützung in den Massenmedien, vor allem im Fernsehen, neue Muster für das Austragen von Meinungsverschiedenheiten. Dazu kam gegen Ende der 60er Jahre auch in Amerika ein linker Zeitgeist in der veröffentlichten Meinung, in dem Spätmarxismus und eine Neigung, alles vom Menschenmodell der Psychoanalyse her zu betrachten, sich gegenseitig verstärkten. In dieser Phase allgemeiner politischer und weltanschaulicher Aufgeregtheit in Amerika fingen gleichzeitig zwei Minderheiten an, es den Schwarzen und den Vietnamkrieggegnern gleich zu tun. Sie wollten die Gesellschaft hier und jetzt nach ihrem eigenen Bild umgestaltet haben: die Feministinnen und die Homosexuellen. Beide Minderheiten konnten in den Massenmedien und in der Rechtsprechung zu ihren Gunsten große Erfolge verbuchen.

Aus dieser extremistischen Frauenbewegung, die in Amerika unter ganz besonderen Bedingungen zustande gekommen war – und auch nach Großbritannien übersprang –, hat sich dann eine radikalfeministische »Fraktion« in der Kultur- und Medienindustrie etabliert. Die echte Familie mit der natürlich entstandenen Vatermutter, wie sie es vor dreißig Jahren in Amerika schon gab, ist für diesen Feminismus ein Ärgernis. Sie ist eine Tatsache, die man entweder nicht wahrnehmen kann oder nicht wahrhaben will. Die echte Vatermutter, Ergebnis der nördlichen, westlichen und teilweise auch schon amerikanisch geprägten Zivilisation, Folge aber auch einer allgemeinen Enthärtung zwischenmenschlicher Beziehungen in der zweiten Hälfte unseres Jahrhunderts, ist für den utopischen Fundamentalfeminismus eine ebenso unbequeme Erscheinung wie sie zum Beispiel Margaret Thatcher seit 1975 geworden ist. Für britische Feministinnen ist diese Frau einfach keine Frau mehr, weil sie ohne feministischen Fanatismus, von Kopf bis Fuß eine Dame, es fertig brachte, ganze Kohorten männlicher Kollegen in den Schatten zu stellen. Der kürzlich in den Ruhestand getretene Speaker of the House (sein Amt im britischen Unterhaus entspricht etwa dem des Präsidenten des Deutschen Bundestages) meinte in seinen 1985 publizierten Memoiren, er kenne keinen Mann unter den britischen Politikern unserer Zeit, der die Nervenstärke zum Durchstehen des Falklandkrieges gehabt hätte.

Der deutsche Politiker von 1985 sollte die Bedingungen vor Augen haben, unter denen vor dreißig Jahren in Amerika die Vatermutter sich von selber entwickeln konnte. Wenn er sich hingegen sein Familienbild von der Nachhut der im Rückzug befindlichen Feministinnenbewegung der 70er Jahre aufnötigen läßt, wiederholt er den Irrtum der deutschen Bildungspolitiker vor 20 Jahren, als diese 1965 in völliger Verkennung oder in Unkenntnis der tatsächlichen amerikanischen Verhältnisse im Bildungs- und Wissenschaftswesen anfingen, vermeintliche amerikanische Muster bei uns legislativ durchzupeitschen. Die amerikanischen Universitäten haben die Zeit der pseudorevolutionären Aufgeregtheit von 1965 bis 1975 weitaus besser überstanden als die deutschen Hochschulen. Und auch die amerikanische Familie und die aus ihr heraus nachwachsenden Generationen haben die feministische Hektik der 70er Jahre ohne großen Schaden hinter sich gebracht. In der Bundesrepublik hingegen laufen wir immer Gefahr, die Langzeitopfer von Reformen zu werden, von denen sich eine Handvoll Politiker wahre Wunder an Wohlfahrt (vor allem für die eigenen Wahlchancen) erhofft haben.

Meinungsforschung ist kein Ersatz für gesunden Menschenverstand

Die über fünfzig Jahre hinweg immer mehr zu einer Sonder(sozial)wissenschaft verfeinerte Meinungsumfrage und ihre Nutzung durch Politiker beweist nicht, daß die unser Jahrhundert, wie sie glaubte, mitgestaltende Sozialwissenschaft insgesamt gebraucht wurde, jedenfalls nicht in dem Maße, in dem sie große Geldmittel von Stiftungen und Regierungen erhalten hat. Mußten etwa wirklich während der siebziger Jahre über eine Viertelmilliarde Mark für Begleitstudien über die entstehenden Gesamtschulen verforscht werden? 1985 hat die integrierte Gesamtschule in CDU/CSU regierten Ländern ihre Zeit hinter sich, in Hessen, Hamburg und Bremen wird das Gymnasium mit Macht und Tücke abserviert. Umfrageergebnisse interessieren den Politiker nur insoweit, als er aus ihnen entnehmen zu können glaubt – und es vielfach auch kann –, wie hoch er gerade bei wem in Gunst steht, wo wem der Schuh drückt, wem was auf der Seele liegt. Sobald aber eine Umfrage zeigt, daß absurde Folgen eines Gesetzes (zum Beispiel das am 1. Juli 1977 in Kraft getretene Eherechtsreformgesetz mit seinen grundlegenden Änderungen im Scheidungs- und Scheidungsfolgenrecht, die Gruppenuniversität oder die Reform des Prüfungswesens im Medizinstudium) nur eine kleine Wählerkategorie schädigt, ist dem Politiker das Ergebnis der Meinungsumfrage egal. Meinungsumfragen sind oft nur Obduktionsbefunde zu politischen Therapien, die den Politiker in seinem Tatendrang so wenig stören wie die Obduktionsbefunde und Statistiken aus Unfallkliniken den sportlichen Auto- und Motorradfahrer.

Meinungsforscher können Bildung, Sachverstand, Augenmaß, Selbstbeschränkung als Demiurg, geistige Durchdringung der menschlichen Dinge beim Politiker nicht ersetzen oder wesentlich verbessern. Die Kenntnisnahme von Umfrageergebnissen wird den Politiker auch nicht dazu bringen, gerechter zu handeln. Im Gegenteil, sie ermutigt ihn manchmal dazu, entgegen seinen Versprechungen plumpe Ungerechtigkeiten gegenüber einer zu vernachlässigenden kleinen Wählerkategorie herbeizuführen, wenn die damit laut Demoskopie zu erhoffende Schadenfreude bei einer mutmaßlichen Mehrheit von Wählern seine Wahlchancen zu erhöhen scheint. Die Demoskopie vermag eben auch den Politiker und das politische Leben in einem Land zu korrumpieren, weil sie – selbst im Fall wirklichkeitsnaher Momentaufnahmen – den Politiker, den Gesetzgeber dazu ermutigen kann, Fehler zu begehen oder Fehler der Vorgänger festzuschreiben. Durch die Datenflut der Demoskopie kann sich nur der Bürger vor Politikerwillkür geschützt fühlen, der zu einer wichtigen Wählerkategorie gehört. Sie muß nicht groß sein. Ein Beispiel: Es gibt nur mehr wenige Landwirte, aber sie werden fiskalisch verhätschelt, als ob es Legionen von Wählern wären.

Die Überflüssigkeit der sozialwissenschaftlichen Großforschung, zumindest soweit sie zur Verwissenschaftlichung der Politik beitragen sollte, sieht man auch an der Tatsache, daß alle Politiker, wie seit jeher, in einem Gesichtsfeld operieren und agieren, auf einem vorgestellten Schachbrett, wo nur wenige andere Politiker, Freunde wie Feinde, Staatschefs, Gewerkschaftsführer, Zentralbankchefs und Fraktionsführer im Parlament als ernst zu nehmende Faktoren und Figuren vorhanden sind. Bei manchen Politikern reicht es aber offenbar nicht zum Schachbrett. Sie spielen Mühle, wenn's hochkommt, Halma.

IRRTUM ACHT:

»SOZIALISMUS ERSETZT PATRIOTISMUS«

Patriotismus ist provinziell und außerdem gefährlich! So eingängig diese Lieblingsthese der Links- und Schickeria-Intellektuellen auch klingt (wer sieht sich schon gern als Philister am Biertisch im Stammlokal diffamiert), es handelt sich um einen der großen Irrtümer unseres Jahrhunderts, wenn mit dieser Meinung zugleich unterstellt wird, im anzustrebenden Idealzustand könne und müsse unser Erdball vaterlandslos gemacht werden. Die vom Intellektuellen den eigenen Landsleuten verordnete Vaterlandslosigkeit hatte als Ziel und Handlungsanweisung fatale Folgen:

Sie stattet den arglosen Bürger mit einem schlechten Gewissen aus, sobald er patriotische Gefühlsanwandlungen in sich spürt, die aber unvermeidbar sind. Sie gehören zur menschlichen Natur. Schlimmer noch: Die Intellektuellen sind im ganzen 20. Jahrhundert auf der Suche nach Ersatz-Vaterländern gewesen, um eben dieses Grundbedürfnis in ihrer eigenen Seele zu befriedigen, allerdings mit einem guten Gewissen. Nach und nach kam im Lauf der Zeit so ziemlich jedes kommunistische, marxistisch-leninistisch regierte Land als Ersatzvaterland für den westlichen Intellektuellen an die Reihe: Die Sowjetunion, China, Kuba, Vietnam, Nordkorea, Nicaragua und das Chile Salvador Allendes. Und auch die »Dritte Welt« insgesamt – oder einzelne Diktaturen darin, sofern sie marxistische Züge trugen – dienten als Ersatzvaterländer.

Die biographische und politikwissenschaftliche Literatur über diese manische und gegen Ende des Jahrhunderts oft schon eher komisch denn tragisch anmutende Abhängigkeit der Intellektuellen von ihren rasch wechselnden Ersatzvaterländern ist umfangreich und bietet ein monotones Bild der Lernunfähigkeit. Manès Sperber zum Beispiel hat in seinen autobiographischen Bänden diesen überaus schweren Ablösungsprozeß vom marxistischen Ersatzvaterland bei sich und anderen eindringlich dargestellt. Und in dem 524 Seiten umfassenden Buch »Political Pilgrims. Travels of Western Intellectuals to the Soviet Union, China, and Cuba 1928–1978« hat der Politikwissenschaftler Paul Hollander ein umfassendes und detailliertes Bild der ewigen Suche westlicher Intellektueller nach einem Vaterlandsersatz im Kommunismus gegeben (Oxford University Press, 1981).

Es hat mit Sicherheit das »Dritte Reich« Hitlers nicht gebraucht, um die westlichen Linksintellektuellen zu Gegnern des Patriotismus

und der Heimatliebe ihrer Mitbürger zu machen. Sie waren längst auf der Suche nach ihrem Ersatzvaterland – ab 1920 die Sowjetunion –, bevor irgend jemand auch nur ahnen konnte, was sich unter Hitler ab 1933 in Deutschland ereignen werde. Nicht auszuschließen ist allerdings, daß eben diese auffallende Sucht der eigenen Intellektuellen und vieler Schöngeister des Kulturbetriebes, ausgerechnet in Moskau ihr Ersatzvaterland zu sehen, auf manche Deutsche beunruhigend wirkte und sie vielleicht bewog, in einer Überkompensation den deutschen Patriotismus in der paranoiden Form des Nationalsozialismus Hitlers zunächst nicht so gefährlich und maßlos zu empfinden, wie sie es sonst vielleicht in einer klaren Einschätzung der Hauptfiguren des Hitlerregimes getan hätten. Es ist unsinnig, jede Spur von Patriotismus, von Identifikation mit dem eigenen Land im 20. Jahrhundert im Westen so zu verurteilen, als ob immer schon der Blick möglich gewesen wäre – und für alle Zeiten auch gerichtet bleiben müsse – auf die Verbrechen, die der SS-Staat von 1933 bis 1945 beging.
Der typische Intellektuelle ist fasziniert und beglückt vom Anblick extrem ethnozentrischer – lokalpatriotischer – politischer Gebilde, Gruppen und Bewegungen außerhalb seines eigenen Volkes. Der Ethnozentrismus, eine Sonderform des Nationalismus, die Souveränitätsmanie, der Egoismus und Hochmut, die Vorurteilsbeladenheit der Menschen außerhalb des eigenen Landes wird kritiklos bewundert und als Zeichen der Zukunftsträchtigkeit jener anderen Gebiete auf dem Erdball betrachtet. Es können ganze Länder sein oder Provinzen mit autonomistischen Bewegungen. Die Größe spielt keine Rolle. Der Intellektuelle kann sein Herz an die riesige Sowjetunion verlieren, aber auch ans kleine Kuba. Korsen, Basken, Katholiken in Nordirland – sie alle kommen bei ihm – ohne daß es ihm vielleicht bewußt wird – zur Stillung des menschlichen Grundbedürfnisses nach einem Objekt für patriotische Gefühle in Frage.
Dabei fallen dem Beobachter feine Unterschiede auf: Das Ersatzvaterland soll möglichst weit vom eigenen liegen. Der Patriotismus der Schweizer oder Franzosen, der Briten ist dem bundesdeutschen Intellektuellen fast so verhaßt wie der der eigenen Mitbürger. Und auch der Autonomiefanatismus im Schweizerischen Jura – manchen in der Bevölkerung des Jura genügt der 1979 nach Jahrzehnten der Gewalttätigkeiten geschaffene eigene Kanton noch nicht – ist ihm

bei weitem nicht so sympathisch wie jener der Korsen, Basken oder der Katholiken in Nordirland. Der Patriotismus in angrenzenden Ländern ist dem Intellektuellen noch zu nah, er trägt etwas Stallgeruch, man fürchtet die Ansteckung der eigenen Landsleute, denen das Vaterlandsgefühl abzugewöhnen man sich doch so anstrengt. Auch die Verharmlosung des Expansionismus und Militarismus der Sowjetunion im letzten Drittel des 20. Jahrhunderts geschieht unter Hinweis auf den uralten und originären Russischen Nationalismus, auf das besonders tiefe und verständliche Verhältnis der russischen Seele zum Mutterland. Doch eben dieses innige Verhältnis zur Heimat und Nation wird dem westlichen Intellektuellen eher anstößig, sobald von Polen die Rede ist, vor allem seit 1980. Und die Katholizität Polens ist ihm bei weitem nicht so sympathisch wie die mutmaßliche der IRA-Terroristen in Nordirland, die für die dortigen Katholiken zu kämpfen behaupten. Das ist übrigens ohnehin ein heikler Punkt. 1984 veranstaltete der World Service der British Broadcasting Corporation (BBC) ein »Phone-in«, bei dem der Erzbischof von Westminster, Kardinal Hume – live – von einem Anrufer gefragt wurde, weshalb der Vatikan die auf ihre Katholizität pochenden Terroristen Irlands nicht gezielter und ausdrücklicher verurteile, insbesondere nach dem Mordanschlag auf die Regierung Großbritanniens? Kardinal Hume tat sich hörbar schwer mit der Frage und redete um den heißen Brei herum. Er und seine Kollegen unter den Bischöfen sprächen sich deutlich genug aus, aber die Medien würden es meist nicht so berichten.

Das Bekenntnis der Susan Sontag

Die amerikanische Schriftstellerin Susan Sontag (u. a. »Reise nach Hanoi«, 1969) war bis 1982 eine lupenreine Linksintellektuelle und Darling der dazugehörenden Schickeria. Ihr Grunddogma: der Westen, insbesondere die USA, haben immer unrecht, der Kommunismus (Sozialismus, Marxismus) läßt für die Menschheit noch das Schönste hoffen, vor allem, wenn man während der unschönen Aufbauphase selber nicht in seinem Bereich leben muß. Doch im Frühjahr 1982 begab sich folgendes:

Im Vertrauen auf die gut eingespielten Tabus traf sich Amerikas Linke in New York, um, vorsichtig ausgewogen und mit Abscheu vor den Konservativen in El Salvador abgeschwächt, Solidarität mit den Mitgliedern von »Solidarität« in den Konzentrationslagern der Warschauer Militärregierung zu bekunden. (Selbstverständlich nannte man sie Internierungslager, so wie wir das zu jener Zeit jeden Abend im ZDF und ARD hörten, obgleich, laut Duden, der Begriff einzig und allein Lager meint, in denen sich »Angehörige eines gegnerischen Staates während des Krieges in staatlichem Gewahrsam befinden«).

Doch dann trat Susan Sontag ans Mikrofon: »Banken und Panzer haben Polen zugrunde gerichtet ... Die polnischen Schulden werden weiterhin von den westlichen Regierungen finanziert, Getreide wird weiter an die Sowjetunion verkauft, die französische Regierung – unter all den heuchlerischen Regierungen die redseligste – unterzeichnet wenige Wochen nach den polnischen Ereignissen einen wichtigen Handelsvertrag mit der Sowjetunion. Business as usual ... Aus den polnischen Ereignissen läßt sich vieles lernen. Meiner Meinung nach ist jedoch die Hauptlektion die, daß das kommunistische System durch und durch von Übel ist. Es war schwer, diese Lektion zu lernen. Und es macht mich betroffen, daß wir so lange gebraucht haben, sie zu lernen ... Und daß wir einer großen Unwahrheit Vorschub leisteten. Die Emigranten aus den kommunistischen Staaten, denen wir kein Gehör schenkten, sagten die Wahrheit.«

Und dann brach Susan Sontag auch noch das schlimmste Tabu ihrer Zunft: Kommunismus ist Faschismus, ja, in Polen hat er der faschistischen Herrschaft ein ganzes Arsenal neuer Methoden eröffnet!

In vielen Berichten für die europäische Presse hatte ich von 1950 bis 1965 aus den USA die selektive Wahrnehmungs- und Verdrängungsgabe amerikanischer Intellektueller beschrieben und vor ihren Folgen gewarnt. Viele Leser und Redaktionen fanden meine Berichte übertrieben. So vernagelt kann doch kein Mensch in der zweiten Hälfte dieses Jahrhunderts noch sein! Doch, er kann, nicht nur in den USA, auch in Großbritannien, und je größer der Name, desto beharrlicher.

Arnold J. Toynbee im Mai 1970 zur »New York Times« über den Vietnamkrieg: »Wäre ich lieber ein Vietnamese, der von der ameri-

kanischen Armee, oder ein Tscheche, der von der Sowjetarmee ›gerettet‹ wurde? Natürlich wäre ich lieber der Tschechoslowake ... Für die meisten Europäer scheint Amerika heute das gefährlichste Land der Welt zu sein.«
Toynbee 1970! Sein Tod 1975 ersparte es ihm, sich nach 1975 zu den weiteren Ereignissen in Vietnam und Kambodscha, nach dem Abzug der US-Armee aus Südvietnam, äußern zu müssen. Joan Baez hat es getan. Seither spricht Jane Fonda mit ihr nicht mehr.

Sozialismus als Ersatzpatriotismus für US-Intellektuelle im »Kalten Krieg«

Anfang der fünfziger Jahre, als in den USA wirklich niemand mehr, wie noch vielleicht vor 1948, seine Naivität mit den Erfahrungen der Jahre von 1938 bis 1945 entschuldigen konnte, forderte William G. Carleton, Professor für politische Wissenschaften an der Universität von Florida, ein sozialistisches Amerika und ein sozialistisches Europa, »damit die Weltrevolution nicht weiter aufgehalten werde.« Im Juni 1952 erklärte Carleton: »Die Amerikaner untergraben geradezu die Sache des Westens, wenn sie sich eigensinnig gegen die Einsicht sträuben, daß totalitärer und demokratischer Sozialismus verschieden sind und wenn sie alle sozialistischen Heilmittel zur Stärkung der europäischen Wirtschaft ablehnen.« Im gleichen Aufsatz (Antioch Review, 1952) suchte Carleton der amerikanischen Intelligenz weiszumachen: »Die Adenauerregierung in Deutschland ist unpopulär ... Die Sozialdemokraten sind stark und haben die Massen hinter sich.« Im September 1953 (wieder in Antioch Review) wurde Carleton noch deutlicher: »Das wirtschaftliche Wachstum der USA ist ein Hindernis für die Ausbreitung des Sozialismus zu Hause und auf der ganzen Welt.«
Im März 1953 (Harper's Magazine) beklagte sich Giorgio de Santillana (Professor am Massachusetts Institute of Technology) über die traurige Tatsache, daß »Amerikas Außenpolitik eine Koalition der Rechtsparteien in der Welt errichte, die in Deutschland die Geburt eines sozialistischen Staates verhindere«. Am 3. Januar 1954 erklär-

te der Europakorrespondent der »New York Times«, Michael Hoffman, das deutsche Wirtschaftswunder stelle ein Problem für den Westen dar, da der wirtschaftliche Erholungsvorgang politische Nachteile mit sich bringe. Im Gegensatz zu Großbritannien und Frankreich, die nach dem Krieg im Sinne des Wohlfahrtsstaates der Linken marschiert seien, habe sich Westdeutschland »auf Kosten der ›sozialen Gerechtigkeit‹ emporgearbeitet«. Hoffman fragte 1954 rhetorisch »Deutschland ist wirtschaftlich stark, ist es aber auch politisch stark?«

Der sozialistische »Liberal« in USA, sozialistische Theologen und Philosophen in Westeuropa, die farbigen Sozialisten in den sog. neutralen Entwicklungsländern, sie alle brauchten ab 1950 die Sowjetunion und Rotchina als Folie, von der sie dann in klagenden Tönen den Mangel an »sozialer Gerechtigkeit«, die anachronistische Fortdauer einer privaten Unternehmerwirtschaft in den freien Nationen im Westen abheben konnten. Man bewunderte damals geradezu das sowjetisch-chinesische Weltreich des expansiven Kommunismus, um daran den zu langsamen »Fortschritt« im Westen nach dem Grade der Sozialisierung und Kollektivierung zu messen.

Irving Kristol, Herausgeber von »Commentary«, schrieb in dieser Monatsschrift bereits 1952 über das merkwürdige Gemüt des amerikanischen »Liberal«: »Wo immer eine kommunistische Bewegung sich bereitzumachen beginnt, legt das der ›Liberal‹ als eine moralische Anklage eben der Gesellschaft aus, die durch die kommunistische Subversion bedroht wird.«

Wer will, kann aus der Feder von Irving Kristol, in »Commentary« oder US-Tageszeitungen, in den Jahren 1975–1985 zahlreiche Artikel nachlesen, in denen er diese unveränderbare Grundeinstellung des Linksintellektuellen (in USA »liberal« genannt) belegt und kommentiert. Ohne sie könnten aber heute wie vor 30 Jahren viele unserer Intellektuellen und Publizisten einfach nicht leben. Für ihre oft von Neid und Haß genährte Utopie einer sozialistischen Gesellschaft zu Hause brauchen sie die permanente Drohung durch die Zukunft des Sozialismus: »Die Linke darf nirgends sterben.« Dies und dies allein erklärt auch 1985 in den USA und in Europa ihre positive Besessenheit vom Regime in Nicaragua. Diese Einstellungen und Hoffnungen erklärten einst auch, weshalb 1958 sich so viele, angeblich durchaus antikommunistische Politiker und Publizisten im Westen, auf die von den sowjetischen Führern behauptete wirtschaftliche Wachstumsrate stürzten, um in anklagenden Tönen dasselbe prozentuale Wachstum für den Westen zu fordern. Ja, verschiedene Kommentatoren in Washington hatten 1959 direkt darauf hingewiesen, daß diejenigen Politiker der USA, die wachsende Defizitausgaben durch die Bundesregierung wünschen, durch die auf dem Moskauer Parteitag bekanntgegebenen Statistiken innenpolitisch in Amerika gestärkt würden.

Adlai Stevenson in seiner Ende 1958 in der New York Times erschienenen Schilderung seiner Rußlandreise, zitierte abschließend einen »weisen« polnischen Intellektuellen, der ihm gesagt habe, »der Wandel im westlichen Kapitalismus und der Wandel im sowjetischen Kommunismus bringen uns sachte, aber sicher immer näher. Beide werden sich im Zentrum begegnen, und der Tag ist nicht fern, an dem nur mehr eine Handvoll engstirniger Politiker ihre eigenen Schlagworte über den grundsätzlichen Unterschied der beiden Welten glauben werden«. (New York Times, 23. November 1958)

Das war zehn Jahre, bevor Willy Brandt und Egon Bahr mit ihrer Politik eines »Wandels durch Annäherung« beginnen konnten, im Stil einer Erkenntnis desjenigen Intellektuellen der demokratischen Partei in den USA, der zwischen 1952 und 1962 in Europa als Amerikas bedeutendster politischer Denker präsentiert wurde. Sein Konzept für die Zukunft war ein verwaschenes »1984«, worin man kaum mehr den Unterschied zwischen Ost und West hätte wahrnehmen können. Man sieht also, wie unbehaglich sich Stevensons heute noch aktiven journalistischen und akademischen Ratgeber fühlen mußten, als der Sog der Geschichte, der für sie unausweichlich vom Kreml, und vorher auch noch von Peking ausging, aufhörte. Und weil das existentiell für die über ihre Lehrbücherweisheit aus der Zeit zwischen den beiden Weltkriegen nie hinausgewachsenen Intellektuellen so schwer erträglich wäre, müssen sie in ihren Publikationen immer wieder die Dauer, die Stabilität, die Stärke der Sowjetunion preisen, 1985 ebenso wie 1950.

Marxismus als Ersatztheologie

»Wenn Gott uns obsiegen ließe, wäre Er unanständig.« Die Äußerungen prominenter evangelischer Theologen, in Europa und den USA, zur Weltpolitik bereits Ende der 50er Jahre könnten fast nur mit obigem Satz charakterisiert werden. In Karl Barths »Brief an einen Pfarrer in der Deutschen Demokratischen Republik« (November 1958) warnt Barth den Pfarrer davor, sich die Freiheit unter einer Staats- und Wirtschaftsform westdeutscher oder amerikanischer Art zu erbeten, da Gott dieses Gebet ja erhören könnte. War Karl Barth damals überhaupt noch soweit transzendenter Christ, um wirklich zu glauben, eine Anzahl von dringenden Bittgebeten der Verfolgten und Gequälten des Kommunismus könnte sozusagen den Marxismus für den Marxisten Barth wegbeten? Er schien zu fürchten, daß Gott die Bitte eines Menschen wie jenes Pfarrers in der Ostzone eventuell erhören und gewähren könnte, so daß der Weltkommunismus am Ende zertrümmert wäre.
Treffend war die Antwort von Max Schoch in der Neuen Zürcher Zeitung: »Karl Barth und der Kommunismus« (17. Dezember 1958):
»Wir werden uns überhaupt hüten müssen, bei einer seelsorgerischen Gesprächslage polemisch dazwischenzufahren. Doch sei es uns immerhin erlaubt festzustellen, wie sehr sich der scharfe Aufruf zum Widerstand, den er noch 1940 gegenüber dem Totalstaat Hitlers unbedingt gefordert hat, von dieser Anweisung im Jahre 1958 gegenüber einer sogenannten Volksdemokratie unterscheidet. Diese Differenz hat wahrscheinlich bei Barth doch nicht so sehr darin ihren Grund, daß er wahrgenommen hat, wieviel geringer die Möglichkeiten geworden sind, daß eine Stimme der Kirche gegen den Staat überhaupt laut werden kann, als vielmehr in einer irgendwie wohlwollenderen Einstellung zum Marxismus. Und hier liegt das Verhängnis, daß der Theologe Barth uns für den Sozialisten Barth mitverpflichten will. Hier müssen wir protestieren, daß der Theologe, der in der Theologie der ganzen Welt eine Autorität ohnegleichen geworden ist, nun den Sozialisten hervorkehrt und für seine subjektive Neigung theologische Propaganda macht.«

Es ist ja in der Tat so: die Misere, die Schwäche, die Angst des Westens rührte nach 1950 daher, daß jene Generation am leichtesten Schlagzeilen in der Weltpresse erzielte, deren Bildungsjahre in der naiven Periode des Salonbolschewismus und Kathedersozialismus der 20er und 30er Jahre lagen.

Die New York Times (19. Januar 1959) brachte Karl Barths seelsorgerische Hilfestellung für den Kreml unter der Schlagzeile:

»Swiss Theologian Assails the West. Karl Barth tells Germans the ›American Way‹ Perils Souls more than Reds do«. (»Schweizer Theologe greift den Westen an. Karl Barth sagt den Deutschen, die ›amerikanische Lebensart‹ gefährde die Seelen mehr als es die Roten tun«.)

Man sieht: Der Antiamerikanismus 1985 ist nichts Neues. Weder Pershing II, Ronald Reagan oder Nicaragua haben ihn hervorgebracht. Er stammt vielmehr aus einer geistigen und gemütsmäßigen Grundhaltung, die Linksintellektuelle in Europa (und ihre Spiegelbilder in Nordamerika) seit mindestens 1930 kultiviert haben, wobei protestantische Theologen auf beiden Kontinenten sich immer führend hervortaten.

Man sieht auch, daß nichts, was Moskau zwischen 1959 und 1985 getan hat oder hat tun lassen (wie zum Beispiel den Mordanschlag auf einen Papst), weder Prag 1968 noch Polen 1981, weder Afghanistan noch der Abschuß eines Jumbo-Jets voller Touristen 1983, an der perversen Affinität zwischen dem Kommunismus der Sowjetunion und westlichen Linksintellektuellen etwas zu ändern vermag. Ob Großtheologe oder Großliterat, ob Großbildhauer oder Großkomponist, ob Großverleger oder Großregisseur: Sie sind einfach so, und ihre Gattung stirbt nicht aus, obschon es aus ihren Reihen immer wieder spektakuläre Austritte gibt, wie zum Beispiel Yves Montand.

Die der Wirklichkeit nicht entsprechende schematische und plakative Zweiteilung der Erdbevölkerung in arme und reiche Nationen kam für zwei Arten von Meinungsbildern im Westen gelegen: die christlichen Theologen und die spätmarxistische Linke. Die theologischen Denk-, Fühl-, und Argumentationsschemata waren auf eine scharfe Dichotomie, eine Konfrontation absolut unterscheidbarer Reiche eingestellt (Himmel und Hölle, Gott und Teufel, Gut und Böse). Ebenso hing aber der Marxismus von einem absoluten

Gegensatz (Proletariat und Nichtproletariat) ab. Für beide, den christlichen Theologen und den atheistischen Marxisten, waren die Dichotomien, die Metaphern, mit denen er zu argumentieren pflegte, im Laufe des 20. Jahrhunderts immer unhandlicher geworden. Als Ersatz dieser Gegensätze bot sich im richtigen Augenblick die Gegenüberstellung: »arme« und »reiche« Länder an.

Gleichzeitig mit der Erfindung dieses Gegensatzes nahm in den meisten westlichen demokratischen Industrieländern der Ausbau, die pausenlose Perfektionierung wohlfahrtsstaatlicher Einrichtungen (des »Sozialstaates«) immer mehr zu. Die ursprünglichen karitativen Tätigkeitsgebiete der christlichen Kirchen, ihre Armenfürsorge wurden immer enger. Auch dies war ein Grund, weshalb die Kirchen in den nördlichen Industrieländern mit solcher Leidenschaft die Entwicklungsländer zur Aufgabe wählten, die ihnen vielfach schon seit Jahrhunderten als Missionsgebiete vertraut waren. Zugleich unterlief den Kirchen aber ein grundsätzlicher Denkfehler. Sie begingen eine tragische Verwechslung: Was die ursprünglichen polit-ökonomischen Technokraten des Kalten Krieges sich vorgestellt hatten, und was die Führer der zu Entwicklungsländern ernannten Gebiete sich bald zu erhoffen begannen, war eine maßlos überspannte, vollkommen unrealistische Aufgabe: der Ausgleich der Unterschiede in den Lebensverhältnissen auf dem Erdball, ohne Rücksicht darauf, daß die am meisten von diesem Ausgleich zu Begünstigenden in ihrer kulturellen Weiterentwicklung (falls sie sich schon in einer solchen befanden, was bei manchen Ureinwohnern bestimmt nicht zutraf) ungefähr dort waren, wo die Vorfahren und Vorbilder der nördlichen Industrieländer vor mehreren Jahrhunderten, in mancher Hinsicht vor Jahrtausenden waren.

Die christlichen Theologen in ihrer Verwandlung zu Entwicklungshelfern verstanden nicht, daß die von ihnen – wie fast allen anderen frühen Strategen der Entwicklungshilfe – nicht entfernt im Ausmaße erfaßte quantitative Änderung der uralten karitativen Aufgabe auch eine qualitative für die Begründbarkeit der ethischen Maxime brachte: die christliche Armenfürsorge konnte, von örtlichen und zeitlichen Ausnahmen abgesehen, immer nur stellvertretenden und punktuellen Charakter haben. Albert Schweitzer z. B. dachte nie daran, und niemand erwartete es von ihm, daß seine Tätigkeit in Afrika innerhalb von wenigen Jahrzehnten zu Tausenden ähnlicher

Krankenhäuser führen und damit die medizinische Betreuung oder Sanierung des Kontinents garantieren würde. Ebensowenig haben im Lauf der Jahrhunderte Missionare und Missionseinrichtungen in unentwickelten Gebieten der Erde bis zum Aufkommen der »Entwicklungshilfe« je die Illusion gehegt, ihre Hilfe könne, über den unmittelbaren Umkreis der Missionsstation hinaus, an den materiellen Lebensverhältnissen der Eingeborenen bleibend soviel ändern, daß diese im Laufe einiger Jahrzehnte, verglichen mit den Einwohnern des Heimatlandes des Missionars, nicht mehr als rückständig oder, um es mit dem irreführenden Wort der Gegenwart zu sagen, als »benachteiligt« gelten würden.
Selbst innerhalb der westlichen Industrieländer wäre schließlich die christliche Armenfürsorge bis heute nur eine symbolische Teillösung geblieben. Was die Armut in den entwickelten Ländern weit über das von irgendeinem Theologen um 1900 erahnbare Maß hinaus beseitigt hat, waren Rationalisierungsprozesse und Leistungsorientierungen, aber zugleich auch eine Ausweitung von Konsumgewohnheiten, die einst wie heute die Mißbilligung der Theologen erfahren. Sie verurteilten die westlichen Industriegesellschaften seit jeher nur zu gerne mit Schablonen, die wörtlich aus den Schriften Herberts Marcuses, des Mentors der Neuen Linken, stammen. So werden die Verhaltensmuster, die Lebensziele (wie individueller Erfolg, sozialer Aufstieg, materieller Wohlstand) moralisch-theologisch abgekanzelt, obgleich eben diese Merkmale der nördlichen Industriegesellschaften dazu geführt haben, daß sie sich von dem Rest der Welt unterscheiden.
Bei diesem Versuch der Linkstheologen, die linke Jugend und ihre Mentoren zu überholen, wird aber übersehen, daß die individuellen Lebensziele und Verhaltensmuster, die Leistungsnormen und Leistungskontrollen, und damit wesentliche Voraussetzungen der wirtschaftlichen Entwicklung, nicht nach Belieben und tagestheologischen Erfordernissen dosiert, unterteilt und verworfen werden können. Sollten vielleicht nunmehr die entwickelten Gesellschaften alle Versuche einstellen, diese Leistungsvorbilder in die »armen« Länder einzuführen? Und daß eine vor den Leistungsnormen der eigenen Gesellschaft fliehende Jugend völlig ungeeignet ist, in Entwicklungsländern Impulse zur Entwicklung zu vermitteln, haben inzwischen zwei Jahrzehnte Erfahrung des amerikanischen »Peace

Corps« und der Entwicklungshelferpraxis anderer Nationen gezeigt.

Ähnlich aber wie die USA allmählich, ohne es zu merken, und geführt von ihren Linksintellektuellen, nicht zuletzt über die »Strategien« der Entwicklungshilfe in den Vietnamkrieg verwickelt worden waren, haben sich fast gleichzeitig Flügel der christlichen Kirchen in blutige, unkontrollierbare und bisher stets entwicklungshemmende Revolutionen und Aufstände eingeschaltet. Zunächst waren es überwiegend protestantische Kirchen der angelsächsischen Welt, mittlerweile stehen ihnen die Linkskatholiken nicht mehr nach: völlig gebannt von der Problemstellung »Entwicklungshilfe«, die ihnen Anfang der 50er Jahre aus einer säkularisierten Missionsidee der USA, einer Kombination aus Materialismus und militärischer Strategie, zugefallen war, glauben heute einflußreiche Gruppen in den Kirchen, es seien nur irgendwelche Herrschaftsstrukturen, wirtschaftliche Überlegenheiten und Ungleichheiten, die zu den Unterschieden zwischen Entwicklungsländern und Industrieländern geführt hätten. Könne man durch Entwicklungshilfe diese Unterschiede nicht rasch genug und allgemein genug beseitigen, so müsse eben auch durch kirchlich geförderte und finanzierte, gezielte Revolutionen nachgeholfen werden.

Fixiert auf die Leerformel einer weltweiten »sozialen Gerechtigkeit« (die es grundsätzlich nie geben kann, solange irgendwo irgend jemand lebt, dem es weniger gut geht als einem anderen), zunehmend gequält von einem schlechten Gewissen über die Ergebnislosigkeit bisheriger Entwicklungshilfen, suchen manche Entwicklungstheologen das neue Heil in der mystifizierten und glorifizierten Gewalt. Diese sei in bestimmten Situationen nicht mehr verwerflich, sondern verdiene christlichen Segen. Der Katalog der Situationen, die Gewalt legitimieren, erweitert sich ständig. Wo und wann Gewalt (d. h. Revolution) theologisch gerechtfertigt sein soll, bestimmen aber immer die, die etwas haben wollen, was andere, im In- oder Ausland, haben. Daß bisher gerade die Völker und Länder sich am weitesten entwickelt haben, in denen der Staat und das Gesetz die zehn Gebote, soweit sie das Privateigentum betreffen, ernstgenommen hatten, ist offenbar für die Theologie der Revolution keine Warnung. Johannes Gross hatte diese neue »theologische Entwicklungspolitik« und ihre Motive schon vor fünfzehn Jahren richtig eingeschätzt:

»Zur Individualethik fällt den progressiven Theologen nichts mehr ein, zur Sozialethik innerhalb der hochentwickelten Industriegesellschaften nicht eben viel – so wirft sich die Engagementbereitschaft auf die entlegenen Gebiete, deren Mißstände dem einheimischen katholischen Gewissen aufgebürdet werden ... Wer das kanonische Recht verachtet, den Katechismus nicht mehr auslegen mag, weiß wenigstens ... den revolutionären Elan des Camillo Torres im sicheren Port der öffentlich-rechtlichen Körperschaft zu paraphrasieren. Entwicklungspolitik ist notwendig, ... aber im Rahmen der politischen Vernunft und nicht unter der Prämisse, als gäbe es eine Flucht aus der Geschichte in die Entwicklung, eine moralische Überlegenheit der Entwicklungspolitik gegenüber der Sicherheitspolitik, der Wirtschafts- und Bildungspolitik, als sei die Liebe zum Fernsten wichtiger als die Verantwortung gegen den Nächsten.« (Publik, 1. Mai 1970, S. 2)

Pater Boff sah keine Slums bei Castro

Im Herbst 1984 mußte der führende Vertreter der »Befreiungstheologie« in Lateinamerika, der brasilianische Franziskaner Leonardo Boff in Rom vor der »Kongregation für die Glaubenslehre« darlegen, wo in seinen Schriften die Grenze zwischen Marxismus und Christentum verläuft. Wahrscheinlich bekam Kardinal Ratzinger, der die Befragung leitete, von Dr. Boff auch ein Argument zu hören, das dieser kurz zuvor in einem Interview mit dem US-Nachrichtenmagazin TIME (3.9.1984) offenbar für besonders überzeugend gehalten hatte: »Länder wie Kuba sind jetzt nach der Revolution besser daran als vorher. Zum Beispiel: Es gibt keine Slums in Kuba.«
Ein altes Lied! Für Apologeten kommunistischer Staaten haben die dort (vermeintlich) nicht vorhandenen Slums die gleiche Bedeutung wie für Apologeten des Dritten Reiches die darin gebauten Autobahnen. Nun gibt es bis heute keine wissenschaftlich anerkannte allgemeine Definition des Slums. Die New York Times behalf sich für eine mehrteilige Reportage über US-Slums einmal mit der folgen-

den: Wohnbezirke mit Substandard-Wohnungen, in denen überwiegend Bevölkerungsteile leben, auf welche die Mehrheit der örtlichen Bevölkerung herabsieht. Vergegenwärtigt man sich den Vielvölkerstaat der UdSSR, sein enormes geographisches und kulturell-ethnisches Gefälle im Lebensstandard sowie die bekannten Mängel der Sowjetwirtschaft, dann ist das im Westen behauptete Fehlen von Slums unglaubhaft. Selbstverständlich gibt es sie. Die sozialen Prozesse, aus denen sie hervorgehen, sind die gleichen wie in Mexiko oder USA, Portugal oder Frankreich – nur steht ihre Besichtigung auf keinem Programm für Besucher aus dem Ausland. Ansonsten aber ist man in Rußland über die eigenen Slums voll im Bild und macht auch kein Geheimnis daraus. Hier der Beweis:

Anfang August 1984 starb in der Sowjetunion der Schriftsteller Wladimir Tendrjakow mit 61 nach einem Jogginglauf. Seit 1948 war er Mitglied der Kommunistischen Partei gewesen. Seine Erzählungen und Romane erschienen von 1947 an in der Sowjetunion bis heute in kurzen Abständen; zuletzt auch seine gesammelten Werke (1980). Man hatte auch nichts dagegen, daß im Westen Übersetzungen veröffentlicht wurden. Die politische Führung der UdSSR muß also die Beschreibung der Verhältnisse im Rußland von heute in den Büchern Tendrjakows als wahrheitsgetreu betrachtet haben. 1975 erschien von ihm »Die Nacht nach der Entlassung« (Suhrkamp). Die Originalausgabe in der UdSSR in der offiziellen Zeitschrift Nowi Mir war 1974 erschienen. Die Erzählung schildert die Nacht im Anschluß an die Abiturfeier einer Schulklasse in einer Provinzstadt der Gegenwart. Am Rande der Handlung ist von kriminellen Jugendbanden »aus der Siedlung Indien« die Rede, und Tendrjakow erläutert:

»Der exotische Name war aus ganz gewöhnlichen Worten entstanden: individualjnoje stroiteljstwo (privater Hausbau) abgekürzt ›indstroj‹. Damals, als beim Aufbau des Kombinats die furchtbare Wohnungsnot geherrscht hatte, beschloß der Stadtsowjet, private Bauinitiativen zu unterstützen, und stellte am Stadtrand Gelände zur Verfügung. Dort konnte, wer wollte, sich ein Haus zusammenbasteln, ruck-zuck, im Handumdrehen, aus Brettern, Latten, Dachpappe, irgendwo aufgetriebenen Eisenteilen ... Inzwischen hatte sich die Stadt längst entwickelt, und viele der Urbewohner Indiens waren in die fünfstöckigen Wohnblocks mit Gas und Kanalisation übergesiedelt. Aber Indien verwaiste trotzdem nicht, dachte gar nicht daran auszusterben. Neue Bewohner kamen. Indien wurde Zufluchtsstätte für Obdachlose und dunkle Existenzen, hatte seine eigenen Regeln und Gesetze, die die Miliz oft zur Verzweiflung trieben.« (S. 23)

Wir sehen: Alles, was es zu einem Slum braucht, findet sich in der heutigen Sowjetunion genauso wie im Westen. Und Slum-Sanierung ist hier wie dort eine ewig währende Sisyphusarbeit. Weshalb Touristen und Revolutionstheologen aus kommunistischen Ländern stets mit der Botschaft zurückkehren, dank Marx gebe es das Slumproblem dort nicht, erklärt sich leicht: In den wenigen für ausländische Besucher, Diplomaten und Journalisten zugänglichen Städten des Landes kann man den Zuzug von potentiellen Slumbewohnern rücksichtslos unterbinden und die gelegentlich durchgeschlüpften in die gesperrten Zonen abschieben. Gäbe es in Moskau oder Leningrad eine so totale Freiheit der Wohnsitznahme und Arbeitssuche für jeden beliebigen Ankömmling aus den Weiten der UdSSR, samt Anspruch auf Sozialhilfe am Ort der eigenen Wahl, wie in den USA in jeder Stadt, dann hätten natürlich Moskau und Leningrad ihre Slums – die dann wohl eher an Mexiko City als an Chicago erinnern würden.

Es ist kaum anzunehmen, daß Castro mit Slumverdächtigen milder umspringt als seine Lehrmeister in Moskau. Vielleicht sah Pater Boff wirklich keine Slums rings um Havanna.

Erlöserkönige und das Enttäuschungsmotiv: Eine Kennedy-Dynastie als Ersatzheimat für Linke

Ein jüngerer deutscher Psychoanalytiker meinte Ende der sechziger Jahre auf der Tagung einer evangelischen Akademie, man könne die weltweite Unruhe, das Unbehagen der Jugend, vor allem in Amerika und Europa, nicht zuletzt damit erklären, daß dieser Generation

seit der Ermordung John F. Kennedys ein Führer auf der Weltbühne fehle, dank dessen sie mit Zuversicht in die Zukunft blicken könne. Der Psychiater ergänzte seine Äußerung noch damit, es sei eigentlich das Triumvirat John F. Kennedy, Papst Johannes XXIII. und Nikita Chruschtschow gewesen, als progressive charismatische Führer, unter denen sich die Jugend der Welt noch wohl gefühlt habe. Leider seien alle drei rasch durch das Schicksal hinweggerafft worden, und in dem Vakuum sei die jetzige Malaise entstanden.
Seltsamerweise ist in den siebziger Jahren dieser Kennedy-Maßstab kaum verkleinert worden: jeder amerikanische Präsident wurde an einem fiktiven Staatsmann kritisch gemessen, nicht an Washington oder Lincoln, nicht einmal an Franklin Delano Roosevelt, sondern an dem, was Kennedy geworden wäre, wenn ihn das Schicksal nicht hinweggerafft hätte. Was also fehlte, war wieder einmal der charismatische Führer, und man wundert sich, wie dieselben Intellektuellen, die in Vergangenheit und Gegenwart so emsig nach autoritären Persönlichkeiten und autoritären Strukturen schürfen, um damit die Weltgeschichte zu erklären, zugleich wehklagen können, daß keine herrischen, dynamischen Führernaturen, deren Charisma aus einsamen Entschlüssen strömt, zur Verfügung stehen.
Ernst Bloch beschrieb 1935, gemünzt auf die Verführungskünste der Nationalsozialisten, den ewig gleichen Wunsch nach einem Führer. Bloch hält ihn für den ältesten Wunsch der Menschen und bemerkt, daß sich dabei die sozialen Erwartungen einer fluktuierenden Masse in schwer durchschaubarer Weise mit den Wünschen einer Oberschicht »nach ungestörter Ruhe« vermischen können. Das Bild vom Erlöserkönig, vom künftigen Befreier, das Rettermotiv sind tief in der Psyche fast aller Menschen angelegte Hoffnungen. Sie erklären die irrationalen, durch keine ersichtliche Leistung gerechtfertigten Erwartungen, mit denen sich die verschiedensten Personengruppen in der Welt durch den Kennedy-Mythos fesseln ließen.
Wer weiß heute überhaupt noch, daß Präsident Kennedy in den Wochen vor seinem Tod als »Führer« seines Landes so gründlich versagt hatte, daß der nüchterne und ihm wohlgesonnene James Reston von der »New York Times« meinte, er könne vermutlich in der nächsten Wahl von den Republikanern besiegt werden, selbst wenn sie den erzkonservativen Senator Goldwater als Kandidaten aufstellten!

Die von einer weltweiten Medien-Claque nach dem Tode Präsident Kennedys betriebene Image-Retusche war nicht zuletzt so erfolgreich, weil sie einem zweiten, tief im Irrationalen verankerten Motiv der Menschen entsprach, einem Motiv, das Ernst Bloch im gleichen Aufsatz untersucht: »Das Enttäuschungsmotiv selber ist auch heute so wenig erloschen, daß keiner Vitalität, die in die Phantasie griff, ihr Tod gern geglaubt wird.« Bloch bemerkt, daß nicht nur Figuren wie Friedrich II. sozial-chiliastisch verewigt und zum Maßstab aller künftigen Herrscher wurden, sondern auch moderne Figuren wie Napoleon oder selbst Ludwig II. Bloch sagt zu diesem »Pathos der Wiederkehr«, es zeige an, »wie außerordentlich zäh das Urbild eines Retters verwurzelt ist, eine Reprise vergangener Glanzgestalten, mindestens eine Reprise vergangener Glanzzeiten durch einen neuen Wiederhersteller«.
In diesen Schichten des menschlichen Gemüts muß man die Faszination, die Autohypnose so vieler vermuten, die »veröffentlichte Meinung« machen, und jener, die sie für Wirklichkeit nehmen, durch das Camelot-Bild der Kennedy-Jahre. Image-Management und chiliastische Sehnsucht bei vielen Zeitgenossen nach dem Gralsritter hatten sich in einer fatalen Weise ergänzt und verstärkt. In den USA gab es eine vorgeprägte Aversion gegen politische Persönlichkeiten wie Eisenhower, dann Nixon und zuletzt Reagan, weil sie »konventionelle Amerikaner«, also Normalamerikaner, sind. Der Kolumnist Joseph Kraft deutete vor Jahren in der »Washington Post« diese emotional bedingte Antipathie einmal so: »Die meisten von uns, die in den Massenmedien tätig sind, fühlen sich der großen Masse der amerikanischen Normalbürger, der Mittelschicht des Landes nicht zugehörig.« Deshalb gäbe es die alles färbende Vorliebe für junge Leute, für Minderheitengruppen und die Art von Präsidentschaftskandidaten, die auf diese anziehend wirken.
Gerade wenn ein Multimillionär, paradoxerweise getragen vom Jubel egalitärer Linksintelligenz, sich das Weiße Haus als die prestigereichste Krone der Welt, nicht zuletzt durch die ihm möglichen Ausgaben für Öffentlichkeitsarbeit, kauft, bringt ihn die Faszination mit der apokalyptischen Gefährlichkeit der Hebel in der amerikanischen Machtzentrale in eine psychologisch viel ambivalentere und in einer Krise entscheidungsschwache Verfassung als den nor-

malen Politiker, der den üblichen Weg von unten nach oben gegangen ist. Vermutlich wäre keiner der entscheidenden militärischen Entschlüsse, die Präsident Truman faßte (Atombombe in Japan, Luftbrücke während der Berliner Blockade und sofortige Intervention in Südkorea) einem Kennedy möglich gewesen, und der Hamlet-Natur eines Adlai Stevenson noch weniger.
In einem Artikel in »Reader's Digest« erörterte Richard Nixon Mitte der 60er Jahre die ihm von John F. Kennedy in einem Gespräch mitgeteilten Abläufe und zaudernden Erwägungen, die sich im Weißen Haus zwischen Kennedy, seinem Bruder Robert und Adlai Stevenson abspielten, als es darum ging, zu entscheiden, ob man 1961 während der Schweinebucht-Landung den Exilkubanern Luftdeckung zur Unterstützung geben solle. Kennedy ließ bekanntlich die bereitstehenden Trägerflugzeuge nicht starten. Nixon schließt den Artikel mit der Erklärung, daß er anstelle Kennedys selbstverständlich die amerikanischen Streitkräfte angewiesen hätte, dieser Invasion zum Erfolg zu verhelfen. Und Truman hätte sehr wahrscheinlich genauso gehandelt. Die für die Kennedy-Brüder im Weißen Haus immer wieder so entschlußhemmende Erwägung der »Weltmeinung« bezüglich der »moralischen Führungsposition« der USA wirkte sich zum Nachteil der amerikanischen Politik aus, weil es in Wirklichkeit nie eine Erwägung dessen war, was die Weltöffentlichkeit über die USA denken wird, sondern über Kennedy, das Idol.
Und es war auch John F. Kennedy, der wenige Tage nach seinem Image-Verlust mit der kläglichen Rolle der USA während der Schweinebucht-Invasion seine Entschlußkraft und Härte der Nation beweisen wollte, indem er die verstärkte Unterstützung der Regierung in Südvietnam ankündigte. Und zwar durch eine erhebliche Vermehrung der militärischen Berater, die aber damals bereits von der amerikanischen Presse als kampffähige Vorhut amerikanischer Streitkräfte beschrieben wurden. Als Kennedy seinen Entschluß, die Invasion der Exilkubaner nicht durch den erhofften und versprochenen Schlag mit der amerikanischen Luftwaffe zu retten, vor der amerikanischen Öffentlichkeit mit der Bemerkung rechtfertigte, es seien nicht seine Kritiker, die den Soldatentod junger Amerikaner zu verantworten hätten, wurde ihm – als er dann kurz danach das Vietnam-Engagement intensivierte – von Kritikern wie

William F. Buckley, Journalist im »National Review«, entgegengehalten, wer es denn sei, der den künftigen Soldatentod junger Amerikaner in Vietnam zu verantworten haben würde?
Man muß sich einige Abläufe vergegenwärtigen: Hätten die beiden Kennedy-Brüder 1961 die Entschlossenheit besessen, die unter den Fittichen der amerikanischen Regierung eingeleitete Kuba-Expedition zu einem erfolgreichen Abschluß durchzustehen, wäre ihnen später die Konfrontation mit sowjetischen Raketen auf dieser Insel erspart geblieben. Sie hätten nicht, wie Robert Kennedy schrieb, schaudernd in den Rachen des Dritten Weltkrieges blicken und im Handel mit Moskau sich auf Dauer einen kommunistischen Brükkenkopf vor der eigenen Küste abhandeln lassen müssen. Es hätte auch keine kubanischen Truppen gegeben, mit denen die Sowjetunion während der 70er Jahre postkoloniale Stammeskriege in Afrika zugunsten marxistischer Regimes entscheiden lassen konnte. Ausreichender Mut der Kennedy-Brüder 1961 hätte sehr wahrscheinlich auch die Entwicklung in Nicaragua verhindert, die 1985 die Form eines Keils zwischen den USA und ihren europäischen Verbündeten annahm. Kennedy nahm seinem Image und, wie er glaubte, dem der USA in der »Weltmeinung« zuliebe das Fiasko der Schweinebucht auf sich, »weil Kuba eben so nahe an den USA liege«, daß man, wie Adlai Stevenson betonte, »die eigene Stärke nicht einsetzen dürfe«. Deshalb fand er die militärische Ersatzhandlung für die inländische Image-Pflege, nämlich die Bekräftigung und Verstärkung des Engagements in Südvietnam. Dieses Land liege so weit von den USA entfernt, daß die »Weltmeinung« uninteressiert bleiben würde. Wie diese Rechnung der Kennedy-Regierung aufgegangen ist, wissen wir mittlerweile: Die Ersatzkonfrontation mit einem kommunistischen Gegner 8000 Meilen von den USA entfernt – gewählt, weil man sie mit einem anderen, 90 Meilen vor der eigenen Küste, nicht durchstehen zu dürfen glaubte –, »eskalierte« zur größten Niederlage der USA gerade auch in der »veröffentlichten« und »gemachten« Weltmeinung.
Selbstverständlich sind Kuba und Südvietnam keine beliebig auswechselbaren strategischen Größen auf dem Globus, aber sie wären es vielleicht auf dem Brett der psychologischen Kriegführung gewesen: Hätten die beiden Kennedys am Anfang ihrer Regierung Castro gegenüber durchgegriffen, eine durchaus lösbare und an sich

auch vorgenommene Aufgabe, dann wären vermutlich manche Züge der Kommunisten – zum Beispiel Bau der Mauer in Berlin und möglicherweise auch die immer massivere Infiltration Südvietnams – unterblieben. Verglichen mit der unübersichtlichen und instabilen Lage in Südvietnam wäre die Einrichtung einer funktionsfähigen Regierung und Verwaltung in Kuba, nach dem Sturz Castros, denkbar leicht gewesen. Sie hätte sich auch bald demokratischen Wahlen stellen können.

Die Abkühlung des Verhältnisses zwischen europäischen Regierungen und Washington während der Kennedy-Administration, eine Entwicklung, der sich auch die Johnson-Administration nicht entziehen konnte, ging paradoxerweise nicht zuletzt darauf zurück, daß die Kennedys eine viel größere Affinität zur europäischen Kultur, der europäischen Geisteswelt, der europäischen Kunst- und Lebensart spürten als ein Truman, Eisenhower oder Nixon. Die in der Kennedy-Administration (zum Beispiel Brüskierung der britischen Regierung unter Macmillan) immer wieder auftretenden verletzenden Abruptheiten gegenüber europäischen Regierungen entsprang einer Haßliebe: gerade weil man auf die eigene Nation aus der Wertperspektive, aus dem Ästhetizismus Europas blickte, andererseits aber den Rückhalt beim europafernen amerikanischen Durchschnittsbürger brauchte, mußte man sich, vielleicht unbewußt, immer wieder ein Alibi verschaffen, indem man mit europäischen Verbündeten rüde umging. Es kam aber noch ein psychologisches Moment hinzu: gerade weil ein Kennedy und sein engerer Hof die persönliche Selbstbestätigung durch die Identifizierung mit europäischen Werten brauchten, aber doch stets argwöhnen mußten, daß die Identifikation nicht so echt sei wie bei einem geborenen Europäer, dürfte ein Hauch von Unterlegenheitsgefühl geblieben sein, für das man sich dann zu gegebener Zeit durch Hervorkehren eines betont amerikanischen Standpunktes rächte.

Der Botschafter der Bundesrepublik in Washington von 1958 bis 1962, Wilhelm Grewe, meinte seinerzeit, zur neuen Kennedy-Administration würde er sofort ein gutes Verhältnis haben. Das seien doch fast schon europäische Gemüter, und Männer wie Arthur Schlesinger jr. oder Walt W. Rostow seien, wie er selbst, Professoren. Weshalb er dann gerade nicht auf das Verständnis, geschweige denn die Sympathie stieß, wie sie deutsche Botschafter während der

Eisenhower-Administration erfuhren, ist Grewe wohl erst später klar geworden. Wer aber, wie der Verfasser dieser Zeilen, in den USA selber von 1950 an beobachtet hatte, in welchen Kreisen, in welchen Zeitschriften und aus welcher Geistes- und Gemütsverfassung die unterschwelligen, unerbittlichen antideutschen Ressentiments, die Vorbehalte, die Stereotypen über »die Deutschen«, über ihren Nationalcharakter usw. regelmäßig anzutreffen waren, konnte nicht im geringsten darüber im Zweifel sein, daß Kennedys Braintrust (vor allem die Männer außerhalb des eigentlichen Kabinetts) für Bonn, verglichen mit der vorausgegangenen Regierung, kaum verheißungsvoll war.
Manche Vertraute Kennedys, zum Beispiel Schlesinger oder Theodore Sorensen, gehörten zu jenem merkwürdigen Typ des Intellektuellen, der es einem Stalinisten ohne weiteres abnimmt, er habe sich innerhalb von drei oder fünf Jahren zu einem Freund der freien Welt gemausert, aber bei einem Deutschen, selbst wenn er während des Hitler-Regimes noch so jung oder unengagiert gewesen war, den Verdacht nie ganz los wird, archetypisch lauere in ihm die »faschistische Persönlichkeit«.

Mullahs statt Marx

Es war im September 1978: »Der Pfauenthron wackelt!« frohlockte der »heute«-Sprecher des ZDF strahlend, so als ob er zur Wettervorhersage mit der Improvisation überleiten würde: »Das wird ein Jahrhundertwein!« Nun, vielleicht war er selber elf Jahre vorher, 1967, auch unter den heulenden Derwischen, die mit ihrer Demonstration gegen den Schah in Berlin das Signal für die linke Kulturrevolution gaben. Doch er war kein Einzelfall. In verschiedenen westlichen Massenmedien zeigte sich 1978 eine merkwürdige Parteinahme für die kompromißlosen Gegner der iranischen Regierung, die orthodoxen Moslems. Im ganzseitigen Bericht des Teheraner Korrespondenten der »Süddeutschen Zeitung« zum Beispiel, wuchs zur selben Zeit die Sympathie für die »Mullahs in Robe und Turban«, die religiöse Opposition, die islamischen Fundamentalisten und die schiitische Hierarchie von Spalte zu Spalte. Sie seien zwar antiamerikanisch, doch zugleich verläßlich antikommunistisch. Ob das ein Trost sein dürfte, falls es überhaupt notwendigerweise zutrifft, ist langfristig zweifelhaft. Man braucht nur an die gelegentliche Fähigkeit anderer islamischer Fundamentalisten zur engsten Zusammenarbeit mit Moskau zu denken, und zwar auch in Ländern, die im Gegensatz zum Iran dem direkten Zugriff oder Einsickern der Sowjets dank ihrer geographischen Lage entzogen sind. Doch für die »Süddeutsche Zeitung« ging 1978 im Iran anscheinend die Sonne auf, weil ein uralter religiöser Fanatiker im Exil eine wachsende Massenbasis im Lande hatte, so daß Konzessionen an gemäßigte Würdenträger des Islam nicht mehr genügten.

Wie an so vielen anderen Widersprüchen, zeigt sich die geistige und moralische Unzurechnungsfähigkeit der westlichen Linksintelligenz in der reflexartigen Parteinahme für jede noch so reaktionäre menschenrechtswidrige und antimoderne religiöse Strömung, sobald deren Fanatismus und Kamikazejünger die Aussicht eröffnen, einen prowestlichen und erfolgreichen antikommunistischen Staatschef aus dem Weg zu räumen.

Eigentlich dürfte es für alle, die linksliberal auf Fortschritt und Emanzipation setzen, nichts Verabscheuungswürdigeres geben als die eifernde Re-Islamisierung eines Landes. Selbst wenn es nur um die wirtschaftliche Entwicklung aus der Sicht des Technokraten ginge, müßte die weltliche Herrschaft des orthodoxen Islam für jeden westlichen Entwicklungsstrategen ein Greuel sein. Viel mehr noch als der Lebensstandard der Massen liegen schöngeistigen Linken aber doch eigentlich Ziele wie die Emanzipation der Frau und die Humanisierung des Strafrechts am Herzen. Wie es damit aber in Ländern aussieht, wo das Recht allein wieder vom Koran bestimmt wird, wissen sie sehr genau und wußten es auch schon 1978, ehe der Terror der »Islamischen Revolution« Irans seine Praktiken zur Schau zu stellen begann.

Das Spontanbündnis zwischen der linken veröffentlichten Meinung im Westen und den emanzipationswidrigen religiösen Gruppen Asiens ist jedoch nicht neu. Es war Anfang 1963: In Südvietnam regierte Staatspräsident Diem, 62 Jahre alt, seit 1931 prominenter Politiker seines Landes und Führer der Katholiken. Die Lage war stabil und die Präsenz der Amerikaner minimal. Doch im Frühjahr 1963 fing es wie auf Stichwort an, Diem, der Katholik, unterdrücke die buddhistischen Sekten, hieß es in den linksliberalen Schlüsselmedien der US-Ostküste. Bald folgten mit ominöser Regelmäßigkeit die Selbstverbrennungen buddhistischer Mönche in Saigon, selten ohne ein bereits wartendes Kamerateam des amerikanischen Fernsehens. Monatelang waren die Selbstverbrennungen ein Spitzenthema für die westlichen Massenmedien. Und immer dringlicher wurde der Rat der linksliberalen Meinungsführer an Präsident Kennedy: Der erste katholische Präsident der USA dürfe den Katholiken Diem, diesen Buddhistenfresser, nicht länger stützen. Das wäre schlechter Stil. So kam es, wie es eingefädelt war: Diem wurde am 2. November 1963 in einem Putsch ermordet und Akt 1 der Tragödie in Vietnam begann. Ich werde nie vergessen, wie, buchstäblich vor Freude in seinen kurzen Khakihosen tanzend, der Chefreporter einer amerikanischen Fernsehgesellschaft mit sich überschlagender Stimme in den Abendnachrichten das Ende Diems aus Saigon berichtete und Filme von der Hinrichtung seiner Offiziere kommentierte.

Natürlich hat man seither nichts darüber gehört, was aus den buddhistischen Mönchen und Nonnen unter der Herrschaft Hanois geworden ist. Aber eines ist offensichtlich: Die vielen Hunderttausende von verzweifelten Flüchtlingen, die seit Jahren aus Vietnam und Kambodscha, unter oft aussichtslosen, stets qualvollen Bedingungen über das Meer zu fliehen versuchen, und das gigantische Genozid durch einen marxistischen Intellektuellen-Clan im Kambodscha empfanden westliche Linksintellektuelle als eher uninteressant.

Krisen, die keiner mehr kennt

An internationalen Krisen hat es in den letzten Jahrzehnten keinen Mangel gegeben. An manche erinnern wir uns aber viel zu oft, an andere leider so gut wie gar nicht. Regelmäßig wird zum Beispiel die Kuba-Krise von 1962 ins Gedächtnis gerufen, obwohl sie eigentlich das Gegenteil von dem beweist, wozu sie seit den 70er Jahren stets bemüht wird: An ihr will man messen, wie weit man es dank der Entspannung gebracht habe. Gewiß: Chruschtschow zog seine Raketen ab, und Präsident Kennedy versprach als Gegenleistung die Duldung des Castro-Regimes für alle Zeiten. Die sowjetischen Raketen auf Kuba waren bald danach technisch überholt und strategisch überflüssig, aber Castros Söldner sind heute für Moskaus weltweite Spannungsstrategie unersetzlich geworden.

Nur vier Jahre vor der Kuba-Krise gab es jedoch eine andere, die völlig der Vergessenheit anheimfiel. 1958 stand die Welt viele Monate lang im Bann einer Krise, von der heute keiner mehr spricht, die kein Lexikon verzeichnet: die Quemoy-Krise. Um was ging es? Die Insel Quemoy, 138 km^2 groß, 60000 Einwohner, schmiegt sich in eine Meeresbucht direkt vor dem Festland Rotchinas. Ab 1949, seit dem Rückzug von Tschiang Kai-schek auf die große Insel Taiwan, hielten sich seine Truppen auf Quemoy und 13 Nebeninseln für die Vorausverteidigung Taiwans bereit. Es gab nur einen strategischen Schönheitsfehler: Zwischen Taiwan und Quemoy liegen 200 km Ozean, zwischen Quemoy und Rotchina aber bloß 2000 m Wasser.

1958 war es soweit: Monatelang hielten die Kommunisten die Insel unter Artilleriefeuer. Alle Welt glaubte China zur Invasion Quemoys angetreten. Nur einen Gewehrschuß von der feindlichen Küste entfernt, galt Quemoy den Tauben in den westlichen Hauptstädten als militärisch nicht zu halten. Und was sich militärisch nicht halten läßt, so schrieben viele Tauben von Rang und Namen, solle man doch besser gleich im Interesse der Entspannung aufgeben. Wozu erst kämpfen? Allerdings trug die Entspannung damals noch einen anderen Namen. Das Täuschwort hieß damals »disengagement«. Es wurde Ende der fünfziger Jahre in allen Medien so inbrünstig zelebriert wie später Détente.

Es gab auch damals die Ausnahmen. Zu ihnen gehörte z. B. der Militärsachverständige der »New York Times«, Hanson W. Baldwin (geb. 1903), ein mit vielen Preisen ausgezeichneter Militärschriftsteller, dessen kühle Analyse der rotchinesischen Offensive in der Formosastraße im Spätherbst 1958 nachwies, wie ein Beharren auf dem militärisch Möglichen (Versorgung der nationalchinesischen Inseln trotz dem Feuer der Kommunisten) am Ende auch wieder die politische Möglichkeit einer Position demonstriert und festigt (»The Victory at Quemoy«, New York Times, 9. November 1958).

Doch auch US-Außenminister John Foster Dulles war nicht gewillt, Land für Worte zu geben. Vielleicht war 1958 auch die Erinnerung an die erfolgreiche Luftbrücke nach Berlin noch zu frisch. Quemoy wurde nicht abgeschrieben, sondern auch unter Artilleriefeuer weiter versorgt: vier Monate lang. Aber je weniger Dulles bereit schien, Quemoy aus dem Schutzbereich der USA zu entlassen, desto hysterischer wurde die Disengagement-Presse, allen voran die »New York Times«. Sie probte alle Tricks, mit denen sie zehn Jahre später das für Südvietnam tödliche Geschäft Hanois besorgen sollte. So wurde während der Quemoy-Krise im Oktober-November 1958 der Bericht des »New York Times«-Korrespondenten in Japan, wonach die japanische Regierung den ungewöhnlichen Schritt einer öffentlichen Befürwortung der Dullespolitik gegenüber Pekings Quemoy-Offensive unternommen habe, von der »New York Times« an kaum sichtbarer Stelle, weit hinten im Blatt, gebracht, während Protestschreiben notorischer Fellowtravelers und Mao-Sympathisanten in den USA auf der ersten Seite mit Schlagzeilen berichtet wurden.
Doch Dulles blieb unbeeindruckt. Es gab aus Washington kein halbes Zeichen an Peking, das als Duldung der Invasion Quemoys aufgefaßt werden konnte. Und Ende 1958 war die Quemoy-Krise plötzlich wie weggeblasen. Auf einmal war alles »entspannt«, weil der einzige Spannungsmacher – Mao – die Lust verloren hatte.
Seither sind fast 30 Jahre vergangen, in denen keine Granate mehr auf Quemoy und seine kleinen Nebeninseln fiel – 2000 m von Rotchina entfernt, aber 200 km von Taiwan, zu dem Quemoy auch heute gehört. Quemoy, »militärisch nicht zu halten«, blieb Teil der freien Welt. Die Insel ernährt sich selbst, mit ihren 60 000 Einwohnern Teil von Taiwan, ein blühender Inselstaat mit 16 Millionen Menschen, die sich kaum als Entwicklungsland auffassen.

Sozialisten zwischen Beweisnot und Belegnot

Sozialisten sagen von Jahr zu Jahr immer weniger gern, genau wo und wann sich annäherungsweise das in Wirklichkeit vorfindet, was sie ersehnen. Im März 1980 nahm ich an der Fernsehsendung »Omnibus« des SDR teil. Ihr Leiter, Dr. Günther Bauer, ließ Probleme der Entwicklungsländer erörtern. Ein Teilnehmer, Sozialist und Professor für Soziologie in Hamburg, tat Hinweise z. B. auf die Erfolge des Kapitalismus in Hongkong mitleidig ab: Was besage so ein Klecks auf der Weltkarte denn schon. Später in der Sendung konnte er aber für eine seiner Thesen als Beispiel allein das Inselchen Mauritius nennen. Nachdem die Live-Sendung gelaufen war, saßen wir noch eine Weile beisammen, und der Kolonialhistoriker von der Universität Zürich, Prof. Rudolf von Albertini, fragte den Sozialisten aus Hamburg, wo sich denn für ihn noch vorzeigbare Belege für seine Hoffnung in den Sozialismus fänden? Die Antwort war: In erster Linie seien es die Vorstellungen, die der Ministerpräsident des Iran, Bani-Sadr, zu verwirklichen trachte. Diese Nominierung schien risikolos. Bani-Sadr war nämlich erst vier Wochen zuvor, im Februar 1980, iranischer Staatspräsident, von Chomeinis Gnaden, geworden. Viel Zeit für die Vorführung seines Modells vom Sozialismus blieb ihm nicht. Im Juni 1981 wurde er bereits wieder abgesetzt und floh nach Frankreich.

Hätte Professor von Albertini den Hamburger Sozialisten ein Jahr später, im Juni 1981, nach seinem Hoffnungsträger gefragt, wäre natürlich an Stelle von Bani-Sadr der neue Held, Präsident Mitterrand von Frankreich, genannt worden. Doch 1985 würde auch sein Sozialismus auf französisch nicht mehr dazu taugen, als Beleg für die Funktionsfähigkeit des Sozialismus ins Feld geführt zu werden. Der real existierende Sozialismus hatte in Frankreich nach nur drei Jahren seine Zeit auch schon wieder hinter sich.

Keine andere soziale Bewegung mit einer ähnlich langen Geschichte hat sich je mit der Antwort auf eine naheligende Frage so schwer getan wie der Sozialismus: Wo ist das Schaufenster, in dem wir uns die Sache ansehen dürfen, bevor wir das Modell kaufen?

Im Dezember 1973 saß mir Professor Oskar Negt (Hannover) in ei-

ner TV-Runde des WDR gegenüber. Sie galt dem Thema »Gleichheit«. Wilhelm Räuker (inzwischen Intendant vom NDR) zeichnete sie auf. Negt sprach vom Sozialismus, dessen Herbeiführung sein Anliegen sei. Nachdem er mit hochfliegenden Gemeinplätzen allen den Mund wässerig gemacht hatte, fragte ich: »Können Sie uns einen Ort und Zeitpunkt nennen, wo auf der Erde, wie immer auch annäherungsweise, das schon einmal zufriedenstellend funktioniert hat, was Sie hier als Universalrezept empfehlen?« Verdutzt dachte er eine Weile nach, dann hellte sich sein Gesicht auf, er strahlte in die Kamera und sagte: »Ich kann sogar zwei nennen: Die Pariser Kommune vom Frühjahr 1871 und die bolschewistische Räteregierung in ihren ersten Monaten 1917 in Rußland!«
Nun ist Negt als Sozialismuskenner doch wohl ernst zu nehmen. Peter von Oertzen (SPD) hatte ihn, als er in Hannover Kultusminister war, zum ordentlichen Professor berufen, und in »Kürschners Gelehrtenkalender«, Ausgabe 1980, weiß Negt auch eine (einzige) Publikation anzuführen: »Keine Demokratie ohne Sozialismus« (1976). Doch wie seltsam: für Negt zeigte der Sozialismus bisher seine wahre zukunftsverheißende Gestalt immer nur für wenige Wochen oder Monate am Ende eines verlorenen Krieges, wenn seine Gestalter die totale und brutale Machtvollkommenheit besitzen, die sich eben von selbst ergibt, wenn der Belagerungszustand herrscht.
Noch ein Beispiel jüngeren Datums: Im Juni 1980 fand in München zu Ehren des Nobelpreisträgers und Sozialismuskritikers Prof. F.A. von Hayek ein Symposium statt, für das es auffallend schwer gewesen war, überhaupt einen Sozialisten zu finden, der bereit war, öffentlich mit Prof. Hayek zu diskutieren.
Ota Šik z. B., von 1962 bis 1968 Mitglied des ZK der KPČ in Prag und seit 1974 als Professor in St. Gallen nach einem neuen Sozialismus suchend, hatte zugesagt, doch dann wieder abgesagt, nachdem ihm klar geworden war, daß er auch diesen neuen Sozialismus öffentlich gegen Hayek zu verteidigen haben werde.
In letzter Minute fand sich ein jüngerer Mann, Prof. Elmar Altvater, der als Marxist das Fach »Politische Ökonomie« an der Freien Universität in Westberlin vertritt und sich als Berater des DGB deklarierte.
Auch Altvater weigerte sich standhaft, Zeit und Ort zu nennen, wo

sein Modell vom Sozialismus jemals funktioniert habe. Altvater hatte übrigens Glück: die Veranstaltung fand noch einige Wochen vor dem Beginn der polnischen Ereignisse in Danzig im August 1980 statt. Als im Lauf der zwei Tage eine seiner Positionen nach der anderen wie ein Kartenhaus zusammenfiel, rief er endlich aus: »Immerhin gibt es einige Dinge, die im Ostblock besser sind als im Westen!« Freudig forderte ihn Zuhörerschaft und Podium auf, doch bitte nur zwei oder drei zu benennen. Nicht ein einziges dieser Dinge wollte er benennen.

Der Kapitalismus braucht bis heute für sein Selbstverständnis und für seine Rechtfertigung weder Schlüsselereignisse noch charismatische Helden. Er braucht keine Pariser Kommune, keine Oktoberrevolution in Petersburg, keine Figuren wie Marx, Engels, Lenin, Rosa Luxemburg, Mao, Castro oder Allende. Und wer erinnert sich noch an solche Künstler des Sozialismus wie Kwame Nkrumah von Ghana, Frau Bandaranaike, Chefin von Sri Lanka von 1970 bis 1977 oder Nasser von Ägypten? Und auch Indira Gandhi löste nie die Hoffnungswellen aus, die ihr Vater Nehru in den fünfziger Jahren im Westen bei bestimmten Kreisen in Bewegung setzte.

George Orwells Porträt der britischen Sowjetpatrioten

Orwells »1984« nahm unsere achtziger Jahre weit weniger zutreffend voraus als es seine eigenen tatsächlichen Beobachtungen in England von 1937 bis 1949 getan haben. Sein Hauptanliegen, nach einem kurzen traumatischen Abstecher zum Bürgerkrieg in Spanien, als Kämpfer für die Rote Seite, war die Auseinandersetzung mit der Geschichte der Sowjetunion und mit dem, was die westeuropäischen Intellektuellen darin erblickten. Orwells satirische Fabel »Die Farm der Tiere«, 1943 geschrieben, 1945 erschienen, wurde von über einem Dutzend Verlagen in England und Amerika abgelehnt, weil Stalins Rußland darin zu deutlich erkennbar war. Die damaligen Unterdrückungsversuche dieses Buches, und Orwells Beschreibung und Deutung dieser freiwilligen Vorzensur, beleuch-

ten die geistige Lage in Westeuropa 1984 viel direkter als es das Buch »1984« vermag.
Orwell fing auch früh an, die Sonntagssozialisten zu durchschauen. In seinem Buch »The Road to Wigan Pier« (1937) griff er die Ungleichheit unter kapitalistischen Verhältnissen an, hielt aber auch folgendes fest: »Man hat manchmal den Eindruck, daß die bloßen Worte ›Sozialismus‹ und ›Kommunismus‹ wie ein Magnet jeden Fruchtsafttrinker, Nudisten, Sandalenträger, Sex-Narren, Quaker, ›Bio-Quacksalber‹, Pazifisten und Feministen in England an sich ziehen.« Orwell hätte kaum treffender die Rot-Grün-Allianz von 1984 charakterisieren können. Und an gleicher Stelle schreibt er auch: »In Wirklichkeit ist es doch so: Viele, die sich Sozialisten nennen, verstehen unter Revolution nicht etwa eine Bewegung der Massen, der sie sich anschließen zu können hoffen, sondern ein Paket von Reformen, welche ›wir‹, die Schlaumeier, den anderen, den schlichten Leuten, auferlegen werden.«
Vor zwölf Jahren gab es in England eine literarische Sensation. Am 15.9.1972 veröffentlichte die Londoner »Times« in der Literaturbeilage ein bis dahin unbekanntes Manuskript Orwells. Er hatte es 1944 als ein Vorwort zu »Animal Farm« geschrieben, aber dann doch nicht verwendet. Orwell rechnete darin mit all denen ab, die in den Jahren 1943/44 die Veröffentlichung dieser Fabel zu verhindern versucht hatten. Er beschreibt im Detail und mit Belegen die dabei zutage getretene Selbstzensur in der britischen Medienwelt:
»Wenn Verleger und Redakteure alles tun, um gewisse Themen ungedruckt zu lassen, tun sie es nicht aus Furcht vor dem Strafrecht, sondern aus Angst vor der öffentlichen Meinung ... Zu jedem gegebenen Zeitpunkt gibt es eine Orthodoxie, einen Strauß von Ideen, die alle richtig denkenden Leute ohne Frage akzeptieren. Genaugenommen ist es nicht verboten, dies oder jenes zu sagen, aber man tut es einfach nicht ... Zur Zeit verlangt die vorherrschende Orthodoxie eine unkritische Bewunderung von Sowjetrußland.«
Orwell untersucht dann den weit zurückreichenden Stalin-Kult der Intellektuellen und macht sich keine Illusionen darüber, wie sie »Animal Farm« rezensieren werden: »Man hätte das nicht drucken dürfen ... es schadet der Bewegung der fortschrittlichen Kräfte.« Orwell gibt sich in seinem Vorwort dann sogar Illusionen hin:
»Es ist gut möglich, daß die Mode nicht von Dauer sein wird. Ich

könnte mir vorstellen, daß zum Zeitpunkt des Erscheinens dieses Buches meine Ansicht über das Sowjetregime die allgemein akzeptierte sein wird.« Und die läßt an Eindeutigkeit nichts zu wünschen übrig: »Seit einem guten Jahrzehnt bin ich davon überzeugt, daß das existierende russische Regime in der Hauptsache ein Ding des Bösen ist, und ich beanspruche das Recht, dies zu sagen, ungeachtet der Tatsache, daß wir Alliierte der UdSSR in einem Krieg sind, in dem ich unseren Sieg wünsche.«

Orwell irrte sich, er zog nicht die naheliegenden Schlüsse aus seinen Beobachtungen bei Zeitgenossen. Es bedarf 1984, wie wir leider feststellen müssen, gar keiner total neuartigen Propagandamaschinerie, um eine beachtliche Anzahl von Menschen, insbesondere von Meinungsführern fortwährend im Sinne des Großen Bruders umzuprogrammieren. Die Mitläufer in der westlichen Medienlandschaft programmieren sich gegenseitig selbst, auf genau die gleiche Weise wie es ihre von Orwell so bitter getadelten Vorläufer in den Jahren 1929 bis 1949 getan haben. Die Eitelkeit, die Geltungssucht der Toren, die Selbstgleichschaltung, die Umstülpung eigener Feigheit zum Mutbeweis – all das, wovor Orwell der Ekel hochkam, funktioniert heute genau so, ohne das Zutun irgendwelcher Mittel aus der Kiste von Science-fiction.

Orwells Bedeutung liegt nicht in »1984«, verstanden als Prognose, sondern in seiner unverändert treffenden Diagnose des Sowjet-Syndroms bei westlichen Intellektuellen. Was Orwell wohl nicht vorhersah, ist die konstitutive Unaufklärbarkeit eines bestimmten Intellektuellentyps, auch ein halbes Jahrhundert nachdem Orwell ihn beschrieben hatte. Wer immer auch in Moskau an der Spitze ist, was er auch tun mag, er kann verläßlich auf diesen Intellektuellentyp im Westen bauen – wie 1924, 1944 oder 1954.

Daß z. B. ein Günter Grass im Angesicht des Großen Bruders sich freiwillig von der greifbaren Wirklichkeit entfernen und 2 + 2 für 5 erklären kann, so wie der armselige Parteibürokrat Winston Smith in Orwells »1984« nach seinem Weg durch alle Höllen der Folter – das ist das eigentliche Menetekel, die Perversion der Geschichte des 20. Jahrhunderts. Nicht zu »1984«, als Prognose mißverstanden, würde auch in einem real existierenden »1984« unserer 80er Jahre ein Mann wie Lech Walesa passen oder die Handwerkerfamilie, die sich aus Regenmänteln einen Heißluftballon näht und mit ihm entflieht. Orwell traute dem kleinen Mann, den einfachen Leuten zu wenig zu, und den Gralshütern des Geistigen immer noch zuviel. Die ersteren wachsen immer wieder über sich selbst hinaus, die letzteren zeigten auch 1984 eine fatale Neigung, sich selbst auf das Maß zurückzuschrumpfen, das Orwell in den 40er Jahren vor Augen hatte.

Im Frühjahr 1980, also lange bevor er von einem US-Präsident Reagan oder von einem Bundeskanzler Helmut Kohl etwas ahnen konnte, war Günter Grass bereits am Werk, einen primitiven Antiamerikanismus zu schüren und zu verbreiten. Es war so schlimm, daß Klaus Harpprecht, der einstige Redenschreiber Willy Brandts, am 23. Mai 1980 in der »Zeit« die antiamerikanischen Ressentiments und Klischees des Günter Grass aufs schärfste kritisierte: »Die Schriftsteller aber, Günter Grass voran, reckten den Kopf um so höher. Sie haben sozusagen die Führung der Weltmoral übernommen, eine Aufgabe, zu der die Deutschen des 20. Jahrhunderts prädestiniert sind ... Grass beginnt, den Niveau-Unterschied zwischen kommunistischen Staaten und den demokratischen des Westens Zweifeln auszuliefern.«

Mit schlichter Feigheit erklärte Orwell sich 1944 die Tatsache, daß »zahlreiche lautstarke Pazifisten«, die fortwährend die Kapitulation Englands vor Hitler gefordert hatten, nie ein Wort gegen den russischen Militarismus zu äußern wußten:

»Wie viele von ihnen haben jemals ausgesprochen, daß Krieg auch dann etwas Böses ist, wenn ihn die Rote Armee führt? Offenbar haben die Russen ein Recht auf Selbstverteidigung, wohingegen es eine Todsünde ist, wenn wir es tun. Man kann diesen Widerspruch nur auf eine Weise erklären: durch die feige Beflissenheit, im Pulk der Intelligentsia zu bleiben, deren Patriotismus sich lieber auf die UdSSR richtet als auf Britannien. Ich weiß, daß die englischen Intellektuellen jede Menge Gründe für ihre Ängstlichkeit und Unehrlichkeit haben. Ich kenne ihre Argumente zur Selbstrechtfertigung nur zu gut. Aber lassen wir dann auch das Geschwätz über die Verteidigung der Freiheit gegen Faschismus. Wenn Freiheit überhaupt etwas bedeutet, dann bedeutet es das Recht den Leuten das zu sagen, was sie nicht hören wollen. Die einfachen Bürger verstehen das noch so, zumindest vage, und handeln danach ... es sind die Intellektuellen, die den Verstand mit Schmutz verkleben wollen: um auf

diese Tatsache aufmerksam zu machen, habe ich dieses Vorwort geschrieben.«
In der Bundesrepublik Deutschland durfte man im Herbst 1972 diesen Fund im Nachlaß von Orwell nicht lesen. Als Dr. Zehm, der Kulturredakteur der »Geistigen Welt« in der Tageszeitung »Die Welt«, die Übersetzungsrechte von der Londoner »Times« kaufen wollte, untersagte die Witwe Orwells jegliche Veröffentlichung in deutscher Sprache mit der Begründung, sie wolle nicht die Ostpolitik Willy Brandts stören. Selten in der Geschichte der Literatur ist wohl eine Witwe ihrem Mann bei seinem ihm wichtigsten Vermächtnis an die Nachwelt so gezielt in den Weg getreten.

Harold J. Laski – ein Fall für Orwell

Deutlich offenbarte sich die politische »Ethik« des marxistischen Fortschrittdogmas in Harold J. Laskis (1893–1950) postumen Buch »The Dilemma of our Times«. Dieser »historische Essay« erschien 1952 in London und enthielt das politische Testament dieses beiderseits des Atlantik und in Indien vielbewunderten und verehrten Hauptdenkers der englischen Linken jener Jahre. Die Hervorhebungen im folgenden Zitat sind von mir und sollen die Verwendung des Fortschrittdogmas in einer beispiellosen Apologie für jegliche Tyrannei und jedes Genozid – sofern sie nur marxistisch sind – aufzeigen. Laski schrieb:
»Die angloamerikanische Politik ist aufgebaut auf einem althergebrachten Interesse an Unwissenheit, Krankheit und Armut. Diese werden konserviert infolge des völlig falschen Glaubens, daß man diese drei Umstände brauche, um jenes Interesse gegen die Infiltration kommunistischer Ideen zu schützen.
Diese kurzsichtige Verrücktheit des angloamerikanischen Gesichtspunktes ist neuerdings in China veranschaulicht worden. Es liegt auf der Hand, daß ein unterdrückter Nationalismus, der lange unter Ausbeutung litt ..., viel eher vom Kommunismus beeinflußt werden wird als von irgendeiner rivalisierenden Idee, sei sie befürwortet von Großbritannien oder den Vereinigten Staaten. Das eigentli-

che Problem ist nun das *der Geschwindigkeit*, mit der sich der Kommunismus, dessen sämtliche Linien einem in Moskau gesponnenen zentralen Muster entspringen, mit der *viel langsameren Dynamik der Ideen* aus Washington, London oder Paris vereinigen lassen wird. Dieses Problem wird durch die Tatsache intensiviert, daß hinter der russischen Ideologie die Leidenschaft eines religiösen Glaubens steht, die ... alle Hindernisse für *den Fortschritt* wegfegt ... Es mag sein, daß die russische Ideologie die Fesseln der Vergangenheit mit einer rücksichtslosen, ja selbst barbarischen Gleichgültigkeit gegen Leben, Freiheit und Gesetz zerbricht. Wichtig ist dabei aber nicht nur, *daß die Fesseln der Vergangenheit zerbrochen werden, sondern daß die meisten all jener, die dadurch von einer Knechtschaft zur nächsten geführt werden, nichtsdestotrotz die neue Knechtschaft sozusagen als Stufe in einem dunklen Tunnel ansehen, durch den sie zum Licht wandern.«* (S. 259)

Also »Fortschritt« durch neue Knechtschaft! Angesichts dieses Kerndogmas in der Sozialphilosophie Laskis versteht man gut, weshalb sich F.A. von Hayek gerade in London – nach zwölf Jahren seiner Tätigkeit an der gleichen Universität mit Laski – zur Niederschrift seines Buches »Der Weg zur Knechtschaft« getrieben fühlte. Laskis Verherrlichung jeglicher linken Knechtschaft, die – nach ihm – stets im Dienste des eigentlichen »Fortschritts« stehe, wurde im gleichen Buch noch viel deutlicher, als Laski auf die Sowjetunion zu sprechen kam. Zunächst gab Laski einige Schwächen und Unschönheiten Rußlands – im Jahre 1950 – zu, um dann fortzufahren:

»Aber man darf selbstverständlich nicht den ungeheuren Fehler begehen, die Übel in Rußland so sehr im Kopf zu haben, daß man vergißt, das kommunistische Rußland als *die Quelle neuer und schöpferischer Werte in unserer Zivilisation* anzusehen. Hinter dem Polizeistaat scheint die leidenschaftliche Überzeugung zu stehen, daß man den Menschen regenerieren müsse. Hinter dieser Bemühung, den Menschen zu erneuern, steht eine Vision, die man kaum anders als messianisch nennen kann ...

Wir sind Zeugen eines gigantischen Schauspiels: eine ganze Gesellschaft (Rußland und Satelliten) ist sozusagen in eine Form gepreßt, von wo sie erneuert wieder auftauchen wird ... Ich weiß gewiß, daß hinter dieser Anstrengung eine Entschlossenheit und schöpferische

Einbildungskraft stehen, die ganz sicherlich dem Abenteuer des Menschen eine neue Perspektive geschenkt haben.«

Wenn man derlei liest, um 1950 geschrieben, wundert man sich nicht über die Verbissenheit, mit der die europäische Linke damals schon alle Bemühungen um eine Einigung Europas und eine westliche Allianz gegen die weitere Ausdehnung des russischen Einflusses in Europa und in Übersee zu verlangsamen suchte. Für Laski – der vor vierzig Jahren vielen als *der* Philosoph der Labour-Partei galt, ungeachtet seiner Zusammenstöße mit Attlee – war es unverzeihlich, daß Churchill eine »Gegenrevolution« zustande gebracht habe, wodurch die fortschrittliche und segensreiche Doktrin der UdSSR von Europa ferngehalten worden sei. Mit dem Dogma vom verfallenden kapitalistischen Westen und dem fortschrittlichen kommunistischen Osten schaffte sich Laski nach 1945 einen Schlüssel, der für ihn ohne weiteres erklärte, weshalb die Satelliten die Knechtschaft unter Moskau vorgezogen hätten und stets vorziehen werden:

»Unsere sozialistische Zivilisation ist auf der Grundannahme aufgebaut, daß der einfache Volksgenosse allen Respekt verdient. Deshalb ist es unsere Pflicht … zuzugeben, daß jede Gesellschaftsform am Ende moralisch verfallen ist, wenn die Interessen des einfachen Volksgenossen nur im größeren Rahmen einer führenden Minderheit wahrgenommen werden. *Und hierin liegt eines der Geheimnisse der Macht Rußlands über seine Nachbarn … Die ungeheuren Reformen, die die großen Gutsbesitzer in Polen und Ungarn, die reichen und ausbeuterischen Unternehmer von Warschau und Lodz, von Budapest und Szeged, von Bukarest und Jassy vernichteten,* ließen keine Reue zurück, kein Eingeständnis, daß Untaten begangen worden sind …

Jene, die den dank Rußlands Ermutigung vorgenommenen riesigen Veränderungen feindlich gegenüberstanden, erschienen den Massen in den Satellitenländern als Männer, die nach Mitteln und Wegen suchten, eine fortschreitende Freiheit wieder in überflüssig gewordene Sklaverei zurückzuverwandeln.« (S. 55)

Es gibt im Westen Politiker und Journalisten, die seit Jahren an der Hoffnung festhalten, man könne am Ende mit dem kommunistischen Moskau zu einem freien Austausch der Ideen gelangen. Vielleicht, so glaubt man, können wir die anderen von unserem guten

Willen überzeugen. Vielleicht wird man uns einmal eine Gelegenheit geben, auch hinter dem »Eisernen Vorhang« frei und offen unsere Weltanschauung vorzuführen. Warum soll es nicht zu diesem freien Wettbewerb der Ideen kommen? Die Krönung dieser Selbsttäuschung ist dann die Zuversicht, der westliche Sozialist sei der geeignete Mittler für eine solche Begegnung von Ost und West. Man hätte folgende Äußerung Harold J. Laskis lediglich als das nehmen müssen, was sie klar sagt, um von jener Hoffnung nicht so bitter enttäuscht zu werden. Der sozialistische Fortschrittsglauben schließt einen Kompromiß, jeden legitimen Vergleich verschiedener Lebens- und Wirtschaftsformen aus. Hier, beim Sozialismus, so Laski, ist unbedingter Fortschritt; dort, beim Kapitalismus – oder überhaupt bei jeder Wirtschaftsform, die dem Nichtproletarier noch eine Chance läßt – ist absoluter Verfall. So heißt es bei Laski (1952):
Der russische Kommunist »ist überzeugt, daß die von ihm allein besessene Wahrheit in ihrer Anwendung die Hauptbedingung für die Erlösung der Welt ist. Er wird deshalb keinerlei Spekulation über die mögliche Ungültigkeit seiner Wahrheit zulassen; darüber hinaus wagt er nicht, die Anwendung seiner Wahrheit anderen Händen als seinen eigenen anzuvertrauen ... Unter diesem Gesichtspunkt kann man, denke ich, leicht verstehen, weshalb die russischen Kommunisten mit Mißtrauen und Abneigung auf den Versuch der westlichen bürgerlichen Welt blicken, die jene Wälle zwischen sich und dem russischen Volk niederbrechen will.«
Man beachte, wie bewundernd Laski von der Gedankenkontrolle spricht:
»Mit unendlicher Mühe und Opferbereitschaft hat die Partei (Sowjetrußlands) vermocht, ihren Lebensstil all den Millionen der Sowjetunion aufzuerlegen ... Volle Beziehungen mit der westlichen bürgerlichen Welt würde den Feind innerhalb der eigenen Wälle bedeuten. Es würde ein Anbieten von dem bedeuten, das die Partei als tote oder sterbende Vergangenheit betrachtet. Dieser würde damit eine Gelegenheit gegeben, das Heraufkommen der Zukunft zu verhindern oder zumindest verzögern. Das westliche Bürgertum mit ... seinem Verwesungsgeruch ... könnte sich nur als eine Verzögerung auswirken. Es würde die Annahme des neuen Lebens bei den Männern und Frauen verlangsamen, die jenen Lebensstil bereits

als die natürliche menschliche Lebensform in selbstvertrauendem Optimismus hinnehmen ...«
Kingsley Martin, Herausgeber der britischen Wochenschrift New Statesman, Freund und Kampfgenosse Harold Laskis, gab 1953 in seiner bewundernden Biographie zahlreiche Beispiele für den unermüdlichen Versuch Laskis, durch Briefe und Gespräche, bei Staatsmännern und Publizisten seiner Zeit die Illusion eines unausweichlichen Marsches nach Links zu erzeugen. Weihnachten 1942 schrieb Laski zum Beispiel an Präsident Roosevelt:
»Auf der ganzen Welt droht uns die Gefahr, daß die besitzenden Klassen die Gelegenheit für die Vier Freiheiten vernichten werden ... Ich bin nicht einmal sicher, ob Sie nicht am Unvermögen der meisten britischen politischen Führer, die Größe der jetzt geborenen Weltrevolution zu begreifen, leiden. Aber ich bin ebenso überzeugt ... daß die Notwendigkeit einer fundamentalen sozialen Umwälzung jetzt in den Köpfen der Leute auf der Straße die Gewalt eines unbrechbaren Dogmas besitzt ... Die Wahlen nach dem Krieg werden allüberall entweder von Männern gewonnen werden, die bereit sind, alle Risiken für die Errichtung des positiven Staates (Kollektivismus und Zentralismus) zu tragen, oder wir werden eine Epoche beängstigender Vorbereitung auf Bürgerkriege großen Stils erleben ... Aus diesem Grund ... hoffe ich, Sie werden unseren Prime Minister (Winston Churchill) davon überzeugen, daß er seine Inspirationen aus den Hoffnungen der (sozialistischen) Zukunft und nicht aus den Leistungen der Vergangenheit ziehen müsse.«
Kann man sich einen besseren Beleg wünschen für die Weise, in der Sozialisten ihre eigenen Vorstellungen vom Strom der Zeit (nach links) den verantwortlichen Staatsmännern aufzupfropfen versuchten? Martins Laski-Biographie zitierte auch zahlreiche Briefe Laskis an Felix Frankfurter, Richter am Obersten Bundes- und Verfassungsgerichtshof der USA, in denen er seinen alten Freund von seinen Ansichten über die Harmlosigkeit der Machthaber der Sowjetunion zu überzeugen suchte. Das erklärt vielleicht auch, einige Jahre später, die entscheidende Mitwirkung Frankfurters an den Verfassungsurteilen zugunsten der Kommunisten in den USA im Jahre 1957. Diese Urteile schlossen aus, »im Interesse eines offenen Experimentierens mit der Zukunft« einen kommunistischen Theoretiker seines Lehreramtes zu entheben, solange er nur in der Theorie zum

Umsturz der amerikanischen Verfassung aufrufe und nicht unmittelbar, das heißt angesichts eines bereits versammelten Mobs etwa, zur Revolution aufreize. Aber Laski war nicht mit seinem Einfluß im Westen zufrieden. Wie Martin betont, stand er auch in engstem Kontakt mit Nehru in Indien und mit den Führern der Demokratischen Liga in China. Nicht einmal der Kreml war vor Laskis Memoranden sicher. Angesichts der Meinungen Laskis in seinem letzten Buch (Dilemma of Our Times, 1952) kann man sich gut denken, welche Befunde über den bevorstehenden Untergang des Westens Laski nach dem Osten meldete.

In einer Sendereihe zur Geschichte Osteuropas seit 1945 ließ die British Broadcasting Corporation (BBC World Service) 1984 zahlreiche Zeugen der Zeit im direkten Interview zu Wort kommen. Unter ihnen war auch ein Ungar, der heute im Westen lebt, aber in den 50er Jahren kommandierender General in Ungarn war. Er gab im Gespräch mit der BBC folgendes zu Protokoll: Stalin hatte die militärische Lösung des Problems Tito für 1951 fest beschlossen, und auch in Ungarn wurden alle Vorbereitungen für die Invasion Jugoslawiens getroffen. Was Stalin bewog, seinen Plan fallen zu lassen, sei allein einem Ereignis zuzuschreiben, das die oberste Führung in Moskau sich aufgrund ihrer Einschätzung des Westens nicht hatte vorstellen können: Präsident Trumans sofortige massive militärische Reaktion auf die Invasion Südkoreas durch Nordkorea unter Mitwirkung mehrerer Alliierter.

IRRTUM NEUN:

»GESINNUNGSETHIK IST DIE GOTT-GEFÄLLIGSTE VERTEIDIGUNG«

Max Weber trennte 1919 Bergpredigt von Politik

Verantwortungsethik oder Gesinnungsethik? Das ist die Frage an die Neo-Pazifisten der achtziger Jahre, die auch der damalige Bundeskanzler Helmut Schmidt zu Beginn des Jahrzehnts an seine Partei stellte, ehe sie ihn verließ. Aber wie viele wissen überhaupt, wer diese Abgrenzung zwischen Bergpredigt und Politik erstmals vorgenommen hat?

Es war Max Weber (1864–1920), einer der bedeutendsten Sozialwissenschaftler und Religionsforscher Deutschlands, und ein Politiker im Geiste Friedrich Naumanns. Zu Beginn des Jahres 1919 sprach Weber vor Studenten der Universität München über Politik als Beruf. Was für ein Zeitpunkt! Der Erste Weltkrieg hatte gerade mit der Niederlage geendet: November-Revolution, Generalstreik, Aufruhr und Übergriffe, lokale Bürgerkriege. In dieser Lage wollte Weber zeigen, was auf den wartet, der sich berufen glaubt, Politik zu seinem Beruf zu machen: wieviel Augenmaß und Nerven er haben muß, falls er nicht der Todsünde des Politikers, der Verantwortungslosigkeit, verfallen wolle.

Weber lehnte »die sterile Aufgeregtheit der Intellektuellen« ebenso ab wie das Leere und Sinnlose einer bloßen Machtpolitik: »Sehen wir nicht, daß die bolschewistischen und spartakistischen Ideologen genau die gleichen Resultate herbeiführen, wie irgendein militaristischer Diktator?« Darf man ihrer »edlen Absicht« vertrauen und die Ethik der Bergpredigt befolgen?

Keinesfalls, meinte Weber. Die Lehre der Bergpredigt sei »kein Fiaker, den man beliebig halten lassen kann, um nach Befinden ein- und auszusteigen«. Die andere Backe hinhalten, ohne zu fragen, wieso es dem anderen überhaupt zukommt, uns zu schlagen? Dies sei nur dann erlaubt und ein Ausdruck von Würde, wenn man auch in allem anderen wie Jesus, die Apostel oder der heilige Franz lebt. »Sonst nicht!« Für den Politiker gelte gerade umgekehrt der Satz: »Du sollst dem Übel gewaltsam widerstehen, sonst bist du für seine Überhandnahme verantwortlich.«

Weber verachtet jene Sorte Gesinnungsethiker, die soeben »Liebe gegen Gewalt« gepredigt haben, aber »im nächsten Augenblick zur

Gewalt aufrufen – zur letzten Gewalt«. Was Weber wohl über die heutigen Befreiungstheologen und Friedensfreunde gesagt hätte, die allein dem Westen die Waffenlosigkeit predigen? Gewiß: Jedem ist es nach Weber unbenommen, sich mit der reinen Gesinnungsethik zu begnügen, aber er pflege dann schlicht und einfach Brüderlichkeit von Mensch zu Mensch und vermeide es, in die Politik zu gehen. Dorthin gehört nur der Verantwortungsethiker, weil dieser mit den durchschnittlichen Defekten der Menschen rechnet: »Der Politiker hat gar kein Recht, ihre Güte und Vollkommenheit vorauszusetzen, er fühlt sich nicht in der Lage, die Folgen eigenen Tuns auf andere abzuwälzen.«

Der Gesinnungsethiker hingegen fühle sich nur dafür verantwortlich, »daß die Flamme der reinen Gesinnung, zum Beispiel des Protests gegen Ungerechtigkeit, nicht erlischt«. Der große Irrtum der Gesinnungsethiker sei es: aus Gutem könne nur Gutes, aus Bösem nur Böses folgen. Weber: »Nicht nur der ganze Verlauf der Weltgeschichte, sondern jede rückhaltlose Prüfung der Alltagserfahrung sagt ja das Gegenteil.« Wer das nicht sehe, sei politisch ein Kind. Wer das Heil seiner Seele und die Rettung anderer Seelen suche, dürfe dies nicht auf dem Wege der Politik tun, die ganz andere Aufgaben haben, auch solche, die nur mit Gewalt zu lösen sind.

Gegen Ende seines Vortrages wurde Weber so deutlich wie es seit 1968, in der Epoche der Jugendverehrung, fast keiner mehr gewagt hat. Im überfüllten Auditorium maximum der Münchner Universität sagte er: »Mit dem Datum des Geburtsscheines bei Diskussionen überstochen zu werden, habe auch ich mir nicht gefallen lassen; aber die bloße Tatsache, daß einer 20 Jahre zählt und ich über 50 bin, kann mich schließlich auch nicht veranlassen, zu meinen, das allein wäre eine Leistung, vor der ich in Ehrfurcht ersterbe.«

Ich selber habe 20 Jahre nach Webers Vortrag noch mit einem Mann gesprochen, der 1919 als Student der Philosophie im Hörsaal saß, als Weber dies sagte. Es gab keinen Protest. Man begriff die Logik. Seit den 60er Jahren ist es im Westen umgekehrt. Man hatte zwischen 1968 und 1985 oft den Eindruck: Je älter der Narr, desto lieber erstirbt er in Ehrfurcht vor der Weisheit des Jungvolks. Aber Weber war in seinem Vortrag 1919 noch deutlicher geworden. Von den damals plötzlich massenhaft ins Kraut schießenden »Gesinnungsethikern« hatte er den Eindruck, »daß ich es in neun von zehn

Fällen mit Windbeuteln zu tun habe, die nicht real fühlen, was sie auf sich nehmen, sondern sich an romantischen Sensationen berauschen.« Für Teile der enttäuschten Jugend sah Weber dann als denkbare Endstation: »Mystische Weltflucht bei denen, welche die Gabe dafür haben, oder sie als Mode sich anquälen.«
Im August 1932 fand in Amsterdam ein großer »Friedenskongreß gegen den drohenden imperialistischen Weltkrieg« statt. Organisator und Inspirator war Willi Münzenberg (1889–1940), einst enger Freund Lenins, dann Mitglied des ZK der KPD, damals eine Schlüsselfigur im deutschen und internationalen Kommunismus. Münzenberg war das erste Multimedia-Genie der Komintern. Wie sonst keiner verstand er es, die glanzvollsten Figuren aus dem Kulturleben im Gleichtakt für die Ziele Moskaus tanzen zu lassen: Albert Einstein, Sigmund Freud, Paul Klee, Ernst Rowohlt, Hugo Gropius, André Gide, Romain Rolland – wenn Münzenberg Unterschriften für Aufrufe oder Grußtelegramme für seine Kongresse brauchte, er konnte sich immer auf seine Adressenliste verlassen. 1932 brachte er 79 pazifistische Organisationen, 150 verschiedene Verbände sowie 190 Gewerkschaften dazu, insgesamt rund 2200 Delegierte aus 29 Ländern nach Amsterdam zu schicken. Alle Herzen wogten für den Frieden. Lediglich eine Handvoll Anarcho-Syndikalisten verteilte Flugblätter mit dem Hinweis, die Parole »Kampf dem imperialistischen Krieg« bedeute in Wirklichkeit nur die Rechtfertigung eines Krieges der Sowjetunion, die das größte Militärbudget aller Staaten habe.
Die holländische Presse fragte im August 1932, weshalb man »dieses Trojanische Pferd« ins Land gelassen habe. Genf, London und Paris nämlich hatten ihre Tore für Münzenbergs Kongreß verschlossen. Den Großteil seiner Kosten trugen die einzelnen Organisationen und kommunistischen Parteien. Münzenbergs Apparat brauchte nur 38000 Dollar aus Moskau.
Genau sieben Jahre nach jenem Amsterdamer Friedenskongreß, der den Gesinnungsethikern und Pazifisten Westeuropas den Rücken stärkte, schloß Stalin mit Hitler den Pakt zur Schlachtung und Teilung Polens. Der Zweite Weltkrieg konnte beginnen. Wer den Münzenbergs der 80er Jahre dieses Jahrhunderts auf die Finger sehen möchte, sollte Münzenbergs Biographie aus der Feder seiner Lebensgefährtin Babette Gross lesen (Deutsche Verlagsanstalt,

Stuttgart, 1967). Sie wußte noch viel von dem, was Münzenberg mit ins Grab nahm, als ihn – so vermuten heute die Lexika – ein Berufskiller im Auftrag Stalins in Frankreich 1940 erreichte.
1940 rezensierte Orwell die englische Übersetzung von Hitlers »Mein Kampf«. Mit nur zwei Sätzen erhellt er, weshalb Englands Linksintelligenz ihn so völlig unterschätzt hatte:
»Der Sozialist, der seine Kinder beim Spielen mit Zinnsoldaten antrifft, ist entsetzt; aber es fällt ihm nie eine Alternative zu den Zinnsoldaten ein; Zinnpazifisten tun es einfach nicht. Hitler ... weiß, daß Menschen nicht nur Komfort, Sicherheit, Arbeitszeitverkürzung, Gesundheit und Empfängnisverhütung und, im allgemeinen, Alltagsvernunft wollen; sie wollen auch, zumindest hin und wieder, Kampf und Selbstopfer, von Trommeln, Fahnen und Loyalitäts-Paraden erst gar nicht zu reden.«
Was Orwell allerdings nicht vorhersehen konnte, war der weltweite Platzvorteil für Moskau im Jahr 1985, weil unsere Fernsehjournalisten ausgerechnet die Zinnpazifisten zu ihrem liebsten Spielzeug erkoren haben und weismachen wollen, diese seien auch die Alternative zu den herkömmlichen Mitteln einer glaubwürdigen Verteidigungsfähigkeit.

Die Atomangst in der Zeitgeschichte

Zum Phänomen der Atomangst stellte bereits vor einem Vierteljahrhundert der Schweizer Urs Schwarz (Die Angst in der Politik, Neue Zürcher Zeitung, 31. Januar 1959) Überlegungen an:
»Eine bewährte Waffe des Nervenkriegs ist die Erweckung eines Schuldbewußtseins beim Gegner. Den politischen Führern, den Sprechern der öffentlichen Meinung wird eingeredet, daß sie schuld seien an dem drohenden Angriff, der unnennbare Schrecken mit sich bringen werde. Es wird immer Stimmen im eigenen Lande geben, die diese Schuldthese aufnehmen und wiederholen. In Frankreich zum Beispiel kamen solche Stimmen in dem defaitistischen Schlagwort »mourir pour Dantzig« zum Ausdruck. Durch die Vorwürfe von außen und die Stimmen im Innern wird leicht eine Art Schuldgefühl geschaffen, das, auch wenn es nicht an die Oberfläche

tritt, erfahrungsgemäß sich in einen Angstkomplex verwandeln kann ...
Erweckung eines Schuldgefühls und die sich daraus ergebende Angst wurde von der Sowjetunion mit überlegener Kunst angewendet zur fortlaufenden Erpressung ihrer Verbündeten während des Zweiten Weltkriegs. Nachdem das Bündnis mit dem nationalsozialistischen Deutschland, dessen Zweck gewesen war, eine Niederlage der Westmächte zu ermöglichen, von Deutschland zerrissen worden war, galt es für die Sowjetunion vor allem, ihre eigene Haut zu retten. Dann aber kam sofort das Anliegen, die Westmächte daran zu hindern, einen überwältigenden Sieg zu erreichen und die eigene Machtstellung ihnen gegenüber auszubauen.«
Und nach dieser Beobachtung ging der Schweizer Journalist 1959 auf die damals gerade aufgepeitschte Angst vor Kernwaffen ein:
» ... Die politische Bedeutung der Atomangst ist in unseren Tagen so greifbar um uns, daß man zögert, darüber noch besonders zu sprechen. Geschaffen wurde sie durch die amerikanischen Erfinder der Atombombe selber, die sich, sobald die ersten drei Bomben explodiert waren, in eschatologischen Phantasien nicht genug tun konnten. Der Stein, den sie ins Rollen gebracht hatten, ließ sich nicht mehr aufhalten. Es war nur legitim, daß Japan, das unter den Atombomben Entsetzliches erlebt hatte, mit aller Kraft an der Kampagne der Furchterregung teilnahm ... Der Glaube an die Richtigkeit der Sache, die man vertritt, das Bild der Würde des Menschen, der sich nicht in Ketten legen läßt, weder durch andere Menschen noch durch die Angst in seiner eigenen Seele, sind sichere Stützen. Bewußt muß man sich gegen den Versucher wehren, der uns zuraunt, daß wir ein schlechtes Gewissen haben. Das soll nicht heißen, daß man in der Politik seine eigene Stellung nicht immer wieder prüfen soll, daß man sich nicht die Gewissensfrage stellen dürfe, ob man eigentlich recht habe oder unrecht. Aber diese Prüfung soll in Stunden und Tagen ruhiger Überlegung erfolgen und nicht erst in Zeiten der Krise. In Zeiten der Krise, der Gefahr, der Bedrohung hilft nur der hoch und sicher über uns stehende Leitstern, den man in Zeiten ruhiger Besinnung gewählt hat. Die letzte Antwort auf die Angst aber, wenn sie aus den schattigen Gründen der Politik auf uns zukriecht, ist, daß man bereit ist, für das Rechte unterzugehen, wenn es sein muß.«

Johannes Gross fragte zu Ostern 1984 im Magazin der »Frankfurter Allgemeinen Zeitung«: »Wie kann jemand, der gläubig der Heiligen Schrift anhängt, die Angst vorgeben oder empfinden, der Weltuntergang durch einen Atomkrieg stehe bevor? Von alledem, was dem Untergang alles Irdischen nach der Geheimen Offenbarung des Johannes vorhergehen wird, ist noch gar wenig eingetroffen.«

Man kann diese Frage aber noch konkreter stellen. Vor 25 Jahren, als sich – wie heute – bereits Theologen publizistisch mit ihrer Atomkrieg-Angst profilierten, fragte ich sie in meinem Buch »Was heißt politisch unmöglich?« (Zürich 1959, Seite 158 f):

»Woher nehmen sie die Arroganz, mit der sie sich einbilden, daß der letzte Tag der Welt ausgerechnet *nicht* zu ihrer Zeit kommen dürfe? Gerade von den Gläubigen müßten wir einen wundervollen Gleichmut erwarten können ... Heutige Theologen sollten eigentlich dem Schöpfer dankbar sein, daß er es durch die Atomphysiker der Christenheit ermöglichte, sich – vor dem Ereignis – ein physikalisch vorstellbares Weltende zu denken und die Konsequenzen daraus zu ziehen. Wer sich also als Christ ernstgenommen wissen will, müßte der letzte sein, der mit dem undenkbaren Ende der Zivilisation argumentiert und eine Unterwerfung unter den Anti-Christen vorzieht ... Vielleicht werden sogar *jene* Theologen den Zorn Gottes herausfordern, die ihre irdische Zivilisation so wichtig nehmen, daß sie eine – militärisch unnötige – Unterwerfung unter den institutionalisierten Atheismus anempfehlen.«

Man brauchte dies 1959 nicht alle evangelischen Theologen zu fragen. Einer ihrer Großen, Reinhold Niebuhr (1892–1971) wurde 1959 von dem amerikanischen TV-Interviewer Mike Wallace gefragt: »Bertrand Russell und andere haben kürzlich erklärt, daß sie angesichts der Alternative Kommunismus oder Atombombenkrieg ... vorzögen, unter dem Kommunismus zu leben. Was halten sie davon?«

Niebuhr erwiderte: »Wenn Bertrand Russell behauptet, eine Kapitulation vor dem Atomkrieg sei besser als Atombombenkrieg, so übersieht er das Entscheidende. Wir müssen das Risiko eines Atombombenkrieges seelisch aushalten, um uns vor einer Kapitulation vor dem Kommunismus zu retten ... keine Nation kann sagen: ›Wir werden lieber vor der Tyrannei kapitulieren als ein lediglich vorstellbares Schicksal hinnehmen‹ – also ein absolutes Schicksal als Alternative zu einem bloß denkbaren vorziehen ... Ich kann mir Individuen vorstellen, die so etwas sagen. Vom Gesamtschicksal her betrachtet, handelt es sich hier aber nicht um eine lebensfähige Option.«

Inzwischen sind 25 Jahre vergangen. Die christliche Geschichtsphilosophie Niebuhrs gilt 1985 nicht weniger als damals. Traurig hingegen ist, daß heute Persönlichkeiten vom Rang Niebuhrs fehlen, die dem Einschmuggeln scheinbar theologischer Erwägungen in eine politische Unterwerfungsbewegung deutlich entgegentreten. Ein Beispiel: Am 5. September 1983 stand in der Frankfurter Allgemeinen Zeitung ein Leserbrief von Prof. Dr. theol. Heinz Röhr, der Egon Bahr vor der Kritik durch den FAZ-Herausgeber Fritz Ullrich Fack in Schutz nahm. Röhr lehrt an der Universität Frankfurt Evangelische Theologie. Er schrieb:

»Es gibt für Christen nur die eine Möglichkeit angesichts des drohenden atomaren Holocaust: Sie liegt ... in der Bereitschaft, mit Kind und Kegel nach Sibirien ins KZ zu gehen – wenn es denn um Christi willen sein muß – oder in dem Eingeständnis: ›Wenn es für den Christen das Höchste ist, mit Christus zusammenzusein, dann kann ich das auch unter dem Russen!‹ Mit anderen Worten: Gefordert ist – um Christi willen – die einseitige totale Beseitigung der ABC-Waffen! Und wenn der Russe uns erobern will, soll er's tun. (Warum hat er's nicht längst getan?!) Die Alternative ist die Zerstörung dieses unseres Planeten – und wir haben nur diesen.«

Nein! Erstens ist das *nicht* die Alternative und zweitens frönt Röhr einem erstaunlichen Materialismus und hat dazu noch – im Sinne der eingangs zitierten Frage von Johannes Gross – ein völlig außerchristliches Geschichtsverständnis. Wäre das »Zusammensein mit Christus« im sowjetischen KZ auch nur um ein Haar »christlicher« als dieses Zusammensein in der Apokalypse? Was für ein »guter« Hirt ist doch Prof. Röhr, der seiner Herde den langsamen Tod im KZ in Sibirien empfiehlt, nur weil er sich selbst von der Apokalypse, im Neuen Testament vorhergesagt, verläßlich ausgespart wissen möchte und materialistisch am Planeten klebt?

Vermutlich reichen die Wurzeln der deutschen Unterwerfungsbewegung in eine europäische und insbesondere deutsche Gemütslage in der Epoche *vor* den Atomwaffen. In den »Berliner Aufzeichnun-

gen aus den Jahren 1942–1945« von Ursula von Kardorff (1976) steht unter dem 12. April 1944 folgender Eintrag:
»Eine große Anzahl von Intellektuellen ist jetzt davon überzeugt, daß wir unter russische Herrschaft kommen werden, und glaubt, der künstlerischen Freiheit würden dann keine Grenzen mehr gesetzt. Diese Leute sagen, mit Europa sei es nun zu Ende, alle westliche Kultur sei im Absterben. Naturverbundenheit, Vitalität, Kraft, das alles besäße der Osten noch, und eines Tages werde von dort auch eine neue, starke Religiosität ausgehen ... ich bin anderer Meinung.«
Altbundeskanzler Helmut Schmidt rezensierte Ende 1983 in der »Zeit« ein Buch des Italieners Luigi Barzini (1908–1984) »Auf die Deutschen kommt es an«. Ein Satz darin fand Schmidts besondere Beachtung: »Könnte es sein, daß die Kultivierten unweigerlich verurteilt sind, zu heruntergekommenen Leibeigenen (und geduldigen Lehrern) roher und grausamer Feindlinge zu werden?« Zwischen Schmidts Zeilen spürte man die Verachtung für die »Lieber rot als tot«-Intellektuellen der SPD. Aber sind diese vielleicht nicht so sehr »Intellektuelle« als vielmehr deutsche Kulturphilosophen im dritten Aufguß, von der Sorte, wie sie auch schon in der ersten Hälfte dieses Jahrhunderts auftraten? Nicht alle Intellektuellen und auch nicht alle Theologen drängen sich in die Leibeigenschaft. So erklärte zum Beispiel der Schriftsteller Manès Sperber im Oktober 1983 anläßlich der Verleihung des Friedenspreises des Börsenvereins des Deutschen Buchhandels:
» ... Europa wird sich nicht dank masochistischer Wehrlosigkeit heraushalten können ... Wer jedoch glaubt und glauben machen will, daß ein atomwaffenfreies, neutrales, kapitulierendes Europa für alle Zukunft des Friedens sicher sein kann, der irrt sich und führt andere in die Irre.«
Für Impresarios der deutschen Unterwerfungsbewegung wie Bernt Engelmann war dies ein Schlag ins Kontor. Solche Worte ausgerechnet von einem Mann, der den Inbegriff des europäischen Intellektuellen darstellte wie kaum ein anderer! Engelmann forderte Sperber auf, den Friedenspreis zurückzugeben.
Aber wie erklärt sich der Mut eines Sperbers? Seine Wahlheimat war Frankreich. Kann es das sein? Schließlich sagt Yves Montand das gleiche, wohingegen deutsche Schauspieler und Entertainer sich

eher die Zunge abbissen als ein Wort für die Selbstverteidigung ihres Landes einzulegen. Denkt man außerdem an die unverblümte Akzeptanz des nuklearen Verteidigungskonzepts bei den katholischen Bischöfen Frankreichs, so ist die Vermutung erlaubt, es könne am Geist Frankreichs liegen – genauer an der Harmonie von Geist und Nation?
Wie hieß es doch bei Niebuhr vor 25 Jahren: »Keine Nation kann sagen: ›Wir werden lieber vor der Tyrannei kapitulieren als ein lediglich vorstellbares Schicksal hinnehmen!«

Pazifismus und Genozide

Als SPD-Mitglied Günter Grass im Sommer 1983 in der »Zeit« die Auschwitz-Analogie gebrauchte, um diejenigen zu verurteilen, die den sowjetischen SS-20-Raketen im Westen etwas Gleichwertiges zur Friedenssicherung entgegenstellen wollen, gab es keine Aufregung. Der Auschwitz-Analogie bediente sich auch ein Abgeordneter der Grünen im »Spiegel« zur Polemik gegen die Nachrüstung. Doch dann sagte Bundesminister Heiner Geißler in der Sicherheitsdebatte: »Der Pazifismus der dreißiger Jahre, der sich in seiner gesinnungsethischen Begründung nur wenig von dem unterscheidet, was wir in der Begründung des heutigen Pazifismus zur Kenntnis zu nehmen haben, dieser Pazifismus der dreißiger Jahre hat Auschwitz erst möglich gemacht.«
Kaum hatte der CDU-Politiker Geißler dies geäußert, brach die Empörung vieler über ihn herein – von dem SPD-Politiker Horst Ehmke bis zu Hildegard Hamm-Brücher (FDP). Es kam sogar zu einem scheinheiligen Antrag auf Geißlers Entlassung als Minister. Dabei war seine Feststellung nicht entfernt so gemeint wie die Frage, die prominente Zeugen des Jahrhunderts bis heute regelmäßig von Journalisten gestellt bekommen: Ob nämlich ihre unterlassene Emigration aus Deutschland nach dem 30. Januar 1933, bei aller bewiesenen Distanz zum Dritten Reich, sie nicht doch an Auschwitz habe mit schuldig gemacht?
Selbstverständlich war eine entscheidende Voraussetzung für die

Möglichkeit von Auschwitz, daß Hitler den größten Teil Europas unter seine militärische Kontrolle bringen und auch alle nicht militärischen Maßnahmen unter dem Mantel des Ausnahmezustandes eines totalen Krieges treffen konnte. Sebastian Haffner schrieb 1978 in seinem Buch über Hitler: »Vielmehr kann man sagen, daß Hitler den Krieg zum Vorwand nahm, Massenmorde zu begehen, die mit Krieg nichts zu tun hatten, die ihm aber immer schon ein persönliches Bedürfnis gewesen waren.«

Im Rückblick auf den 30. Januar 1933 hatte Golo Mann Anfang 1983 in der »Welt am Sonntag« auf den stufenweisen Aufstieg Hitlers zum Herrscher über Europa hingewiesen, ein Vorgang, der an mehreren Punkten noch mit hoher Wahrscheinlichkeit durch einen erkennbaren Verteidigungswillen in Frankreich hätte gestoppt werden können. Erst als Hitler in Europa dieselbe Schwäche sah, die er in Deutschland bei seiner Machtergreifung unvermutet erlebte, kamen, so Golo Mann, die teuflischen Kräfte in ihm zum Durchbruch. Golo Mann fragte in seiner Rückschau auf die zwölf Hitlerjahre:

Wann kam es zur Kristallnacht, zum ersten systematischen und zentral angeordneten massiven Schlag im ganzen Reichsgebiet gegen die Juden seit den Nürnberger Gesetzen von 1935? Es war im November 1938, genau sechs Wochen nach dem Abkommen von München, in dem die Westmächte ihren Verbündeten, die Tschechoslowakei, an Hitler preisgegeben hatten.

Noch im April 1939 stimmten die britischen Labour-Politiker, eingesponnen im Pazifismus ihres intellektuellen Flügels, unbeirrbar gegen die Einführung der allgemeinen Wehrpflicht, obwohl sie genau wußten, was mit den deutschen Gewerkschaftsführern inzwischen geschehen war. Auch das konservative Establishment in Großbritannien war dem pazifistischen Zeitgeist so hörig, daß Churchill nach Chamberlains vermeintlicher Friedensrettung in München sowohl in der »BBC«, im britischen Rundfunk, als auch in der »Times« nicht mehr zu Wort kommen durfte.

1965 erschien im führenden Londoner Fachverlag für Soziologie (Routledge) ein Buch von David Martin über Geschichte und Soziologie des Pazifismus. 1985 liest es sich wie ein Menetekel. So wurde zum Beispiel die Peace Pledge Union Ende 1934 gegründet und hatte 1937 bereits 150000 Mitglieder. Sie protestierten nicht nur gegen eine britische Aufrüstung, sondern auch gegen alle Schutzmaßnahmen für die Zivilbevölkerung im Falle von Luftangriffen – wie die Pazifisten in der Bundesrepublik Deutschland 1985! Viele Pazifisten wurden damals, wie Martin schreibt, innerlich zu Skandinaviern und meinten, wenn England ein Land würde wie Dänemark, ließe Hitler es ganz sicherlich in Ruhe. (Und was kam dann wirklich? Im Frühjahr 1940 überfiel Hitler das neutrale Dänemark!)

Manche waren überzeugt, das Hitler-System werde irgendwie zusammenbrechen, wenn England total und einseitig abrüste. Andere wieder wollten die Herrschaft Hitler-Deutschlands über Europa hinnehmen und meinten, »die Scheußlichkeiten des Hitlerismus würden dann beginnen, sich in Luft aufzulösen.«

Mit hoher Wahrscheinlichkeit hatte die »Friedensbewegung« der dreißiger Jahre in England gerade denen die entscheidenden Argumente geraubt, die in Deutschland noch verzweifelt versuchten, Hitler den Krieg auszureden – wenn schon nicht aus moralischen Gründen, so doch wegen der Aussichtslosigkeit, ihn gegen die westlichen Demokratien gewinnen zu können.

Auch die Genozide durch die Kommunisten in Südvietnam und Kambodscha nach 1975 wurden mit ermöglicht durch den allein gegen die USA gerichteten Pazifismus der westlichen Intellektuellen. Einige von ihnen haben ab 1979 ihre Mitschuld eingestanden, zum Beispiel der Journalist Uwe Simon-Netto:

»Als Journalist habe ich fünf Jahre lang für deutsche Publikationen aus Vietnam über Vietnam geschrieben. Heute plagt mich der Gedanke an die Rolle, die wir Journalisten damals dort gespielt haben. Wer immer von uns es hat wissen wollen, konnte sich über die teuflische Natur des Regimes in Hanoi ins Bild setzen ... Was hat uns zweifeln lassen an den Warnungen mancher amerikanischer Beamter, daß ein kommunistischer Sieg in ein Massaker münden würde?«

Gräfin Dönhoff zitierte 1979 in der »Zeit« einen thailändischen General: »Die Vietnamesen machen mit ihren Minderheiten, was die Nazis mit den Juden machten. Nur benutzen sie statt Gasöfen das Meer – das ist billiger.«

Soll am Ende auch für Westeuropäer, als »boat people« in einem künftigen sowjetischen Großreich bis zum Atlantik, nur das Meer bleiben? Kommt es zur maßlosen Hysterie, zu Überreaktionen bei der SPD, bei ihren Intellektuellen, bei Leuten aller Farben in der Friedensbewegung, im Fall von Hinweisen auf die Mitermöglichung von Auschwitz durch die linken Pazifisten der 30er Jahre vielleicht auch deshalb, weil man diese Frage gründlich verdrängt hat, aber insgeheim noch einen Anflug von schlechtem Gewissen spürt, angesichts der Frage: Und was wird, wenn wir Pazifisten uns wieder geirrt haben sollten?

Reinheitswahn ohne Grenzen

Der rassische Reinheitswahn in Hitlers Nationalsozialismus führte zu dem Genozid an den Juden Europas, aber bis 1945 überforderte die Abnormität des Verbrechens die Phantasie selbst der Gegner Hitlers. Sie konnten sich einen solchen Plan nicht vorstellen. Ein Grund für die Ungläubigkeit gegenüber Berichten mag auch gewesen sein, daß für jeden einigermaßen gebildeten und welterfahrenen Menschen die Wiederherstellung einer fiktiven rassischen Reinheit absurd erscheinen mußte. Auch wer nur wenig über Genetik nach dem Stand des Wissens von damals wußte, konnte erkennen, daß eine Sortierung, Trennung und »Reinigung« des Genbestandes der Völker Europas reiner Irrwitz war. Das wußten auch viele von denen, die in Deutschland ihre Ahnentafeln, manchmal mit Glück und List ein wenig korrigiert, zusammenstellten und ihre Ahnenpässe für Arier erhielten. Der spätere Bundeskanzler Helmut Schmidt zweifelte mit Sicherheit nicht an seiner Eignung zum Offizier in Hitlers Wehrmacht, obgleich ihn nur Zufälle davor bewahrten, daß sein jüdischer Großvater aktenkundig wurde.

Wie rasch und leicht sich Vernunft und Sachverstand durch eine aggressive Bewegung mit einem absurd utopischen Reinheitsziel an die Wand spielen lassen, hat die Umweltbewegung seit den 70er Jahren in zahlreichen Ländern der Welt gezeigt. Eigentlich hätte man am Ende des 20. Jahrhunderts gegenüber von mit Gewalttätern durchsetzten militanten Reinheitsbewegungen, gegenüber mono-

manen Reinmachungs-Ideologien entschiedeneres Mißtrauen und Stehvermögen deutscher demokratischer Politiker erwarten können, als tatsächlich zu beobachten war.
Als 1933 zu Beginn der Hitlerjahre der Unsinn der Ahnentafeln, des Ariernachweises, die Ausforschung eines jeden Deutschen auf Spuren jüdischen Blutes in seinen Vorfahren – in Schulen und Ämtern, in Firmen und öffentlichen Körperschaften – mit tödlichem Ernst begann, hätte sich die Schlußfolgerung ziehen lassen: In spätestens zehn Jahren läßt Hitler alle Juden ausrotten. Einige wenige Deutsche ahnten dies, aber wenn sie ihre Befürchtungen nicht für sich behielten, glaubten ihnen nicht einmal enge Freunde und Gefährdete. Eine von mir angeregte Dissertation (R. Schafft-Kulas, Emigrationsverhalten, Mainz 1985) forschte in rund 400 Autobiographien nach den Gründen, weshalb sich so viele Juden ab 1933 so spät zur Emigration entschlossen hatten. Immer wieder zeigte sich, wie schwer es für viele gewesen war, das Risiko des Ausharrens zu erkennen.
Der Arierparagraph, als Parteiziel der NSDAP bereits 1920 aufgestellt, im April 1933 gesetzlich verankert, definierte jeden Menschen als Nichtarier, der auch nur einen jüdischen Großelternteil hatte. In zweifelhaften Fällen mußte ein Gutachten des beim Reichsministers des Innern bestellten Sachverständigen für Rasseforschung eingeholt werden. Das Reichserbhofgesetz vom 29. September 1933 wollte nach seinen einleitenden Sätzen »das Bauerntum als Blutquelle des deutschen Volkes erhalten« und legte fest, daß nur der in Deutschland Bauer sein kann, wer rein deutschen Blutes bis zurück zum 1. Januar 1800 (!) ist. Dieses Datum galt auch für alle Dienststelleninhaber der Nationalsozialistischen Deutschen Arbeiterpartei Hitlers. Die Ahnentafel-Durchleuchtung der Deutschen zwecks Aussonderung aller Personen mit »jüdisch verseuchtem Blut« war für sich allein schon so vernunftwidrig und pervers, daß sie auch ohne jede Ahnung von dem, was danach kam, genügt hätte, um die braune Bewegung kategorisch abzulehnen.
1933 galten die Deutschen weltweit als das für strenge Wissenschaftlichkeit und solide Bildung aufgeschlossenste Volk. Und doch konnten die Nationalsozialisten mit ihrem absurden, allen damals vorliegenden seriösen wissenschaftlichen Kenntnissen widersprechenden Ziel der Rassen-Reinigung und dem dazugehörenden Feindbild operieren, ohne daß auch solche, die dazu wohl in der La-

ge gewesen wären, daraus die Konsequenzen gezogen hätten, beispielsweise einen Boykott und Sanktionen gegen alle Sportereignisse, an denen Deutsche teilnahmen, so wie es heute weltweit gegen die Republik Südafrika praktiziert wird. Hätte Hitler die Wegnahme der Olympischen Spiele von Berlin wegen seiner brutalen Apartheidspolitik wirklich politisch überleben können, falls zum Beispiel diese Entscheidung am 30. Januar 1934 weltweit verkündet worden wäre?

Wenn heute, fünfzig Jahre nach dem Blutreinheitswahn der braunen Bewegung Hitlers, eine Bewegung Zulauf findet dank eines ähnlich hysterischen und bedenkenlos mit immer neuen Horrormeldungen genährten Umweltreinheitswahns, dann braucht das nicht mit einem »Holocaust« zu enden. Entscheidend für den Vergleich dieser Reinheitsbewegungen ist vielmehr dies: Der Wahn von einer auf Biegen und Brechen wieder herzustellenden Umweltreinheit eines fälschlich angenommenen Urzustandes wäre auch dann aufgrund der Analogie mit dem Blutreinheitswahn der Nationalsozialisten am Anfang der Hitlerherrschaft ebenso schlüssig als Wahn zu entlarven und mit kompromißloser Ablehnung zu beantworten, wenn die braune Bewegung schon 1936 ihr Ende gefunden hätte, ohne die Gelegenheit, all das weitere Unheil zu bringen, das sie zwischen 1937 und 1945 anzurichten vermochte. Es geht nur darum, daß sich die Deutschen und ihre Nachbarn nicht zweimal im selben Jahrhundert den in der Denkmethode gleichen Unsinn, aus Feigheit und wider besseres Wissen, zumuten lassen sollten. Der »Holocaust-Effekt« blockiert in der veröffentlichten Meinung die Lektion, die sich aus dem antisemitischen Blutreinigungswahn der Nationalsozialisten für die Gegenwart lernen ließe.

Gerade weil diese Blutreinigungs-Besessenheit im Deutschen Reich von 1933 – wie man heute weiß – die Vorstufen des Holocaust waren, scheut man sich, jene von den Nationalsozialisten hochgepeitschte Angst um die »Reinheit« des »deutschen Blutes« mit den absurden Ängsten und Reinheitsutopien der 80er Jahre zu vergleichen. Das Wissen vom Holocaust verhindert heute den Vergleich verschiedener politischer Reinheitsbewegungen allein unter dem Gesichtspunkt ihrer inhärenten Monomanie und unter Ausklammerung des Genozids, das die Reinheitsbewegung Hitlers bereits auf dem Gewissen hat.

Das ist eine der vielen unglückseligen Folgen Hitlers: Die Größe seiner Untat verleiht späteren gefährlich irrationalen und ähnlich monomanen Bewegungen Geleitschutz, eine Art von Immunität, eine Duldung, eine »Gesellschaftsfähigkeit«, eine Unanzweifelbarkeit ihrer Moral, die ihnen ohne Hitlers Nachwirken im Bewußtsein der Nachwelt heute wahrscheinlich nicht gewährt würde. Man fürchtet, ein Vergleich der Hysteriethemen von 1935 und 1985 könnte den Vorwurf bringen, man habe die Umweltpuritaner von 1985 mit Personen gleichgestellt, deren Reinheitswahn zu Millionen von Morden führte. Aber bis 1939 hatte ja noch keiner, der die »Reinigung des deutschen Blutes« anstrebte, die Massenmorde begangen. Und es wäre wahrscheinlich zu ihnen nie die Gelegenheit, nämlich der Zweite Weltkrieg, gekommen, wenn eine ausreichende Zahl von Personen im In- und Ausland sich allein aufgrund des schon spätestens 1934 erkennbaren psychopathichen Unsinns der »Aufnordung« einig geworden wären, daß das Hitler-Regime gestürzt werden müsse.
Walter Laqueur (The Terrible Secret: An investigation into the suppression of information about Hitler's »Final Solution«, London 1980; deutsche Übers.: Was niemand wissen wollte. Die Unterdrückung der Nachrichten über Hitlers »Endlösung«, Berlin 1981) hat nachgewiesen, daß noch während des Krieges sogar die Gegner Hitlers im Westen Berichten über das Genozid an den Juden keinen Glauben schenkten. Es überforderte das Vorstellungsvermögen selbst jener, die mit der Niederwerfung Hitlers befaßt waren.
Das totale Umweltreinheitsgebot der Ökologiebewegung und seine aus der Unerfüllbarkeit fließende politische Attraktivität weisen nicht unmittelbar auf ein Genozid in der Zukunft wie das ebenso unerfüllbare Blutreinheitsgebot der Nationalsozialisten. Aber von ihrer Eigendynamik her als Utopie mit ewigem Feindbild kann die irrationale, mit psychotischen Vorstellungen durchwirkte Forderung der Wiederherstellung eines fiktiven Urzustandes vor dem Industriezeitalter eben letztendlich doch ein Genozid im Gefolge haben. Insoweit manche Umweltpuritaner und ihre Freunde die Auflösung der NATO, die Entwaffung der Bundesrepublik Deutschland, die Vorschußkapitulation gegenüber der Sowjetunion, die Entindustrialisierung und eine Landwirtschaft im Stil der Jahrhun-

derte periodischer Hungersnöte im Programm haben, stört sie diesem Anschein nach die Aussicht nicht, mehreren Millionen Westeuropäern in sowjetischen Umerziehungslagern ein vorverlegtes Lebensende zu bescheren.

Die schizophrene »Moral« der Unterwerfungsbewegung 1985

Inner- und außerparlamentarische politische Kräfte 1985, die auf den Zerfall der NATO und der Verteidigungsfähigkeit der Bundesrepublik Deutschland, und damit auch anderer NATO-Länder, hinarbeiten, haben die letzten 60 Jahre zur Verfügung, um sehr genau wissen zu können, welche Art von Genoziden, von Massenmorden nach schematisch aufgestellten Menschenkategorien im Machtbereich kommunistischer Regierungen stattgefunden haben. Die Mitglieder und Mitläufer einer allgemeinen Unterwerfungsbewegung, unter welcher Farbe diese auch firmiert, brauchen ihr Vorstellungsvermögen nicht zu überfordern, um sich 1985 zu vergegenwärtigen, mit welchem Los viele Millionen von Westeuropäern rechnen könnten, falls sie in den Machtbereich eines Moskauer Regimes kämen.
Was für Köpfe sind das eigentlich, die 1985 in der Bundesrepublik Deutschland beispielsweise als Programmpunkt die Forderung erheben, es dürfe auf dem Boden der Bundesrepublik, und möglichst auch anderswo im Westen, nur mehr Waffensysteme geben, die in den Augen der Sowjetunion unzweifelhaft als bloße Verteidigungswaffen empfunden werden? Eine solche Definition wäre immer künstlich und willkürlich, fern jeder denkbaren Wirklichkeit, sie aber obendrein dem Gegner vorweg zu überlassen, ist Methode oder Wahnsinn.
Zwischen der Unterwerfungsbewegung 1985, die wissen muß, welche Genozide an den so Ausgelieferten sie mit Sicherheit nicht verhindern könnte, und den Deutschen des Jahres 1935 besteht ein grundsätzlicher Unterschied: In den dreißiger Jahren konnte sich fast niemand, möglicherweise überhaupt niemand außer Hitler und

einige in seinem engsten Kreis, vorstellen, von Deutschland aus könne binnen fünf oder sechs Jahren eine Ausrottungsmaschine gegen sämtliche Juden in Gang gesetzt werden. Es lag kein Indiz in der deutschen Geschichte seit dem Dreißigjährigen Krieg im 17. Jahrhundert, in Mitteleuropa kein Indiz seit der Französischen Revolution vor, um sich das kommende Genozid an den Juden auch nur in einem Alptraum auszumalen. Nicht einmal von Genoziden außerhalb Europas wußte man viel.
Ich erinnere mich noch an eine Schulstunde 1940. Wir hatten, wegen der Einberufung von Lehrern zur Wehrmacht, mitten im Schuljahr einen neuen Deutschlehrer bekommen, Dr. Bachteler. Er war von Ankara in der Türkei zurückbeordert worden, wo er an einer deutschen Auslandsschule unterrichtet hatte. In einer Deutschstunde ergab es sich irgendwie, daß Dr. Bachteler, mit schrecklichen Einzelheiten, von dem Genozid zu erzählen begann, das die Türken während des Ersten Weltkrieges zusammen mit den Kurden an den Armeniern verübt hatten. Dieses geschichtliche Ereignis, von dem Dr. Bachteler noch Augenzeugen gesprochen hatte, fand die ganze Schulklasse von Primanern ungeheuerlich und für unser mitteleuropäisches Weltbild vom 20. Jahrhundert unvorstellbar. Keinem von uns kam der Verdacht, daß ungefähr zu dieser Zeit Hitler bereits das systematische Genozid an den Juden plante. Dr. Bachteler, ein junger Lehrer, hätte sich wohl gehütet, in seiner Deutschstunde vom Genozid an den Armeniern zu berichten, wenn ihm der Gedanke möglich gewesen wäre, in Deutschland würde ein Genozid an den Juden vorbereitet. Er hätte in diesem Fall nämlich gewußt, daß dieses Thema aus der Türkei in seiner Deutschstunde für ihn lebensgefährlich gewesen wäre. Franz Werfels Roman »Die 40 Tage des Musa Dagh« (1933) konnte er uns damals natürlich nicht nennen – Werfels Anklage der Türken und Kurden!
1985 versucht eine, der Sache nach, prosowjetische Unterwerfungsbewegung den Westdeutschen die moralische Pflicht zur Unterwerfungsbereitschaft durch Verzicht auf Waffen, die dem Bedrohungspotential Moskaus angemessen wären, aufzunötigen durch die Unterstellung, die Deutschen von 1985 oder 1995 seien ohnehin unterwerfungswürdig, weil die Deutschen des Jahres 1935 es versäumt hätten, sich ein Vorauswissen vom geplanten Genozid an den Juden

während des Krieges zu verschaffen und rechtzeitig, vor 1936, ihre Unterwerfung unter Hitlers SS-Staat zu beenden.
Es konnte ein solches Vorauswissen 1935 nicht geben. Alle Mitglieder der Unterwerfungsbewegung 1985 hingegen haben das vollständige Wissen von jedem Genozid im Bereich marxistischer, leninistischer und sonstiger kommunistischer Regimes zur Verfügung, aber scheuen sich ungeachtet dessen nicht im geringsten, ihren Mitmenschen das Wegwerfen von Verteidigungswaffen über ein manipuliertes schlechtes Gewissen aufzunötigen, das diese, im Urteil der Unterwerfungs-Moralisten, nur deshalb haben sollen, weil ihre Eltern und Großeltern einen Widerstand gegen das Hitlerregime unterlassen hätten – einen Widerstand, zu dem sie sich die Waffen erst irgendwie hätten beschaffen müssen.
Der englische Militärhistoriker Liddell Hart beschrieb in seiner Geschichte des Zweiten Weltkrieges die Vorgänge in England, die Hitler zum Glauben verführten, er könne seine Eroberungszüge ohne ernsthaften Widerstand Englands und Frankreichs unternehmen: Es war der Pazifismuskult unter den britischen Studenten, zum Beispiel in Oxford, wo 1934 eine Abstimmung eine Mehrheit für die Entschließung ergeben hatte, unter keinen Umständen für das eigene Land zu kämpfen.
1983 gingen deutsche pazifistische Studenten sogar noch weiter. Am 26. Mai 1983 stand zum Beispiel in der »Frankfurter Allgemeinen Zeitung« im Leserbrief eines Jurastudenten:
»Ich für mich spreche jedenfalls unserem Staat das Recht ab, meine Freiheit gegen das Eindringen eines anderen Staates mit Waffengewalt zu verteidigen.« Dieser junge friedensbewegte Mann wußte aber auch, was er seinen Mitbürgern damit zumutet: »Es ist mir klar, daß ein totalitärer Staat vor Exekution nicht zurückschreckt.«

IRRTUM ZEHN:

»WER ZUR GESCHICHTE AUF DISTANZ GEHT, MEISTERT DIE ZUKUNFT«

Ein Unbild statt Geschichtsbild

Zu Beginn des letzten Drittels unseres Jahrhunderts wurde ein neuer Umgang mit Geschichte Mode, der die Lehrpläne und Schulbücher prägte und auch das Geschichtsbild, das Hörfunk und Fernsehen, Museen und Wanderausstellungen zu vermitteln bemüht waren. In Wirklichkeit handelte es sich um ein Unbild von Geschichte, um das Gegenteil einer Geschichtsschreibung, die ja gerade auch im »Fortschreiben«, im Darstellen von Kontinuitäten und Entfaltungen aus nicht beliebig zur Disposition stehenden Vorbedingungen ihre Gestalt erhält. Den Heranwachsenden wurde an Stelle eines Sinnes für Geschichte die hämisch-masochistische Manie zur Schulaufgabe gemacht, sich herausgezupfte Geschichtsausschnitte aus drei Jahrtausenden anzusehen wie Bilder einer primitiven Laterna Magica und besonders empörende Eigentümlichkeiten beliebig herausgegriffener Epochen, sich vor Ekel vor dem Menschen schüttelnd, nebeneinanderzustellen. Der auf Stich- und Schlagworte reduzierte Inhalt der Geschichte wurde parzelliert und fragmentiert, eine herkömmliche Beschäftigung mit Geschichte in Jahrhundertschritten galt als unmodern. Wenn die gesamte Geschichte der Menschheit eine Geschichte von Klassenkämpfen gewesen sein soll, ist es schließlich egal, mit welchem Stückchen Geschichte man sich befaßt.
Ein solches Unbild an Stelle eines Geschichtsbildes allein wäre schon schlimm genug und für eine heranwachsende Generation demoralisierend. Es kam aber noch eine zweite Perfidie hinzu, in der Bundesrepublik Deutschland penetranter als in anderen westlichen Ländern: Die zur Ungeschichtlichkeit und Geschichtslosigkeit verbildeten jungen Menschen wurden in einer bis dahin nie gekannten Weise moralisch verpflichtet, ihre Geschichte, ihre Vergangenheit zu bewältigen. Ausgerechnet die Unglücklichen, die in den Schulen und aus Schulbüchern kein leidlich sorgfältiges Geschichtsbild irgendeines längeren Abschnittes der Vergangenheit hatten erwerben dürfen, wurden nun mit List gezwungen historisch Trauer zu tragen. Sie mußten sich in Verantwortung, Schuld und schlechtem Gewissen üben, wegen der eigenen nationalen Geschichte und auch wegen der Geschichte der westlichen Welt, der Geschichte des Abendlandes.

Nachdem man teils aus Prinzip, teils aus Faulheit und Dilettantismus aufgehört hatte, in den Schulen Geschichte als Geschichte zu vermitteln und die gesamte Vergangenheit zu einem Grabbelsack degradierte, wurde die Jugend der westlichen Welt, wo immer die linken »Aufklärer« es so einrichten konnten, dazu genötigt, sich für »die Geschichte« lebenslänglich verantwortlich zu fühlen. Die »Ent-Geschichtlichten«, die historisch Entkernten wurden gezwungen – wie der Titanensohn Atlas im griechischen Mythos – zur Strafe die Säulen der bisherigen Geschichte auf ihre Schultern zu nehmen.

Was hier in den Seelen angerichtet wurde, kann man sich auch so verdeutlichen: Der Chirurg oder Internist, der heute in einem Kunstfehlerprozeß verliert, kann die Beweisführung der Gutachter nachvollziehen, auch wenn er sie in seinem konkreten Fall für unzutreffend hält. Er weiß aber, man könnte ihn gegebenenfalls mit Recht auf diese Weise verantwortlich finden. Und gleichermaßen konnte sich der Oberprimaner eines Gymnasiums in einem mitteleuropäischen Land zwischen 1930 und 1960 an Hand des von ihm erworbenen Geschichtsbildes – wenn er wollte – ein Urteil über die Forschungsergebnisse der Historiker verschiedener Nationen zur Kriegsschuldfrage des Ersten Weltkrieges bilden. In der Regel wurde er aber nicht aufgefordert, sich für den Teil dieser »Schuld« schuldig zu fühlen, die der Konsens der Historiker für sein Land zutagegefördert hatte; aber er wäre jedenfalls in der Lage gewesen, den ihm zugemuteten Teil der »Kollektivschuld« für diese Katastrophe zu Beginn des Jahrhunderts sachgemäß in ein Ursachengeflecht und in ein Netz von Vorbedingungen einzuordnen. Die Jugend der westlichen Welt aber – allen voran die deutsche in der Bundesrepublik – wurde hingegen ab Ende der 60er Jahre systematisch in die Lage eines hypothetischen Arztes gebracht, der 1984 einen Kunstfehlerprozeß über sich ergehen lassen muß, von der Anatomie und Physiologie des menschlichen Körpers sich während seiner Ausbildung aber nur ein Bild machen durfte, das dem Wissensstand des 12. Jahrhunderts entspricht.

Je dürftiger und oberflächlicher im letzten Drittel unseres Jahrhunderts der Bildungs- und Wissensstand bei immer länger beschulten Personen wurde, desto widerstandsloser ließen sie sich zur emotionalen Übernahme von Verantwortung für vor ihrer Zeit Geschehenes überreden. Ob es sich um die Geschichte der geographischen Entdeckungen in Übersee, um Kolonisierungen handelt oder um die Schmälerungen einer irgendwann vermeintlich vorhanden gewesenen intakten Umwelt für Mensch, Vieh und Sonnenblume – die Ausweitung des zeitlichen und geographischen Verantwortungshorizontes entwickelte sich bei manchen zu einer Besessenheit, die in einem umgekehrten Verhältnis steht zum persönlichen Grundwissen, das erforderlich wäre, um auch nur in einem einzigen kleinen Gebiet Kausalzusammenhänge sachgemäß zu erarbeiten oder zu überprüfen.

Das Mißverhältnis der Zeiträume im Bewußtsein der Spätgeborenen

Ein guter Teil der Aufgeregtheit, die seit Mitte der 70er Jahre, von Anlaß zu Anlaß springend, jüngere und auch nicht mehr ganz so junge Leute atemlos empört und kopfscheu in Einklang mit den entsprechenden Massenmedien hält, erklärt sich aus der Länge des Friedens in Europa seit 1945. Ein Bündel von Jahrgängen ist mittlerweile herangewachsen, in denen manche mit den 40 Jahren Frieden und mit dem, was diese möglich machten, nichts anzufangen wissen. Ihnen fehlt das Vorstellungsvermögen für die Kürze des Zeitraums in der ersten Hälfte unseres Jahrhunderts, in dem alles Grauenvolle, Aberwitzige, Chaotische und Böse zusammenkam.
Manche Besserwisser von heute können die 40 Jahre Frieden, Freiheit und Fortschritt seit 1945 in ihrem Wert und Wesen nicht erfassen, weil ihnen der Zugang zur Geschichte fehlt, um sich auszumalen, wie ihr eigenes Leben ausgesehen hätte, falls sie 1914 zehn Jahre alt gewesen wären. Die heute in Massenmedien und meinungsbildenden Berufen weithin tonangebende Generation enthält bereits einen hohen Anteil von Personen, die historisch so ungebildet und verbildet sind wie keine mit der Hochschulreife ausgestattete Generation seit 1850. Sie können mit den ersten 45 Jahren des 20. Jahrhunderts in den eigenen Köpfen nicht umgehen, glauben aber ganz

genau zu wissen wie alle anderen, die darin lebten, damit hätten umgehen sollen. Deshalb reden und handeln heute viele so, als ob sie aus den 40 Jahren seit 1945 einfach aussteigen könnten.

Kein Heranwachsender in Europa zwischen 1914 und 1945 konnte sich in seinen kühnsten Hoffnungen einen Zeitraum von 40 Jahren vorstellen wie es ihn seit 1945 in Europa gegeben hat – und ebensowenig eine Verteidigungsgemeinschaft mit der Art und Zahl der Mitglieder der NATO oder eine Wirtschaftsgemeinschaft wie die EG.

Das Unvermögen vieler Menschen gegen Ende unseres Jahrhunderts, diesem mit Augenmaß gerecht zu werden, stammt aus dem Mißverhältnis der Zeiträume im Bewußtsein der Spätgeborenen. Je mehr es dem Ende des Jahrhunderts zugeht, desto unverstandener werden die 30 Jahre von 1914 bis 1945, in denen alle Würfel fielen. Desto weniger bedeuten vielen jüngeren Menschen aber auch die 40 Jahre seit 1945. Der inszenierte Katzenjammer in der rot-grünen veröffentlichten Meinung ist das Ergebnis eines Schrumpfbewußtseins infolge einer aufgenötigten Berührungsangst gegenüber Geschichte als Zeitraum. Bei manchen allerdings dürfte die Pose der Berührungsangst nur die Tarnung für die geistige Trägheit sein, die am Einstieg in die Geschichte hinderte.

Zwischen dem Ausbruch des Ersten Weltkrieges und dem Ende des Zweiten lagen nur 30 Jahre (1914–1945). In ihnen fanden die gewaltigsten politischen und geopolitischen, wissenschaftlichen und ideologischen Veränderungen seit dem 18. Jahrhundert, und auch alle geschichtlichen Großkatastrophen statt: 30 Jahre, in denen sich die Ereignisse überstürzten und ineinander verkeilten. Der Erste Weltkrieg begann mit Attacken der Kavallerie, der Zweite Weltkrieg endete mit dem Abwurf von Atombomben. 30 Jahre sind als Spanne für all das unglaublich wenig. Es gab aber 1945 in Europa weitaus weniger Menschen über 21 ohne eine deutliche Vorstellung von Inhalt und Bedeutung der Zeit ab 1914 als es 1985 Menschen über 18 gibt, für deren Bewußtsein das 20. Jahrhundert bestenfalls um 1970 begann.

Das Meinungsklima und die Bewußtseinslage, die Stimmungsbilder in den Massenmedien, insbesondere in den elektronischen, und in den Schulen, werden heute unverhältnismäßig stark von Personen geprägt, die mit ihrem eigenen Erlebnishorizont die 40 Jahre Frie-

den in Europa seit 1945 gar nicht mehr auszuloten vermögen. Ihnen fehlt, von ideologischen Einseitigkeiten ganz abgesehen, die sorgfältig und kontinuierlich erarbeitete historische Bildung, die man zum Begreifen von Epochen vor der eigenen nun einmal braucht. Die Unbedarftheit, mit der Anfang der 80er Jahre eine selbsternannte journalistische »Elite« und ihre Verleger auf die gefälschten Hitler-Tagebücher hereinfiel, zeigt das. Bezeichnend ist auch, wie wenig die Richter in dem Hamburger Betrugsprozeß zur Tagebuchaffäre (1984/85) geneigt waren, der Frage nachzugehen, wie dumm und ungebildet ein im Presse- und Verlagswesen ergrauter Mann im Jahre 1983 eigentlich sein mußte, um nicht durch die erstbesten Lächerlichkeiten und zeitgeschichtlichen Unstimmigkeiten im Text des Fälschers alarmiert zu werden.
Um sich die Knappheit des Zeitraumes vorzustellen, in dem die Mehrheit der maßgebenden Deutschen des Jahres 1933 ihre Eindrücke des Jahres 1919 hätten konstruktiv verarbeitet haben müssen, um gegen das Wahnwitzige und Ekelhafte in Hitlers Partei – soweit es sich Anfang 1933 abzeichnete – bereits gefeit zu sein, braucht man nur ähnliche Zeiträume aus dem letzten Drittel unseres Jahrhunderts vor Augen zu haben: Der Ausbruch des Krieges, aus dem der Erste Weltkrieg werden sollte, und die Etablierung des SS-Staates durch Hitler waren durch bloß 20 Jahre getrennt. Zwischen der Unterzeichnung des Versailler Vertrages, den die Deutschen als ein von Unverhältnismäßigkeit strotzendes Diktat empfanden, am 28. Juni 1919 und dem Ermächtigungsgesetz (»Gesetz zur Behebung der Not von Volk und Reich«) zugunsten Hitlers am 24. März 1933 lagen nur knapp 14 Jahre.
Genauso wenige Jahre trennen uns 1985 zum Beispiel von der Zeit, als Menschen routinemäßig auf dem Mond landeten und von dort wohlbehalten jedesmal heimkehrten. Doch dieser beispiellose Beweis für die Fähigkeit des menschlichen Geistes, Materie und Weltraum in den Griff zu bekommen, verhinderte nicht den Anfall von Kleinstmut, Technikhaß und Geistverachtung im rot-grünen Biotop, aus dem die SPD in Bonn wieder an die Macht klettern möchte. 1970 lag die Überrollung des Freiheitskampfes der Ungarn durch Sowjetpanzer erst 14 Jahre zurück (und die Niederwalzung des »Prager Frühlings« nur zwei), als die Regierung Willy Brandts, und mit ihr die Herzen vieler Bundesbürger, in Annäherungswahn an

das Sowjetsystem verfielen und von einem Wandel durch Annäherung träumten.

Hitlers Wirkung als Überfigur der Geschichte

Der Auftritt Hitlers im 20. Jahrhundert ließ das Phänomen Hitler zurück, dem eine beispiellose Ausblendwirkung innewohnt, die 40 Jahre nach dem Tod des Diktators weit mehr Tabuierungskraft besitzt als während der ersten Nachkriegsjahre. Das bloße Stichwort Hitler erzeugt verläßlich in jeder Situation Überreaktionen, bei manchen auch ambivalente Begierden, und in der Regel bewirkt es eine Verminderung des in dem Betreffenden normalerweise vorhandenen Urteilsvermögen und eine Trübung seiner Beobachtungsschärfe. Es ist das große Verdienst des Hauses Bertelsmann und seines »Stern«, diese Nachwirkung Hitlers mit dem Fall der gefälschten Hitler-Tagebücher in unnachahmlicher Weise aufgezeigt zu haben. Einen besseren Beleg konnte es gar nicht geben als diese Affäre: Ausgerechnet linke Star-Journalisten und ihr Verlag verloren über einer vermeintlichen Hitler-Reliquie vollkommen den Verstand. Eine Blamage also für gerade die Art von Presse-Praeceptor Germaniae, die seit Jahrzehnten allen anderen in der Bundesrepublik vorgeworfen hat, sie vernachlässigten die politische Bildung und Aufklärung in Sachen des Dritten Reiches.

In einem Leserbrief an »Die Welt« (17.11.1984) schrieb Dr. Robert M.W. Kempner, einst stellvertretender US-Hauptankläger in den Nürnberger Kriegsverbrecherprozessen: »Es ist völlig rätselhaft, warum die Interessenten an Tagebüchern Hitlers oder deren Echtheit sich niemals bei den kompetenten Stellen erkundigt haben. Seit mehr als dreißig Jahren stand mit einer an Sicherheit grenzenden Wahrscheinlichkeit einwandfrei fest, daß es keine Tagebücher Hitlers gab.« Kempner schildert dann seine umfassenden Recherchen nach Tagebüchern Hitlers, die Befragungen zahlreicher Personen aus seiner engsten Umgebung und berichtet: »Übereinstimmend gingen die Antworten darauf hin: Wir hätten es wissen müssen, wenn etwas vorhanden wäre. Hitler hatte gar keine Zeit, im Kriege Memoiren zu schreiben; er war überhaupt kein Schreibmensch; er hielt sogar Aufzeichnungen im Kriege für gefährlich.«

Im Gegensatz zu Kempner finde ich den Erfolg der Fälscher überhaupt nicht rätselhaft. Allein im Bannkreis Hitlers – und sei er nur in Form einer kindischen Fälschung gegenwärtig – setzen das Denken und der Mut zum Einwand, zum Mißtrauen aus, wie sonst keinem anderen Inhalt des 20. Jahrhunderts gegenüber und zwar, wie sich in der »Stern«-Hitler-Affäre gezeigt hat, gerade bei denen, die ihn als Inbegriff des Verwerflichen sehen und auch bei solchen, die sich mit ihm beruflich eingehend befaßt haben. Wie weit hergeholt der Bezug eines Vorganges zu Hitler und seinem Auftritt in der Geschichte sein mag, jede Vereinfachung, jede Vermutung, jeder Fehlschluß wird jemandem am ehesten einwandlos abgenommen, wenn Hitler als Urheber beschworen wird, wobei man ihm stets die Fähigkeiten einer H.G. Wellsschen »Zeitmaschine« zuschreibt: Hitlers Auftritt und Tun zwischen 1933 und 1945 definiere endgültig, wie zu bewerten sei, was irgend jemand zwischen 1500 und 2000 – jedenfalls zwischen 1885 und 1985 – sagte, schrieb oder fühlte. Die Verarbeitung der Tatsache Hitler hat in unserem Jahrhundert das Urteilsvermögen in vielen Gebieten, wo es allein auf Sachverstand ankäme, geschwächt und Holzwege aufgebaut sowie Verwerfungen im geistigen Gefüge insgesamt erzeugt. Einem großen Philosophen gesteht die philosophierende Nachwelt zu, daß nach ihm nie mehr so gedacht werden könne wie vor Erscheinen seines Hauptwerkes. Jedoch einer intellektuell so dürftigen und monomanen Figur wie Hitler, weil er die bis dahin unvorstellbarste Massenmordmaschinerie in Gang gesetzt hatte und mit Erfolg vor der Welt bis nach seinem Tod verheimlicht hatte, eine ähnliche Funktion als Wasserscheide in der Geistesgeschichte einzuräumen, ist absurd und bewirkt außerdem das Gegenteil von dem, was angeblich damit erreicht werden soll. Man läßt dieser Figur von Jahrzehnt zu Jahrzehnt mehr Macht über die Phantasie künftiger Generationen zuwachsen, im Irrtum befangen, dies werde die Gefahr einer Neuauflage des Phänomens verringern.

Die Dämonisierung Hitlers zu einer das Jahrhundertbild beherrschenden Überfigur der Geschichte ist literarisch leicht und politisch für alle Lager verlockend, weil die Größe des Unheils, das er brachte, und die Bosheit, der er Lauf ließ, alle Vergleichsmaßstäbe sprengen. Doch zu einem Teil ist diese Dämonisierung nur die Folge von Denkfaulheit. So wurden beispielsweise in verschiedenen Ländern der Welt mit an sich verbriefter Freiheit für Forschung und Lehre seit den 30er Jahren – gelegentlich bis heute – Forschungen, Veröffentlichungen und Experimente von Genetikern, Psychologen und Ethnologen unterdrückt, behindert oder verfemt, die geeignet schienen, die herrschende Ideologie der sozialen Milieudeterministen zu gefährden. Das Drohmittel war und blieb der angebliche Geist Hitlers in ihrer Arbeit. In Wirklichkeit haben wissenschaftliche Feststellungen des Umfanges der anlagebedingten Intelligenz oder der Gleichheit selbst belangloser Verhaltensmuster bei getrennt von verschiedenen Stiefeltern aufgezogenen eineiigen Zwillingen mit Hitlers Ideen und Taten nicht das geringste zu tun. Bezeichnenderweise ist es die unrehabilitierbare Bösartigkeit seiner Spur, die er in nur zwölf Jahren in die Weltgeschichte einstampfte, die Hitlers Nachbild auf den Netzhäuten der veröffentlichten Meinung so fungibel macht. Keine Gestalt der Weltgeschichte, von der man bloß ihr Gutsein rühmen kann, eignet sich auch nur entfernt so gut als Lupe des Zeitgeschichtlers. Aber auch wenn man »Jenseits von Gut und Böse« bleibt, ist es so: Man stelle sich doch nur vor, Anfang der 80er Jahre wären die bis dahin nie vermuteten Tagebücher Lenins, Trotzkis, Maos, Nehrus, Nassers, Kemal Atatürks oder Franklin D. Roosevelts – ähnlich plump gefälscht – einem Verlag angeboten worden. Weder wäre im Fall eines dieser Tagebuchautoren die Skepsis auf Seite der Nachfrager einer derartigen Selbstnarkose verfallen, wie angesichts des vermeintlichen Autors Hitler, noch wären die Giganten der Weltpresse bei der Auktion der Abdruckrechte in ein vergleichbares Delirium gestürzt. Oder ist es etwa vorstellbar, daß um 1860 auftauchende Tagebücher von Napoleon, Danton oder Robespierre unbesehen als echt betrachtet und für einen Geldbetrag in Höhe von 250 (!) Jahresgehältern eines gehobenen Bankangestellten angekauft worden wären? Und auch mit um 1925 auftauchenden, bis dahin unbekannten Tagebüchern Bismarcks oder Metternichs hätte es nicht einen Wirbel und eine Affäre geben können wie mit den »Tagebüchern« Hitlers 1983.

Das Inkongruenzerlebnis »Hitler und Deutschland« fixierte den Hitlerfaktor

In der weltweiten Überreaktion auf die vermeintlichen Tagebücher Hitlers kam aber auch noch ein weiterer Irrtum ans Licht: Es ist der Glaube und die Hoffnung, die perverse Begierde gerade dem Phänomen Hitler – endlich und doch noch, 40 Jahre nach seinem Tod – so auf den Grund zu kommen und damit den Faktor Hitler in der Geschichte so in den Griff zu kriegen, daß man mit diesem Schlüssel das Jahrhundert aufschließen und erklären könne – und daß man alle nur denkbaren Schuldzuweisungen neu, aber diesmal unanfechtbar verteilen werde. Darin zeigt sich, wie sehr viele Köpfe – erfahrene Journalisten, Verleger und Zeitgeschichtler, Philosophen und Berufsmoralisten – in dem Irrtum gefangen sind, mit einer Enträtselung von Hitler und seinem Aufstiegsgeheimnis könne man dem 20. Jahrhundert auf die Schliche kommen und obendrein sehen, wie es ohne Hitler abgelaufen wäre und welche Antworten auf viele andere offene Fragen der letzten 100 Jahre die zutreffenden sind. Wäre nicht auch ein ganz anderer Weg zur »Wahrheit« über das Jahrhundert und seine Grundzüge denkbar, unter Verzicht auf die reflexartige Verquickung von fast jedem Inhalt des Jahrhunderts mit dem Faktor Hitler?

Bezeichnenderweise waren 1983 auch Briten und Amerikaner – Verleger, Redakteure, Historiker – von dem vermeintlichen Scoop, dem Fund des Jahrhunderts durch den »Stern« hypnotisiert. Das Faszinosum Hitler und »Drittes Reich« wirkt nach wie vor verläßlich auch auf Nichtdeutsche und außerhalb Deutschlands. Das Phänomen Hitler kann aber weltweit nur so wirken, weil Hitler aus dem Rahmen des Jahrhunderts zu fallen scheint und weil der Gesamttatbestand Hitler nicht nach Mitteleuropa und am wenigsten nach Deutschland zu passen schien. Es war die Inkongruenz, die allen den Atem verschlug. Wenn diese Beschreibung des Sachverhalts richtig ist, sind aber die, bei manchen Zeitgenossen und Zeitgeschichtlern beliebten und oft reflexartigen, Deutungs- und Zuschreibungsversuche von vornherein falsch. Man befindet sich auf einem Holzweg, wenn man immer wieder die spezifisch und exklusiv deutschen Vorbedingungen für das Phänomen Hitler und seine

Schrecknisse aufspüren und festnageln möchte. Was am Ende der Hitlerjahre ein solches Entsetzen um die Erde jagte, war ja gerade die fehlende Deckungsgleichheit zwischen dem vorherigen und auch noch weiterwirkenden Deutschlandbild und dem Gesamttatbestand Hitler, der einem Alptraum entwichen schien.

Wenn man nun versucht, diese allgemein erlebte Inkongruenz weg zu interpretieren, weg zu erklären und statt dessen das Phänomen Hitler in den Winkeln der deutschen und nur der deutschen Seele, in deutschen und nur deutschen Institutionen und geschichtlichen Vorbedingungen aufweist, geht man in die Irre und entkräftigt das eigene Vorhaben. Gelänge nämlich ein solcher Nachweis, die Kongruenz von Hitler und Deutschland, dann fiele der Anlaß fort, nach den exklusiv deutschen Wurzeln des Phänomens Hitler zu suchen. Falls das Gesamtergebnis Hitler, wissenschaftlich belegbar, unausweichlich, ausschließlich, ja automatisch aus deutschen Verhältnissen stammte, dann würde sich eben diese eingangs beschriebene Inkongruenz und damit das Inkongruenzerlebnis verflüchtigen und mit ihr auch das quälende Rätsel, das den Hitlerforscher ursprünglich bewogen hatte, die das Phänomen Hitler ermöglichenden Bedingungen und Motive im Bodensatz der deutschen Geschichte und Seele zu suchen.

Wer sich mit Napoleon I. befaßt, sucht in der Regel nicht der französischen Seele und Kultur auf den Grund zu gehen, sondern er schaut sich eher unbefangen in der Antike um. Keiner, der bei Verstand ist, täte dies im Fall Hitler. Warum? Hitler ist uns noch zu nah, werden manche nun erwidern. Ist es wirklich das? Er ist seit 40 Jahren tot. Der Sachverhalt liegt doch ganz anders: Keine Gestalt der Geschichte vor Hitler wurde so lange daran gehindert, endlich gestorben zu sein wie er. Keine Figur der Geschichte blieb so lange in Gebrauch als Mittel, um mißliebige Zeitgenossen (in der Regel also alle, die nach 1945 nicht deutlich links waren) mundtot zu machen. Gewiß: Das hängt mit den Monstrositäten seiner Machtausübung zusammen, aber eben auch mit der Nützlichkeit Hitlers beim Aufrollen jeder Vergangenheit.

Johannes Gross schrieb am 30.11.1984 in seinem »Notizbuch« (Frankfurter Allgemeine Magazin) unter der Überschrift »Der Widerstand gegen Hitler nimmt täglich zu«:

»Das moderne Recht verbietet die rückwirkende Strafe; eine große zivilisatorische Leistung. Nulla poena sine lege. Die öffentliche Moral kennt dergleichen nicht ... Insgleichen nimmt der Widerstand gegen Hitler täglich zu. Wer sich vor 1945 befleckt hatte, war 1950 tadelnswert und ist heute abscheulich. In die retroaktive Moral spielt der neue deutsche Puritanismus ein, ... einer sich aus der Überdrußgesellschaft allmählich absondernden politischen Urgemeinde, die durch keine bestimmte Lehre, aber tiefe Heilsgewißheiten zusammengehalten wird und dem Vorsatz folgt, Staatsreligion zu werden.«

Es scheint, je weniger Augenzeugen der Hitlerjahre noch am Leben sind, die seine Macht- und Propagandatechniken mit heutigen Wiederholungen vergleichen könnten, desto weiter kommt man mit ihrer Wiederholung im Gewand des Antifaschisten. Seit Hitler ist eine Art von politischer Mutationsangst in die Welt gekommen. Westliche Politiker und Publizisten haben paradoxerweise gerade nicht die Lehre aus den Jahren 1933 bis 1939 gezogen. Was man Hitler auch durchgehen ließ, was man ihm auch überließ und zugestand, es legte ihn nicht still. Daraus wollen viele heute keine Lehre ziehen. Statt dessen regiert seit vierzig Jahren die Angst, man könne irgendwo aus einem unansehnlichen Abenteurer an der Spitze einer »Bewegung« einen weltgeschichtlichen Unheilfaktor machen, wenn man ihn hart anfaßt. Das führte dazu, daß westliche Regierungen und ihre Ratgeber noch viel leisetreterischer geworden sind als vor 1945. Je größer das denkbare Übel, desto größer die Angst, bei seiner Vermeidung etwas falsch zu machen. So hat der Faktor Hitler in unserem Jahrhundert zu einer Vorschußschonung von mutmaßlichen Hitler-Imitationen geführt: Man tut und empfiehlt immer genau das, was zu den Verhaltensweisen und Fehleinschätzungen gehörte, deren Vermeidung der Welt möglicherweise den Gesamttatbestand Hitler erspart hätte.

Diese Art von Vorschußschonung wurde zum Beispiel von fast allen westlichen Regierungen und allen um ihre Liberalität bemühten Medien der britischen Regierung in der Falkland-Krise dringend empfohlen: Sonst könne aus General Galtieri am Ende ein südamerikanischer Hitler werden. Zur Bestürzung des weitaus größten Teils der westlichen Weltmeinung zog der britische Prime Minister Margaret Thatcher aus dem Überfall Argentiniens auf die Falkland-Briten den umgekehrten Schluß: Es sei Zeit, die Lehren aus

Hitlers Erfolgen zwischen 1933 und 1939 zu ziehen und anzuwenden.
Als die britische Flotte unterwegs war, schrieb die New York Times spöttisch: Und was wird Margaret Thatcher mit der Armada anfangen, wenn diese am Bestimmungsort angelangt ist? Als alles vorbei war, erinnerte der amerikanische Kolumnist George F. Will das New Yorker Blatt an die rhetorische Frage und meinte, die Weisung an die Flotte vor Falkland sei für London eben denkbar einfach zu formulieren gewesen: »Win!« (Gewinne!) George Orwell hatte in seiner erst 1972 bekanntgewordenen Aufzeichnung (s. o. Seite 275) festgehalten, daß die Linkspazifisten Englands bis kurz vor Kriegsende 1945 nicht müde wurden, ihren Landsleuten einzureden, der Krieg gegen Hitler könne nicht gewonnen werden. Es war aber dann gerade diese international verflochtene Szene der Kulturbetriebler, die sich von 1945 an im Widerstand gegen Hitler in der Bewußtseinsformung seiner Nachwelt hervortat und ihre ebenso verspätete wie vollkommen risikolose Hitlerbewältigung in eine neue Nachkriegsmoral ummünzte, die in Wirklichkeit ihre alte aus der Vorkriegszeit war: Seid sanft und verständnisvoll zu Diktatoren, sonst werden sie wie Hitler. Das läßt sich zum Beispiel gut belegen mit den Kommentaren zu Oberst Kadhafis Aufstieg in Libyen zu einem Weltmäzen des Terrorismus.

»Die Banalität des Bösen« (Hannah Arendt)

Vieles in der Geschichte unseres Jahrhunderts wird verzeichnet und verkannt, weil die Hitlerjahre, das »Dritte Reich« als ein so grausiges Gebilde im Gedächtnis aufgetürmt bleiben. Die Größe des Wahnwitzes, der Verblendung, der Verbrechen, der Zweite Weltkrieg und seine Opfer: Das alles bewirkte im Bewußtsein aller Betrachter des Jahrhunderts seither eine falsche Gewichtung zahlreicher Vorgänge und Inhalte in ihm. Das Entsetzen über die Katastrophen, die mit Hitler über die Menschheit kamen, erzeugte weit weniger Klärungen in den Köpfen, als man hätte hoffen dürfen, sondern vor allem Verwerfungen im Denkvermögen. Aus Angst, auch nur am Rand des Phänomens Hitler mißverstanden oder polemisch falsch interpretiert zu werden, breitete sich die Gewohnheit aus, Vorfälle, Anmaßungen, Dreistigkeiten zu dulden, die ihre Ähnlichkeit mit den Vorstufen auf dem Weg Hitlers zur Macht auf der Stirne tragen.

Je heftiger der Abscheu, der Ekel vor einem geschichtlichen Gesamtphänomen ist, desto mehr sucht anscheinend das Gemüt des Urteilenden die Gewißheit, vor etwas vollkommen Wesensfremdem, etwas ganz anderem und einmaligem zu stehen. Es widerstrebt uns, die Möglichkeit einzuräumen, die bisherige Vielfalt der Vorkommnisse in der Geschichte der Menschheit könne auch noch für dieses Ereignis eine Parallele enthalten.

Im September 1984 tagten in der Universität Bayreuth deutsche und britische Historiker, um der Frage nachzugehen, ob das Scheitern der Weimarer Republik und die nationalsozialistische Diktatur als eine eigenständige Fehlentwicklung der deutschen Geschichte, als ein Sonderweg der Deutschen im 20. Jahrhundert aufzufassen sei. Erklärt sich, so eine der Thesen, all das, was im Deutschen Reich unheilvoll ablief, durch einen »Modernisierungsprozeß«, der von den entsprechenden Wandlungen und Entwicklungen in anderen westeuropäischen Ländern abwich? Allein schon diese Fragestellung gehört zu dem Irrtum unseres Jahrhunderts, den ich hier meine. Historiker sind von ihren üblichen Gegenständen – Nationen, Völker, Dynastien, Ländergrenzen, Kabinettsbildungen – so festgelegt, daß sie auch angesichts der Hitlerjahre nach geschichtlich einmaligen, geographisch, zeitlich und kulturgeschichtlich unauswechselbaren Ursachen für den singulären Ereigniskomplex zu suchen anfangen.

Infolge all dessen, was sie mit sich gebracht und ausgelöst haben, erlangten die zwölf Hitlerjahre in unserem Jahrhundert einen Stellenwert, eine Dimension des Grauens und des Gigantischen, des ewig Unauslotbaren. Schon von ihrer fachlich biederen Ausbildung her muß es deshalb gerade den Historikern widerstreben, auch nur die Hypothese zu erwägen, daß die Hitlerjahre auch aus eher banalen, überall im Ansatz vorhandenen Bedingungen und Faktoren zustandegekommen sein könnten und erst durch ihre Eigenschaft als Auslöser von geschichtlichen Verwerfungen und Verschiebungen, als Ursache und Rahmen von unvorstellbaren Verbrechen ihren Charakter der Einmaligkeit erworben haben.

Die Scheu vor der Banalitätstheorie hat auch andere Gründe. Die Verlegerin Helen Wolff, Frau von Kurt Wolff, 1985 als Ehrenmitglied in die American Academy and Institute of Art and Letters aufgenommen, erwähnte in einem Interview mit der Süddeutschen Zeitung (30.4.1985), daß Hannah Arendt (1906–1975), mit der sie in New York oft zusammen war, heftige Anfeindungen erlitt, weil sie aufgrund ihrer Forschungen und Beobachtungen zu den Untaten von Hitlers SS-Staat die These von der Banalität des Bösen (banality of evil) aufgestellt hatte. Weshalb aber provozierte Arendts Banalitätstheorie so viel Entrüstung? Ein Grund könnte sein, daß sie der Singularitätshypothese im Weg steht. Das Böse, auch in seiner schlimmstmöglichen Form als Auswuchs des Banalen wäre letztlich allgegenwärtig. Ein anderer Grund für die Ablehnung könnte sein, daß man durch sie ein Verblassen von Verantwortungsbewußtsein befürchtete. Ein drittes Motiv für die Empörung über Arendts These von der Banalität des Bösen ist vielleicht auch dies: Die Gewißheit, zum Opfer eines singulären Verbrechens in der Weltgeschichte geworden zu sein, macht das Grübeln über das Warum erträglicher.

Carl Zuckmayer hat in seiner Autobiographie das Bild von Wien 1938, in den ersten Tagen nach Hitlers Machtergreifung, charakterisiert:

»An diesem Abend brach die Hölle los. Die Unterwelt hatte ihre Pforten aufgetan und ihre niedrigsten, scheußlichsten, unreinsten Geister losgelassen. Die Stadt verwandelte sich in ein Alptraumgemälde des Hieronymus Bosch: Lemuren und Halbdämonen schienen aus Schmutzeiern gekrochen und aus versumpften Erdlöchern gestiegen. Die Luft war von einem unablässig gellenden, wüsten, hysterischen Gekreische erfüllt, aus Männer- und Weiberkehlen, das tage- und nächtelang weiterschrillte. Ich hatte in meinem Leben einiges an menschlicher Entfesselung, Entsetzen oder Panik gesehen ... Nichts davon war mit diesen Tagen in Wien zu vergleichen. Was hier entfesselt wurde, hatte mit der ›Machtergreifung‹ in Deutschland ... nichts mehr zu tun. Was hier entfesselt wurde, war der Aufstand des Neids, der Mißgunst, der Verbitterung, der blinden böswilligen Rachsucht ... Revolution wird wohl immer grauenvoll sein, doch mag das Grauen ertragen, verstanden, überwunden werden, wenn es aus einer echten Not geboren wurde ... Hier war nichts losgelassen als die dumpfe Masse, die blinde Zerstörungswut, und ihr Haß richtete sich gegen alles durch Natur oder Geist veredelte. Es war ein Hexensabbat des Pöbels und ein Begräbnis aller menschlichen Würde.« (Als wär's ein Stück von mir. Erinnerungen, Fischer Bücherei, 1969, S. 61)

Hitler und das Milieu, aus dem er kam, begegneten sich. Genau sieben Jahre später beging Hitler Selbstmord, am Ende seines Versuches, alle Deutschen mitzunehmen. Wer das Faktum Neid ignoriert, kommt dem Hitlerfaktor in der Geschichte nie komplett auf die Spur.

In Gesprächen mit Jüngeren oder in der von ihnen geschriebenen Fachliteratur trifft man nie auf den Versuch, die Kürze der Zeit zu berücksichtigen, die dem Hitlerregime bestenfalls zur Verfügung stand, um wirklich neue Institutionen einzurichten oder vorhandene Institutionen und Verhaltensmuster tiefgreifend zu ändern – ohne bereits durch die Anforderungen des Zweiten Weltkrieges daran gehindert zu sein. Selbst wenn man den Nationalsozialisten raschere und koordiniertere Arbeit unterstellt als sie nach meiner Beobachtung an den Tag zu legen imstande waren, hätten sie nur sehr wenige Jahre gehabt:

Man kann ihren Versuch der Schaffung eines neuen Menschentyps, einer neuen allgemeinen Mentalität und der dazu passenden institutionellen Umgebung im gesamten Deutschen Reich frühestens 1935 als wirklich begonnen betrachten und müßte ihn spätestens Ende 1939 schon wieder als eingestellt ansehen. Für Umbauversuche mit dem Ziel einer von Grund auf veränderten Gesellschaft und allgemeinen Bewußtseinsverfassung standen also höchstens fünf Jahre zur Verfügung. 1933 und 1934 war die Lage in den meisten Institutionen, in Schulen, Verlagen, Redaktionen und in den meisten Lebensbereichen für die Nationalsozialisten noch viel zu unübersichtlich und streckenweise bedrohlich, als daß sie sich auf den Umbau nach Plan hätten einlassen können. Sie hatten zwar den Rundfunk in der Hand, aber man berücksichtigte bisher nicht die Tatsache, daß nur sehr wenige Deutsche 1933 Rundfunkteilnehmer waren.

Auch die Gleichschaltung der Presse war für das Regime keineswegs leicht und lückenlos zu bewerkstelligen. Man hatte bisher in der Schilderung der Hitlerjahre einfach die amtlichen Regierungsanweisungen an die Presse als Grundlage genommen und die tatsächliche Verwirklichung dieser Wünsche und Anweisungen in der Pressevielfalt des Deutschen Reiches nicht gezielt untersucht. Das ist erst jüngst geschehen mit Hilfe von bisher unbekannten Aufzeichnungen einiger Journalisten, die an der täglichen Reichspressekonferenz in Berlin teilnahmen, aber ihre Notizen, obwohl dies streng verboten war, aufbewahrten statt sie zu vernichten. Diese Quellen gelangten vor vielen Jahren in das Koblenzer Bundesarchiv und wurden nun in einer wissenschaftlichen Studie mit dem verglichen, was damals in bürgerlichen Zeitungen erschienen ist. Zwar waren die Zeitungen der SPD und KPD verboten, aber viele bürgerliche Zeitungen konnten ihre Linie aus der Zeit vor 1933 im wesentlichen am Anfang der Hitlerjahre fortführen. (NS-Presseanweisungen der Vorkriegszeit. Band 1: 1933. Hrsg. von Hans Bohrmann. Bearbeitet von Gabriele Toepser-Ziegert, München 1984).

Rundfunkstatistik: Wieviele konnten Hitler vor 1933 hören?

Wer 1985 im Fernsehen Tonfilmaufnahmen von Hitlerreden hört und sieht, fragt sich, weshalb nicht die meisten Deutschen Anfang der 30er Jahre erkannten, wen sie vor sich hatten. Die Antwort ist einfach: Die meisten hatten nie Gelegenheit gehabt, Hitler zu sehen und zu hören. Es gab kein Fernsehen, und wer im Kino eine Wochenschau als Vorspann zum Spielfilm sah, bekam vor dem 30. Januar 1933, wenn überhaupt, höchstens ein paar Sekunden eines Hitlerauftrittes zu sehen. Der Tonfilm begann erst um 1930. Auch nach der Machtergreifung Hitlers bekam der Kinobesucher bestenfalls nur einen kurzen Ausschnitt einer Hitlerrede in der Wochenschau vorgeführt, sofern er in der richtigen Woche ins Kino ging und für die Wochenschau nicht zu spät kam.
Auf Plätzen und in Sälen konnte selbst in den Jahren 1933 bis zum Krieg nur eine sehr kleine Zahl von Menschen aus der Gesamtbevölkerung Hitler hören und sehen. Und diese waren dann in der Regel ohnehin schon seine Anhänger. In der Zeit, die den letzten freien Wahlen in Deutschland im März 1933 voranging, etwa ab 1930, hat-

ten die weitaus meisten Deutschen nicht den geringsten Anlaß, in die Veranstaltungen der NSDAP zu gehen, um sich ein Bild von Hitler zu machen und vorher noch weniger. Sie endeten auch oft in Saalschlachten.

1985 erwähnte die New Yorker Verlegerin Helen Wolff in einem Interview mit der Süddeutschen Zeitung, daß ihr vor 1933 Hitler in den Straßen Münchens gelegentlich begegnet sei: ein unappetitlich, abstoßend und armselig wirkender Mensch. Ein Publikumsmagnet war er vor 1933 kaum.

Bis zum Zeitpunkt der Abhaltung der letzten noch freien Wahl im März 1933 hatten die meisten Deutschen die Reden Hitlers nicht gehört und natürlich auch nicht sein Buch »Mein Kampf« gelesen. Und die relativ wenigen, die sich eine Rede Hitlers im Radio anhören konnten und nichts besseres zu tun hatten, besaßen in ihrem Gedächtnis keine Eindrücke von Reden anderer Politiker oder Staatsmänner, keine Erinnerung an deren Wortwahl, Stil, Rhetorik und Sprechweise, um daran das über Rundfunk vermittelte Erscheinungsbild Hitlers im Vergleich zu prüfen. Die regelmäßige Übertragung solcher Reden war nicht üblich und wäre technisch unbefriedigend gewesen. Auch in den USA begann erst 1933 mit Präsident Roosevelt das Zeitalter der Politik per Rundfunkansprache ans Volk.

Vor ihrer Übernahme durch das Hitlerregime 1933 bestanden im Deutschen Reich elf selbständige Rundfunkgesellschaften (von Reichskanzler Franz v. Papen allerdings kurz vor Hitler bereits zusammengeschlossen). Und es gab in der Weimarer Republik eine Vielzahl von politischen Parteien. Die Annahme, die Deutschen hätten irgendwann, bevor es zu spät war, Gelegenheit gehabt, in ihrer Mehrheit sich Reden Hitlers anzuhören, ist vollkommen falsch.

Auch in den letzten freien Wahlen mit Gegenkandidaten zu Hitlers Partei, im März 1933, als Hitler schon Reichskanzler war und angefangen hatte, seine Gegner mundtot zu machen oder einzusperren, gaben nur 44 Prozent der Wähler ihre Stimme seiner Nationalsozialistischen Deutschen Arbeiterpartei, die allein schon mit diesem Namen bei manchen sozial eingestellten Menschen angesichts der Massenarbeitslosigkeit hoffnungsvoll gewirkt haben mag.

Wer selber nur noch die Zeit der elektronischen Massenmedien und ihre Nutzung durch sämtliche Politiker aller Parteien in den letzten

Jahrzehnten des 20. Jahrhunderts erlebt hat, stellt sich die Situation für die Deutschen 1930 bis 1933 völlig falsch vor. Die wenigen, die in der Lage gewesen wären, sich im Rundfunk Hitlerreden anzuhören, ohne in Versammlungen zu gehen, hätten keine Vergleichsmaßstäbe gehabt, um sich ein Urteil zu bilden, ob Hitler so redet wie Staatsmänner eben zu reden pflegen oder ob es sich um einen megalomanen Psychopathen handelt.

Bei Hitlers Machtergreifung im Bewußtsein einer für seine Zwecke ausreichend großen Zahl von Deutschen half ein Umstand mit, den man bisher nicht genug berücksichtigt hat. Man muß sich vergegenwärtigen, wie wenige Menschen im Deutschen Reich überhaupt Rundfunkteilnehmer waren, in der kurzen Spanne zwischen der Einführung des Mediums und seiner Übernahme im Frühjahr 1933 durch die Nationalsozialisten. Die monatliche Rundfunkgebühr betrug 2 Reichsmark. Die Teilnehmerzahlen entwickelten sich wie folgt:

1924:	9000
1925:	780000
1926:	1,2 Millionen
1927:	1,6 Millionen
1928:	2,2 Millionen
1929:	2,8 Millionen
1930:	3,2 Millionen
1931:	3,7 Millionen
1932:	4,2 Millionen

Es sind jeweils die Zahlen zum 1. April eines Jahres. Es ist nicht anzunehmen, daß in der Zeit vom 1.4.1932 bis 1.4.1933 (oder 1934) zur Zeit der schweren Wirtschaftskrise und Massenarbeitslosigkeit die Zahl der Rundfunkteilnehmer wesentlich gestiegen ist. Das Deutsche Reich hatte nach der Volkszählung vom 16. Juni 1933 eine Bevölkerung von 66 Millionen. In dieser gab es rund 4 Millionen Rundfunkteilnehmer, viele von ihnen nur mit einem einfachen Kopfhörerapparat, der nicht zum häufigen Hören einlud. Die Zahl mithörender Familienmitglieder kann die Hörerquote nicht sehr vergrößert haben.

Die Vorstellung ist falsch, die Deutschen hätten in den Jahren 1930–1933 als ganzes Volk an ihren Rundfunkgeräten billigend den Marsch in die Diktatur Hitlers mitverfolgt, ohne allein schon am

akustischen Erscheinungsbild Hitlers und anderer Größen des Regimes zu merken, wer sich ihrer zu bemächtigen im Begriff war. Die meisten waren auf das gedruckte Wort angewiesen und hätten daraus schließen müssen, daß auf sie etwas bis dahin in der Geschichte nicht Dagewesenes wartet. Es ist absurd, aus dem Rückblick von 1985 zu meinen, das wäre doch zwischen 1930 und 1933 ganz leicht gewesen. Davon kann keine Rede sein (siehe auch Gerhard Schreiber, Hitler Interpretationen 1923–1983, Darmstadt 1984, S. 27 ff.). Der Hörfunk jedenfalls konnte bis weit in die Diktatur Hitlers hinein nicht das warnende Medium für Hellhörige sein: Die Empfangsgeräte waren äußerst primitiv, oft noch Kristallempfänger mit schweren Kopfhörern, an denen sich kein Mensch eine mehrstündige Hitlerrede angehört hätte, selbst wenn eine solche vor dem 30. Januar 1933 übertragen worden wäre. Der störungsfreie Empfang war in jenen Jahren bei solchen Geräten selten. Radioempfänger mit Kathodenröhren und Lautsprecher waren auch noch nach 1933 Luxusartikel jenseits der Kaufkraft und des Interesses der weitaus meisten Deutschen.
Erst als im Auftrag des Hitlerregimes, als Gemeinschaftsproduktion der deutschen Rundfunkindustrie der sog. Volksempfänger entwickelt und auf dem Markt war, konnte sich die Teilnahme am Rundfunk in der Bevölkerung etwas mehr ausbreiten. Von einer Sättigung mit dem Medium blieb man noch lange weit entfernt. Das Regime konnte den Volksempfänger nicht verschenken. Er kostete 75 Reichsmark. Der Bruttowochenverdienst beispielsweise eines Druckers betrug damals ca. 70 Reichsmark.
Es ist deshalb falsch zu glauben, die Möglichkeit für die Deutschen Anfang der 30er Jahre, zumindest über das Medium Hörfunk das Phänomen Hitler – und sein Persönlichkeitsbild im Vergleich mit anderen Spitzenpolitikern – richtig einschätzen zu können, sei ungefähr so gut gewesen wie die der Bürger westlicher Demokratien seit 1950.
Während der gesamten zwölf Hitlerjahre mußte sich das Regime noch damit behelfen, in Schulen und Betrieben den Unterricht oder die Arbeit unterbrechen zu lassen, um Schüler und die in größeren Betrieben und Behörden arbeitende Bevölkerung unfreiwillig zum Anhören von Hitlerreden über den Lautsprecher eines Saales zu bringen. So unzulänglich konnte das Regime über die privaten

Rundfunkgeräte das Ohr der Bevölkerung erreichen. Auch das zeigt, wie klein die Zahl der Deutschen gewesen sein muß, die bis zu dem Zeitpunkt, in dem das Regime sich voll etabliert hatte, überhaupt in der Lage gewesen waren, sich per Rundfunk von Hitler und anderen Männern des Regimes ein Bild zu machen. Und auch 1939, kurz vor Kriegsbeginn, gab es im Deutschen Reich erst 9,6 Millionen Rundfunkteilnehmer.

Wieviel Zeit braucht eine Kulturrevolution?

Als man sich Mitte der 60er Jahre in der Bundesrepublik Deutschland daran machte, das Bildungswesen von Grund auf nach Form und Inhalt zu verändern, blieb vielen, die das kommende Unheil ahnten, der Widerspruch im Halse stecken, weil eine linke These das Feld beherrschte (und seit 1970 in den meisten Schulbüchern festgeschrieben blieb): Das »Dritte Reich« mit seinen beispiellosen Verbrechen verdanke man auch dem dafür wie geschaffenen deutschen Bildungswesen. Diese Behauptung ist ungefähr so zutreffend wie es die These wäre, der Organisationsgrad des Weltpostvereins und der Deutschen Reichspost um 1930 wären wie geschaffen gewesen für das Funktionieren von Hitlers Kriegsorganisation. In Wirklichkeit hatten die Nationalsozialisten nicht entfernt die Zeit, die Mittel, das Personal und die Konzepte, um das deutsche Bildungswesen für ihre Zwecke umzugestalten. Vielmehr konnte es nach 1945 seine beispiellose Ausbildungs- und Integrationsleistung für die Kinder auch der Millionen von Menschen, die nach Westdeutschland geflohen und vertriebenen waren, nur erbringen, weil es so geblieben war wie vor 1933.
Die vermeintlich »präfaschistischen« Züge, die durch die Reformen dem Bildungssystem der Bundesrepublik genommen werden sollten, zum angeblichen Zweck der Generalprävention der Wiederholung einer solchen politischen Katastrophe wie die Hitlerzeit, waren eher die Grundzüge eines vernunftgemäßen, praktikabeln, seriösen Bildungswesens, die in dieser Radikalität mutwillig abzuschaffen andere westliche Demokratien, wie zum Beispiel die

Schweiz, nie in Betracht gezogen haben. Was man in der Bundesrepublik Deutschland ab Ende der 60er Jahre im Bildungswesen vom Kindergarten bis zur Universität zu verändern oder zu vernichten trachtete, waren in Wirklichkeit die Institutionen, Normen, Werte und Inhalte, die einst in der Lage gewesen waren, den Schaden der Hitlerjahre und des Krieges an der entscheidenden Stelle aufzufangen und zu verringern.

Hätte das Hitlerregime die Zeit dazu gehabt, hätte es den Krieg gewonnen oder gar nicht erst angefangen, wäre es auf Grund seiner Prämissen und der Ressentiments seiner »Spitzenpädagogen« zur Einführung der integrierten Gesamtschule und der Gesamthochschule gekommen. Bernhard Rust, Reichsminister für Wissenschaft, Erziehung und Volksbildung von 1934 bis 1945 (Selbstmord am 8. Mai 1945), verkündete zu Beginn seiner Amtszeit in der Zeitschrift »Erziehung und Unterricht«: »Kein Einzelner darf sich für begabter halten als seine Mitmenschen: wir brauchen keine Intellektuellen. Jeder Geist ist gleich wichtig.« (Internationales Jahrbuch für Literatur, ensemble 8, September 1977, S. 43, Deutscher Taschenbuch Verlag).

Nach Kriegsbeginn 1939 war das Regime so ausschließlich auf die Mobilisierung von Personal und Ressourcen für den Krieg angewiesen, daß für die weitere Umgestaltung von Mensch und Gesellschaft nichts frei war. Der Krieg bewirkte auch bald, daß gerade jüngere nationalsozialistische Lehrer zum Militär einberufen wurden. Ihre Plätze nahmen vielfach ältere und auch aus dem Ruhestand zurückgeholte Lehrer ein, die an Bewußtseinsveränderungen bei den Schülern im Sinne des Regimes kein Interesse hatten.

Auch die Jahre 1934 und 1939 standen für eine konzentrierte und koordinierte Bewußtseinsumstellung der Menschen nicht voll zur Verfügung. Im Juni 1934 gab es noch Hitlermassaker unter alten Getreuen, den sogenannten Röhm-Putsch. In den Wochen danach hörte ich wiederholt Erwachsene davon reden, daß nun wohl eine Militärregierung dem braunen Spuk ein Ende bereiten würde. Das Jahr 1939 war für die Nationalsozialisten aber das Aufmarschjahr für den Krieg, und im Frühjahr wurde bereits die restliche Tschechoslowakei besetzt. Insgesamt hatte das Regime nur vier Jahre, in denen es sich der Umpolung des Menschen widmen konnte. Das ist so gut wie nichts. Die Produktion einer neuen Generation von

Schulbüchern unter einem neuen Gesamtkonzept hätte mindestens fünf bis sieben Jahre gebraucht. 1945 benutzte man in den Schulen überwiegend noch Schulbücher aus der Zeit vor der Machtergreifung Hitlers. Spätestens ab Ende 1939 aber konnte das Regime schon wegen der Papierbewirtschaftung eine neue konforme Generation von Schulbüchern nicht mehr produzieren lassen.
Aus teilweise sogar gegensätzlichen Interessen und Motiven kam nach 1945 in verschiedenen Lagern eine übereinstimmende Theorie zustande: Das geschichtliche Totalphänomen der Hitlerjahre erkläre sich aus dem Vorliegen ganz besonders günstiger Bedingungen in Deutschland für den Erfolg der Nationalsozialisten, fast aus dem Stand einen neuen Menschen für ihre Zwecke und nach ihrem Bild zu schaffen. Ob man dabei an einen unverdünnten Urgermanen aus der Retorte dachte oder an ein originäres Manipulationsprodukt, ist unwichtig. Einig war man sich nämlich in jedem Fall, daß die Nationalsozialisten (für die man selten diese ungekürzte Bezeichnung gebrauchte) es fertig gebracht hätten, in nur drei bis fünf Jahren einen unverwechselbaren Menschenschlag in die Welt zu setzen. Im Rückblick aus der Distanz von 50 Jahren und im Vergleich mit geschichtlichen Ereignissen in der Zwischenzeit müßte man in der Lage sein zu erkennen, wie wenig für die Vermutung spricht, es sei den Nationalsozialisten gelungen, einen spezifischen Menschentyp für das »Tausendjährige Reich« zu entwickeln.
Gewiß, man kann es verstehen: Die Größe der Ungeheuerlichkeiten, die 1945 an den Tag kamen, brachte diese Überschätzung der Erfolgsquote der »Gleichschaltung«. Um sich mit Art und Ausmaß der beispiellosen Verbrechen auseinandersetzen zu können, wurde den Nationalsozialisten ein Erfolg bei der allgemeinen Bewußtseinsveränderung in Deutschland zugeschrieben, den sie in dieser Tiefe und Breite gar nicht haben konnten und für das Begehen ihrer geheimgehaltenen Verbrechen auch gar nicht brauchten. Es waren doch nur drei bis höchstens fünf Jahre, die den Nationalsozialisten für eine Kulturrevolution und für das versuchte Hervorbringen eines anderen Menschentyps zur Verfügung standen. Und es gab ja auch kein ausgearbeitetes, wohlüberlegtes Konzept dazu, das sie am 1. Februar 1933 aus dem Tresor hätten holen können. Hingegen standen für die Kulturrevolution in Maos China von 1966 bis 1976 zehn Jahre zur Verfügung und ein Konzept, an dem Tausende von

marxistischen Intellektuellen in aller Welt seit 100 Jahren gefeilt hatten. Obgleich aus Gründen der Geschichte, der Religion und der Mentalität in China ungleich bessere Ausgangsbedingungen für eine durchgreifende Kultur- und Bewußtseinsrevolution vorhanden waren als 1933 in Deutschland, erlebte die Welt ab 1976 ungläubig staunend, wie das vermeintliche Jahrhundertwerk der »Viererbande« binnen Wochen zusammenstürzte, und mit welcher Selbstverständlichkeit die vorherigen Einstellungen, Verhaltensmuster und Motivationen wieder zutage kamen. Und doch war es unter Mao über Jahre hinweg gelungen, jugendliche Schläger- und Mörderbanden durch das ganze Land zu schicken, die ihre Opfer, aus ähnlichen Motiven und auf die gleiche Weise mißhandelten oder umbrachten wie die Stoßtrupps der Nationalsozialisten in Deutschland in der Zeit nach dem 30. Januar 1933. Das Finden von Freiwilligen und Rekrutierbaren für eine lange Terrorwelle und das Ummodeln eines ganzen Volkes auf Dauer sind zwei völlig verschiedene Unternehmungen. Das erste ist leicht und überall möglich, das zweite ist sehr schwer und so gut wie nie gelungen.

In der Sowjetunion ist man seit über 60 Jahren am Umbau von Mensch und Gesellschaft, aber jeder Augenschein, jeder Blick in heutige sowjetrussische Romane ebenso wie die Schattenwirtschaft, ohne die nichts ginge, lassen erkennen, wie unverändert russisch und »typisch homo sapiens« alles geblieben ist. Der Befund wird ergänzt durch die Verhältnisse in Polen und anderen eigenständigen Völkern im Hegemonialbereich der Sowjetunion. 1985 gab es erneut in sowjetrussischen Publikationen eine Anti-Alkoholismus-Kampagne. Sie zeigt, daß nach bald 70 Jahren des Wartens auf den neuen Menschen die Lücke zwischen Wahn und Wirklichkeit nur durch Wodka geschlossen werden kann.

Der scheinbar wissenschaftlich untermauerte Glaube an einen beispiellosen Erfolg der Nationalsozialisten bei ihrer Ummodlung des Deutschen zu einem Sonderwesen – ein Glaube, an dem viele ein handfestes politisches Interesse haben mußten – erhielt eine vermeintliche Stützung durch das Verhalten der deutschen Bevölkerung während der Kriegsjahre. Vor allem von außen und nach Kriegsende betrachtet, schienen die Deutschen irgendwie für Hitlers totalen Krieg hervorragend zurechtgebogen und motiviert. Dabei wurde aber, von manchen vielleicht absichtlich, übersehen, daß zur selben Zeit andere Völker und Gesellschaftssysteme als Gegner Deutschlands, sich ebenfalls und wider Erwarten hervorragend geeignet hatten für das Durchstehen eines totalen Krieges. Dies nicht für möglich gehalten zu haben, war ja der Kardinalirrtum Hitlers, ohne den es vermutlich nicht zum Zweiten Weltkrieg gekommen wäre.

Was gab dem Zweiten Weltkrieg seine Dauer?

Was dem Zweiten Weltkrieg seine Dauer und Gestalt gab, waren nicht Spezialgeschöpfe, von Goebbels aus der deutschen Geschichte destilliert. In diesem Fall wäre nämlich der Krieg viel früher und anders zu Ende gegangen. Was vielmehr den Zweiten Weltkrieg, nachdem Hitler ihn ausgelöst hatte, insgesamt vorantrug, waren in allen Nationen die Verhaltensweisen, die Verläßlichkeit, die spontane Solidarität in jeder Kleingruppe im Krisenfall, kurz: das ganze Repertoire aus anlagemäßiger Grundausstattung des Menschen, akzentuiert, ausgestaltet, kulturell überformt in der Rückschau auf einige Jahrtausende von Geschichte in dem Kulturkreis, aus dem heraus er sich selbst versteht. Dieses Motivbündel für den Ernstfall war, latent aber kompakt, schon lange vor 1933 in der Welt, mindestens 70 Jahre bevor Hitler an die Macht kam: Der amerikanische Bürgerkrieg, der bis dahin verlustreichste und totalste Krieg der Weltgeschichte, ging 1865 zu Ende.
Amerikaner im Krieg über zwei Ozeane hinweg, Briten auf ihrer belagerten Insel, die Völker der UdSSR und andere Kombattanten: Sie alle waren in der Zeit von 1939 bis 1945 auch nicht mehr genau das, was sie vielleicht vor 1914 gewesen wären, und auch nicht vergleichbar mit dem, was sie sich selbst zwischen 1920 und 1939 zugetraut hätten. Jedes Volk, unabhängig von Ausgangsmentalität und politischem System, in einem Weltkrieg zum Kampf gezwungen, bringt dann auch bis zum Sieg oder zur Niederlage allgemeine Charakterzüge und Einstellungen zum Vorschein, die wegen der Gleichheit der Anforderungen des Krieges überall ähnlich waren.

Es ist deshalb ein Denkfehler, aus dem Durchhaltevermögen, aus der Funktionstüchtigkeit aller öffentlichen Dienste bis zum Ende auf das Geschick und den Erfolg der Nationalsozialisten zu schließen bei ihrem Versuch, einen totalen Umbau der Gesellschaft, der Institutionen, der Bewußtseinsstrukturen, des Bildungswesens usw. vorzunehmen. Wann hätten sie das denn überhaupt bewerkstelligen sollen?
In den wenigen Jahren vor dem Krieg kamen sie damit nicht sehr weit und während des Krieges stand für diese Zwecke nichts mehr zur Verfügung. Wer auf einem Pferd einen reißenden Fluß überquert, fängt nicht an, ihm gleichzeitig das Hürdenspringen beizubringen. Vielmehr kam Hitler mit den Deutschen im Krieg zunächst so weit, und diese hielten so lange durch, weil Charaktereigenschaften, Fachkönnen, beruflicher Stolz, Verhaltensmuster, Motivationen, Institutionen aus der Zeit vor 1933 , und weit davor in der Geschichte, vorhanden waren, und wie sie auch den Nationen zur Verfügung standen, die gegen Hitler am Ende siegten. So ist der Mensch, ob man das am Ende des 20. Jahrhunderts nun wahrhaben will oder nicht. Lamentieren ist unaufrichtig und billig: Wer sich in einem brennenden Hochhaus, auf einem Schiff in Seenot oder in der Hand von Geiselnehmern befindet, erwartet nämlich auf einmal bei seinen ersehnten Rettern wie selbstverständlich Verhaltensweisen, Fähigkeiten, Leistungswillen, Zähigkeit, Kühnheit und Aggressivität dem Widersacher gegenüber – Eigenschaften also, wie sie eben auch viele Menschen aufweisen, sobald der militärische Ernstfall eingetreten ist.
Spätestens ab Anfang 1941 waren Hitlers Deutschland und der SS-Staat so sehr Gefangene des herbeigeführten Weltkrieges und seiner Eigendynamik, daß für die weitere Ausgestaltung eines eigenständigen gesellschaftlichen und kulturellen Systems im Sinne des Nationalsozialismus keine Kräfte und Mittel mehr frei waren. Dies belegt auch die während der restlichen Kriegsjahre offizielle Redewendung und amtliche Sprachregelung, dies oder jenes müsse eben bis zur Zeit nach dem Endsieg wohl oder übel so bleiben wie es war. Fast täglich konnte man in der gleichgeschalteten Presse von irgendeinem Umstand lesen, den es eigentlich längst nicht mehr geben dürfte, mit dessen Abstellung man sich aber erst nach Kriegsende werde befassen können. Der Krieg diente in seinem Verlauf immer

häufiger als offizielle Erklärung für das Weiterbestehen von Sachverhalten und Verfahrensweisen, die noch nicht den Stempel des Nationalsozialismus trugen.
Daß Deutschland unter Hitler das Ende des Krieges so lange, zu seinem Unglück, hinauszuschieben vermochte, verdankte es nicht irgendwelchen besonderen Eigenschaften, die es erst nach 1933 erworben hatte, sondern eher dem Fortbestehen und Funktionieren von Einrichtungen, von Institutionen und Organisationen, von Techniken und Fertigkeiten, von Betriebsabläufen und Arbeitsdisziplin, von Alltagstugenden und Gewohnheiten, die im Volk in vielen Jahrhunderten entwickelt worden waren. Buchstäblich bis zum Tag, an dem eine Stadt von der herannahenden Front im Westen erreicht worden war, funktionierte auch der Post- und Paketverkehr zwischen ihr und den anderen unbesetzten Städten gut und pünktlich wie im Frieden, und zwar auch für Privatsendungen. Wer am Abend in einer Kreisstadt in Nordwürttemberg einen Brief an der Post einwarf, konnte noch Anfang 1945 damit rechnen, daß er den Empfänger in München am folgenden Morgen mit der ersten Postzustellung erreicht. Wer Anfang 1945 weit im Westen Deutschlands über eine Buchhandlung am Ort ein paar Bücher bei einem kleinen, kaum bekannten Verlag weit im Osten bestellte, erhielt sie rascher als er 1985 ein Buch erhält, das sein Buchhändler nicht beim Großhandel abrufen kann, sondern beim Verlag direkt bestellen muß.
Als Ende Dezember 1944 eine kleinere Stadt in Württemberg um die Mittagszeit von einem kleinen Bombenteppich getroffen worden war, saßen kaum eine halbe Stunde nach der Entwarnung bereits Handwerker auf den Dächern, um die weggeblasenen Dachziegel zu ersetzen und die zerfetzten Kabel für die Stromversorgung zwischen den Häusern neu zu spannen. Das Zeitlupentempo, in dem das »Dritte Reich« seinem Ende entgegenging, war eben auch die Folge des Vorhandenseins eines mitteleuropäischen Zivilisationsstandes und seines täglichen Funktionierens für die Zivilbevölkerung.

Monomane Reinheitsbewegungen sind phasengleich und synchron zu beurteilen

Man erklärte das Gesamtphänomen der Hitlerjahre und die Bereitschaft zu den Untaten, die in ihnen verübt wurden, auch durch einige Faktoren, die selbst bereits als »faschistisch« und »autoritär« etikettiert wurden. Das war eine Kausalerklärung des »Dritten Reiches« durch Faktoren, die bereits die Ähnlichkeit oder Gleichsetzung mit dem erst noch kausal zu erklärenden Phänomen aufgedrückt erhielten. Die Abscheulichkeit und Absurdität des SS-Staates, voll im Blick nach 1945, bewirkte, daß denkbare Kausalfaktoren ausgeblendet blieben, von denen zu vermuten ist, daß sie, neben Zeitläufen wie die Hitlerjahre, auch neutrale oder vom jeweiligen Forscher sogar positiv beurteilte Vorgänge verursachen können.

Die Zwangsvorstellung der Nationalsozialisten, ihnen obliege die Wiederherstellung und ewige Gewährleistung der »Rassenreinheit« in Deutschland und Europa, war naturwissenschaftlich und historisch betrachtet, purer Unsinn. Ich stieß auch während der Hitlerjahre auf Lehrer, Universitätsprofessoren und nach 1933 erschienene Bücher, die das deutlich genug durchblicken ließen. Das wahnhafte, mit Haß und Angst umstellte Ziel der Rassenreinheit war aber für das Hitlerregime ein Ziel, mit dem fanatische Anhänger rekrutiert und motiviert werden konnten. Daß dies dann zu den entsetzlichen Verbrechen während der letzten Hitlerjahre führen könnte, war selbst für leidenschaftliche und scharfsinnige Gegner des Regimes, mit denen ich damals sprach, nicht vorhersehbar, und noch weniger für die Naiven und Arglosen.

Der rassische Reinheitswahn mit dem Feindbild Jude wider jedes bessere Wissen, wider alle Erfahrungen der europäischen Geschichte, löste zunächst bei Personen ohne antisemitische Einstellungen, und auch bei deutschen Juden nicht die Alarmstufe aus, die man im Rückblick erwartet hätte. Und bei Sympathisanten und Anhängern Hitlers fügte sich der Reinheitswahn ohnehin ins allgemeine Weltbild, ohne aber notwendigerweise zu konkreten Vorstellungen über künftige Ereignisse zu führen. Man kann sich nun fragen: Gibt es Analogien zu diesem Reinheitswahn? Oder haben die Deutschen und allein die Deutschen der Hitlerjahre eine solche monomane

Reinheitsbesessenheit gezeigt? Und liegen die Ursachen dafür in spezifisch deutschen Eigentümlichkeiten? Wer vom Ende des 20. Jahrhunderts zurückblickt, kann das bezweifeln. Die Zwangsvorstellung, man brauche ein ganzes Volk nur von einer einzigen, vermeintlich genau etikettierbaren Quelle des Übels zu reinigen, um dem ewigen Glück freie Bahn zu schaffen, ist eine stets grundfalsche, aber ansteckende Idee. Und sie ist wider alle Vernunft politisch auch manchmal leichter durchzusetzen als vernünftige Rezepte.

Die von 1920 bis 1933 in den USA kraft Verfassungszusatz bestehende Prohibition war der ebenso monomane wie erfolglose Versuch, das Volk vom Alkohol zu befreien. Eine militante, von ihrem Feindbild Alkohol gefesselte Minderheit vermochte es, ihr Ziel mit der komplizierten und langwierigen Prozedur der Verfassungsänderung durchzusetzen. In der Prohibitionsbewegung waren verschiedene Kräfte, Traditionen, konfessionelle Gebote und Reformwünsche zusammengekommen. Im Kern war sie eine Folge des einst aus England nach Amerika gebrachten Puritanismus: Die Weltanschauung und Glaubenslehre einer protestantischen Sekte, die den Weg zum Himmelreich in dem Grade gesichert glaubte, in dem die Gemeinde und jeder einzelne in ihr die absolute Reinheit des Lebenswandels aller unentwegt und argwöhnisch zu gewährleisten bemüht waren.

Viele Menschen haben Hemmungen, sich mit der erforderlichen Kompromißlosigkeit gegen eine Bewegung der Reinheitsmaximierung zu stellen. Vielleicht hängt dies auch mit religiösen Grundvorstellungen zusammen, die in vielen Kulturen und Epochen ihre Wirkung entfalteten und sich im Lauf der Zeit auch im Bewußtsein der vermeintlich Religionslosen verankert haben? Erklärt sich die Scheu zum Widerstand gegenüber Reinheitsbewegungen aus dem Drang der Unreligiösen, sich mit einem im Kern religionsfähigen Motiv anzufreunden? Auch die Reislamisierung seit ungefähr 1980 hat in manchen Ländern die Züge einer monomanen Reinigungsbewegung angenommen und ist für die Betroffenen mindestens so blutig wie die der Nationalsozialisten während der ersten Jahre nach 1933. Die Kritik im Westen ist aber seltsam leise, falls überhaupt hörbar.

Um Mißverständnissen entgegenzutreten:

1. Anhänger von Reinheitsmaximierungsbewegungen, Puritaner, Puristen und Prohibitionisten sind mit den Verbrechern in den Reihen von Hitlers Nationalsozialistischer Deutscher Ar-

beiterpartei oder einer ihrer Organisationen nicht gleichzustellen.

2. Es wird nach wie vor den Deutschen der Jahre 1932 bis 1935 von linken Vergangenheitsbewältigern vorgeworfen, sie hätten es damals unbegreiflicherweise versäumt, rechtzeitig zu erkennen, was sich im Programm der NSDAP alles verbirgt, wenn man es nur wörtlich nimmt, und hätten deshalb auch versäumt, entweder zu emigrieren oder in Deutschland irgendwie gegen das Hitlerregime zu arbeiten.

3. Die verfassungskonform in den Deutschen Reichstag gewählten Abgeordneten der NSDAP 1933 und die dann tonangebenden Parteigenossen von 1933 bis 1938 konnten von den meisten Beobachtern nicht mit der Blickschärfe eingeschätzt werden, die sich erst aus dem Besitz des vollen Wissens vom Vorangegangenen seit 1945 hätte ergeben können.

4. Diejenigen also befinden sich in einem Widerspruch und sind unaufrichtig, die sagen:

a) jeder vernünftige und aufrechte Mensch hätte bereits zwischen 1932 und 1936 an der absurden, monomanen antisemitischen Blutreinigungsbesessenheit der führenden Nationalsozialisten ablesen müssen, was ab 1938 oder 1940 daraus werden wird,

b) die aber zugleich, im Hinblick auf die Größe der Verbrechen während der zweiten Hälfte der 12 Hitlerjahre, es verbieten wollen, daß man 1985 politisch-soziale Bewegungen und manche ihrer Figuren an Hand rein formaler Kriterien für die Monomanie ihres Geisteszustandes, für die prinzipielle Unerfüllbarkeit und Absurdität ihrer Wunschvorstellungen politisch und moralisch so einstuft wie man bereits 1933 oder spätestens 1935 die Bewegung Hitlers an Hand gleicher formaler Kriterien und ähnlicher Prodromalsymptome hätte einstufen sollen, um in den Augen dieser Vergangenheitsbewältiger 1985 als guter und kluger Mensch zu gelten.

Geschichtsverzicht und Geschichtsnihilismus

Wenn sich Deutsche mit ihrer ganzen Geschichte schuldbewußt schwer tun, üben sie in Wirklichkeit Geschichtsverzicht. Sie leiden an der Urgegebenheit, daß Menschen immer Geschichte haben, und machen aus diesem stilisierten Leiden eine Tugend der Spätgeborenen. Der Blick zurück muß ausnahmslos und allumfassend ein Blick in Abscheu sein, sonst droht die Ungnade beim herrschenden Zeitgeist. Diese Gefühlsgebärde, selbst wenn sie von manchen bloß vorgetäuscht wird, hat aber auch Folgen für Völker mit denen die Deutschen die Erde teilen. Wer mit dem Gedanken spielt, am besten wäre es, nie Geschichte gehabt zu haben, verdünnt und vergällt auch andern Völkern das Recht auf Geschichte und Identität, aufs Selbstsein und auf Selbstachtung. Die Deutschen in der Bundesrepublik sind keine Instant-Eremiten, und es kann grundsätzlich auch kein Recht auf Dasein als ein Volk von Eremiten geben – am wenigsten in der Geschichte. Die Geschichten aller Völker und Staaten sind unentwirrbar miteinander verzahnt, keine einzelne von ihnen kann weggedacht oder isoliert betrachtet werden. Das Ursachengeflecht ist unauflösbar. Nur ganz grobe, oberflächliche Kausalketten über kürzere Zeiträume hinweg können bestenfalls freigelegt und begründet werden. Es gibt keinen Ausstieg aus der Geschichte als Klausner. Wenn ein Volk, von dem jeder auf dem Erdball weiß, wo es lebt und was es produziert, sich in die Hände einiger Impresarios des Kulturbetriebes begibt, die ihm die Tugend der Geschichtslosigkeit, die Pflicht zur Entgeschichtlichung predigen, raubt es auch anderen Völkern ein Stück geistiges Eigentum, schwächt ihre Daseinsfreude und ihren Selbstbehauptungswillen.

Insoweit sich also Deutsche in der Bundesrepublik dem Geschichtsnihilismus mancher Vorbeter in den Medien beugen, entwerten und entmoralisieren sie auch die Geschichte solcher Nachbarvölker, denen sie Leid zugefügt haben. Welches Volk auch immer sich gegen Ende unseres Jahrhunderts aus einer langen Geschichte an sein Wesen und seine Unverwechselbarkeit erinnert, weckt den Haß und den Verdacht der Geschichtsnihilisten in der Bundesrepublik.

Die Existenz und der Behauptungswille solcher Völker und Nationen zermürbt den Wall, den die Linke in 40 Jahren um das Bewußtsein der Deutschen in der Bundesrepublik zu bauen bemüht war, zum Zweck ihrer Dauerherrschaft mit Hilfe des Ekels vor Geschichte. Der Stolz der Polen auf ihre Geschichte und den Papst aus ihrem Volk ist für Linke in der Bundesrepublik ein Ärgernis. Selten

lassen sie eine Gelegenheit aus, zwischen den Zeilen ihrer Häme freien Lauf zu lassen. Auch die reflexartigen Vorurteile, die Berührungsangst und moralisierende Bevormundung, die bei deutschen Linken gegenüber Israel zu beobachten sind, nähren sich aus diesem Motiv: Israels bedingungsloser Behauptungswillen stört die deutschen Linken, weil sie darin ein »falsches Vorbild« für die Bundesdeutschen befürchten. Ein Betriebsunfall war für die deutschen Linken auch der Sieg Mitterrands 1981. Der Nationalcharakter der Franzosen, ihr hegemonialer Kulturbegriff, ihr ungebrochenes Verhältnis zur Gesamtheit der eigenen Geschichte war für die deutsche Nachkriegslinke immer schon ein Gefahrenherd für ihre Absichten mit der deutschen Seele. Doch die Potenzierung all dieser französischen Bewußtseins- und Gemütsinhalte, dieser Grundzüge des Nationalcharakters im Frankreich eines Mitterrand, eines Linksintellektuellen, war für die deutsche Linke eine Katastrophe, wie sich zeigte, als Mitterrand, der Atlantiker, vor dem Deutschen Bundestag den Unterwerfungspolitikern in der Nachrüstungsdiskussion die Leviten las. In Frankreich lag in den letzten 25 Jahren die Pariser Tageszeitung »Le Monde« an der Spitze der einflußreichen Medien, die im Stil der westdeutschen und der US-Linksintelligenz als Leitmotiv für Reportagen und Leitartikel die Schuld und Sühne des Westens zelebrierten. Der Zerfall der Leserschaft und der wirtschaftliche Verfall von »Le Monde« während der ersten Hälfte der 80er Jahre im Frankreich Mitterrands verlief kaum rein zufällig parallel zu dem Aufstieg des Amerika von Ronald Reagan.
Dies paßt auch zu den folgenden Statistiken über Frankreichs Bewußtseinswandel: Von 1980 bis 1984 ist der Anteil von US-Serien im Französischen Fernsehen von 9 % auf 17 % gestiegen (TIME, 26.11.84). Und Etienne Mougeotte, Herausgeber von Télé 7 Jours (die verbreitetste Programmzeitschrift Frankreichs) sagte zu TIME: »Meine Kinder – 12, 10 und 8 Jahre alt, sehen jede Episode von Dallas und Dynasty jede Woche. Sonst könnten sie in der Schule nicht mitreden.« TIME bot dazu ein Umfrageergebnis aus Frankreich (2000 repräsentativ Befragte). Gefragt, wo man am liebsten im Jahr 2000 im Ausland leben würde, gaben die Franzosen den USA den Platz 2 hinter der Schweiz; aber die Franzosen unter 25 setzten die USA auf Platz 1.
Es war ein Irrtum zu glauben, Geschichtsverzicht bringe Vorur-

teilslosigkeit und Friedfertigkeit. Jede Geschichte, auf die man verzichtet, von der man sich distanziert, stecken andere sich an den Hut. Auf die eigene Geschichte läßt sich nicht verzichten, man kann sie nur verschenken – auch dann, wenn man sie verscherzt zu haben glaubte.

Der Geschichtsverzicht im Westen gegenüber den ehemaligen Kolonialvölkern und vorsorglich auch gegenüber solchen, die nie welche gewesen waren, wurde ab der Mitte des Jahrhunderts zur Pflicht, der sich alle verschrieben, die zur geistigen, politischen und kirchlichen Avantgarde zählen wollten. Der Geschichtsverzicht, die Abwertung und Entleerung der eigenen Geschichte in den westlichen Ländern wurde durch ein Meinungskartell verordnet, um den sogenannten Entwicklungsländern Mut zu machen, sie zur Unverfrorenheit zu ermuntern (uns gehören auch die Erze am Boden der Tiefsee, selbst wenn wir sie nicht heraufzuholen verstanden hätten, selbst wenn wir in ihre Förderung nichts investieren werden), und um im Westen jeden Zweifel am Sinn, an den Erfolgsaussichten der Entwicklungshilfe zu betäuben. Man wollte und durfte nicht mehr wissen, welche singulären Inhalte und Schritte der eigenen Geschichte, über Jahrtausende und Jahrhunderte miteinander verzahnt, zu den Unterschieden zwischen dem sogenannten reichen Norden und dem armen Süden der Welt geführt hatten und diese Unterschiede aufrechterhalten.

Von 1965 bis 1975 standen in Amerika Selbstbezichtigungstraktate, Abbitte-Historiographien und Selbstanklage-Reportagen an der Spitze der Bestsellerlisten. Die indianischen Ureinwohner, die nach Amerika verschleppten Sklaven aus Afrika und ihre Nachkommen, der Vietnamkrieg und die Watergate-Affäre: Das alles verschmolz am Ende zu einem Syndrom von Schuld und Ekel, zu dem Glauben vieler Amerikaner, es wäre am besten gewesen, nie an der Weltgeschichte teilgenommen zu haben. Auferlegte Vergangenheitsbewältigung durch Geschichtsverzicht und gefühlsmäßige Entgeschichtlichung, ähnlich wie in der Bundesrepublik Deutschland, war die Methode, mit der die US-Linke für ein Jahrzehnt das Land demoralisieren und demotivieren konnte, um das Oberwasser zu behalten. Das brachte, ganz knapp, 1976 den Sieg Jimmy Carters und all die Niederlagen, die Erniedrigungen und Beleidigungen, die während seiner Amtszeit den USA zugefügt werden konnten, nicht zuletzt,

weil man wußte, daß Präsident Carter der weichen Welle im Land, die ihn aus dem politischen Nichts ins Weiße Haus getragen hatte, nicht weh tun wollte. Die »Reagan-Revolution« 1980 war fällig, ebenso ihre Bestätigung 1984. Die Nation hatte die paradoxe Mischung von Arroganz und Larmoyanz bei den Demut-Managern in den Massenmedien satt. Gäbe es einen Sigmund Freud-Preis für den, der die größte Zahl von Menschen in der kürzesten Zeit von einem Komplex erlöste, er gebührte dem Ajatollah Chomeini. Die Geiselnahme der US-Botschaft in Teheran half Amerika, die Lähmung (»the loss of nerve«, wie man es in den USA oft genannt hatte, das »Vietnam-Syndrom«) loszuwerden.
Zwischen 1964 und 1979, 15 Jahre lang, hatten die Linksintellektuellen in den USA, die veröffentlichte Meinung, im Stil der deutschen Vergangenheitsbewältigung nach 1945, großenteils im Griff. Die Absicht dazu war bei ihnen schon spätestens nach dem Tod von Präsident Franklin D. Roosevelt 1945 und den ersten Detonationen von Atombomben erkennbar und ist oft belegt worden. Die Art wie Präsident Harry Truman – in ihren Augen ein politischer Parvenü aus der Provinz – der kommunistischen Expansion entgegentrat, paßte nicht in ihr Weltbild mit der Abdankungspflicht des Westens. Fasziniert und zugetan setzten sie alle Hoffnungen auf den Präsidentschaftskandidaten der Demokraten 1952, Adlai Stevenson, von dem die große pazifistische Geste verläßlich zu erwarten war (und auch unzähligemale kam, wie noch während der Kubakrise 1962). Er verlor 1952 und 1956 gegen den Kandidaten der Republikaner, Dwight D. Eisenhower.
Nur für knapp drei Jahre schien die Welt für die US-Linke in Ordnung als ihr Idol, dem man alle Fehler nachsah, John F. Kennedy im Weißen Haus amtierte. Seine Ermordung 1963, für die man sofort all dem im Land, was man ohnehin haßte, die Schuld anhing – obwohl alle Indizien bald auf ein Attentat der Art hinwiesen wie es dann 1981 auf Papst Johannes Paul II. verübt wurde – stürzte sie in Melancholie und Zorn. In den folgenden zehn Jahren konnten sie mit Hilfe des Vietnamkrieges und der Watergate-Affäre an der »schweigenden Mehrheit« ihrer Landsleute Rache üben. Wer 1985 staunte, wie bösartig, maßlos und mit jedem schmutzigen Trick des Fernsehjournalismus (Blumen und Fähnchen auf den Gräbern der Waffen-SS-Soldaten wurden von amerikanischen TV-Kamerateams

angebracht) der Aufstand im US-Fernsehen vor dem Besuch des Soldatenfriedhofs bei Bitburg von Präsident Reagan inszeniert wurde, kann die Erklärung im analogen Verhalten dieser Medien bei ähnlichen Anlässen seit 1950 finden. Der Sturm über Bitburg kam, weil die seit 1980 entmachtete US-Linke dringend einen Watergate-Ersatz brauchte.

IRRTUM ELF:

»ZU EINEM GUTEN MENSCHEN GEHÖRT EIN SCHLECHTES GEWISSEN«

»Ein schlechtes Weltgewissen«

Die Vereinten Nationen hatten das Jahr 1985 zum »Jahr der Jugend« erklärt, und der Landesjugendring von Baden-Württemberg schrieb in seiner Verlautbarung dazu:
»Wir trinken Kaffee, essen Erdnüsse, tragen Baumwollhemden und -blusen – haben wir jedoch ein entsprechendes Weltgewissen? Wir müssen ein schlechtes Gewissen haben, denn wir leben auf Kosten anderer stärker als zu kolonialen Zeiten: Unser Reichtum ist die Armut der anderen.« (zitiert im Leitartikel »Die Welt«, Seite 2, 5. Januar 1985).
Das ist eine Unwahrheit. Oder sollte man es Lüge nennen? Seit 35 Jahren wird sie verbreitet. Widerspruch war selten. Was wird damit bezweckt und was wird damit bewirkt? In ihren »Erinnerungen an das eigene Leben« hielt Ricarda Huch (1864-1947) ein Schlüsselerlebnis fest:
»Seit wir in München waren, veränderte sich Manno allmählich etwas ...es war, als ob seine seelische Haut sich etwas härtete. Ich dagegen wurde das Gift, ...das er mir eingeflößt hatte, nicht mehr los. Es war, wie wenn manchmal ein Schwindsüchtiger seine Krankheit auf seine Frau überträgt und selbst gesundet, während sie stirbt. Als wir noch im Luitpoldblock wohnten, sah ich dort häufig einen armen Jungen, der bettelte ...völlig blind, häßlich und unsympathisch; er hatte nicht das Rührende, sondern das Abstoßende der Armut. Aber was konnte der Junge dafür; wenn ich ihn sah, drehte sich mir das Herz um. Zufällig traf ich ihn grad am Tage des Heiligen Abends in der weihnachtlichen Dämmerung. Es bemächtigte sich meiner eine Art Verzweiflung, ich wußte nicht, wie ich die weihnachtliche Stimmung wiedergewinnen sollte. Ich kam mir verbrecherisch vor, daß ich Geschenke bekam und Geschenke gab, obwohl es bei uns damals bescheiden zuging.«
In Wien hatte Ricarda Huch einen italienischen Zahnarzt kennengelernt und geheiratet, der als einziger aus einer bitterarmen Familie aufgestiegen war. Sie lebte mit ihm auch eine Weile in Triest und sah wie ihn seine Sippe, im Stil des Landes, mit dem Hebel des schlechten Gewissens erbarmungslos auspreßte. Dies war wohl das Gift

von dem sie an dieser Stelle spricht. (Ricarda Huch, Erinnerungen an das eigene Leben, 1980, S. 329 f.).
In seiner Schrift »Zur Genealogie der Moral« (1887) untersuchte Nietzsche die »asketischen Ideale«. Im Aphorismus 14 erfaßt er treffend das Rezept, nach dem 100 Jahre später das Abendland systematisch an sich selbst irre gemacht wird:
»Was zu fürchten ist, was verhängnisvoll wirkt wie kein anderes Verhängnis, das wäre nicht die große Furcht, sondern der große Ekel vor dem Menschen; insgleichen das große Mitleid mit dem Menschen. Gesetzt, daß diese beiden eines Tags sich begatteten, so würde unvermeidlich sofort etwas vom Unheimlichsten zur Welt kommen, der ›letzte Wille‹ des Menschen, sein Wille zum Nichts, der Nihilismus.«

Nietzsche und Hitler

Ist es das, was man insgeheim will? Nun wende man sich bitte nicht in Abscheu von Nietzsche, von manchen Ignoranten gelegentlich diffamiert als ein geistiger Wegbereiter Hitlers, um die Augen vor einem sehr beunruhigenden Sachverhalt verschließen zu können. Nietzsches Beschreibung und Analyse des Ressentimentmenschen paßt bis ins letzte Detail auf Hitler und erklärt, aus welchen Abgründen der Seele er jene Suggestionskraft zog, mit der er Millionen Deutsche im Sog seines eigenen Ressentiments mit ins Verderben nehmen konnte. Nietzsche beschreibt auch genau in einem seiner längeren Aphorismen wie ein solcher Hochstapler gerade von Deutschen als Staatsmann aufs Schild gehoben werden könne.
Im Aphorismus 241 seiner Schrift »Jenseits von Gut und Böse«, im Sommer 1885 abgeschlossen, beschrieb Nietzsche erstaunlich präzis einen psychologischen Vorgang, wie er dann, rund 50 Jahre später, bei Hitlers Vereinnahmung vieler Deutscher eine Rolle gespielt hat. Nietzsche schreibt, die fast 15 Gründerjahre des Deutschen Reiches seit 1871 vor Augen, und fünf Jahre vor der Entlassung Bismarcks durch Wilhelm II. in einem erdachten Gespräch von zwei alten »Patrioten« folgendes:

»Es ist das Zeitalter der Massen: die liegen vor dem Massenhaften auf dem Bauche ... Ein Staatsmann, der ihnen einen neuen Turm von Babel, irgendein Ungeheuer von Reich und Macht auftürmt, heißt ihnen ›groß‹ ... Gesetzt, ein Staatsmann brächte sein Volk in die Lage, fürderhin ›große Politik‹ treiben zu müssen, für welche es von Natur schlecht angelegt und vorbereitet ist: so daß es nötig hätte, einer neuen zweifelhaften Mittelmäßigkeit zuliebe seine alten und sicheren Tugenden zu opfern, – gesetzt, ein Staatsmann verurteilte sein Volk zum ›Politisieren‹ überhaupt ... – gesetzt, ein solcher Staatsmann stachle ... die Begehrlichkeiten seines Volkes auf, mache ihm ... aus seiner Ausländerei und heimlichen Unendlichkeit eine Verschuldung, entwerte ihm seine herzlichsten Hänge, drehe sein Gewissen um, mache seinen Geist eng, seinen Geschmack ›national‹, – wie! ein Staatsmann, der dies alles täte, den sein Volk in alle Zukunft hinein, falls es Zukunft hat, abbüßen müßte, ein solcher Staatsmann wäre ›groß‹ ...«

Einer der ersten Hitlerforscher war Hermann Rauschning (1887-1982). Dieser deutsche Politiker (1933 Präsident des Danziger Senats) ging nach dem Bruch mit dem Nationalsozialismus 1936 als Emigrant in die Schweiz (und lebte seit 1948 in den USA). Rauschning begann früh mit der sachkundigen kritischen Untersuchung des »Dritten Reiches«. Sein erstes Buch zu diesem Zweck erschien 1938 in der Schweiz, sein Titel: »Die Revolution des Nihilismus«. (Wie das gemeint war, untersucht G. Schreiber, Hitler Interpretationen 1923-1983, Darmstadt 1984, S. 147 f.) Gräfin Dönhoff zu diesem Buch: »Mir erschien ›Die Revolution des Nihilismus‹ damals, 1938, als Wunderwaffe, als Offenbarung für alle, die noch nicht begriffen hatten, was der Nationalsozialismus wirklich war.« (Die Zeit, 16.8.1985).

Wie mir als Ohrenzeuge jener Zeit noch in wörtlichen Wendungen erinnerlich ist, war 1933 gerade diese, von Nietzsche nur gut 40 Jahre zuvor für die deutsche Elite, insbesondere im kirchlichen und kulturellen Bereich, beschriebene Neigung, sich das eigene Glück als Schande ins Gewissen schieben zu lassen, tatsächlich die Schwachstelle, wo angesichts des Elends, das die Weltwirtschaftskrise nach Deutschland gebracht hatte, die Verheißungen des Nationalsozialismus seelische Erleichterung versprachen. Es ist auch keineswegs so, daß ein schlechtes Gewissen in erster Linie gute Ge-

fühle erzeugt. Auch das Gegenteil von Liebe ist möglich. Ein Beispiel dazu. Ricarda Huch fährt an der oben zitierten Stelle in ihrer Autobiographie fort:
»Ein anderes Mal las ich in der Zeitung die Geschichte einer Kindesmißhandlung ...an einem Tage, als ich für den Abend den Besuch von zwei jungen Leuten erwartete ... Wieder geriet ich in eine Art Verzweiflung; ich empfand etwas wie Haß gegen die beiden Herren, die ich erwartete, denen es so gut ging ...«
Nietzsche wandte sich in dem oben zitierten Aphorismus gegen jene seiner Zeitgenossen: »welche am meisten das Leben unter Menschen unterminieren, welche unser Vertrauen zum Leben, zum Menschen, zu uns am gefährlichsten vergiften und in Frage stellen.«
Nietzsche meint die Menschen des Ressentiment, »ein ganzes zitterndes Erdreich unterirdischer Rache, unerschöpflich, unersättlich in Ausbrüchen gegen die Glücklichen und ebenso in Maskeraden der Rache, in Vorwänden zur Rache: wann würden sie eigentlich zu ihrem letzten, feinsten, sublimsten Triumph der Rache kommen? Dann unzweifelhaft, wenn es ihnen gelänge, ihr eignes Elend, alles Elend überhaupt den Glücklichen ins Gewissen zu schieben: so daß diese sich eines Tags ihres Glückes zu schämen begönnen und vielleicht untereinander sich sagten: ›Es ist eine Schande, glücklich zu sein! Es gibt zu viel Elend!‹«
Nietzsche hatte in einer Vorahnung vom 20. Jahrhundert erkannt, daß es wohl nichts Verhängnisvolleres gibt, als dem Menschen Zweifel an seinem »Recht auf Glück« einzuflößen. Ihm bleibt nur der Nihilismus und Ekel vor der Menschheit an sich. In den inzwischen veröffentlichten wissenschaftlichen Lebenslaufanalysen zahlreicher deutscher Terroristen seit 1977, kommt der Kausalzusammenhang zwischen dem künstlichen Dorn »Dritte Welt« in ihrer Seele und dem Entschluß zum mörderischen Nihilismus der Tat klar zum Vorschein. (Siehe zum Beispiel Herbert Jäger, Gerhard Schmidtchen, Lieselotte Süllwold, Lebenslaufanalysen, in der Reihe »Analysen zum Terrorismus«, Band 2, Westdeutscher Verlag, Opladen 1981).

»Rauben Sie mir nicht die Tränen meiner Kindheit!« – ein Gespräch mit Joseph Breitbach

Im Herbst 1970 saß ich mit dem deutsch-französischen Schriftsteller Joseph Breitbach (1903-1980) nach einer Aufführung seines Bühnenstückes »Genosse Veygond« in Baden-Baden noch bis in die Morgenstunden beisammen. In diesem Stück geht es, wie auch in seinem Roman »Bericht über Bruno« (1962) um die Psychologie des kommunistischen Intellektuellen. Dies war das Thema seines Lebens. Wir kamen in jener Nacht auf die Gründe zu sprechen, weshalb zwischen den beiden Weltkriegen so viele begabte junge Menschen aus wohlhabenden Familien in der Kommunistischen Partei ihre erste Heimat gefunden hatten. Breitbach, Sohn einer begüterten Familie, war mit 17 Jahren Mitglied geworden; nach ungefähr zehn Jahren allerdings, ernüchtert, wieder ausgetreten.

Sein soziales Gewissen habe ihn zum Kommunismus getrieben. Ob er sich erinnern könne, seit wann er an diesem schlechten Gewissen gelitten hatte, war meine nächste Frage. Sie brachte ein Erlebnis in seiner frühen Kindheit zutage. Als kleiner Bub, in der Zeit vor dem Ersten Weltkrieg, war er einmal vom Kutscher seiner Eltern auf den Friedhof des Dorfes mitgenommen worden. Der Kutscher zeigte ihm Grabstein um Grabstein, auf jedem war ein Name, der einem Kind gehört haben mußte, denn die Zahlen gaben jeweils eine kurze Lebensspanne an. Neun, elf, dreizehn, vierzehn Jahre waren diese Kinder nur alt geworden. Der Kutscher sagte zu ihm: »Weißt du eigentlich, weshalb deine Familie so reich ist? All diese Kinder haben in der Fabrik deiner Großeltern gearbeitet und mußten deshalb so jung sterben.«

Die Rolle dieses Kutschers im Leben Breitbachs haben seit 1950 die Dramaturgen des schlechten Weltgewissens übernommen. An Stelle der Opfer der Kinderarbeit im 19. Jahrhundert sind die Kinder und auch Erwachsenen in der »Dritten Welt« getreten, und aus der Fabrikantenfamilie sind sämtliche Einwohner westlicher Industrieländer geworden. Was jener Kutscher um 1910 aber vermutlich nur intuitiv ahnte, vielleicht nicht einmal in seiner Wirkung auf den Buben ganz überschauen konnte, wird in der zweiten Hälfte des Jahr-

hunderts in voller Kenntnis der Tragweite und der seelischen Vorgänge gezielt unternommen.
Die Behauptung des Kutschers vor den Gräbern der Kinder hatte auf den kleinen Breitbach eine vernichtende Wirkung. Lange Zeit konnte er sich an nichts mehr freuen, litt an Schuldgefühlen, an einem schlechten Gewissen, angesichts des guten Lebens, das ihn umgab. Er konnte mit niemandem über den Stachel sprechen, der seit jenem Tag auf dem Friedhof in seiner Seele steckte. Der Weg zur Kommunistischen Partei war vorgezeichnet. Dort, so glaubte er mit 17, könne er Sühne tun. Wie ungeeignet ein kommunistischer Funktionärsstaat ist, die von Breitbach in der Zeit um 1920 insgeheim erhoffte Gesellschaft der unbeneidbaren, der schuldlos Gleichen herbeizuführen, war ihm dann erst 1930 endgültig klargeworden. Weshalb aber damals nur wenige, wie Breitbach, aus dieser Erkenntnis mit der kommunistischen Utopie und Praxis gebrochen hatten, erhellt ein Vorgang, den Manès Sperber in seiner Autobiographie (»Die vergebliche Warnung«, 1975, S. 250 f.) festhielt:
»Ich habe bereits die Bücher des von Romain Rolland entdeckten Panait Istrati erwähnt, in denen er die sowjetische Wirklichkeit von links, nicht von rechts enthüllt hatte. Das Manuskript des ersten der drei Bücher über seinen Aufenthalt in Rußland, ›Vers l'autre Flamme‹, brachte er zu Rolland, der davon so begeistert war, daß er schrieb: ›Diese Seiten sind heilig. Sie müssen in den Archiven der *Ewigen Revolution* aufbewahrt werden. In ihrem goldenen Buch. Wir lieben Sie deshalb noch mehr, wir verehren Sie dafür, daß Sie es geschrieben haben.‹ Und im selben von Istratis, nicht Rollands, Erben erst jetzt (Anm.: Anfang der siebziger Jahre!) publizierten Brief heißt es beschwörend: *›Aber veröffentlichen Sie es nicht!‹* So Romain Rolland im Frühjahr 1929, zu einer Zeit, als noch keinerlei Nazigefahr bestand und die Linke in Europa weder um ihre Freiheit noch um ihre Existenz zu fürchten hatte. Der französische Dichter, der im Ersten Weltkrieg seine Stimme, die Stimme des Gewissens erhoben hatte, handelte als einer der moralischen Initiatoren jener *Verschwörung des Schweigens*, die die Sowjetunion vor jeder Kritik schützen sollte.«
Sperber berichtet in dem genannten Buch noch viele ähnliche Erlebnisse und Beobachtungen aus den dreißiger und vierziger Jahren. Man vergleiche den Vorgang zwischen Rolland und Istrati auch mit

dem, was George Orwell über ähnliche Vorgänge in England geschrieben hat (s. o. S. 274), und auch mit der von Orwells Witwe 1972 vorgenommenen Unterdrückung dieses Textes zugunsten der Ostpolitik Willy Brandts, als es um die Veröffentlichung in einer deutschen Übersetzung in der Bundesrepublik ging (s. o. S. 278).
In jenem nächtlichen Gespräch mit Joseph Breitbach 1970 wies ich ihn dann darauf hin, daß jene Zahlen auf dem Friedhof mit der Fabrik seiner Großeltern nicht einmal etwas zu tun gehabt haben müssen, sondern die allgemein hohe Sterblichkeit, vor allem der Kinder, aber auch der Erwachsenen, um die Mitte des 19. Jahrhunderts, vielleicht auch eine Epidemie, anzeigten. Diese Vermutung von mir verstörte und verstimmte Breitbach plötzlich. Ich konnte mir das nicht erklären und fügte hinzu, mit der Kinderarbeit und ihren Opfern im 19. Jahrhundert sei überhaupt von manchen daran interessierten Autoren eine die tatsächlichen Befunde stark verzeichnende Propaganda betrieben worden, und zwar bereits in der ersten Hälfte des 19. Jahrhunderts, aber unverändert bis in die Gegenwart hinein. Das Aufrechnen seitens der Linken der Kinderarbeit in England um 1830 mit den Unschönheiten in der Sowjetunion um 1930 hörte erst zu dem Zeitpunkt weitgehend auf, als man etwas viel besseres für die Demoralisierung der westlichen Gesellschaften gefunden hatte. Für die Kapitalismuskritik übernahmen ab der frühen fünfziger Jahre die »Entwicklungsländer« (und danach, weil so noch unnachprüfbarer und deshalb wirksamer) die »Dritte Welt«, und noch etwas später, noch verwaschener, »der arme Süden der Welt« die Rolle der Kinderarbeit des 19. Jahrhunderts.
Ich sagte Breitbach auch, daß es von Professor W.H. Hutt in dem von F.A. von Hayek 1954 herausgegebenen Band »Capitalism and the Historians« (Chicago University Press) eine Abhandlung gibt, in der Hutt nachweist, wie fragwürdig die Quellen waren, aus denen »die Kinderarbeit« in den Anfängen des Industriezeitalters von Historikern dargestellt wurde. Auf einmal unterbrach mich Breitbach mit dem Satz: »Rauben Sie mir nicht die Tränen meiner Kindheit!«
Seither ist mir klar, daß der Schmerz des schlechten Gewissens, und das damit erzeugte Gefühl, ein guter Mensch zu sein, eine Investition im eigenen Gemüt bildet, die man ungern aufgibt, selbst wenn man die Falschheit der Gründe für das schlechte Gewissen voll be-

griffen hat. Diese Investition verhindert aber wohl auch bei der Mehrheit der Menschen, daß sie solche Tatsachen überhaupt zur Kenntnis nehmen können.

Eine »Dreigroschenoper« in den Gassen des Gewissens?

In seinen Lebenserinnerungen »Als wär's ein Stück von mir« beschreibt Carl Zuckmayer die Szene in Wien in den Tagen vor dem Einmarsch Hitlers in Österreich: » ... ein geplanter Trick der Umstürzler, war das maßlose Anschwellen der Bettlerscharen, die – in kleinerem Ausmaß – schon vorher in der Hauptstadt ein Problem waren. Jetzt bekamen sie, wie man später erfuhr, von der illegalen Partei ein Taschengeld, wenn sie in möglichst jammervollem und zerlumpten Zustand besonders die noble, von Ausländern bevorzugte Innenstadt, den ersten Bezirk zwischen Ring, Kärntner Straße, Stephansplatz, Graben, Kohlmarkt massenweise bevölkerten und die Passanten beunruhigten. Offenbar hatten die Nazis etwas aus der ›Dreigroschenoper‹ gelernt.« (Taschenbuchausgabe, Fischer Bücherei, 1969, S. 56)
Aber wohl nicht nur sie. Spielt sich in den 80er Jahren in der Bundesrepublik ähnliches ab? Im November 1980 trafen Lew Kopelew und seine Frau Raissa in der Bundesrepublik ein. Zwei Monate später waren beide von der Sowjetunion ausgebürgert. 1984 erschien ein Buch von Raissa Orlowa-Kopelew mit dem Titel »Die Türen öffnen sich langsam. Eine Moskauerin erlebt den Westen«. Darin beschreibt sie, wie sie auf der Kölner Hohen Straße, eine Hauptgeschäftsstraße der Domstadt, einen jungen Mann gesehen habe, mit einem Schild um den Hals: »Ich habe Hunger«. Orlowa-Kopelew ist erschüttert, daß nur wenige Leute eine Münze in seinen Hut werfen, und schreibt: »Ich kann diese Episode, einen meiner stärksten Eindrücke, nicht aus meinem Gedächtnis streichen.«
In der Besprechung dieses Buches in der »Frankfurter Allgemeinen Zeitung« (17.4.1984) hielt die Rezensentin Frau Orlowa entgegen, daß sie den Vorgang falsch deutet. Im Sozialstaat Bundesrepublik

sei kaum ein Fall denkbar, in dem für einen jungen Mann nur noch das Betteln auf der Straße mit einem solchen Schild bleibe. Die Rezensentin mutmaßt dann über andere Motive. Mir scheint, man könnte auch eine Variante dessen in Erwägung ziehen, was Carl Zuckmayer beleuchtet hat.

Unbehagen bereitete Frau Orlowa-Kopelew auch das westliche Wirtschaftswunder: »Wenn ich doch nur diese Obst- und Gemüse-Stände auf die Moskauer Straßen versetzen könnte! Wenigstens soviel, daß es für die Kinder reicht.« Das ist eine aufschlußreiche Bemerkung. Hier wird nicht, wie seit 1950 üblich, ein westliches Warenangebot mit dem in der »Dritten Welt« anklagend verglichen, sondern ganz konkret das Obst- und Gemüse-Angebot in Köln 1980 mit dem in Moskau 1980. Doch alle militanten westlichen Fürsprecher der Entwicklungsländer – des »armen Südens der Welt« – wollen dort, sieht man ihnen genau auf die Finger und ins Konzept, immer nur mit den Finanzmitteln des Westens nach dem Rezept der Moskauer Marxismus-Wirtschaft die Not beseitigen.

Orlowa-Kopelew kommt beim Warenvergleich Moskau und Köln 1980 auch auf die Frage des schlechten Gewissens. Sie zitiert einen Satz von Anton Tschechow (1860–1904): »An der Tür eines jeden zufriedenen glücklichen Menschen müßte jemand mit einem Hämmerchen stehen und durch fortwährendes Klopfen daran mahnen, daß es Unglückliche gibt.« Und sie fragt: »In wie vielen deutschen Häusern verstummt dieses Hämmerchen nie?«

Anton Tschechow mit dem Rußland von 1880 vor Augen war einer jener, an die Nietzsche damals gedacht haben mag, als er die gewissenlose Manipulation der menschlichen Fähigkeit zum schlechten Gewissen, wegen der Gefährlichkeit ihrer letzten Konsequenz, verurteilte. Orlowa-Kopelew hundert Jahre später, mit dem Rußland von 1980 vor Augen, wünscht sich viele Leidensgenossen im Westen für ihre Gewissensqualen. Aus solcher Sicht und Seelenlage ist allerdings kein Zeitpunkt in der Geschichte des Menschen vor ihrem Ende auf diesem Planeten vorstellbar, zu dem irgendein Mensch ein Recht auf Glück, unvergällt vom schlechten Gewissen, haben konnte. Wer das zu Ende denkt, erblickt die Endstation Nihilismus, an der sich in den 80er Jahren des 19. Jahrhunderts viele russische Intellektuelle aufhielten und das Reservoir für die Terroristen und Anarchisten jener Zeit bildeten – sowohl der Begriff Nihi-

lismus als auch der Begriff Intellektueller stammen aus dem Rußland jener Zeit, gemünzt auf eben diesen Umstand.
Am 24. Juni 1906 stand im »New York Herald« folgender Kommentar:
»Es ist höchste Zeit, die Anarchisten, diese Giftschlangen, auszurotten. Doch aus Furcht, sie zu Märtyrern zu machen, faßt man sie mit Samthandschuhen an, gewährt ihnen Asyl, wenn sie ihre eigenen Länder verlassen, erlaubt ihnen, ihr diabolisches Evangelium zu predigen und zu verbreiten. All dies ermutigt sie nur, weitere Verbrechen zu begehen. Sie sind die Feinde der Zivilisation im allgemeinen und der Arbeiterschaft im besonderen: denn durch ihre Greueltaten lösen sie reaktionäre Bewegungen aus, die sich gegen die Demokratisierungstendenzen unserer Zeit wenden. Die Anarchisten sollten aus ihren Schlupfwinkeln geholt und durch internationale Zusammenarbeit ausgelöscht werden.«
Wir sehen also:
1. Kein Lehrer ist erfolgloser als die Geschichte: Samthandschuhe und das »Märtyrer«-Alibi für Politiker- und Behördenfeigheit sind »in« wie eh und je.
2. Die Demokratisierung zugunsten der Arbeiterschaft hat sich seit 1906 schier überpurzelt, aber die Anarchisten und Terroristen sind giftiger und gefährlicher denn je. Weshalb?
Eine überraschende Hypothese findet sich im Werk Nietzsches, genau 20 Jahre vor dem Alarmruf im »Herald«. Bereits in den 80er Jahren des letzten Jahrhunderts wüteten Anarchisten und Terroristen so auffällig, daß Nietzsche in seinem Buch »Jenseits von Gut und Böse«, geschrieben 1885, eine Erklärung dafür suchte. Er sah den »Punkt von krankhafter Vermürbung und Verzärtlichung in der Geschichte der Gesellschaft« gekommen, »wo sie selbst für ihren Schädiger, den Verbrecher, Partei nimmt«.
Nietzsche vermutete einen Zusammenhang mit der »Demokratisierung Europas«, mit der »demokratischen Bewegung«:
»Daß aber deren Tempo für die Ungeduldigeren, für die Kranken und Süchtigen des genannten Instinktes noch viel zu langsam und schläfrig ist, dafür spricht das immer rasender werdende Geheul, das immer unverhülltere Zähnefletschen der Anarchisten-Hunde, welche jetzt durch die Gassen der europäischen Kultur schweifen: anscheinend im Gegensatz zu den friedlich-arbeitsamen Demokra-

ten und Revolutions-Ideologen, noch mehr zu den tölpelhaften Philosophastern und Bruderschafts-Schwärmern, welche sich Sozialisten nennen und die ›freie Gesellschaft‹ wollen, in Wahrheit aber eins mit ihnen allen in der gründlichen und instinktiven Feindseligkeit gegen jede andere Gesellschaftsform als die der autonomen Herde … eins im zähen Widerstande gegen jeden Sonderanspruch, jedes Sonderrecht und Vorrecht (das heißt im letzten Grunde gegen jedes Recht: denn dann, wenn alle gleich sind, braucht niemand mehr ›Rechte‹) …; eins in der unfreiwilligen Verdüsterung und Verzärtlichung, unter deren Bann Europa von einem neuen Buddhismus bedroht scheint … eins allesamt im Glauben an die Gemeinschaft als die Erlöserin, an die Herde also, an ›sich‹ …«
Soweit der Aphorismus 202 in Nietzsches »Jenseits von Gut und Böse«, zu Papier gebracht 1885, aber im Grunde eine atemberaubend treffende Beschreibung unserer Gegenwart seit Mitte der 60er Jahre! Der von vielen rechtschaffenen Demokraten sicher gut gemeinte Egalitarismus, die Anbetung der Gleichheit, die Utopien von der »freien«, der total permissiven Gesellschaft, all das führte zu maßlosen, zu uneinlösbaren Erwartungen und bei manchen zur infantilen Wut über die Langsamkeit der »Gesellschaftsveränderung«.
So wird am Ende die »Herde an sich« zum »Ding an sich«: die autonome Horde mit ihrer sprachlosen Feindseligkeit gegen jede andere Gesellschaftsform als die der autonomen Anarchistengruppe.

Zum Nietzschebild nach 1945

Wenn man Anfang der achtziger Jahre Seminare über Nietzsche abhielt, und die Studenten die große Zahl wissenschaftlicher Bücher über Nietzsche, ebenso wie die Verdienste von Franzosen, Italienern und Schweizern um die Nietzscheforschung in der Gegenwart, zur Kenntnis nehmen mußten, war ihr Staunen groß: Wie weit weg wir nun von 1945 bereits sind, sähe man daran, daß die Berührungsscheu vor Nietzsche allmählich nachgelassen habe. Diese Studenten, etwa die Jahrgänge von 1958 bis 1964, waren die Opfer

einer Gehirnwäsche, die erst während der sechziger Jahre durch das Nietzschebild der in vielen Medien plazierten Spätmarxisten aus der sogenannten Frankfurter Schule stattgefunden hatte, und mit dem Einzug der linken 68er Generation in die Schulen und Schulbuchverlage in den 70er Jahren in den Köpfen der Heranwachsenden als vermeintliche geschichtliche Tatsache fixiert werden konnte: Nietzsche war irgendwie auch an Hitler mit schuld, und in der Zeit nach 1945 war jedem das klar. Nach dem Krieg wurde Nietzsche in Acht und Bann getan. Diese Vorstellung entspricht nicht den Tatsachen.
Als erstes Buch in deutscher Sprache zum Werk Nietzsches nach 1945 erschien meine Untersuchung »Nietzsches Philosophie des ›Menschlich-Allzumenschlichen‹«, Verlag J.C.B. Mohr (Paul Siebeck), Tübingen 1948. Mein Verleger, Hans Georg Siebeck, hatte mein Manuskript 1947 der zuständigen Behörde der Französischen Militärregierung, wie damals erforderlich, vorgelegt und erhielt nach wenigen Wochen, ohne jeden Änderungswunsch, die »Autorisation No. 4.296 de la Direction de l'Information« und die Papierzuteilung. Ich bin mir fast sicher, daß Alfred Döblin, der damals im Auftrag der französischen Militärregierung Literaturinspekteur in Baden-Baden war, an der raschen und positiven Entscheidung über mein Manuskript mitgewirkt hat.
Mein Nietzschebuch wurde binnen kurzer Zeit auch in zahlreichen ausländischen Fach- und Kulturzeitschriften rezensiert, und keiner der Rezensenten wunderte sich darüber, daß man unmittelbar nach dem Ende des Dritten Reiches ein Buch über Nietzsche veröffentlichte, das seine Psychologie und philosophische Anthropologie interpretierte. Das zweite wissenschaftliche Buch über Nietzsche, das nach 1945 in deutscher Sprache erschien, war von S.G. Rudensky-Brin, eine russische Emigrantin in Basel, die damit bei Karl Jaspers promoviert hatte. Es erschien Ende 1948 in Basel.

Max Scheler sah 1912 den Drittweltschmerz voraus

Wer genauer nachvollziehen möchte, wie diese von Nietzsche mit seiner Ressentimenttheorie vorhergesehene Demoralisierung des

westlichen Menschen durch ein ihm aufgezwungenes, der Sache nach prinzipiell unaufhebbares schlechtes Gewissen wegen der allgemeinen Verhältnisse »in der Menschheit« heute mit einer scheintheologischen und pseudochristlichen Rhetorik vorgenommen wird, lese in der berühmten Abhandlung von Max Scheler (1874–1928) »Das Ressentiment im Aufbau der Moralen« (erschienen 1912) das Kapitel IV »Ressentiment und moderne Menschenliebe«. Die letztere hat nach Scheler mit christlicher Nächstenliebe nichts zu tun, sondern ist nur das Mittel zum Zweck der Macht der Ressentimenterfüllten, und bestünde dieses Machterlebnis auch nur aus dem schadenfrohen Wissen, ein wie auswegloses Gefühl des Unglücklichseins man dem anderen ins Gemüt zu pressen vermochte. (Von dieser Schrift Schelers gibt es eine Studienausgabe: Klostermann Texte Philosophie, 1978). Hier nur wenige Sätze daraus:
»So wird die ›Menschenliebe‹ auch polemisch und pietätlos gegen die Liebe und Verehrung der Toten, der vergangenen Menschen und gegen die Tradition ihrer geistigen Werte und Willensäußerungen in jeder Form.« Scheler erkannte, »daß nun an die Stelle des ›Nächsten‹ und des ›Individuums‹, in dem sich die personhafte Tiefe des Menschen allein darstellt, ›die Menschheit‹ als Kollektivum tritt und jede Art von Liebe zu einem Teile ihrer, Volk, Familie, Individuum, wie eine widerrechtliche Entziehung dessen erscheint, was man nur dem Ganzen als Ganzem schuldet. Eine ›Liebe zur Menschheit‹ kennt die christliche Sprache, charakteristisch genug, nicht. Ihr Grundbegriff heißt ›Nächstenliebe‹.« Im Gegensatz dazu sei die moderne Menschenliebe nur auf »die Summe der menschlichen Individuen als Summe« gerichtet.
Scheler beschreibt auch schon »eine Art Gefühlshalluzination«, »eine künstliche Hineinversetzung in den fremden Seelenzustand gemäß der Frage: ›Was würdest du fühlen, wenn es dir so erginge?‹« Scheler sieht bereits 1912, daß »die in der Anschauung der äußeren Ausdruckserscheinungen von Schmerz und Armut sich ergebende Hineinziehung und Ansteckung durch das in diesen Erscheinungen sich darstellende Depressionsgefühl, das spezifisch moderne ›Scheinmitleid‹ und ›Dauern‹« erzeugt wird.
Diese Bewegung, die mit Rousseaus Pathos und »riesenhaftem Ressentiment« begonnen habe, führte Nietzsche zu seiner Ressentimenttheorie. Scheler stimmt mit ihm darin überein:

»daß diese sozial-historische Gemütsbewegung durchaus nicht auf einer ursprünglichen, spontanen Hinbewegung zu einem positiven Werte beruht, sondern auf einem Protest, einem Gegenimpuls (Haß, Neid, Rachsucht usw.) gegen herrschende Minoritäten, die man im Besitz positiver Werte weiß. Die ›Menschheit‹ ist nicht das unmittelbare Objekt der Liebe in ihr (schon da nur Anschauliches die Liebe bewegen kann), sondern sie wird in ihr nur ausgespielt gegen ein Gehaßtes.«
Scheler hat hier, vor dem Ersten Weltkrieg bereits, mit intuitivem, nahezu seherischem Blick, die psychologischen Hintergründe, die Motive für die viel später erst kommende Erfindung der synthetischen »Dritten Welt«, der »Entwicklungsländer« nach dem Zweiten Weltkrieg vorweggenommen, beschrieben und erhellt. Scheler stellte auch schon die Gründe dar für die seltsame Lust am Untergang der eigenen Gesellschaftsform, des eigenen Landes, wie sie in der pazifistischen Unterwerfungsbewegung im Westen, gleichzeitig mit der immer pathetischeren und aggressiveren Parteinahme für die »Menschheit an sich« zum Ausdruck kommt.

Die Bedeutung des schlechten Gewissens für den Bund zwischen Marxismus und Theologie

Man kann einem anderen Menschen keine tiefer dringende Pein (mit zugleich besserem eigenen Gewissen) zufügen als mit dem Vorwurf, er habe einem Dritten, dem es schlechter geht als ihm, noch nicht genug geholfen. Je nach dem Wertsystem der Kultur, in der ein Mensch aufgewachsen ist, wird ihn dieser Vorwurf überwiegend mit Scham, Schuld und Angst (vor der eigenen Zukunft) erfüllen. Alle drei Gemütszustände können aber auch gleichzeitig, einander verstärkend, auftreten. Mit diesem sozialen Kontrollmittel haben Menschen von jeher in kleinen Gemeinschaften das Mindestmaß an gegenseitiger Hilfe und Solidarität erzielt, das sie zum Überleben

von Gruppen brauchten, in denen mehrere Generationen nebeneinander lebten. Je prinzipiell unaufhebbarer aber der Unterschied im Wohlbefinden zwischen dem zur Karitas aufgeforderten und dem Begünstigten ist, desto lähmender und zerstörerischer muß die Pein werden, die der frustrierte Altruist erleidet.
Das Buch von Peter Nagel über »Die Motivierung der Askese in der alten Kirche und der Ursprung des Mönchtums« (Berlin 1966, S. 78 f.), bringt Aufrufe zur Barmherzigkeit aus jener Zeit, die den Hang zur Grenzenlosigkeit des asketischen Liebesgebots verdeutlichen. Der Mönch Theodor von Pherme besaß drei schöne Bücher: »Er liest sie gerne zu seiner Erbauung, auch die Brüder leihen sie gern aus. Er fragt den Makarios: Soll ich sie behalten zu meinem und der Brüder Nutzen, oder soll ich sie verkaufen und (das Geld) den Armen geben?« Makarios rät zur Preisgabe der Bücher. Auch einem anderen Mönch wird einmal erklärt, er habe den Besitz der Witwen und Waisen an sich genommen – nur weil er einige Bücher besitze, die er längst zum Nutzen der Armen hätte verkaufen sollen. Wieder ein anderer Mönch besitzt zwei Obergewänder. Vom Mitbruder gefragt, was er täte, wenn ein Bettler käme, antwortet er: ich gebe ihm das bessere von beiden. Nun bohrt der Bruder: und wenn noch ein Bettler käme? Der Gefragte gäbe ihm die Hälfte des ihm verbliebenen Gewandes. Dieser Dialog geht weiter, bis der Mönch selbst nackt ist. Aber auch dieser Altruismus ist noch nicht genug. Apa Agathon erklärt, falls er einen Aussätzigen am Wege fände und er diesem seinen eigenen gesunden Leib geben könne, würde er es mit Freuden tun.
Ein ähnlich sich dem Unmöglichen verdingender und am Leid der Selbstaufgabe sich bestätigender Altruismus bildet heute den Kern des extremen theologischen Engagements für die Entwicklungsländer.
Ein westdeutscher evangelischer Theologe und Universitätsprofessor erklärte Mitte der 60er Jahre einmal: »Es gibt den Himalaja. Es gibt den Bodensee. Aber Gott gibt es nicht.« Es wäre aber gut, wenn die Theologen begriffen, daß es auch die »Dritte Welt« und »die Entwicklungsländer« nicht gibt. Sie sind eine Fiktion. So ist es absurd, alle sog. Entwicklungsländer zusammenzunehmen und eine Gesamtwachstumsrate für sie zu errechnen, die dann derjenigen der »Industrieländer« anklagend gegenübergestellt wird. Damit

werden tatsächliche und in Einzelfällen sehr erhebliche Entwicklungen in einzelnen Regionen Asiens oder Afrikas ebenso zugedeckt wie die wirtschaftlichen Schwierigkeiten in manchen Regionen inmitten der Industrieländer. Allein schon weil die meisten Einwohner der Nichtindustrieländer in den Tropen leben, werden auch in ferner Zukunft die Unterschiede im Lebensstil und in der Lebenserwartung zwischen den nördlichen Industrieländern und den anderen Gebieten der Erde sehr groß bleiben.
Gerade durch die Bemühungen der christlichen Kirchen aber wurden die »Entwicklungsländer« immer undifferenzierter und verantwortungsloser als einheitliche, solidarische neue Klasse hoch- und gegen die »geizigen«, »reichen« Industrieländer ausspielbar. Auch die Enzyklika von Papst Paul VI. über »die Entwicklung der Völker« (Populorum Progressio) vom 26. März 1967 trug dazu bei. Dieses Grundsatzdokument der katholischen politischen Theologie, im Zweiten Vatikanischen Konzil (1965) gefordert, entstand unter dem direkten Einfluß der englischen Miterfinderin der »Dritten Welt«, Barbara Ward Baroness Jackson of Lodsworth. Diese Verfasserin unzähliger entwicklungspolitischer Schriften gab, kurz vor ihrem Tod, ihre Fackel weiter, indem sie bei dem Präsidenten der Weltbank, Robert McNamara (Amtszeit 1968–81) anregte, unter Willy Brandts Vorsitz die Nord-Süd-Kommission ins Leben zu rufen. In ihrem Buch »The Interplay of East and West« (1957, S. 91 f.) schrieb sie:
»Vergegenwärtigen wir uns, daß die Nationen rings um den Nordatlantik die privilegierte Aristokratie der Weltgesellschaft sind. Sie leben in Gebieten, die nicht nur im Hinblick auf Klima und Temperatur die angenehmsten sind (man denke doch an den unverdienten Bonus von Frühling und Herbst), sondern sie besitzen auch die reichsten Ressourcen für Industrie und Landwirtschaft ... Wir sind im Vergleich mit dem Rest der Welt so reich wie zum Beispiel Andrew Carnegie im Vergleich mit seinen Stahlarbeitern.«
Was für eine törichte Argumentation! Nicht zuletzt sie hat die Mendikantenmentalität bei den Sprechern der Entwicklungsländer unterstützt und damit dort bis heute zur Lähmung der Eigenanstrengungen beigetragen. In diesen Sätzen Barbara Wards war alles schief, angefangen von der Meinung, das »unverdiente« Glück der vier Jahreszeiten sei ein Grund für ein schlechtes Gewissen. Aus

dieser Sicht böte kein Punkt der Erde im Vergleich mit einem anderen je das Recht auf Glück ohne schlechtes Gewissen. Was für ein Unsinn: Als ob eine endlose Kette harter Winter ein unverdientes Glück wäre, für das man sogar noch Gewissensgeld an den Süden zahlen müßte!
Es verhält sich doch umgekehrt: Völker, die viele Jahrtausende mit Winterzeiten durchlebten, brachten auch aus diesem Grund allmählich Gewohnheiten, Weltauffassungen, Arbeitstugenden, Zeitplanung und Erfindungen hervor, die eine Voraussetzung für das Entstehen und Funktionieren der modernen Zivilisation in den nördlichen Regionen waren. Gerade weil das für den größten Teil der »Dritten Welt« nicht der Fall gewesen war, verdampften dort zwischen 1950 und 1985 mindestens tausend Milliarden Dollar (nach heutiger Kaufkraft) an Entwicklungsgeldern und Krediten à fonds perdu im wesentlichen unproduktiv.
Die Verantwortung für dieses Desaster liegt in erster Linie bei einer anfänglich kleinen Gruppe von Publizisten und Politikern, deren persönliche Gewissensneurose nur noch durch ihr Unvermögen übertroffen wurde, sich ein Bild von der Wirklichkeit im geschichtlichen Längsschnitt zu machen.

Die Umverteilung des guten Gewissens

Wenn die linksliberale Weltanschauung konsequent dem Relativismus und Agnostizismus folgte, ja selbst wenn sich ihre Sprecher offen zum Nihilismus und Anarchismus bekennen würden, wäre wenigstens der Mut zur Aufrichtigkeit zu bewundern. Statt dessen handhaben sie Begriffe wie Schuld, Sühne, Verantwortung, Moral, Sittlichkeit, Treue, Verläßlichkeit selektiv zur Einschüchterung oder Erpressung ihrer Mitmenschen je nach politischem Bedarf. Auf der einen Seite wird das linksliberale Meinungskartell nicht müde, eine Schuldabtragung des Westens gegenüber der Dritten Welt in alle Ewigkeit als Pflicht in die Seelen zu ätzen, gleichzeitig aber vermochten dieselben Meinungsführer in Kulturbetrieb und Kirchen, in Politik und Wissenschaft die vorweg gewährte, teils psy-

choanalytisch, teils marxistisch begründete Generalabsolution für die gewalttätigen Kriminellen bis hin zu den Terroristen zur herrschenden Doktrin zu machen, aber auch – im Scheidungs- und Scheidungsfolgenrecht – das Schuldprinzip aus jedem Akt von Gemeinheit gegenüber dem Ehepartner in Luft aufzulösen.
Jeweils im Binnenbereich einer Gesellschaft, eines Volkes wurde die Schuldzuweisung als ein Unding aus der Vergangenheit abgetan – und zwar gerade dort, wo die Beteiligten in der Regel genau wissen können, wer wem was angetan hat, wie in der Ehe oder bei gezielten Bluttaten. In dem vagen, willkürlich und agitatorisch aufgebauten, keiner Nachprüfung zugänglichen Bereich »Wir und die Dritte Welt« hingegen wurde Schuld und Sühne auf ewig festgeschrieben. Wer Zweifel an dem Dogma der ewigen Tributpflicht westlicher Länder anmeldet, dem wird entgegengehalten, daß an der Schuld des Abendlandes und aller seiner Einwohner an den schlimmen Zuständen in der Dritten Welt nicht der geringste Zweifel erlaubt sei. Mit alttestamentarischer Strenge wird hier über Jahrhunderte und Jahrtausende hinweg Schuld und Sühne zugewiesen und nicht einmal die Möglichkeit der Verjährung erwogen. Keine noch so abenteuerliche Mutmaßung, keine noch so fragwürdige Statistik, kein noch so tendenziös aus dem Zusammenhang gepflücktes Indiz zugunsten der Schuldzuweisung am wirtschaftlichen Rückstand oder Verfall in Ländern der Dritten Welt darf auf Stichhaltigkeit geprüft werden, ohne die Empörung der Schuldzuweiser auszulösen.
Was für ein Kontrast: Jedem Bürger, ob Kind oder Greis, im Westen wird eine abzutragende Schuld gegenüber den Leuten in der Dritten Welt untergeschoben, an die viele von Kindesbeinen an nun schon glauben. In der Scheidungsrechtphilosophie der Linksliberalen hingegen wird die Unmöglichkeit jeglicher Schuldzuweisung behauptet und ihr bloßer Versuch als veraltet, als sittenwidrige Rachsucht, als Zumutung zurückgewiesen. Was auf den ersten Blick wie ein Widerspruch aussieht, ist in Wirklichkeit vom selben Gefühl und seiner Ideologie gesteuert. Der linksliberale Politiker und sein Chor in den Medien verfolgen in beiden Fällen das gleiche Ziel. Wer das Scheidungsrecht so ändert, daß der nicht rechenschaftspflichtige, nur auf Lustgewinn und vermeintliche Selbstverwirklichung trachtende Ehepartner jederzeit in die große Freiheit ausbrechen kann und den, der die Treue hielt, auf Lebenszeit finan-

ziell bis zum Existenzminimum herunter ausbeuten kann, wiederholt zwischen Ehepartnern nur das, was er auch zwischen dem »reichen Norden« und dem »armen Süden«, zwischen dem Westen und Dritter Welt praktiziert haben will: schuld ist immer der, bei dem es etwas zu holen gibt, der mehr kann, mehr hat, mehr leistet und mehr geleistet hat.

IRRTUM ZWÖLF:

»DAS 20. JAHR-HUNDERT IST AUF KREDIT ZU HABEN«

Eine Utopie, an der Zweifel nicht erlaubt war

Es gibt in den westlichen Ländern keine sorgsamer vor dem Wähler geheimgehaltene Verschlußsache als die Daten über Verbleib und Erfolg der staatlichen Entwicklungsgelder in der Dritten Welt. Es ist vielleicht das seltsamste Tabu der Nachkriegszeit. Im Laufe von dreißig Jahren hat sich eine internationale Bruderschaft, vom Theologen bis zum Großbankier, etabliert, die an zahllosen Schaltstellen der veröffentlichten Meinung jeden Zweifel an Sinn und Aussichten der öffentlichen Entwicklungshilfe abzublocken versucht. Nur ein Erlebnis von Hunderten, um zu zeigen, wie es dazu kam.

1958 war in Stuttgart mein Buch »USA« erschienen, in dem ich auch, ausführlich begründet, den Scherbenhaufen vorhersagte, der 1985 nun als Ergebnis von fünfunddreißig Jahren Entwicklungshilfe vor aller Augen liegt. Ende 1958 erhielt ich in den USA, wo ich damals lebte, überraschend einen Brief des Chefredakteurs von »Christ und Welt«, Giselher Wirsing. Er hatte mein Buch gelesen und lud mich ein, von Amerika aus regelmäßig für sein Wochenblatt zu berichten. Doch ein Tabu müsse ich unbedingt beachten. Nie ein Wort, nie eine Tatsache, die Zweifel wecken könnten, ob man mit Pflicht und Praxis zur Entwicklungshilfe auf dem richtigen Weg sei. Es kam nicht zu meiner Mitarbeit. Gleichzeitig mit meinem Buch war im selben Verlag das Buch von Klaus Mehnert »Der Sowjetmensch« erschienen, worin er am Rande von einer Amerikareise eher ironisch die Beobachtung mitteilte, daß alle seine Bekannten dort binnen weniger Jahre zu Entwicklungsländerexperten geworden seien.

Es gab in den fünfziger Jahren beiderseits des Atlantik (und im Einklang mit den Publizisten einiger Entwicklungsländer) eine Gleichschaltung der »öffentlichen Meinung«, nach der es wider die Sitten der Zeit, wider den Geist der Geschichte war, unbequeme Tatsachen in bezug auf die Entwicklungsländer auch nur zu erwähnen. Es nützte einem nicht einmal etwas, wenn man zum linksliberalen »Establishment« der USA gehörte. George F. Kennan, in den USA und England gerade in den fünfziger Jahren eine anerkannte politische Koryphäe, hielt im Winter 1957/58 einige Rundfunkvorträge

in England, die danach auch als Buch erschienen. Die darin ausgedrückte Warnung über die unkritische Vorschußsympathie gegenüber allen Entwicklungsländern und Kennans Zweifel an einer »moralischen Verpflichtung« zur Entwicklungshilfe entsetzte die meisten politischen Kommentatoren. Die »New York Times« lobte Kennan zwar für seinen »Realismus« gegenüber europäischen Fragen, warnte die Leser aber zugleich davor, seinen Gedanken über die Entwicklungsländer die geringste Beachtung zu schenken.
Die Durchschlagskraft der Konzeption »Entwicklungshilfe« als soziale Leitidee läßt sich nur erklären, wenn man sie als notwendige Ergänzung eines allgemeinen westlichen Masochismus erkennt. Die ursprüngliche europäische Fortschrittsidee hat in einen invertierten masochistischen Fortschrittskomplex umgeschlagen, der das als fortschrittlich erklärt, was zur Einschnürung West-Europas und seiner überseeischen Verbündeten führen muß, auf kulturellem, wirtschaftlichem und politisch-militärischem Gebiet.
Peter Scholl-Latour ist ein Publizist, der sich in asiatischen und afrikanischen Entwicklungsländern ebensogut auskennt wie an den Wirkungszentren der westlichen Intellektuellen in den Massenmedien. Sein Urteil dürfte für diese um so unwiderlegbarer sein, als er auch »der Überzeugung ist, daß dem Sozialismus in dieser oder jener Form die Zukunft gehört.« Scholl-Latour hatte jedoch schon vor fünfzehn Jahren (Die Zeit, 23. Juli 1971, S. 10) den linkskonformen Masochismus gegenüber der »Dritten Welt« kritisiert. Wenn er aufgrund sorgfältiger Untersuchungen und Erfahrungen in Afrika zu dem Schluß komme, »daß der afrikanische Sozialismus gescheitert ist, schüttelt man tadelnd das Haupt ... Der Kolonialismus ist anachronistisch und moribund, aber der derzeitige masochistische Antikolonialismus der Europäer ist nicht viel mehr als ein emotioneller Neokonformismus.«
Doch eben dieser Gefühlskomplex begleitet von Anfang an die Beschäftigung mit den Entwicklungsländern. 1955, in einem prominent plazierten Artikel des »New York Times Magazine« schrieb die Gattin des damaligen Chefkorrespondenten der »New York Times« in Südostasien, Peggy Durdin:
»An einem der Eröffnungstage der kürzlichen asiatisch-afrikanischen Konferenz in Bandung schlenderte ich auf dem Bürgersteig entlang der einen Seite der Konferenzhalle. Und zwar, legitimer-

weise: ich trug ein Presseabzeichen, und dieser Stadtteil war für Journalisten zugelassen. Es war kaum Verkehr. Ausgenommen zwei bewaffnete indonesische Polizisten, war ich auf dem ganzen Straßenblock praktisch allein. Plötzlich begann der eine dieser Wachmänner willkürlich zu gestikulieren und bellte mich mit indonesischen Anweisungen an. Ich stand still, verständnislos, beunruhigt auf ein Maschinengewehr schielend, das auf meinen Magen gezielt schien. Der Polizist winkte wieder, diesmal noch emphatischer. Plötzlich verstand ich und sprang vom Bürgersteig auf die Straße. Ungefähr zwei Meter hinter mir spazierten zwei untergeordnete Mitglieder der asiatischen Delegation. Der Polizist kommandierte mich einfach auf die Straße, damit der gesamte Bürgersteig für die zwei Asiaten frei wurde.«
Der aufschlußreichste Satz folgte unmittelbar: »Dieser triviale Vorfall erfüllte mich mit Freude. Es war ein Zeichen der Zeit. Ein Symbol der radikalen Revolution, die in der Beziehung zwischen dem weißen und braunen Menschen in Asien stattgefunden hat.«

Krischnan Menon und seine Rolle

Noch Mitte der fünfziger Jahre glaubten die westlichen Industrieländer, unter dem Einfluß Washingtons, man befände sich auf dem Gebiet der Entwicklungshilfe in einem Wettlauf mit der Sowjetunion um die Gunst, die Einflußmöglichkeiten und einige strategische Stützpunkte in der »Dritten Welt«. Von Anfang an waren aber militärisch-strategische Erwägungen unlösbar mit solchen der politischen Humanität verquickt. So wurde immer auch Hilfe an Länder gewährt, deren geographische Lage keinen irgendwie denkbaren militärischen Nutzen für die NATO-Länder erkennen ließ. Schlimmer noch: Zu Hauptempfängern wurden ebenfalls Länder, die ihren antiwestlichen, insbesondere antiamerikanischen Neutralismus, ihre Sympathien mit der Sowjetunion oder China von Anfang an deutlich machten, wie z .B. Indien, vor allem unter Nehru und seinem Günstling Menon.
Der Inder Krishnan Menon (1896–1974) hatte als Rechtsanwalt in

London gearbeitet, war Mitglied der britischen Labour-Party und mit Harold J. Laski, an der London School of Economics (siehe S. 278), im Bemühen vereint, dem Westen zugunsten der Sowjetunion, über die UN und die westliche Pflicht zur ewigen Wiedergutmachungshilfe, den Todesstoß zu geben. Seit 1946 war Menon der Vertraute Nehrus, der ihn dann zum Leiter der indischen Delegation bei den UN (1952–1963) in New York machte.

Anfang 1953 hatte ich Gelegenheit, einen ganzen Abend lang, drei bis vier Stunden, Menon aus nächster Nähe zu erleben. Die Studenten der US-Elite-Universität Yale in New Haven hatten einen Vortragsabend und anschließende Diskussion mit Menon, dem Weltstar aus Indien, organisiert. Er fand im größten Saal der Universität, dem Theater ihrer Drama School, statt. Obwohl meine Frau und ich schon früh hingingen, war der Saal bereits überfüllt. So setzten wir uns an den Rand der Bühne und beobachteten Menon.

Offenbar gehbehindert, kam er an einem Stock, der dann als Waffe in seine Rhetorik integriert wurde. Von furchterregender Häßlichkeit, hatte er auch noch die Gewohnheit, nach besonders emphatischen haßerfüllten Thesen gegen die USA und den Westen, seine Zunge herauszustrecken. Drohend, verhöhnend, anklagend spielte er, ebenso kalkuliert wie intuitiv zustechend, auf der Klaviatur des schlechten Gewissens, das der damals überwiegend linksextreme Lehrkörper der Yale Universität in den Studenten vorbereitet haben dürfte. Die künftige politische Elite der USA spendete hingerissen Beifall, bei jedem rhetorischen Tritt gegen ihr Schienbein, bei jedem Schlag unter die Gürtellinie. Ich erlebte den Beginn des Masochismus des Abendlandes und einen seiner Hauptregisseure. Meine Frau und ich waren uns damals einig, seit Hitler und Goebbels nichts Vergleichbares gehört zu haben: der Ressentimentmensch par excellence! Viele Jahre später bekam Menon sogar in Indien Ärger, weil er dort den Kommunisten zu nahe stand.

Die Angst vor der »Dritten Welt«

Es gibt die Kanonisierung und Tabuierung bestimmter politischer, wirtschaftlicher oder sozialer Ideen und Vorstellungen, die dadurch einen unerbittlichen Auftrag zur sozialen Aktion, ein Mandat zur Reform, zum Handeln um des Handelns willen zu erteilen scheinen. Solche Ideen mögen zunächst nur in Zirkeln und bei einzelnen Autoren auftauchen. Die Aufgabe der ideologischen Mittelsmänner ist es, diese Ideen in den Mund, in die Leitartikel und Ansprachen solcher Persönlichkeiten zu schmuggeln, deren persönliches Charisma oder Amtscharisma dazu dienen kann, der Idee einen festen Platz in der Weltpresse einzuräumen. Von da an ist es leicht, diese Idee zu tabuieren und jegliche Kritik an ihr als der Weltgeschichte zuwider, als unanständig, anti-intellektuell zu brandmarken. Nach einem Jahrzehnt solcher Tabuierung erlangt die Idee volle Kanonisierung.

Für die Idee der Pflicht zur Entwicklungshilfe haben Barbara Ward, Gunnar Myrdal, der gesamte linke Flügel der Demokraten sowie der Republikaner in den USA, Labour in Großbritannien dies im Lauf der fünfziger Jahre erreicht. Wer diese Idee nüchtern unter die Lupe nahm, fiel damals schon bösartigster Kritik anheim. Rationale Kritik war nicht erwünscht. Sie war unbehaglich. Manche glaubten fast schon am dritten Weltkrieg mit schuld zu sein, wenn man den Unterentwickelten nicht schleunigst alles zu geben bereit war, was sie auf Rat von Myrdal und Barbara Ward zu verlangen sich berechtigt glaubten.

Von Anfang an wurde aber auch auf das Angstmotiv spekuliert: Bereits in den frühen fünfziger Jahren war in westlichen Intellektuellenkreisen eine maßlose Überschätzung der künftigen Macht der Entwicklungsländer Mode. Am 23. Juli 1953 veröffentlichte die »New York Times« einen Bericht ihres Korrespondenten Michael L. Hoffman in Genf, in dem es hieß:

»Es ist die tiefe Überzeugung der westlichen Staatsmänner und Beamten, die das Hilfsprogramm (für unentwickelte Länder) entworfen und angewandt haben, daß der Westen erfolgreich sein muß in der friedlichen Übertragung des Wissens, wie man materielle Quellen wirkungsvoll zur Stillung menschlicher Bedürfnisse verwendet ... (Gelingt es ihm nicht), so wird die Transferierung nichtsdestoweniger gemacht werden, aber zu einem schrecklichen Preis. In der Vergangenheit wurden Zivilisationen von barbarischen Horden niedergetrampelt, die das Geheimnis ihrer materiellen Überlegenheit lernen wollten, und es kann wieder geschehen.«

Solch apokalyptischer Unsinn wurde in den fünfziger Jahren vor allem in der amerikanischen Politologie zur wissenschaftlichen Prognose emporstilisiert. Jener Michael Hoffman wirkte bis 1956 als Wirtschaftskorrespondent der »New York Times« in Europa als ein Hauptpropagandist für Entwicklungshilfe. Danach war er als hoher Beamter in der internationalen Entwicklungsbürokratie tätig.
»Nichts, was wir tun oder lassen«, erklärte Guido Brunner, Energiechef der EG, Anfang 1980 »kann etwas daran ändern, daß uns die Ölländer im Würgegriff haben: mal fester, mal weniger fest, doch auswegs- und erbarmungslos.« Mußte das so kommen? Mir scheint, ein Teil der Antwort gibt Brunner, ohne sie zu sehen. Er schreibt: »Wir müssen für die ärmeren Länder noch mehr tun. Sie werden durch die hohen Ölpreise an den Rand der Katastrophe gedrängt.« Stimmt, doch nicht nur sie, sondern auch ihre Melkkuh, nämlich der Westen. Doch dieser soll für Brunner wie für Willy Brandt, seit er von Ost-Experte auf Nord-Süd-Experte umgeschaltet hat, für ewig die Melkkuh bleiben. Brunner: Wir müssen für die ärmeren Länder noch mehr tun, sonst wird sich der ganze Druck der Menschheit gegen uns reiche Industrieländer wenden.
Dieses Argument liest man unverändert seit 35 Jahren. Und es hat den Westen dazu gebracht, mit immer schlechterem Gewissen einigermaßen vernünftig zu wirtschaften, während es der »Dritten Welt« half, mit immer besserem Gewissen immer unvernünftiger oder gar nicht zu wirtschaften. Der Umverteilung der Ressourcen geht die Umverteilung des guten Gewissens voraus. Als erste begriffen das die Ölländer. Andere Rohstoffländer folgen ihnen nach.
Als 1974 das Ölpreisdiktat kam, verglich der »Spiegel« schadenfroh die westlichen Industrieländer mit einer Schar Hühner, die noch eine Weile herumlaufen, nachdem ihnen der Bauer bereits die Hälse durchschnitten hat. Das Bild war treffend, denn wie dumme Hühner gackerten die EG-Spitzen, allen voran der Energiekommissar Guido Brunner, damals sofort los: Selbstverständlich müssen wir jetzt auch noch die unbezahlten Ölrechnungen der »Dritten Welt« bezahlen. Und das geschieht seither klaglos.
Zu jeder Erpressung, die eine Dauereinrichtung werden soll, gehört das schlechte Gewissen des Erpreßten. Die Sowjetunion hat keines. Willy Brandt, naiv wie eh und je, hoffte zu Beginn seiner Nord-Süd-Arbeit auf Sinneswandel und Barmherzigkeit Moskaus. Doch

der Kreml wies die Bürde des weißen Mannes weit von sich. Die Abfuhr, die Entwicklungshelfer Brandt sich dort holte, war eindeutig. Moskau zieht es vor, in Nord und Süd allein das Gift zu versprühen, das dem Westen das gute Gewissen nahm, das Märchen von Marx: Keiner ist je arm, ohne zuvor von einem anderen ausgebeutet worden zu sein. So bleibt die gesamte Nord-Süd-Politik in den Händen der Sozialisten aller Parteien im Westen. Und im Bann ihrer Bewunderung für Marx erwarten sie das Ende der Armut allein vom Opfergang der Reichen.
Die richtige Antwort auf das Ölpreisdiktat wäre 1974 gewesen, die OPEC und die »Dritte Welt« mindestens drei Jahre lang in Zweifel zu lassen, ob der Westen wirklich auch noch für die Kosten dieser Preispolitik in den Entwicklungsländern aufkommen werde.
Der Tenor der Empfehlungen von Willy Brandts Nord-Süd-Kommission, insbesondere der Vorschlag einer zusätzlichen internationalen Steuer zugunsten der Entwicklungsländer, kann jedoch nur eine Wirkung haben: noch mehr Oberwasser und ein noch besseres Gewissen für entwicklungshemmende sozialistische Eliten in der »Dritten Welt«. Der Gärtner im Garten der Menschheit war wieder ein Bock, wie so oft in den letzten 30 Jahren, in denen ein enttäuschter Weltentwicklungsdirigent nach dem anderen das Pult dem jeweils nächsten überließ.

Geld von Staat zu Staat zerrinnt am schnellsten

Die von Regierung zu Regierung (bilateral oder multilateral) gegebene Entwicklungshilfe hat sowohl gegenüber der freiwilligen karitativen als auch der privaten, auf Rentabilität hin erfolgten Investition einen grundsätzlichen Nachteil, der sie in vielen Fällen zu einem Entwicklungshemmnis macht: Die an Regierungen der Entwicklungsländer direkt gewährte Hilfe fließt in der Regel in Projekte und Programme, die es nicht erlauben, eine Erfolgskontrolle (Nutzen im Verhältnis der Mittel, Rentabilität, Nebenkosten usw.) auszuführen. Weder für das betreffende Entwicklungsland noch für die Entwicklungspolitik westlicher Regierungen und internationaler Organisationen und Banken stehen deshalb aus solchen Projekten Daten zur Verfügung, an Hand derer man weitere Investitionen zweckrational lenken könnte. Schließlich treiben schon verstaatlichte Industrien in europäischen Ländern meist eine Geschäftspolitik, die es fast nie zuläßt, ihre Rentabilität mit privatwirtschaftlichen Unternehmen zu vergleichen.

Es ist aussichtslos, je feststellen zu wollen, ob die Verwendung von ausländischen Mitteln durch die Regierung eines Entwicklungslandes innerhalb dieses Landes (bzw. verglichen mit einem vielleicht ähnlich bedürftigen Land) die bestmögliche gewesen ist. Teils lehnen die Regierungen der Entwicklungsländer solche Ansinnen als Verletzung ihrer Souveränität ab, teils legen sie bewußt irreführende Daten vor, teils lassen sich brauchbare Daten unter den örtlichen Verhältnissen überhaupt nicht erheben. So unsicher also die wirtschaftlichen Ergebnisse jeder direkt an Regierungen in der »Dritten Welt« gewährten Hilfe sind, so sicher ist eine Folge, die selbst mittlerweile zu einem Haupthindernis rationaler und realistischer Wirtschaftstätigkeit in solchen Gebieten geworden ist: die Entwicklungshilfe vergrößert die Macht der Regierung des Entwicklungslandes, macht sie unkontrollierbarer, gibt ihr immer mehr Monopole und Eingriffsmöglichkeiten in der Wirtschaft des Landes und damit aber auch im politischen und gesellschaftlichen Bereich.

Nun haben aber sowohl die Staatswirtschaften der wenigen entwikkelten Länder des sozialistischen Ostblocks als auch die Staatswirtschaften aller seit 1947 unabhängig gewordenen Entwicklungsländer mit einer bis zur Stunde stetig zunehmenden Deutlichkeit und Schlüssigkeit gezeigt, daß es offenbar kein größeres Entwicklungshemmnis für ein Land gibt als das Monopol einer nicht abwählbaren Zentralregierung auf alle oder die meisten wirtschaftlichen Vorgänge in ihrem Machtbereich. Ein Beleg aus jüngster Zeit: Polen ist ein Land, das uns in Geschichte, Geist, Religion und Alltagstugenden tausendmal ähnlicher ist als jedes Entwicklungsland in Afrika oder Asien.

Polen hat in wenigen Jahren über 26 Milliarden Dollar an Krediten und Sachlieferungen aus dem Westen erhalten. Doch 1981 stand es vor dem Nichts. Nahrung war knapp, und es funktionierte nicht einmal die Verteilung der Lebensmittel aus der EG-Soforthilfe im

Winter 1980/81, weil sich die Lager- und Transporteinrichtungen als unzulänglich erwiesen. Die gesamte Marshallplan-Hilfe nach dem Krieg erreichte nur 13 Milliarden Dollar. Sie floß drei Jahre lang (1948–51), und vierzehn kriegszerstörte Länder mußten sie sich teilen. Polen hingegen – nach dreißig Jahren Frieden – hat mehr Hilfe aus dem Westen ergebnislos verpulvert, als der ganze Marshallplan für Europa einst ausmachte.

Die Hauptursache für dies ist die lähmende Politisierung der Wirtschaft durch eine unabwählbare sozialistische Funktionärskaste und die Korruption. Und genau daran scheitert eben auch die Entwicklung der »Dritten Welt«, an Korruption und ihren Funktionären, die nicht zuletzt eben dank der Entwicklungsgelder aus dem Westen besonders fest am Ruder kleben. Teils aus Ratlosigkeit und Schüchternheit entgegen besserem Wissen, teils im Einklang mit den eigenen planwirtschaftlichen Präferenzen haben die westlichen Regierungen bei ihrer Entwicklungshilfe den Trend zur zentral gesteuerten Kommandowirtschaft in der »Dritten Welt« geduldet und gefördert. Sie haben damit gerade den Pluralismus, die Machtdezentralisation, die Streuung von Entscheidungszentren für Investitionen und Handelsbeziehungen verhindert, dessen die Entwicklungsländer bedurft hätten, um im Lauf der Zeit zu einer sich selbst tragenden und wachsenden Wirtschaft zu gelangen.

Der Iran, ein Denkmal der Entwicklungspolitik

Die letzten sechs Jahre im Iran haben dreißig Jahre Entwicklungspolitik und Entwicklungstheorie als das Kartenhaus enthüllt, das sie von Anfang an gewesen waren: Kaum einem anderen Entwicklungsland hatte man jemals eine günstigere Prognose gestellt, keines hatte reichlichere Mittel, keines einen größeren Lerneifer. Keines galt als sicherer bei Investitionen und Lieferaufträgen, keines schien fester in die westliche Welt integriert. Aber auch kein anderes Entwicklungsland hat sich bisher in kürzerer Zeit mit einer größeren Lust an Selbstzerstörung wieder dorthin gebracht, wo es vor einem halben Jahrhundert gewesen war.

1949 erblickte das Prinzip Entwicklungshilfe das Licht einer überraschten Welt. Als ob nicht seit Jahrhunderten ohnehin alle Völker, die wirklich vorankommen wollten, immer gewußt hätten, wo und wie sie das Know-how dazu abschauen können! Schließlich hat der Westen sein Können nie als Geheimrezept betrachtet. Aber es blieb nicht bei dem angekündigten »zeigen wie«, bei der technischen Hilfe, sondern bald drehte es sich hauptsächlich um Geld in ständig steigenden Mengen. Dem amerikanischen Wähler aber wurde die Entwicklungshilfe vorwiegend mit der Begründung verkauft, sie sei eine unerläßliche Strategie zur Eindämmung der sowjetischen Expansion. Und so war es kein Zufall, daß der Iran für Washington zu einem vorrangigen Gebiet wurde, wo Entwicklungshilfe zeigen sollte, was sie bewirken kann. Alle Bedingungen für ihren dauerhaften Erfolg im Sinne des Westens schienen hier in höherem Maße gegeben als fast irgendwo sonst.
Öl: Ein unverderblicher Exportartikel, um den sich nicht nur alle Welt riß, sondern den sie sogar auf eigene Kosten und mit eigenen Künsten aus dem iranischen Boden holte. Ein Land, von der EWG aus per Schiff und LKW gut erreichbar. Am Ruder ein prowestlicher Staatschef, der Aufträge an die berühmtesten Denkfabriken des Westens nicht nur vergab, sondern auch zu lesen verstand. Die jungen Iraner studierten massenweise im Ausland. Niemand schickte mehr Studenten in die USA als der Iran. Die tüchtigsten Firmen der Industrieländer lieferten und bauten das Beste und Neueste, was sie zu bieten hatten. Investiert wurde freiwillig, was das Zeug hielt, Geld spielte keine Rolle. Das Analphabetentum ging rasch zurück. Das Pro-Kopf-Einkommen schoß nach oben. Kein einziger der Indikatoren, mit denen Entwicklungsexperten ihre Erfolgsberichte schmücken, deutete auf Unheil. Und so hätten sich am Modell Iran die Entwicklungsstrategen eigentlich ihr Denkmal des Jahrhunderts setzen müssen. Nun, vielleicht haben sie es sogar getan, wenn auch nicht so, wie sie es wohl gewünscht hatten. Das Ergebnis von dreißig Jahren Entwicklungspolitk war in wenigen Monaten ausgelöscht, auf unabsehbare Zeit vertan durch einen abenteuerlichen Greis, frisch wie aus einem Märchen aus 1001 Nacht, im Jumbo-Jet der Air France nach Teheran gebracht.

Das Faß ohne Boden war 1950 in Sicht

Niemand darf sich angesichts des Bevölkerungsdilemmas der »Dritten Welt« herausreden, es sei um die Mitte des Jahrhunderts noch nicht zu erkennen gewesen. In einem Symposium über »Ziele des Wirtschaftslebens« (1952), herausgegeben von A. D. Ward, New York 1953, gab William Vickrey (damals Professor für politische Wissenschaft an der Columbia Universität) zu bedenken, ob nicht Europa und der Westen nur deshalb dem Malthusschen Zirkel entronnen seien, weil ein hohes Maß an sozialer Ungleichheit bestanden habe. Es sei durchaus vorstellbar, daß bei größerer innerer und internationaler »sozialer Gleichheit« der Hexenzirkel des von Malthus aufgezeigten Problems nie durchbrochen worden wäre:

»Wenn man Hilfe an ›unterentwickelte Gebiete‹ gewährt, entweder unter Point Four oder irgendeinem anderen Programm, so ergibt sich die Frage, wieweit die Hilfe auf gegenwärtige Bedürfnisse abgestimmt werden soll und wieweit auf die Aussicht, daß die gewährte Hilfe einfach vom Bevölkerungszuwachs verschluckt werden wird, der seinerseits durch die Hilfe angeregt wurde. Wählt man aber einzelne Gebiete aus, bei denen die wirtschaftliche Hilfe vielleicht größere Aussichten hat als bei anderen Gebieten, so stellt man sich eine unlösbare Frage: welches Volk hat mehr ›sozialen Anspruch‹ auf Wirtschaftshilfe, eines, das sich auf diese Weise zu einer selbständigen stabilen Wirtschaft emporarbeiten kann, oder eines, das mit denselben Mitteln gerade die dringendste Not stillen und einige Millionen Menschen vom Hunger retten wird, ohne dadurch einen Schritt in Richtung beständiger Lösungen zu tun? Und wer wird die notwendigen Nerven haben, um darauf zu dringen, daß Auslandshilfe nicht in ›Volksgesundheit‹ verpulvert, sondern zunächst für den ›unsozialen‹ Aufbau einer produktiven Wirtschaftsstruktur verwandt wird?«

Solche hartherzig klingenden, aber durch die seitherigen Verhältnisse in den Hauptentwicklungsgebieten der Welt bestätigten Diagnosen wurden am Anfang der Entwicklungshilfe-Konzeption noch gestellt. Im Lauf der fünfziger Jahre wurden sie dann mehr und mehr durch mitleidheischende Thesen überspielt und verdrängt, die vielfach zu Maßnahmen führten, die die wirtschaftliche Entwicklung unterminierten. Mitleid ist ein edler Zug des menschlichen Gemüts, den es allerdings nicht bei allen Völkern gibt. Aus diesem Grund verstanden von Anfang an viele Menschen in den Entwicklungsländern auch nicht, welche Motive z. B. die Entwicklungshelfer zu ihnen bringen. Mitleid ist jedoch ein Gefühl, das jede zutreffende Kausalanalyse der Zusammenhänge zwischen demographischen und ökonomischen Verhältnissen erschwert.

Was sollte damit bewiesen oder gefordert werden, wenn Weltbankpräsident Robert S. McNamara 1970 die Probleme der Entwicklungsländer wie folgt dramatisierte:

»Ein Drittel, wenn nicht die Hälfte der Menschheit, leidet an Hunger oder Unterernährung. Die Kindersterblichkeit ist hoch. In den unterentwickelten Länder sterben viermal mehr Kinder pro Tausend als in den hochentwickelten. In den Staaten des Westens ist die durchschnittliche Lebenserwartung 40 Prozent höher als in den Entwicklungsländern.«

Jeder dieser Werte, zum Teil vor gar nicht langer Zeit, hat auch einmal für die heute hochentwickelten Länder gegolten, kann also an sich keine Ursache der Entwicklungslosigkeit sein. Darüber hinaus wäre das Mißverhältnis zwischen Wirtschafts- und Bevölkerungswachstum in der »Dritten Welt« noch weitaus größer und von jeder nur irgendwie denkbaren Lösung noch entfernter, wenn die Kindersterblichkeit und Lebenserwartung westlichen Verhältnissen entspräche. So wurde noch um 1950 seitens der UN angenommen, die Bevölkerung Asiens und Afrikas würde zwischen 1950 und 1980 um jährlich 0,7 bis 1,3 % anwachsen. Tatsächlich war schon Mitte der sechziger Jahre bereits ein Wachstum von jährlich 2,5 % erreicht. In Südamerika betrug es sogar 2,8 %. Diese Wachstumsraten haben jedoch ausnahmslos entwicklungshemmende Folgen: u. a. Wachsen der Kosten für zunächst und direkt jedenfalls unproduktive Versorgungseinrichtungen (Wasser, Wohnung, Gesundheitswesen), großes Sozialbudget, Arbeitslosigkeit und Unterbeschäftigung, unverhältnismäßig rasche Verstädterung, aber auch Sinken des Bildungsstandes bei zu großen Familien (sinkende Neigung und Möglichkeit, alle Kinder ausreichend lange in die Schule zu schikken).

Die Bedrohlichkeit des Bevölkerungswachstums wurde und wird in UN-Kreisen unterschätzt. Zum Teil ziehen Politiker der Entwicklungsländer ihr Gefühl der politischen Übermacht dem Westen gegenüber aus der Größe ihrer Bevölkerungen. In diesem Fehlschluß wurden sie immer wieder durch westliche Äußerungen über die Macht der »Dritten Welt« bestärkt. Geburtenbeschränkung gilt manchen als westliche Strategie zur Entmachtung. Das rasche Bevölkerungswachstum, im Verein mit der – gerade wegen dieses Wachstums allerdings nicht generell überzeugenden – These vom weltweiten Hungerzustand erlaubte immer lautere Rufe nach westlicher Entwicklungshilfe, bot zugleich aber ein Alibi für das Unterlassen bzw. die Ergebnislosigkeit eigener Anstrengungen der Entwicklungsländer in Richtung der wirtschaftlichen Entwicklungsziele.

Bezüglich der Überbewertung des physischen Wohlbefindens als Voraussetzung wirtschaftlicher Entwicklung hätte eine kurze Überlegung gezeigt, daß die medizinische Hilflosigkeit der westlichen Bevölkerungen gegenüber Krankheiten und Verletzungen bis etwa 1850, teilweise sogar 1900 oder 1920, so groß gewesen war, daß sie es nach den Theorien der heutigen Entwicklungshilfeexperten eigentlich gar nicht hätten so weit bringen dürfen. Eine wirklich leistungsfähige Heilkunde, vor allem vorbeugender Art, und eine ihr entsprechende Ernährungswissenschaft kamen ja erst, nachdem die Grundlagen der westlichen Kultur- und Wirtschaftswelt von kränklichen, leidenden, überwiegend recht jung sterbenden Menschen geschaffen worden waren. Auf jeden Fall aber wuchs die moderne Welt aus Gesellschaften heraus, in denen der durchschnittliche allgemeine Gesundheitszustand schlecht war.

Die sich inzwischen bevölkerungsmäßig katastrophal auswirkende Senkung der Sterblichkeitsrate bei den Unentwickelten hätte somit nicht als Voraussetzung für ihre Entwickelbarkeit gelten dürfen. Die hohe Kinder-, genauer Säuglingssterblichkeit in den Entwicklungsländern der niedrigen in nördlichen Industrieländern gegenüberzustellen, ist auch deshalb absurd, weil die Hauptursache jeder Kleinkindersterblichkeit Darmerkrankungen sind. Diese werden in südlichen und tropischen Ländern aus klimatischen Gründen auf jeden Fall immer häufiger sein als in kühlen.

Die Entwicklungsländer in ihrer unüberschaubaren Vielfalt und Heterogenität haben nichts gemeinsam, mit Ausnahme einer Eigenschaft: Sie haben einen Sitz in den UN, und jede hat dort das gleiche Stimmgewicht wie jedes der größten Industrieländer. Die Entwicklungsländer verdanken ihre nominelle Existenz, ihre Wirksamkeit in Form eines zum moralischen Vorwurf erhobenen politisch-geographischen Begriffs der Idee der Gleichheit, die man seit 1950 unter den Ländern der Erde in ähnlicher Weise anzustreben und durchzusetzen versucht, wie es innerhalb der westlichen egalitären Demokratien geschieht.

Die Verquickung der technologischen Perfektibilität unserer physischen Umwelt mit einem sozialprogressiven Weltegalitarismus auf Kosten des Westens wurde zum politischen Leitbild, vor allem dank einiger Autoren, wie Barbara Ward, die seit 1948, aber auch schon während des Zweiten Weltkrieges im Vorgriff auf die Nachkriegszeit, in zahllosen Aufsätzen und zahlreichen Schriften versucht hatte, dem Westen eine Politik des schlechten Gewissens aufzuzwingen. Sie schrieb:

»In einer Welt, die dank unserer westlichen Wissenschaft zur physischen Einheit geworden ist, nehmen wir eine Position ein, wie sie vor hundert Jahren die Privilegierten und Reichen innerhalb unserer eigenen Gesellschaft einnahmen. Unsere Aufgabe ist es nun, diese Analogie zu vollenden. Wir müssen einsehen, daß wir die Freiheit im Westen durch die Verteilung von Reichtum und Chancen an die Massen *innerhalb* des Staates gerettet haben und daß wir nun dasselbe mit den Massen der Welt machen müssen, deren Armut und Hoffnung eher noch größer sind.« (The Interplay of East and West, New York 1957, S. 92 f.)

Die Pflicht zur Entwicklungshilfe wurde von Anfang an aus dem Gebot der »sozialen Gerechtigkeit« abgeleitet. Diese setzt sich Gleichheit zum Ziel. Je weniger Menschen es auf der Erde gäbe, die auf solche blicken müssen, denen es besser geht, die also verglichen mit ihnen ungleich sind, desto mehr sei »soziale Gerechtigkeit« verwirklicht. Dabei werden aber verschiedene Tatsachen übersehen und einige willkürliche Annahmen gemacht. Wir wissen beispielsweise, u. a. aus den Berichten zahlreicher Flüchtlinge und Beobachter im Osten, daß sich die Menschen in kommunistischen Ländern, verglichen mit den westlichen, durch nichts benachteiligter vorkommen als durch die Ausreisesperre. Die wie der Jet-set von Land zu Land, von Kontinent zu Kontinent huschenden Entwicklungsstrategen und Entwicklungstheologen der westlichen Welt können sich offenbar nicht vorstellen, wie es ähnlich aufgeschlossenen, ehrgeizigen und wißbegierigen Menschen zu Mute ist, die nie aus ihrem Geburtsland herausdürfen. Diese Beschränkung ihrer Individualität und Humanität (wenn diese u. a. auch die Möglichkeit des Verkehrs mit Menschen anderer Länder beinhaltet) gilt aber für sicherlich 95 % – in der Regel sogar wohl 95 bis 99 % – der Einwohner der meisten kommunistischen Staaten. Über diese Summe von Leid, von Benachteiligung auch nur zu reden, gilt aber gerade in jenen Kreisen für unfein und unprogressiv, die das Gefühl der Benachteiligung, bei den Dorf-, Urwald- und Steppenbewohnern der »Dritten Welt« zum Hauptinstrument ihrer Propaganda für Entwicklungshilfe machen.

Was Moskau von Entwicklungshilfe hält

Die Sowjetunion beging nie den Fehler, Hilfe mit der Miene eines Büßers aus schlechtem Gewissen zu geben. Infolge der Sympathien, die sie als »antiimperialistisches«, sozialistisches Land (vor dessen Kolonialismus östlich und westlich von Moskau die Führer der »Dritten Welt« 30 Jahre lang fest die Augen schlossen) genoß, konnte sie mit minimalen, oft auch recht wertlosen, unbrauchbaren Hilfeleistungen (fast immer Sachlieferungen) mehr bleibenden Eindruck machen als westliche Länder mit ihren unvergleichlich größeren Leistungen.
Ab 1970 wurde bei den Beratungen, Planungen und Beschlußfassungen der UN zur Entwicklungshilfe von Mal zu Mal immer offenkundiger, daß die sozialistischen Länder des Ostblocks eine Entwicklungshilfe an die »Dritte Welt« grundsätzlich nicht als ihre Aufgabe oder Pflicht ansehen. Sie verweigern aber nicht nur eigentliche Entwicklungshilfe, sondern sogar die von UN-Gremien verlangte und bei der Entwicklungsplanung ab 1971 bereits einkalkulierte Beteiligung an einer Ausweitung und Modifikation ihres nor-

malen Außenhandels zugunsten der »Dritten Welt«. Vom Export der Entwicklungsländer nahmen 1970 der Ostblock 5 %, die westlichen Industrieländer 40 % auf.
Der kommunistische Osten lehnt die Pflicht zur Entwicklungshilfe mit der Behauptung ab, diese sei allein eine Sache westlicher Länder, die einst ihre Kolonien »ausgebeutet« und jetzt »Schadenersatz« zu leisten hätten. Westliche Entwicklungspolitiker, z. B. auch der UN-Ausschuß unter Prof. Tinbergen, neigten viel zu lange dazu, diese These zu akzeptieren und die Weigerung der Ostblockländer kaum zu tadeln. Damit aber wurde die aus der marxistischen Imperialismusthese abgeleitete Intransigenz und Maßlosigkeit der Entwicklungsländer bei ihren Forderungen unterstützt. Selbst wenn man die Imperialismusthese für einen Augenblick des Gedankenexperiments halber gelten ließe – sie ist unerwiesen –, bliebe noch die Frage offen, weshalb dann auch Länder zur Entwicklungshilfe verpflichtet sein sollen, die nie Kolonien »ausgebeutet« haben? Die Schweiz, Schweden, Österreich, Deutschland seit 1914, – sie alle hatten ja keine ausbeutbaren Kolonien.
Enorme und ständig wachsende Entwicklungshilfe (Kapitaltransfer aus entwickelten Ländern über deren Regierungen an die Regierungen der Entwicklungsländer) sei geboten, so heißt es, weil die »soziale Gerechtigkeit« nach größerer »Gleichheit« verlange. Nun hat die Forderung der Gleichheit auf allen Lebensgebieten und in jeder Hinsicht, ihre Übertreibung zum obersten Leitwert einer Gesellschaft, bereits im Binnenbereich westlicher Demokratien zu Widersprüchen, zu Paradoxien und Antinomien geführt. Im Namen der falsch verstandenen Gleichheit haben sich vielerorts Ansätze für einen neuen Totalitarismus etablieren können.
Es ist äußerst unwahrscheinlich, daß die Forcierung von »Gleichheit« im internationalen Bereich weniger bedenkliche Folgen haben wird. Was die westlichen Weltlastenausgleicher wie Gunnar Myrdal, Barbara Ward, Lester B. Pearson schon früh anstrebten, ist eine Weltregierung mit beispiellosen Machtbefugnissen. Nur eine solche Weltregierung könnte diese weltweite Gleichheit der Lebensverhältnisse, auf dem gemeinsamen erreichbaren niedrigsten Nenner, gewährleisten, weil die Fähigkeiten, die Arbeitsethik, die Leistungsorientierungen, die kulturellen Wertvorstellungen, die physischen Bedingungen der Umwelt auf der Erde so verschieden sind,

daß jede annähernde Gleichheit nur mit Gewalt gegen diejenigen durchgesetzt werden kann, die, sei es als Minderheit innerhalb von weniger leistungsfähigen Mehrheiten (z. B. regelmäßig die chinesischen Minderheiten in ostasiatischen Bevölkerungen) oder als relativ homogene Bevölkerung (manchmal dank einer günstigeren geographischen Ausgangsbasis) einen höheren Lebensstandard erreicht haben als andere.

Über die UN, wo die »Unterentwickelten« die große Mehrheit haben, wird, von westlichen Entwicklungsexperten immer wieder befürwortet, eine Art Weltregierung angestrebt zum Zweck des wirtschaftlichen Lastenausgleichs mit dem Endziel eines möglichst einheitlichen Weltlebensstandards. Käme es durch die Erhebung der Ziele der Entwicklungshilfe zum obersten politischen Leitwert, und für viele ist dies bereits geschehen, zu einer solchen Weltregierung, so würde sie mit Sicherheit die Sowjetunion und ihren Hegemonialbereich nicht umfassen, vermutlich auch nicht China. Diese partielle Weltregierung wäre aber durch ihre Zielsetzung und die dazu erforderlichen Machtvollkommenheiten eine sozialistische Planungs- und Planerzwingungsbehörde. Wie schon seit Jahren die UN, würde sie von den Funktionären der Entwicklungsländer beherrscht. Insoweit es, nach allen bisherigen Erfahrungen, für kommunistische Staaten leicht ist, bei internationalen Organisationen Gefolgsleute einzuschleusen, könnte eine über die Ideologie der Entwicklungshilfe zustande kommende und an ihren Zielen orientierte Weltwirtschaftsbehörde für alle Staaten außerhalb der kommunistischen Machtbereiche auch für die UdSSR eine wünschenswertere Alternative sein als die jetzige noch freie westliche Welt.

Es paßt der Sowjetunion auf lange Sicht ins Konzept, wenn das Wirtschaftspotential der heutigen NATO-Länder, einschließlich der ihnen nahestehenden Industrieländer, einer Weltbehörde unterstellt würde, in der Moskau, teils durch seine UN-Mitgliedschaft, vor allem aber über die unübersehbaren Kanäle in weit über 100 Entwicklungsländer-Delegationen, entscheidenden Einfluß ausübt. Jeweils unter Berufung auf die noch unbefriedigten oder steigenden Ansprüche der Entwicklungsländer könnte eine solche aus den UN herausgewachsene Weltwirtschaftsbehörde von den NATO-Staaten eine Abrüstung auch wider deren nationales Interesse erzwingen (durch Entzug der Mittel), würde aber, wie in Fragen der

Entwicklungshilfe, gegenüber dem kommunistischen Osten dieselben Forderungen auf Abrüstung gegen die Sowjetunion nicht erheben oder jedenfalls nicht durchsetzen wollen und können. Insofern ist es verständlich, weshalb die kommunistischen Staaten und ihre Sympathisanten in den westlichen Ländern einerseits die »Entwicklungshilfe« zum obersten Leitwert der Gegenwart hinaufstilisieren, zugleich aber kompromißlos erklären, »Entwicklungshilfe« sei allein eine Aufgabe der westlichen Industrieländer und nicht im geringsten eine Aufgabe der kommunistischen Ostblockländer.
Im Lauf der Jahre blieben tatsächlich manche Länder Empfänger amerikanischer und europäischer Entwicklungshilfe, obwohl sie anfänglich gewährte Stützpunkte für NATO-Streitkräfte (oder, etwas später, auch nur Beobachtungsstationen für amerikanische Weltraumkörper) oft vor Ablauf der Verträge kündigten und den Abzug des Personals der Geberländer erzwangen. Gegen Ende der 50er Jahre schon erkannte man, daß die UdSSR offenbar weder gewillt noch fähig war, auch nur einen winzigen Bruchteil dessen an Entwicklungshilfe an die »Dritte Welt« zu leisten, was der Westen bereits gegeben hatte und weiter zu geben sich zunehmend verpflichtete. (Vgl. z. B. J. S. Berliner: Soviet Economic Aid, New York 1958. Siehe auch Marshall I. Goldman, An American Quarterly Review, Washington, D.C., Januar 1965.)

Wer hat die »Dritte Welt« erfunden?

Wer die Jahre ab 1950 nicht in den Vereinigten Staaten erlebt hat, wird – nur aus gedruckten Quellen – kaum noch erfassen können, mit welcher Inbrunst sich die »Bewußtseinsindustrie« auf die Popularisierung und Propagierung der Entwicklungshilfe stürzte. Für viele gebildete Amerikaner jener Zeit verschwamm das Bild der Entwicklungsländer einerseits mit den armen Ländern Europas, denen sie gerade mit dem Marshallplan auf die Beine geholfen hatten, andererseits mit den Bildern aus der eigenen Vergangenheit: Waren nicht die Vereinigten Staaten das erste Entwicklungsland gewesen? War ihre »Revolution« nicht die erste antikoloniale Revolution ge-

wesen? Sollte Amerika vor Gott und der Geschichte einen längst fälligen Tribut für das unverschämte Glück zahlen, das ihm zwischen 1776 und 1950 zuteil geworden war?
Nach einem Krieg, nach einer großen Katastrophe mit vielen Opfern, bleiben in manchen Überlebenden nagende Zweifel zurück: Weshalb wurde gerade ich verschont? Wieso habe ich das verdient? Habe ich das auf Kosten irgendwelcher Schicksalsgenossen getan, denen ich nicht genug beigestanden habe? Wartet auf mich in der Zukunft vielleicht ein schrecklicheres Los? Viele Amerikaner litten damals an einem Schuldgefühl: »Weshalb sind wir immer davongekommen und so reich geworden!« Zum Teil war dieses Schuldgefühl bei Amerikanern auch durch das Wissen um die Indianerstämme im eigenen Land erhöht. Die gemütsmäßigen Voraussetzungen für die schuldbewußte Dienstverpflichtung an die sogenannten Entwicklungsländer waren damals in besonders starkem Maße gegeben. Der Name »Point Four Program« ging darauf zurück, daß Präsident Truman das Hilfsprogramm für die unterentwickelten Gebiete in seiner Botschaft an den Kongreß vom 20. Januar 1949 unter »viertens« verkündete. Der Passus in der Rede Trumans lautete:
»Viertens, wir müssen an die Verwirklichung eines kühnen neuen Programms gehen, das die Wohltaten unserer wissenschaftlichen Errungenschaften und unseres industriellen Fortschritts für die Erschließung und das Wachstum unterentwickelter Gebiete nutzbar macht. Mehr als die Hälfte der Bevölkerung der Erde lebt unter Bedingungen, die an Elend grenzen. Ihre Ernährung ist ungenügend. Sie sind das Opfer von Seuchen. Ihr wirtschaftliches Leben ist primitiv und stagnierend. Ihre Armut ist ein Handicap und eine Bedrohung für sie selbst wie auch für die wohlhabenderen Gebiete. Zum erstenmal in der Geschichte besitzt die Menschheit die Kenntnisse und die Geschicklichkeit, um die Leiden dieser Menschen lindern zu können.«
Vier Jahre später, nach dem Regierungswechsel in Washington, in Präsident Eisenhowers Rede am 16. April 1953, gab es eine erneute Betonung der Point-Four-Ideologie, wenn auch nicht unter diesem Namen. Falls der kommunistische Block auf echte Abrüstungsvorschläge einginge, so hieß es, wolle die Eisenhower-Regierung vor das Volk treten und um Bewilligung neuer Mittel zur Bekämpfung der Armut in der Welt, also in den unterentwickelten Gebieten, bit-

ten. Doch Präsident Eisenhower gebrauchte dabei unglücklicherweise den Begriff »Gerechtigkeit« im Sinne einer sozialen Weltgerechtigkeit. Er sah nicht die Unmöglichkeit, ein »soziales Weltgewissen« zum Maßstab weltwirtschaftlicher Handlungen zu machen, deren letzter Bürge die Wirtschaft des Westens sein müßte.
Es war eine unsinnige Annahme und eine absurde Vereinfachung der für etwa 3000 verschiedene Kulturen auf dem Erdball zutreffenden Verhältnisse, zu glauben, es gäbe in der zweiten Hälfte unseres Jahrhunderts auf einmal eine relativ homogene Gruppe der entwikkelbaren Länder, deren gemeinsame Interessen und Chancen es gestatten, sie den wenigen Industrienationen gegenüberzustellen. Dieser Irrtum war politischen Ursprungs. Die Front der Entwicklungsländer wurde von der Nachkriegspolitik Washingtons im Verein mit den UN und einigen prominenten Publizisten (u. a. Gunnar Myrdal und Barbara Ward) geschaffen, indem man den Führern nichtwestlicher Gebiete eine Art von Kollektivanspruch auf Wirtschaftshilfe nahelegte. Wohin dies führen würde, war europäischen Ländern wie Belgien, Großbritannien, Frankreich und den Niederlanden, in den frühen 50er Jahren zunächst offenbar nicht deutlich geworden, weil sie ja ohnehin schon mit der Entwicklung ihrer Kolonialgebiete beschäftigt waren. Und auch nach der Entlassung in die Unabhängigkeit, etwa britischer oder belgischer Kolonien in Afrika, lag es für das Mutterland nahe, auf längere Zeit noch Trennungshilfen zu geben.
Wir wissen heute, daß es beinahe nicht zur Verkündung des »Punkt-Vier-Programms« durch Präsident Truman gekommen wäre. Und es ist durchaus denkbar, daß die Entwicklungshilfe in diesem Fall nicht zur zentralen Doktrin der amerikanischen Außenpolitik der fünfziger Jahre geworden wäre.
Jonathan B. Bingham, ein Jurist, war in den vierziger Jahren zweimal in der Washingtoner höheren Bürokratie tätig gewesen und wurde 1951 der erste Direktor des amerikanischen »Punkt-Vier-Programms«. Er berichtet in seinem Buch »Shirt-Sleeve Diplomacy, Point Four in Action« (1954), wie es zur Idee der Entwicklungshilfe gekommen war:
»Die Luce-Organe (d. h. Life, Time mit ihrer Millionenauflage) und J. F. Dulles hatten die Vereinigten Staaten zu einer großen moralischen Offensive aufgerufen, aber niemand hatte eine Ahnung,

wie man eigentlich so ein Programm anfängt … Im Januar 1949 befand sich ein gewisser Ben Hardy, ein Ex-Zeitungsreporter aus Georgia, im State Department. Er war überzeugt, eine glänzende Idee zu haben. Es war ihm nicht gelungen, sie bei irgend jemanden im State Department anzubringen. Er setzte sich deshalb mit einem jungen Gehilfen im Weißen Haus namens George Esley in Verbindung, der prompt darauf sah, daß die Idee zum Präsidenten gelangte. Als der nächste Entwurf von Präsident Trumans Inauguralbotschaft dem State Department zur Begutachtung geschickt wurde, war Hardys Idee – die Idee, die dann als »Point-Four« bekannt wurde – im Entwurf. Die Spitzenbeamten im Außenministerium, darunter Unterstaatssekretär Robert Lovett und Charles S. Bohlen, ersuchten dringendst um Streichung dieser Stelle, weil sie vage und voreilig sei. Aber der Eigensinn des Präsidenten drang durch. Am 20. Januar 1949 kündigte Harry S. Truman der gesamten Welt an, daß die Vereinigten Staaten … »sich die wirtschaftliche und soziale Entwicklung der unterentwickelten Gebiete des Erdballs zur verpflichtenden Aufgabe machen werden.«
Der Urheber der Idee, Ben Hardy, dessen Memorandum vom 23. November 1948 im State Department nicht beachtet worden war, wurde dann der erste Propagandachef für das »Punkt-Vier-Programm« im Außenministerium.
Entscheidend ist nun nicht, daß die Idee von der Dienstverpflichtung des Westens an den Rest der Welt schon früher – vor der UN-Charter von 1945 – aufgetaucht ist. Man findet diese Idee bei den englischen »Fabian«-Sozialisten, in den Tagebüchern Beatrice Webbs, bei Lenin und dann vor allem bei Roosevelts Gehilfen Harry Hopkins. Entscheidend für die Geburt der Idee »Entwicklungshilfe« war der Ideendurchbruch, der einem völlig unbekannten Journalisten im psychologisch richtigen Moment bei Truman gelang. Bestimmte Ideen brauchen zu ihrer weltweiten Geltung, ihrer Magie, ihrer Kanonisierung eines offiziellen Kristallisationspunktes, an den sich dann alle jene anhängen können, die schon lange auf diese Gelegenheit gewartet haben.
Präsident Trumans Proklamation des »Point-Four-Programms« hätte nicht ausgereicht, die Entwicklungshilfe als vermeintlich wichtigstes dem Westen verbliebenes Mittel der Außenpolitik gegenüber Moskau und Peking für drei Jahrzehnte unkritisierbar zu

machen. Es bedurfte dazu einer pausenlosen publizistischen Werbung durch die veröffentlichte Meinung. An der Spitze dieser Weltlastenausgleicher stand anfänglich Barbara Ward, deren Aufsatz im »New York Times Magazine« vom 14. November 1948 (»Marshall Plan is not enough«) wohl Ben Hardy überhaupt erst zu seinem Memorandum eine Woche später inspiriert hatte. Vom November 1948 an bearbeitete dann Barbara Ward die amerikanische Intelligenz, über das Sonntagsmagazin der »New York Times«, im ganzen mit etwa 70 Leitartikeln im Lauf von zehn Jahren, im Sinne des weltweiten egalitären Wohlfahrtsstaates. Daneben gab es den einflußreichen Londoner »Economist«, in dem sie ebenfalls schrieb, und von dem allein 10 % der Auflage von der politischen und wirtschaftlichen Führungsschicht der USA bezogen wurde.

Nach Trumans »Point-Four«-Erklärung fühlten sich die Vereinigten Staaten verpflichtet, mit Rußland in einen Wettlauf um die Entwicklung stagnierender Gebiete einzutreten. Truman schrieb darüber später:

»Über die Hälfte der Weltbevölkerung war für Jahrhunderte der Fremdherrschaft und wirtschaftlichen Versklavung unterworfen. Die Amerikanische und die Französische Revolution wirken gerade jetzt in der ganzen Welt sich aus. Es handelte sich dabei um eine natürliche Entwicklung, und die Vereinigten Staaten taten alles, was in ihrer Kraft stand, um anderen Nationen und Völkern zur Unabhängigkeit zu verhelfen und sie anzustacheln ... Wir wußten, daß es keinen dauerhaften Frieden geben kann, solange große Bevölkerungen in primitiven Zuständen leben und hungern, an Seuchen leiden und die Vorteile moderner Wissenschaft und Industrie verweigert bekommen.«

Truman stand mit dem Mißverständnis der amerikanischen Unabhängigkeitserklärung nicht allein. Viele progressive Politiker und Publizisten in Amerika behaupteten in den fünfziger Jahren, daß die Vereinigten Staaten es ihrer eigenen Geschichte schuldig seien, mit »anderen« Kolonialvölkern aktiv zu sympathisieren, seien es nun die Inder, die Indonesier oder die Eingeborenen Afrikas. In Wirklichkeit waren sowohl die Geburt als auch die erfolgreiche Entwicklung der amerikanischen Nation nur möglich, weil sich die Söhne Europas gerade nicht im Pathos gekränkter Minderwertigkeitsgefühle mit ausgestreckten Händen nach Wirtschaftshilfe losgesagt hatten, sondern mit einem großartigen eigenständigen Selbstvertrauen zu Werke gingen.

US-Entwicklungspolitik und der Vietnamkrieg

Es wäre falsch, alle oder auch nur den überwiegenden Teil der wirtschaftlichen Schwierigkeiten der USA seit Mitte der 60er Jahre auf die Überschätzung der eigenen wirtschaftlichen Leistungskraft im internationalen Bereich zurückzuführen, die anfänglich in dieser selbst verkündeten Verpflichtung zur Entwicklungshilfe zum Ausdruck kam. Man kann die Kosten der Weltraumprogramme und des Vietnamkrieges nicht mehr von den – vergleichsweise wesentlich kleineren – Kosten der eigentlichen Entwicklungshilfe trennen. Viel entscheidender dürfte hingegen die Rolle gewesen sein, die Amerikas Fixierung auf sogenannte Entwicklungsländer auch bei der Verstrickung der USA in den Vietnamkrieg gespielt hat. Ebenso war Präsident Kennedys Ankündigung, vor dem Ende der sechziger Jahre einen Amerikaner auf dem Mond landen zu lassen und ihn sicher wieder zur Erde zurückzubringen, ausdrücklich mit der Notwendigkeit begründet worden, dem Prestige der USA in der »Dritten Welt« zuliebe vor den Russen auf dem Mond zu landen. Das heißt, die bereits mehr als ein Jahrzehnt zuvor begonnene Entwicklungshilfe – u. a. begründet mit der These, die Entwicklungsländer würden am Ende den Paris-Apfel entweder den USA oder der UdSSR überreichen – war ein vorbereitender Faktor in dem Entschluß, einen – wie sich erst später zeigte – völlig unnötigen – Wettlauf mit der Sowjetunion um die erste Mondlandung anzufangen. Kennedy verpfändete das Prestige der USA 1961 ja nicht etwa ans Mondflugprogramm, um damit den NATO-Partnern zu imponieren, sondern des Einflusses bei den sogenannten uncommitted nations halber, d. h., den Ländern der »Dritten Welt«, die vermeintlich unentschlossen zwischen dem sowjetischen und dem westlichen Weg standen.

Deshalb war es auch unaufrichtig und inkonsequent, wenn gerade diejenigen Autoren, die in den 50er Jahren zur maßlos übertriebenen, emotionellen Fixierung der USA auf die Entwicklungsländer beigetragen hatten, nach den geglückten Mondlandungen deren Kosten mißbilligend der angeblich zu kurz gekommenen Entwicklungshilfe gegenüberstellten.

In verschiedenen Veröffentlichungen schon während der 50er Jahre hatte ich vorhergesagt, daß die USA sich sowohl durch das utopische Ziel als auch die gewählten Methoden und Denkmodelle der Entwicklungshilfe strategisch und außenpolitisch in eine Sackgasse begeben würden. Diese damals außerordentlich unpopuläre These wurde übrigens von George W. Ball, einem der angesehensten amerikanischen Berufsdiplomaten jener Jahre, später einmal, in seiner Kolumne im linksliberalen »Newsweek« (26. Juli 1971, S. 64) wörtlich geäußert. Angesichts der Enthüllungen durch die »Pentagon Papers« fragte Ball sich damals, wie es zu dem geistigen Klima in Washington kommen konnte, aus dem heraus es von 1961 bis 1966, unter seiner Mitwirkung, zur Verstrickung in Vietnam kam. Er führte es auf zwei parallele Entwicklungen zurück. Diese erste war: » ... die wissenschaftliche Beschäftigung mit unterentwickelten Gesellschaften, die ihren Höhepunkt in den frühen sechziger Jahren erreichte, im Anschluß an das Auseinanderbrechen der großen Kolonialreiche. Was damals an den Hochschulen zählte, waren Phrasen wie ›nation-building‹ und ›Gegensubversion‹, mit besonderem Nachdruck darauf, wie die USA als reiche Industrienation, den einen Prozeß lenken und den anderen unterstützen könne.« Es habe gegen Ende der fünfziger Jahre eine uferlose, unübersehbare Literatur gegeben, an der sich die Einbildungskraft unzähliger Soziologen, Psychologen, Wirtschaftswissenschaftler, Politologen entzündete und zu einer Art Entwicklungsphilosophie führte, die, so Ball wörtlich, die wirklichkeitsfernsten Disputationen seit der spätmittelalterlichen Scholastik gewesen seien.

Das zweite war, so George W. Ball, gleichzeitig mit der Fixierung aller Intellektuellen auf die Entwicklungsländer, der Ausbau und die Überschätzung analytischer Methoden, deren Anfänge im Zweiten Weltkrieg lagen. Anfänglich auch auf Entwicklungsaufgaben fixierte strategische Forschungszentren in den USA – futurologische Denkfabriken – hätten den Jargon und die Denkschablonen erfunden (u. a. die Spieltheorie und das Modellbauen), mit denen man dann allmählich in den Vietnamkrieg geglitten sei. Wie die »Pentagon Papers« zeigten, habe es allein die Frage gegeben: »Durch welche neue einfallsreiche Anwendung unserer überlegenen Mittel können wir unser Ziel erreichen?« Die wesentlich grundsätzlichere Frage hingegen wurde nach Ball nie gestellt, nämlich: »Versuchen wir nicht etwas Unmögliches zu erreichen?« Diese Frage durfte nicht gestellt werden, weil sie die Grundannahmen verneint hätte, die als Leitnorm der Anstrengungen dienten. Die Planer in Washington, unter ihnen linksprogressive Spitzenintellektuelle der Nation, konnten nicht rechtzeitig aus dem Engagement in Vietnam zurück, weil sie zuvor schon über ein Jahrzehnt lang mit aller Leidenschaft verlernt hatten, die Grundannahmen der Entwicklungshilfe in Frage zu stellen.

Entwicklungshilfe wurde von Anfang an als ein Mittel zur Eindämmung kommunistischer Machtergreifung in Gebieten der »Dritten Welt« aufgefaßt und geplant. In vielen Fällen war, vom weltpolitischen Interesse der USA her gesehen, wie wir Mitte der 80er Jahre deutlich sehen können, die Strategie der Entwicklungshilfe nicht nur ein Mißerfolg, sondern sie förderte die Entfremdung vom Westen und die Zuwendung zum marxistischen »Entwicklungsmodell« oder die Reislamisierung.

Am schlimmsten war aber folgendes: Erst die masochistische Entwicklungshilfe-Doktrin des Westens ermunterte die OPEC-Länder im Winter 1973/74 zum überfallartigen Ölpreisdiktat. Der Westen aber, bereits Gefangener seiner Entwicklungsländer-Obsession, wußte nichts Gescheiteres zu tun, als die Unsummen von Geld, die sich rasch bei den wichtigeren OPEC-Ländern ansammelten und von dort wieder in westliche Banken strömten, an alle erdöllosen und mit ihren Ölrechnungen ringenden Entwicklungsländer auf gut Glück als Kredite weiterzureichen, damit sie ihr Öl bezahlen können.

Man habe dies tun müssen, so die Erklärung westlicher Banken 1985, um das größere Übel abzuwenden, nämlich den Aufkauf von riesigen Aktienpaketen und anderen Vermögenswerten innerhalb der westlichen Industrieländer durch die neuen Superreichen der OPEC-Länder. Damit wurde aber die Falle, in die man sich im Westen mit der Entwicklungsländer-Illusion hineinmanövriert hatte, perfekt:

Erklärten sich heute einige Großschuldner in der Dritten Welt, zum Beispiel in Lateinamerika, schlicht als endgültig zahlungsunfähig (wozu sie allen Grund hätten), käme eine Kettenreaktion unter den übrigen Entwicklungsländern. Und das wäre eine Katastrophe. Westliche Regierungen und Banken haben sich gegenseitig in den Aberwitz hinein animiert, schätzungsweise tausend Milliarden Dollar an abenteuerliche Figuren der jüngeren Zeitgeschichte rund um den Erdball zu verleihen, die diese nie zurückzahlen können. Da aber das offizielle Eingeständnis dieser offensichtlichen Zahlungsunfähigkeit der Dritten Welt den Zusammenbruch praktisch aller westlichen Banken zur Folge hätte – und niemand daran denken möchte, wie es dann weitergehen soll –, ziehen westliche Banken und Regierungen 1985 es vor, den Entwicklungsländern das Geld zu leihen, mit dem diese pro forma für eine Weile einen Teil der fälligen Zinsen zahlen können.
Man kann also im Westen weiterhin so tun, als ob diese Staaten seriöse Kreditnehmer seien und vermeidet auf diese Weise die Offenlegung der Tatsache, daß die eigenen Banken in dem Augenblick am Ende wären, in dem ein Land wie Mexiko oder Argentinien Konkurs anmeldet. Die gesamte Entwicklungshilfe und Entwicklungspolitik ist zur Fiktion einer Fiktion geworden.

Die Architekten der Potemkinschen Nationen

Die progressiven Entwicklungswissenschaftler führten die öffentliche Meinung im Westen genau so hinters Licht, wie es die Bildungswissenschaftler taten: Die einen täuschten Entwicklungsreserven vor, die anderen Begabungsreserven.
Es ist nicht die Aufgabe der Wissenschaft, einen empirischen Tatbestand – wie die Kulturen und die Geographie der »Entwicklungsländer« – so zu retuschieren, daß die Wirklichkeit in die Utopie der westlichen Außenpolitik der letzten 35 Jahre paßt. Genau das war aber geschehen. Ein empirisch und prognostisch weithin unhaltbares Bild von den Entwicklungsländern war praktisch zur zentralen

Doktrin der westlichen Außenpolitik geworden – ein Vorgang übrigens, dessen Fragwürdigkeit amerikanische Politikwissenschaftler wie Hans J. Morgenthau und Edward C. Banfield schon seit 1960 in Argument um Argument zerpflückenden Studien nachgewiesen hatten.

Es war eine gefährliche Autosuggestion, die in den fünfziger Jahren in gehobenen Kreisen anfing: moderne Wissenschaft und internationale Organisation machten es möglich, Armut und Rückständigkeit auf der ganzen Welt rasch genug zu beseitigen, um diese Veränderung als Hauptkalkül der Politik zu wählen. Ein Blick auf die Indianerstämme in den Vereinigten Staaten hätte genügt, die Utopie zu erkennen: Die amerikanische Regierung hatte damals schon über viele Jahrzehnte hinweg auf jeden einzelnen Navaho das Vielfache an Geld, an Belehrung und Betreuung aufgewendet, das sich für die Unterentwickelten außerhalb der Vereinigten Staaten tun ließe – aber die Navaho – der größte Indianerstamm in den USA – waren immer noch in fast so kläglichen Umständen wie ein halbes Jahrhundert zuvor.

Vor allem in den für die Prägung der »entwicklungsstrategischen« Fehlannahmen ausschlaggebenden Jahren von etwa 1935 bis 1965 hatten amerikanische Forscher, deren Fachgebiet sich mit den Unterschieden zwischen den verschiedenen Menschengruppen hätte befassen müssen (Anthropologie, Biologie, Psychologie), es bewußt unterlassen, Forschung in dieser Richtung zu treiben: Es hätte ja für den egalitären Eifer der Politiker und Berufsideologen eine Hemmung sein können. So sind die naiven Hoffnungen, auf denen die Punkt-Vier-Ideologie ruht, mitentstanden aus dieser ängstlichen Vermeidung jeglichen Studiums, das auf menschliche Grenzen stoßen könnte, die mit bestimmten Völkern an sich und nicht mit einer austauschbaren Kulturtünche zusammenhängen. Als Beleg für diese Unterlassungssünde der amerikanischen Wissenschaft, hier nur eine Stimme, David Riesman: »Meine ethisch sehr empfindliche Kollegin Margaret Mead zum Beispiel hat gesprächsweise erklärt, es sei in diesem geschichtlichen Augenblick unstrategisch, die konstitutionellen oder biologischen Unterschiede zwischen Völkern zu betonen, da dies eine Einladung zu einem erneuten wissenschaftlichen Rassenhaß (racism) sein könnte.« (»Psychological Types and National Character«, American Quarterly, Bd. 5, 1953, S. 326)

Zu einer heftigen Kontroverse im »American Anthropologist« kam es Ende der vierziger Jahre u. a. zwischen H. G. Barnett und John W. Bennett, zwei Anthropologen, die sich um die offizielle Stellungnahme der American Anthropological Association zur UN-Erklärung von der absoluten Gleichheit aller Erdbewohner drehte (von der ja dann im Sinne des globalen Weltwohlfahrtsstaates ein identischer Lebensstandard für alle Erdbewohner abgeleitet wurde). Professor Barnett warf Bennett und anderen eine unwissenschaftliche Propaganda vor. Bennett gab dann zu, daß man diese Gleichheit wissenschaftlich nicht beweisen könne, aber behauptete, der progressive Sozialwissenschaftler habe eben eine Pflicht, manchmal auch Propaganda im Sinne einer Ideologie zu betreiben, sofern diese Ideologie nach seinem Herzen sei.
Gehemmt von der Sorge, zu Erklärungen zu kommen, die für die heutigen Entwicklungsländer entmutigend und für die Glaubhaftigkeit einer Pflicht des Westens zur Entwicklungshilfe bedrohlich sein könnten, haben ihre Theoretiker bis heute nicht erklären können, weshalb sich die Industrienationen entwickelt haben, obwohl sie nie eine Hilfe von außen dazu bekamen und auch nicht die Vorteile einer bereits entwickelten (modernisierten) Umwelt hatten, aus der sich (meistens kostenlos) erprobte Lösungsverfahren für so ziemlich jedes Problem der »Modernisierung« entnehmen lassen. Gerade diesen Vorteil genießen die heutigen Entwicklungsländer, obschon sie nie davon sprechen.
Zunehmender Beliebtheit, auch bei einigen Entwicklungstheoretikern der christlichen Kirchen, erfreute sich hingegen sehr bald die marxistische Imperialismusthese. Danach seien außereuropäische Gebiete um so unentwickelter geblieben, je abhängiger sie (direkt oder auch nur mittelbar) von einer europäischen Kolonialmacht gewesen seien. Wie abwegig diese Hypothese ist, zeigen allein schon auf den ersten Blick einige unbestreitbare Gegensätze: Äthiopien, abgesehen von einer vier- bis fünfjährigen Besetzung durch Italien (1936–1941) war immer unabhängig, aber es gehört zu den allerunterentwickeltsten Gebieten der Welt. Nicht viel besser geht es Liberia, das seit seiner Gründung durch ehemalige Sklaven aus Amerika im Jahre 1847 immer ein souveräner Staat gewesen ist. Auch Nepal war nie eine Kolonie und blieb doch »unentwickelt«.

Ein Recht auf 0,7 Prozent vom Bruttosozialprodukt des Westens?

Unrealistisch ist auch die Forderung der »Entwicklungsländer« nach einem Prozent oder nach 0,7 Prozent des Bruttosozialprodukts aller Industrieländer. Mit derselben Willkür könnte man »ein halbes Prozent« oder »zwei Prozent« sagen. Und falls 0,7 Prozent vor zehn Jahren »richtig« gewesen wäre, könnten heute 0,5 Prozent angemessen sein. All dies ist eine gefährliche und wirklichkeitsferne Zahlenspielerei. Das eine Prozent wurde ursprünglich in den fünfziger Jahren als diejenige Gesamtsumme »errechnet«, welche die Entwicklungsländer insgesamt laufend jährlich nutzbringend »absorbieren« könnten und die sie unbedingt brauchen, um in X Jahrzehnten den »take-off«-Punkt zu erreichen, von wo an ihr wirtschaftliches Wachstum automatisch weiterlaufen würde. Diese Kalkulationen haben jedoch mit der Fiktion einer ziemlich homogenen Gesamtheit der Entwicklungsländer operiert. Sie haben sich, was noch schlimmer gewesen ist, die Unterschiedlichkeit und die Langsamkeit des sozial-kulturellen Wandels nicht klargemacht.

Wie kam es überhaupt zu den so kritiklos beschworenen 0,7 Prozent? Woher weiß man, daß gerade diese Zahl 1980 oder 1985 den optimal dosierten Geldstrom bezeichnet, der es unseren Politikern gestattet, sich als Moralisten zu fühlen?

Weshalb nicht 0,2 oder 2,0 Prozent? Nun, diesen 0,7-Prozent-Fetischismus verdanken wir der guten Fee, die einst an der Wiege der »Dritten Welt« stand: der englischen Journalistin Barbara Ward (s. S. 358). Sie war es, die Mitte der fünfziger Jahre als erste die These verbreitete, die »Dritte Welt« könnte mit dem Westen in zwanzig Jahren gleichziehen, wenn dieser ihr jährlich ein Prozent seines Bruttosozialproduktes gibt. Diese Prognose war Musik in den Ohren der UN, wo die Stimme einer halben Insel mit der Einwohnerzahl von Heilbronn oder Konstanz dasselbe Gewicht hat wie die Stimme der USA oder der Bundesrepublik. Nun klang ein Prozent doch etwas zu glatt. Deshalb wurde dann daraus schließlich 0,7 Prozent. Das klingt vor allem wissenschaftlicher.

Ob der Tribut auf 0,7 oder auf ein Prozent festgesetzt wird, ist im Grunde belanglos. Das Schädlichste ist die unterstellte Tributpflicht als solche. Sie fördert das kollektivistische Selbstverständnis der »Dritten Welt«. Und je mehr sich die Entwicklungsländer im gemeinsamen Haß auf die vermeintlich so geizigen Industrieländer solidarisieren, desto mehr verfestigt sich der zentralistische Kollektivismus in jedem einzelnen Land und damit auch dessen Rückständigkeit und dessen Unfähigkeit, jemals noch die so praktische Nabelschnur zum Westen zu kappen.

Es gibt bis jetzt für die von den staatlichen oder halbstaatlichen Einrichtungen der Geberländer aus Steuereinnahmen an Entwicklungsländer geleisteten Hilfen keine Mittelverteilungs-(Kapitaleinsatz-)normen, die einer überzeugenden, empirisch überprüfbaren Entwicklungstheorie entstammen. Selbst die bescheidensten Ansätze dazu werden in den internationalen Gremien, wo die Vertreter der Entwicklungsländer längst die Mehrheit haben, regelmäßig sabotiert oder zu Resolutionen umfunktioniert, die sehr genau sagen und fordern, was die Industrieländer künftig zugunsten der Entwicklungsländer zusätzlich leisten sollen, aber völlig unverbindlich und vage darüber bleiben, was die einzelnen Entwicklungsländer selbst gewährleisten und tun sollen, um aus den ihnen zugeführten Mitteln einen einigermaßen vorhersehbaren Nutzen zu ziehen.

Wie eine 1971 erschienene Studie dieses Problems bereits betonte, enthielt das für die »zweite Entwicklungsdekade« (ab 1.1.1971) von UN-Gremien ausgearbeitete »strategische Konzept« »nur wenig Vorschläge hinsichtlich der eigenen Entwicklungsanstrengungen der Entwicklungsländer, sondern beschränkt sich zum weitaus überwiegenden Teil auf eine Katalogisierung der erforderlichen internationalen Hilfsmaßnahmen.« Schon die Präambel erwähnte die Eigenverantwortlichkeit der Entwicklungsländer nur einmal im Vorbeigehen, betonte aber die Pflicht der Geberländer. Dadurch entsteht aber die Gefahr, »daß die Hauptursache für ein eventuelles Nichterreichen der ehrgeizigen Zielvorstellungen ... immer zuerst bei Gebern ..., nicht aber bei ungenügender Eigenanstrengung der Entwicklungsländer gesucht wird.« Die Geberländer, so bedauerte diese Studie, scheuen sich, »nachdrücklich Forderungen hinsichtlich der ›performance‹ der Entwicklungsländer auszusprechen, um nicht in den Verdacht einer ungerechtfertigten Einflußnahme auf

die unabhängige innenpolitische Entscheidungsgewalt souveräner Staaten zu geraten.« (J. U. Meyer u. a.: Die zweite Entwicklungsdekade der Vereinigten Nationen, 1971, S. 23)
Diese weltweite Politisierung der Investitionstätigkeit hatte dann während der siebziger Jahre, wie seit 1950, die Folge, daß weniger Kapital entwicklungsgünstig eingesetzt worden ist, als es ohne diese »Pflicht« zum »politischen Altruismus« der Fall gewesen wäre. Die von Regierungen aus der Binnenwirtschaft an sich gezogenen und als Entwicklungshilfe ins Ausland verbrachten Mittel fehlen ja dann auch für eine private und auf jeden Fall vielfältigere internationale Investitionstätigkeit. Nach 35 Jahren Entwicklungshilfe steht fest, daß die zwischen politischen Gremien der Industrieländer und der Entwicklungsländer beschlossenen Investitionsentscheidungen in der Regel zu schlechteren wirtschaftlichen Ergebnissen in Entwicklungsländern führen, als die mit freiwillig bereitgestellten (geliehenen) Mitteln unternommenen und Rentabilitätserwägungen folgenden Investitionen gebracht hätten.

Entwicklungsgelder für Genozide an den Begabten und Geschickten

Statt sich vor dem bösen Blick der »Dritten Welt« immer unsicherer und verschämter zu verhalten, sollte der Westen erkennen, daß viele der unentwickeltsten Länder ihre Unentwickelbarkeit mutwillig ständig verschlimmern. In der 2. Hälfte der siebziger Jahre erschienen in unseren Medien zum Beispiel immer wieder Nachrichten aus Äthiopien über Mörderkommandos, die im Auftrag der marxistischen Militärregierung offenbar systematisch bestimmte Personenkategorien und völkische Minderheiten ausrotten: nämlich alle, die ein klein wenig mehr können und wissen als die Mehrheit. Seit über zwanzig Jahren finden in verschiedenen Entwicklungsländern solche Vernichtungsfeldzüge gegen die örtlichen Begabungsreserven statt. Wer es als Händler, als Mechaniker, als Lehrer oder in welchem Gewerbe auch immer und wie bescheiden auch immer zu irgend etwas gebracht hat, wird mit höherer Wahrscheinlichkeit ein

Opfer der jeweiligen Bürger-, Religions- oder Stammeskriege. Er hob sich nämlich von seiner Umgebung ab. Ihm grollten die Analphabeten ringsum ohnehin. Unter Idi Amins Opfern in Uganda zum Beispiel waren mit Sicherheit in erster Linie alle, die mehr wußten und konnten als er, und dazu gehörte nicht viel. Einen solchen Vernichtungsfeldzug gegen alle, die es aus sich heraus schon zu etwas gebracht hatten, führte auch der Diktator Äquatorial-Guineas seit 1968. Nach demselben Rezept verfuhr ab 1957 in Haiti der Diktator Duvalier. Unter seinem Sohn ab 1971 ist es nicht viel besser geworden. Das in letzter Zeit wohl größte und schrecklichste Massaker unter den Begabten eines ganzen Volkes verübten in Kambodscha die kommunistischen Herrscher, das Pol-Pot-Regime der Roten Khmer, Mitte der 70er Jahre. Manche Entwicklungsländer haben ihre unternehmungsfreudigeren und begabteren, tüchtigeren Einwohner auch durch Vertreibung der Fremdstämmigen, zum Beispiel der Asiaten aus afrikanischen Staaten, verloren.
Eine besonders furchtbare Vernichtungsautomatik ergibt sich immer dann, wenn alte Feindschaften zwischen Stämmen oder Religionen überlagert und potenziert werden durch marxistische Befreiungsbewegungen und ihre sich anschließenden Militärregierungen. Es ist nichts in Sicht, was in den kommenden Jahrzehnten die überdurchschnittlichen Einwohner solcher Gebiete vor dem Dezimierungsmechanismus bewahren könnte. Viele Gebiete in der »Dritten Welt« scheinen unabwendbar auf diese Begabtenvernichtung programmiert. Nicht zuletzt auch dank der Demut und Beflissenheit, mit der westliche Industrieländer den Diktatoren in der »Dritten Welt« entgegenkommen, und zwar um so bereitwilliger, je eindeutiger marxistisch diese sich geben.
Mit dieser gezielten Begabtenvernichtung wird aber auch der wirtschaftliche Abstand zwischen dem Norden und Süden auf der Erdkugel festgeschrieben, ja, er muß größer werden. Wer darüber die Hände ringt, sollte sich lieber fragen, womit der Westen dem noch gegensteuern könnte: Einfach mehr Entwicklungshilfe zu geben ist keine Lösung. Manchmal bewirkt sie eher das Gegenteil – den hier beschriebenen tödlichen Mechanismus scheint sie eher zu begünstigen.
Jede marxistische sogenannte Befreiungsbewegung rechnet heute bereits mit schönster Selbstverständlichkeit auf großzügige Gaben.

Weshalb soll sich also irgendeine Bande in Afrika durch Vernunft gehemmt fühlen? Die Machtergreifung gelingt doch so viel leichter, wenn man den wirtschaftlichen Ruin, die Massakrierung oder Vertreibung der bisherigen Mittelschichten, der Kleinstunternehmer in Kauf nehmen kann. Gleichgültig, welche wirtschaftliche Wüste die Revolutionäre auch erben, der reiche Westen wird es schon wieder richten. So zu denken, werden sie ständig ermutigt.

Regierungen der Entwicklungsländer sind vor den unmittelbaren wirtschaftlichen Folgen eines jeden Macht- und Ermessensmißbrauchs im Inneren durch die von außen laufend gewährte Entwicklungshilfe weitgehend geschützt. Aufgrund ihrer meist ebenso nationalistischen wie sozialistischen Ideologien erzeugen sie auf dem Gebiet der Wirtschaft eine Rechtsunsicherheit und damit die Unmöglichkeit, privatwirtschaftlich auf längere Sicht hin zu disponieren, wodurch sie nicht nur die privaten ausländischen Investitoren abschrecken, zum Zögern veranlassen, sondern – was bei dem auch im Westen von vielen Kreisen geteilten Ressentiment gegenüber dem privaten Auslandskapital in der »Dritten Welt« übersehen wird – sie verunsichern und entmutigen, sie gängeln durch unvorstellbare bürokratische Schikanen die eigenen potentiellen unternehmerischen und freiberuflichen Talente ihrer Bevölkerung.

Es findet aus den Entwicklungsländern, infolge der durch die von westlichen Regierungen mit Entwicklungshilfe zum Teil herbeigeführten, auf jeden Fall aber gestützten politischen Verhältnisse, nicht nur eine Kapitalflucht statt (die nach allen bisherigen Erfahrungen nicht verhindert werden kann), sondern auch eine Auswanderung derjenigen Personen, die am ehesten ihr heimisches Entwicklungsland mit ihren überdurchschnittlichen Kenntnissen, Fertigkeiten und Leistungsmotivationen hätten entwickeln können.

Die einzelnen oder kollektiv von westlichen Regierungen an die Regierungen der Entwicklungsländer gegebenen Hilfen ebenso wie die Weltbank-Kredite führen fast immer zu einzelnen Groß-Projekten. Beispielsweise hatte die Weltbank (einschließlich ihrer Tochterorganisation »International Development Association«, die fast oder ganz zinslos Kredite bis zu fünfzig Jahren Laufzeit gewährt) bis 1979 rund 500 Projekte in rund 85 Entwicklungsländern finanziert. Bei gleichmäßiger Verteilung (die es natürlich nicht gab) wären das rund 5 Projekte pro Land gewesen. Daran sieht man aber, wie projektgebunden das gesamte Entwicklungsdenken ist. Abgesehen vielleicht von reinen Ausbildungsprogrammen, sind Großprojekte wie Eisenbahn- und Straßenbau, Bewässerungsanlagen und Industriewerke aber keine Garantie, daß sich durch oder über sie die Bevölkerung des betreffenden Landes in der Persönlichkeitsstruktur verändert und entwickelbar wird.

Für keines der heute sogenannten entwickelten und »modernisierten« Industrieländer läßt sich zeigen, daß es erst durch solche Großanlagen oder bestimmte Infrastrukturen aus einer vorausgegangenen Stagnation erlöst worden ist. Vielmehr bietet die Kultur-, Wirtschafts- und Sozialgeschichte jedes der heute entwickelten Länder bereits viele Jahrhunderte vor der Industrialisierung und Technisierung, der Einführung moderner Hygiene usw. Tausende von Anzeichen, daß in diesen Ländern Menschen lebten, deren meist freiwillig unternommene individuelle Leistungen auf das hinzustreben begannen, was wir dann als die westliche Welt der Industrieländer zusammenwachsen sehen. Die staatliche Entwicklungshilfe setzt also am falschen Ende der Kausalkette an, schafft aber in der Regel zugleich neue politische Strukturen (planwirtschaftliche autoritäre Gesellschaften), in denen initiativfreudige Persönlichkeiten gehemmt, vertrieben oder umgebracht werden.

Entwicklungshilfe war nie »sozial«

Eines steht fest: jede bisherige und jede denkbare Art von Entwicklungshilfe vergrößert innere Ungleichheiten und leitet eine vorher ungekannte soziale Differenzierung ein. Es besteht schließlich kein Grund zur Annahme völlig identischer Anlagen und Geschicklichkeiten bei der Urbevölkerung eines Gebietes. Sobald der wirtschaftlich-technische Prozeß beginnt, auf bestimmte Persönlichkeitsfaktoren eine Prämie zu setzen, spielt sich eine soziale Aufwärtsbewegung eines Teiles der Eingeborenen ab. Hier entsteht dann eine neue Quelle sozialer Spannungen. Natürlich kann weder der »starke Mann« im Entwicklungsland noch die westliche Entwicklungshilfe in einem asiatischen Land den Lebensstandard aller Einwohner heben. Einerseits muß naturgemäß der Reformer und Planer die Mitarbeit der beweglicheren, intelligenteren und arbeitsfreudigeren Mitglieder benutzen. Andererseits gibt es gerade in jedem geplanten Wirtschaftsprozeß Leute, die der Quelle näher sitzen als die übrigen. So gibt es neue Reichtums- und Wohlstandsbildung, manchmal auch nur vergleichsweise bescheidene soziale Schichtenbildungen, an denen eine oder ein paar Familien einer Dorfgemeinschaft teilhaben. Naturgemäß führt das zu neuer sozialer Unzufriedenheit. Es gibt kein einziges sogenanntes Entwicklungsland, in dem es nicht eine Anzahl von Personen gibt, die wesentlich reicher sind als die Mehrzahl der Einwohner eines jeden Industrielandes. Dabei spielt es keine Rolle, ob diese »Reichen« im Entwicklungsland die Reste einer feudalen Herrenschicht von früher sind oder die arrivierten Nutznießer einer sozialistischen Revolution jüngsten Datums.

In der psychologischen und wirtschaftlichen Ausbeutung des Schuldkomplexes der Industrieländer sind linksextreme Politiker und viele private Unternehmer der Entwicklungsländer gleich geübt. Vor allem südamerikanische Geschäftsleute, im eigenen Land eine Elite, klangen bereits in den sechziger Jahren in Gesprächen mit Vertretern der nördlichen Industrieländer oft wie ihre eigenen ultralinken Revolutionspriester. 1964, nach einem Vortrag von mir über Entwicklungspolitik an der Universität Münster, verbrachte ich anschließend ein Wochenendseminar mit etwa hundert Studenten. In Gesprächen in kleinerem Kreis fielen mir einige junge Männer auf, die sich besonders haßerfüllt über die angebliche Ausbeutung der »Dritten Welt« äußerten. Hauptbeispiel eines von ihnen war der in USA und in der Bundesrepublik gezahlte Preis für Äpfel aus Chile. Ich machte ihn darauf aufmerksam, daß sie ohnehin ein Luxus seien, da schließlich keines der genannten Länder wirklich auf Äpfel aus Chile angewiesen ist. Und außerdem zahle der Verbraucher ja bereits für eine höchst kostspielige Infrastruktur zur Heranschaffung und Lagerung der chilenischen Äpfel. All das ließ der hellblonde, große Student aus Chile nicht gelten. Er sprach übrigens akzentfreies Deutsch und war (1964 ging das an deutschen Hochschulen noch) gediegen gekleidet. Wie sich dann herausstellte, war er der Sproß einer deutsch-chilenischen Familie, die mit den besagten Äpfeln in Chile ihre Millionen machte und die Kinder in der

Bundesrepublik studieren ließ. Doch der junge Chilene beharrte: Die Industrieländer hätten gefälligst jede Menge Äpfel aus Südamerika, die man zu erzeugen beliebe, zu importieren und abzusetzen. »Den Preis bestimmen wir!« meinte er. Alles andere sei schamlose Ausbeutung der »Dritten Welt«.

Wenn es aber in jedem Entwicklungsland eine Anzahl von Personen gibt, die wesentlich reicher sind als viele Personen in den sog. reichen Ländern, dann hätten die letzteren doch eigentlich das gleiche »Recht«, zu verlangen, der Unterschied zwischen ihren Lebensumständen und denen der Elite in den Entwicklungsländern müsse verschwinden. Weshalb ist dies weniger einleuchtend als die umgekehrte Forderung, der wirtschaftliche Unterschied zwischen den Industrieländern und den Entwicklungsländern müsse am Ende verschwinden? In Wirklichkeit sind beide Forderungen absurd. Es gibt keine Möglichkeit, Entwicklungshilfe, sei es in Form von Geld oder Sachen, an die Bevölkerung der Entwicklungsländer gelangen zu lassen, ohne in diesem Prozeß dort irgendwelche Personen relativ zu ihren Landsleuten reicher werden zu lassen. Das politisch-wirtschaftliche System des jeweiligen Entwicklungslandes ist dabei völlig gleichgültig.

Jede Kritik, jede grundsätzliche Infragestellung der bisherigen Konzeption einer obligatorischen, weltweiten und wirtschaftlicher Rentabilitätserwägung gegenüber indifferenten Entwicklungshilfe bedroht eine internationale Bürokratenklasse, von deren Größe, Verflechtung und Privilegien sich wenige ein Bild machen. Diese neue Aristokratie hat sich aus jedem Land der Welt rekrutiert. Sie legitimiert sich mit der Pflicht zur Entwicklungshilfe. Wer in ihr tätig ist, von der Schreibkraft bis zum Spitzenbeamten, ist grundsätzlich von jeder Einkommensteuer befreit (er ist weder im Heimatland noch im Lande seiner Tätigkeit steuerpflichtig). Fast immer sind die Mitglieder dieser Entwicklungsbürokratie auch von Einfuhrzöllen, Umsatzsteuern und örtlichen Luxussteuern bei ihrem Verbrauch von Gütern befreit.

Es ist ein bisher kaum diskutiertes Paradox, daß die stets moralisierende Hauptlobby für ständig steigende Entwicklungshilfe eine internationale Funktionärsschicht ist, die selber gegen jegliche Auswirkung dieser von ihnen geforderten »Opfer der Bürger der reichen Industrieländer« auf ihre Einkommensteuerbescheide abgeschirmt ist. Linke und theologische Kreise, die selten versäumen, ein moralpolitisches Junktim zwischen größerer Entwicklungshilfe und steilerer Einkommensteuerprogression herzustellen, sollten sich zu diesem ethischen Widerspruch äußern.

Die Naivität, die Unbedarftheit während der zweiten Hälfte des Jahrhunderts gegenüber den »großen Weltproblemen« ausgerechnet in den Gremien, Kommissionen und Organisationen, die sich zu ihrer Lösung etabliert hatten, scheint mir auch noch folgenden Grund zu haben: Die Globalisierung (global = auf die gesamte Erdoberfläche bezüglich; weltumspannend) spezifischer, regionaler, ethnischer, politischer, geschichtlicher, geographischer Eigentümlichkeiten auf dem Planeten mit Hilfe von zahlreichen global gemeinten Initialwörtern (auch Akronyme genannt). Diese Kurzwörter, die aus zusammengerückten Anfangsbuchstaben gebildet werden – wie UN, UNCTAD, IMF, UNESCO – übertünchen und verwischen das Wesen und die Beschaffenheit der starren lokalen Gegebenheiten, die fast ganz unbeeinflußbar geblieben sind und es auch bleiben werden. Diese Akronymisierung von Weltproblemen auf globaler und jedenfalls immer auf supranationaler Ebene hatte die Wirkung, daß man seit 35 Jahren, ungemein oberflächlich und gewandt, als vorgetäuschter Verantwortungsethiker posieren und fungieren kann, motiviert aber von purer Gesinnungsethik, mit der man das schlechte Gewissen über den in dieser persönlich höchst lukrativen Betriebsamkeit zum Wohle der Menschheit steckenden Egoismus vor sich und vor dem Publikum verschleiern konnte.

Selbstverständlich sagt der Direktor der Weltbank, stationiert in der hochgelegenen Hauptstadt eines lateinamerikanischen Staates, zu dem Studienfreund, der 1984 als Tourist für zwei Wochen hereinschaut, privat ganz ehrlich, er komme sich seit vielen Jahren vor wie Sisyphus in der Sage: All die Milliarden Dollar, all der Rat der Experten, die man hier seit fünfunddreißig Jahren hineingestopft oder aufgepfropft hat, versickern oder verflüchtigen sich. Die Groß- und die Kleinprojekte verändern nichts an der Mentalität. Nichts führt zu Verhältnissen, die in einer irgendwie und irgendwann vorstellbaren Zukunft zu einer Abnabelung von der Entwicklungshilfe, zu einer sich selbst tragenden Volkswirtschaft führen könnten.

Und andere Direktoren der Weltbank aus mitteleuropäischen Ländern, in Lateinamerika bewandert, mit denen ich vor 25 Jahren sprach, zum Beispiel Dr. Max Thurn in Wien (von dem es dazu auch Veröffentlichungen gibt), sagten damals das gleiche und gaben dieselbe Prognose. Wer würde aber schon die steuerfreie Berufsposition eines Weltbankdirektors oder eines ihrer unzähligen Experten aufs Spiel setzen und mit dem, was er genau weiß, an die Öffentlichkeit treten – zumal diese ihn gar nicht hören will, weil sie an ihrem schlechten Gewissen hängt wie an einer Droge?

Die Balkanisierung der Welt

Zu den Irrtümern des 20. Jahrhunderts gehört auch die Überschätzung des Internationalismus, der Glaube an die Internationalisierbarkeit aller Probleme und Projekte. Dies fing bereits nach dem Ersten Weltkrieg an. Der Völkerbund mit Sitz in Genf, als Antwort auf die 1914 ausgelöste Katastrophe gegründet, erwies sich unfähig, mit Gestalten der Geschichte wie Mussolini in Italien oder Hitler so umzugehen, daß ihre Gefährlichkeit für den Frieden entschärft worden wäre. Das bloße Vorhandensein des Völkerbundes aber und die Hoffnungen, die viele Meinungsführer und Medien darin investiert hatten, trugen zu dem Meinungsklima bei, in dem das ständige Zurückweichen vor Hitler entschuldbar schien, weil ja eigentlich der Völkerbund von sich hören lassen sollte. Aus dem Versagen des Völkerbundes hatte – vielleicht außer einigen Männern im Kreml – niemand etwas gelernt, und so kam es zu den Vereinten Nationen: ein unvergleichlich großartigerer Apparat zur Internationalisierung von so ziemlich jeder nur denkbaren Angelegenheit. Was aber nicht vorhergesehen werden konnte, war die Zersplitterung der Welt im Zuge der Entkolonisierung in immer mehr »Nationen« jeder Größenordnung und Beschaffenheit. Auch das entlegenste Inselchen inmitten eines Ozeans, wie zum Beispiel die Seychellen im Indischen Ozean mit der Einwohnerzahl einer kleinen deutschen Kreisstadt (rund 65000), wurde zum Mitgliedstaat in der UN. An Stelle einer Internationalisierung zum Zweck sachlicher und vernünftiger Lösung von Streitfällen brachten die UN binnen weniger Jahrzehnte die Balkanisierung des Planeten und die Dominanz der Hysteriker in ihrer Vollversammlung. Der Balkanisierung vor dem Ersten Weltkrieg, die staatlich zersplitterten und verworrenen Verhältnisse auf der Balkanhalbinsel hatte man einst mit Recht die Mitschuld am Kriegsausbruch 1914 gegeben. Doch die Architekten der UN erkannten nicht, wozu sie die Weichen stellten.

Die UN mußten zur Fehlkonstruktion mit unerwarteten Nebenfolgen werden, weil der Nationalismus, zuvor eine vorwiegend europäische Gemüts- und Geistesverfassung und als solche in unzähligen Studien warnend untersucht, nach 1945 im Rahmen der UN rund 170 Nachahmungstäter fand. Die meisten der hinzugekommenen Mitgliedsstaaten der UN hatten außer einem aggressiven und ressentimentvollen, oft von ihren Eliten nur angelesenen Nationalismus nichts vorzuweisen. Sie können damit aber seit Jahrzehnten in den UN in der Weise, zwischen Selbstmitleid und Angriffslust schwankend, agieren wie einst Hitler mit der ständigen Klage über das Versailler Diktat der Sieger über Deutschland im Ersten Weltkrieg. Die gesamte zivilisatorische, wirtschaftliche und humanitäre Erfolgsbilanz des Abendlandes aus zweieinhalb Jahrtausenden wird von der Mehrheit der UN-Mitglieder so empfunden und dargestellt, wie Hitler den Deutschen den Versailler Friedensvertrag darzustellen verstand. Mit einem weltgeschichtlich bedeutsamen Unterschied:

Viele westliche Historiker waren sich früh einig, daß ein weniger kurzsichtiger, weniger harter und rachsüchtiger Versailler Vertrag mit einiger Wahrscheinlichkeit den Auftritt Hitlers in der Weltgeschichte unmöglich gemacht hätte. Im Gegensatz zu dieser Chance, die vielleicht bestanden hatte, kann sich der Westen, kann sich der »reiche Norden« nicht künstlich in die sehr ferne Zeit zurückversetzen, zu der sich die Entwicklungspfade der Völker und Stämme auf der Erde zu trennen begannen. Der Ethnologe George Peter Murdock hatte an Hand der Daten in den von ihm begründeten Human Relations Area Files (Yale University) bereits um 1960 nachgewiesen, daß die nördlichen Industrieländer unserer Zeit aus Völkern hervorgegangen sind, die bereits vor mindestens 2000 Jahren die Mehrzahl ihrer für eine künftige Modernisierung entscheidenden Kulturmuster gemeinsam hatten und sich darin von den Völkern unterschieden, aus denen im wesentlichen die heutige »Dritte Welt«

hervorgegangen ist. Das Abendland kann sich mit seiner Geschichte nicht ungeschehen machen, den Minderwertigkeitskomplexen anderer zuliebe, und es gibt auch keinen sachlichen oder moralischen, geschichtsphilosophischen oder kulturellen Grund, so zu tun, als ob es gut wäre, wenn es ginge. Nichts vertieft und verschärft das Ressentiment, den Haß, die Feindseligkeit mehr als fortwährende Abbitte ob des eigenen Vorhandenseins. Für die Mehrheit der UN-Mitglieder, genauer gesagt, für ihre verwöhnten Eliten auf UN-Posten und in Gesandtschaften, wird der Westen immer aussehen wie ein riesiges Versailler Diktat, wie eine sittenwidrige Verschwörung zu ihrem Schaden. Von dieser Autosuggestion, dieser Schuldzuweisung können die Demagogen der »Dritten Welt« nicht lassen. Sie leben von ihr, seelisch und finanziell. Die sehr geringen Chancen in der »Dritten Welt«, sich aus dieser Autosuggestion zum Zweck einer tatsächlichen Entwicklung zu befreien, werden leider durch Claquen und Cliquen, wie zum Beispiel die Nord-Süd-Kommission von Willy Brandt und Edward Heath, beschädigt. Diese verstärken in völliger Verkennung der Ursachen für Verschiedenheiten auf dem Erdball mit ihrer telegenen Larmoyanz den Grunddefekt ihrer Schützlinge.
Zur Überbewertung des Internationalismus kommt die Überschätzung der Funktionen inter- und supranationaler Organisationen. Alle, ob UN, WHO (usw.) oder EG, haben sich zu Karikaturen eines nur noch sich selbst pflegenden Bürokratismus entfaltet. Das liegt nicht so sehr an der Größe der Organisationen. Auch relativ kleine wie die UNESCO in Paris oder die FAO (Food and Agriculture Organization der UN) in Rom haben sich, wie Rügen der Rechnungshöfe und sorgfältig recherchierte Presseberichte seit Jahren zeigen, zu chaotisch operierenden Geldvertilgungsapparaten entwickelt, bei denen eher die angerichteten Schäden als die Erfüllung ihrer ursprünglichen Aufgaben nachgewiesen werden können.
Es ist ein Irrtum zu meinen, die Grenzen der Organisierbarkeit würden durch die zunehmende Kompliziertheit aller Dinge und Verhältnisse erzeugt. Es gibt zahlreiche Beispiele für gut funktionierende Organisationen, auch international arbeitende, solange die Politisierung nicht ihr Selbstzweck ist. Man denke nur an die Postdienste und die neuerdings auch wieder parallel dazu in Teilbereichen privatwirtschaftlich arbeitenden Unternehmen für rasche und verläßliche Zustellung von Sendungen.

Geistiges Weltbürgertum, Kosmopolitismus – ein Internationalismus von Personen, die in Ländern leben, die sie jederzeit verlassen und betreten können – ist zweifellos ein Gewinn für die Zivilisation und Humanität. Und es gab all das sehr früh. Als der 26jährige Georg Friedrich Händel 1711 nach London kam und Triumphe feierte, hatte er bereits Dienste in Italien hinter sich und war kurfürstlicher Kapellmeister in Hannover. Er kehrte noch einmal aus Pflichtgefühl kurz nach Hannover zurück, ehe er sich 1712 endgültig in England niederließ. Als ein paar Jahre später der von Händel im Stich gelassene Kurfürst als König in London installiert wurde, machte sich Händel zwar Sorgen, doch das Einvernehmen war bald wieder hergestellt. Solche Lebenswege gibt es von vielen Personen in früheren Jahrhunderten. Internationale Beweglichkeit, Berufstätigkeit und Anpassungsfähigkeit sind keine Erfindung des 19. und 20. Jahrhunderts. Sie wurden hingegen erst in der zweiten Hälfte unseres Jahrhunderts für große Teile der Menschheit in einer Weise eingeengt oder verboten wie nie zuvor in der Geschichte. Die Überschätzung und Überstrapazierung des Internationalismus in der Politik seit 1945 hilft sogar mit, geflissentlich die Tatsache zu übertünchen, daß in der zweiten Hälfte unseres Jahrhunderts mehr Menschen in ihren Ländern buchstäblich eingesperrt sind als jemals zuvor. Die Kumpanei, das Partnerschaftsgehabe, die Reisewut der Spesenritter des Internationalismus schließt die Münder derer, die auf den roten Teppichen wandeln wollen.
Aber sind wir nicht doch am Ende irgendwie moralisch zur Entwicklungshilfe verpflichtet? Das kann als Einzelperson oder privater Verein jeder halten wie er will, doch keine Regierung hat ein Mandat für weltweiten Altruismus auf gut Glück. Natürlich, Marxisten verbreiten das Märchen, die »Dritte Welt« sei arm, weil der Westen auf ihrem Rücken reich geworden sei. Zahlreiche Nichtmarxisten beten dieses Märchen nach, sei es aus Dummheit, sei es aus Demut, oder einfach, weil es dazu dient, die Entwicklungshilfe unantastbar zu machen.
Selbst wenn der Westen an der Entwicklungslosigkeit mancher Völker schuld gewesen wäre, was nicht der Fall ist, folgt nicht die jetzt unterstellte Moral. Kein Verursacher eines Verkehrsunfalls, dessen Opfer ein vierzigjähriger Kneipenwirt ist, wurde je dazu verurteilt,

diesen jahrzehntelang so zu entschädigen, daß er damit etwas werden kann, was er ganz offensichtlich vor dem Unfall nie geworden wäre, etwa Olympiasieger im Geräteturnen oder Geigenvirtuose – Erfolge, für die der Geschädigte 35 Jahre vor dem Unfall mit dem Üben hätte beginnen müssen. Und manche der unsinnigerweise als »Dritte Welt« zusammengefaßten Völker hätten in ihren jeweiligen Kulturen mit dem Üben für die Moderne nicht vor 35, sondern vor mindestens 350 Jahren anfangen müssen, manche vor 3500. Gegen Ende des 20. Jahrhunderts wird unübersehbar, was manche allerdings auch bereits um 1950 für eine Binsenwahrheit gehalten hatten: Das 20. Jahrhundert, die moderne Welt ist nicht auf Kredit zu haben.

BILANZ UND AUSBLICK

Die Vitalität der Institutionen aus der Vorzeit

Im Rückblick auf unser Jahrhundert macht man eine erstaunliche Entdeckung: zu seinem Gesicht und seiner Gestalt haben gerade auch Institutionen und Einrichtungen beigetragen, die sich seit dem 18. Jahrhundert – oder noch früher – überhaupt nicht oder jedenfalls nicht in ihren Grundzügen geändert haben. Dazu gehören die Verfassung der USA, die katholische Kirche, die Organisation von Forschung und Lehre an Hochschulen wie sie in Deutschland zu Beginn des 19. Jahrhunderts zustande kam (und ausgerechnet hier von 1970 an zerstört worden war). Zu nennen sind auch die Landwirtschaft als Familienunternehmen, die Musik früherer Jahrhunderte und ihre Interpretation durch hierarchische Klangkörper, weltweit vermittelt an jeden, der sie hören will, und das Buch, dem das Ende vorherzusagen um 1970 Mode war. Über das gesamte Jahrhundert hinweg faszinierte der Einzelgänger, der Individualist, der aus Prinzip, auf sich allein gestellt, in einem Boot oder Fluggerät Ozeane überquerte, wobei auch diese Tat, je mehr das Jahrhundert seinem Ende zuging, immer demokratischere Züge annahm: Die Tat als solche, weil nicht mehr neu, gewann ihren Glanz aus der ersichtlichen Alltäglichkeit der Person, die sie ausführte.

Das 20. Jahrhundert wäre nie geworden, was es ist ohne die Funktionsfähigkeit der Demokratie der USA und ihre – 1985 – rund 240 Millionen Einwohner, die mit sich und ihren Anrainern in Mexiko und Kanada in Frieden leben. Man vergegenwärtige sich zum Beispiel nur eine Tatsache: Die aufschlußreichste und wichtigste Nachricht aus der Wahlkampfphase und vom Wahltag im November 1984 zur Wahl des US-Präsidenten war die Nachricht, die nie kam. Weder in den Monaten vor dem Wahltag noch an diesem selber fiel ein Schuß, explodierte Sprengstoff, gab es irgendwo eine handfeste Prügelei, gab es einen einzigen Verletzten, geschweige denn einen Toten, die mit den Wahlen zum Amt des Präsidenten und zum US-Kongreß in Zusammenhang gebracht werden konnten. Jede bundesweite Wahl in den USA bleibt friedlicher als eine beliebige Woche in Nordirland.

Bereits 1980 lagen die amerikanischen und ausländischen Journalisten, vor allem der Fernsehanstalten, buchstäblich auf der Lauer, um sich keinen Vorfall entgehen zu lassen, der zu dem von ihnen aufgebauten Bild der Polarisierung des Landes durch die Kandidatur Ronald Reagans gepaßt hätte. 1984 war die Sehnsucht nach dem bösen Zwischenfall bei den amerikanischen und ausländischen Medien noch größer geworden. Sie trug teilweise psychotische Züge. Es ist also so gut wie ausgeschlossen, daß irgendwo und irgendwann im Jahre 1984 in den USA auch nur eine Dachlatte auf jemanden am Bau hätte heruntersausen können, die dem politischen Gegner in den bevorstehenden Wahlen galt, ohne sofort rund um den Erdball zur Meldung des Tages zu werden. Schließlich ist jedes lokale Handgemenge zwischen jungen Schwarzen und Polizei in Südafrika die Art von Nachricht, mit der zum Beispiel das Fernsehen in der Schweiz seit Jahrzehnten am liebsten die Abendnachrichten beginnt. Die Nachricht über das Handgemenge, über den vereinzelten Schuß zur Wahl in USA 1984 kam nie. Einen solchen Vorfall gab es nicht. Und so war es bei allen Wahlen in den USA mindestens seit 1950, ausgenommen vielleicht zwei oder drei während des Vietnamkrieges.

Dabei sind die Amerikaner, wie jeder weiß und die Medien mißbilligend zu berichten nicht müde werden, mit Handfeuerwaffen privat gut ausgestattet, ihre Beschaffung ist leicht und legal. Der Versuch der Oberbürgermeisterin von San Francisco, ihre Bürger per Verordnung zu entwaffnen, schlug fehl. Zwar dürfen Amerikaner in den meisten Bundesstaaten privat kein Feuerwerk zum 4. Juli abbrennen, es sei denn, sie wären Landwirte und brauchten Raketen als Vogelscheuche, aber Dynamitstangen zu besorgen ist kein Kunststück, und zahllose haben irgendwann auch beruflich gelernt, damit umzugehen. Doch über den amerikanischen Wahlkämpfen liegt nie Pulverrauch.

Die fünfundfünfzig Männer aus den damals dreizehn Ex-Kolonien, die sich vor genau 200 Jahren Gedanken machten, wie die Verfassung für die knapp 4 Millionen Amerikaner zu schreiben wäre, um dem Land und jedem seiner Bürger eine friedliche Entwicklung zu gewährleisten, hatten eine gemeinsame politische Kultur und ihre Wurzeln in der Geschichte des Christentums. Die Gewaltenteilung, das Verfahren zur Wahl eines Präsidenten, der Senatoren und Abgeordneten, das Verhältnis der Bundesstaaten zu den Organen des Bundes – all dies wurde 1787 zu Papier gebracht und blieb bis heute unangefochten verbindlich. Und 200 Jahre nachdem sich die Amerikaner ihre Verfassung gegeben hatten, in den 80er Jahren des 20. Jahrhunderts, fasziniert gerade ein Mann als Präsident das Volk, der den Hauptstreitpunkt im Jahre 1787, die Kompetenzen von Zentralgewalt und Gliedstaat, so deutlich wie keiner in diesem Jahrhundert zuvor, zugunsten der Lokalautonomie schlichtet.

Das Ende des Jahrhunderts ist zum Greifen nahe und seine Bilanz ist für die Linksintellektuellen niederschmetternd. Noch beherrschen sie zum größeren Teil einige Schlüsselmedien, aber das Bild, mit dem sich das Jahrhundert verabschiedet, ist ihnen entglitten. Das Charisma liegt allein bei den Widersachern des Marxismus: Ronald Reagan, Margaret Thatcher, Papst Johannes Paul II. Und auch die Erbmonarchie in Gestalt des britischen Königshauses mit seinem telegenen Thronfolgerpaar prägt das Bild der Welt.

1953 veröffentlichten Edward Shils und Michael Young in der Zeitschrift »The Sociological Review« einen Aufsatz über die Bedeutung der Krönung. Sie meinten die von Königin Elisabeth II. und fanden Worte der Anerkennung für das, was die Briten in ihrer großen Mehrheit, über alle Klassen hinweg, an der Institution des Königshauses haben. 1955 erwiderte ihnen in derselben Zeitschrift der Soziologe Norman Birnbaum, später laut eigenem Lebenslauf in zahlreichen linken Unternehmen tätig, zornentbrannt, sie hätten sich an der Standesethik des Soziologen versündigt, dessen Aufgabe es sei, solche ein Volk durch Blendwerk und Sentimentalität integrierenden Institutionen zu entlarven. Sie stünden schließlich dem Fortschritt (im Sinne von Marx) im Wege. Ähnliche Auseinandersetzungen las oder erlebte ich um die Mitte dieses Jahrhunderts oft. Wie man aber an seinem Ende sieht, spricht alles dafür, daß die Briten auch im 21. Jahrhundert wissen werden, was sie an ihrer Monarchie haben.

Wie verzweifelt die westlichen Linksintellektuellen dem Bild der Welt nachlaufen, das sie zwar noch dem Zeitgeschmack entsprechend mitgestalten können, aber nicht mehr mit Inhalt füllen, zeigte sich auch 1985, als Gorbatschow in Moskau an die Spitze kam. Die unenttäuschbaren Entspannungsillusionisten entflammten in neuer Hoffnung, für die es keine harten Indizien gab. Ging man ihren Applauskommentaren auf den Grund, blieb darin als das Hauptindiz nur eine Tatsache übrig: Frau Gorbatschow hinterließ 1984 in Londoner Kaufhäusern den Eindruck, sie könne mit etwas Glück in absehbarer Zeit zu einer der zehn bestgekleideten Frauen der Welt gekürt werden, und sie habe auch das Gesicht dazu: Lady Di auf russisch!

Marxismus und Milieufetischismus

Das 20. Jahrhundert sollte den Siegeszug des »wissenschaftlichen Sozialismus« in allen Gebieten bringen, das Welt- und Geschichtsbild von Marx und Engels, die Machttechniken von Lenin sollten das Jahrhundert prägen, und das ganze Jahrhundert hindurch hatten sich unzählige westliche Linksintellektuelle in allen Medien, in allen nur irgendwie in die Hand zu bekommenden Organisationen bemüht, dieser Prophezeiung zur Erfüllung zu verhelfen. Keine Tatsachenunterschlagung, keine Manipulation im Bereich der Bewußtseinsindustrien galt ihnen als ehrenrührig solange sie dem Ziel der Überhöhung des Marxismus diente. Doch dieser zerrieb sich von selber an der Wirklichkeit, an der Natur des Menschen und an den Institutionen, die lange vor den »Klassen« schon in der Welt waren.

Unser Jahrhundert förderte aber zugleich über die Mechanismen, die Chemie und Strukturen der Erbanlagen mindestens so viel Wissen zutage wie alle vorausgegangenen Jahrtausende über die Körper im Weltall und ihre Bahnen. Doch die Genetiker hatten es im 20. Jahrhundert vor dem Tribunal der Zeitgeistmacher vom Anfang bis zum Ende mindestens so schwer wie Galileo Galilei im 17. Jahrhundert vor dem Tribunal der Inquisition. Es ist bezeichnend für die Heuchelei der Linksintellektuellen und Belletristikmarxisten, daß sie keine Gelegenheit versäumen, sich mit Galilei zu vergleichen, wenn irgendjemand wagt, ihrem Kulturmonopol entgegenzutreten. Und seit Bertolt Brechts Schauspiel »Leben des Galilei« zur Verfügung stand, war die Gleichsetzung mit Galilei besonders wirksam, weil die zu beeindruckende Öffentlichkeit in der Regel nicht wußte, wie schwer sich Brecht tat, seine Galionsfigur für lin-

kes Aufklärertum, Galilei, den sich wandelnden Bedürfnissen der kommunistischen Meinungsmanipulation im Westen laufend anzupassen. Nach der Explosion der amerikanischen Atombomben im August 1945 brauchte man auf Brechts Bühne einen Galilei, einen Physiker, der seine höhere Moral im Kampf mit der Inquisition so deutet, daß man mit Galileis gutem Ruf prosowjetische Atomspione wie Klaus Fuchs als die wahren Galileis des 20. Jahrhunderts ausgeben konnte. Kaum war das geschafft – die 2. Fassung von Brechts »Leben des Galilei« – machte die H-Bombe ihr Debüt, und die 3. Fassung von Brechts Schauspiel mußte geschrieben werden.
Die Fortschritte in der Genetik konnten noch so groß, ihre Erkenntnisse über die Durchsetzungskraft der Erbanlagen gegenüber den Milieueinflüssen noch so eindeutig sein, die Milieudeterministen hatten fast für das ganze Jahrhundert die vermeintlich überlegene (soziale) Moral gepachtet und zwangen in der veröffentlichten Meinung, und oft auch an den Hochschulen westlicher Länder, die Genetiker in die Rolle eines Galilei, der um Gehör flehen muß, und das noch mit einem schlechten sozialen Gewissen. Zwar konnten gegen Ende unseres Jahrhunderts nicht einmal mehr die Wochenzeitungen für die Gescheitesten der feinen Leute den Erkennntnissen der Genetik auf Dauer ihre Spalten verschließen. Doch es gehörte auch 1985 noch zum guten Ton für den Wissenschaftsjournalisten, der es wagte, der Genetik Gehör zu verschaffen, sich zunächst demütig für die Unbill zu entschuldigen, die er dem moralisch natürlich immer noch höherrangigen Milieufetischismus des etablierten Zeitgeistes zu bereiten im Begriff sei.

Tunnelsicht und Literatur der Ausweglosigkeit

Zu vielen Irrtümern unseres Jahrhunderts haben zwei Denkweisen beigetragen, die ich die Tunnelsicht und das Trichterdenken nenne. Beide ermöglichen die Unausweichlichkeits-Literatur. Man könnte auch von der Tunnel- und Trichterperspektive sprechen, für die man im 20. Jahrhundert eigenartigerweise um so mehr eine Vorliebe entfaltete, je besser man die Erde aus der Vogelperspektive betrachten konnte. Für die Tunnelsichtprognostiker befinden sich die Menschheit oder Teile von ihr, das Abendland, Europa, der Norden oder der Süden in einem rasenden Schnellzug, der dauernd durch einen Tunnel braust, an dessen Ende entweder ewige Wonne oder ewige Verdammnis wartet. Es gab auch gemäßigte Tunneldenker, die jeweils nur für den einen oder anderen Daseinssektor ihre Mitmenschen auf Tunnelfahrt wähnten. Doch das Bild bleibt sich gleich und verstellt die viel wahrscheinlichere Aussicht auf Wege in die Zukunft, die eher dem Rösselsprung auf einem Schachbrett ähneln. Die Menschheit besteht eben nicht nur aus Bauern, sondern aus sämtlichen Figuren des Schachspiels. Wäre es nicht so, dann hätte man dieses Spiel nie erfunden, und es hätte nie die Welt in seinen Bann ziehen können. Unser Pech ist eben, daß sich apokalyptische Bestseller mit einem Tunnel vor Augen viel leichter schreiben lassen als mit einem Schachbrett im Kopf.

Für die Anhänger der Trichterperspektive sieht jede Gegenwart aus wie der obere Teil eines Trichters, in den unterschiedslos alle Inhalte der Welt, die in ihr Blickfeld geraten sind, unaufhaltsam stürzen wie Licht in ein schwarzes Loch einer fernen Galaxie, und am Trichterende gebündelt als Strahl des Unheils auf den weiteren Weg der Menschheit prasseln. Die Frage, weshalb man sich den Übergang von einer Gegenwart zur nächsten nur als Trichter denken darf, bleibt unerörtert. Wenn man sich schon anhand eines Trichtermodells Gedanken über die Zukunft machen will, wäre es wohl wirklichkeitsnäher, sich eine Unzahl von solchen Trichtern nebeneinander vorzustellen, von denen manche sich zum Glück auch für immer verstopfen können.

Zum Tunnel und Trichterdenken kam gegen Ende des Jahrhunderts noch das Schneeballdenken. Immer mehr und immer neuartigere Katastrophen scheinen für diese Weltsicht zusammenzukleben und als Lawine einem Tal des Todes entgegen zu donnern, wobei die Katastrophen unterwegs noch jedes nur erdenkliche Katasströphchen auflesen. Manche Menschen im ausgehenden Jahrhundert leiden an diesem – man könnte sagen – Tunnel-, Trichter- und Schneeballsyndrom. Es ist die Lust an der Ausweglosigkeit, und es könnte sein, daß die Leichtfertigkeit, mit der sich im letzten Drittel des Jahrhunderts im Westen immer mehr Menschen in Abhängigkeit von ausweglosen Drogen begeben haben, vorbereitet wurde durch das Genießen von Ausweglosigkeits-Szenarios aus der Werkstatt gewissenloser Kulturbetriebler. Erstaunlich und ermutigend zugleich ist es aber, wenn man feststellt, wie gut und wie lange wir schon im Westen mit der Literatur der Ausweglosigkeit gelebt haben.

Weshalb uns im Westen »1984« erspart blieb

George Orwell siechte an Tuberkulose seinem frühen Tod entgegen, als er 1946–48 sein letztes Buch schrieb, »1984«, die Vision eines perfektionierten totalitären Staates, nach den beiden einzigen Mustern, die es gab: Stalins Sowjetunion und Hitlers SS-Staat. Orwell dachte an einen herkömmlichen Titel, »Der letzte Mann in Europa«. Erst vor der Drucklegung kam die Idee einer Jahreszahl. Er spielte mit 1980 und 1982; am Ende griff er zu 1984, die Umkehrung von 1948, das Jahr, in dem das Buch fertiggeschrieben war. Der Erfolg war ungeheuer groß und sofort absehbar. Heute gibt es »1984« in 62 Sprachen. Die US-Paperbackauflage liegt bei zehn Millionen. Sieben Monate nach Erscheinen des Buches starb Orwell. Zuvor versuchte er eine Klarstellung:
»Mein Roman ist kein Angriff auf den Sozialismus oder die Britische Labour Party (die ich unterstütze), sondern eine Bloßlegung der Perversionen, die einer Planwirtschaft innewohnen und die zum Teil bereits im Kommunismus und Faschismus Wirklichkeit geworden sind. Ich glaube nicht, daß die von mir beschriebene Gesellschaft notwendigerweise kommen wird, aber ich glaube, daß etwas ihr Ähnliches kommen könnte, obschon mein Buch natürlich eine Satire ist.«
1985 steht fest, daß die Einrichtung und Abschottung, das Festzurren eines »1984«-Systems auf Dauer unmöglich und jedenfalls weitaus schwieriger ist als es naive Leser aus Orwells »1984« entnehmen zu können glaubten. Und sehr wenige haben sich bis vor kurzem bei Extrapolationen von »1984« zu unseren 80er Jahren darüber gewundert, daß es bei Orwell das heutige vermeintliche Hauptmerk-

mal eines funktionierenden »1984«, den Computer überhaupt noch nicht gab.
Einer der drei Superstaaten (so Orwells Bezeichnung) ist Rotchina samt Hegemonialbereich und seine Doktrin heißt »Obliteration of the Self«. Zweifellos war China, insbesondere in den Jahren von 1966 bis 1976 während der Kulturrevolution, mit dieser verordneten Entselbstung eines jeden dem »1984« Orwells am nächsten gekommen. Doch, wie wir 1985 wissen, die Entselbstung hat auch dort nicht auf Dauer und vielfach von Anfang an nicht funktioniert. Kaum war 1976 die Viererbande gestürzt, schoß die Individualität, der Unternehmungsgeist und die Suche nach Selbstverwirklichung so blitzartig hervor, daß es der Regierung in Peking inzwischen schon wieder unheimlich geworden ist.
In einem Interview, das die Kunstredaktion des World Service der BBC 1983 mit einem Kulturfunktionär Rotchinas führte, fragte die englische Journalistin, wie es eigentlich komme, daß in den letzten Jahren auf allen internationalen Geigerwettbewerben ausgerechnet junge Chinesen sich die schönsten Preise holten? Die Antwort war verblüffend: Auch während Madame Maos Kunstkontrolle ließen Tausende von Eltern ihren Kindern Geigenunterricht geben, mit Kompositionen europäischer Klassiker, unter dem Vorwand, nur so könnten sie sich die Techniken erwerben, um sich als künftige Musiker für die Orchester der Polit-Oper Rotchinas zu qualifizieren.
Die Tragik des Publizisten Orwell liegt in dem beispiellosen Erfolg von »1984«, der das Grundanliegen seines Autors zunichte machte. Unermüdlich hatte Orwell vor dem Unheil gewarnt, das durch die Verselbständigung bloßer Worte, vor allem in der Politik, entsteht, vor dem Wort als Knüppel, als Denkverbot, als Scheuklappe: »Das Schlimmste, was man mit Worten tun kann, ist, sich ihnen auszuliefern.«
Und nun »1984« als Globalsymbol! Damit entstand ein unsinniger Zukunfts-Sog: Je weiter die Leser und Deuter des Buches sich vom Erscheinungsjahr 1949 entfernten, desto wohliger gruselten sie sich in der Haut eines Angsthasen, der auf das herannahende 1984 so schaut wie das Kaninchen auf die Schlange. Schlimmer noch: die Rolle des »1984-Verhinderers« war der 1968 angetretenen Generation der Leistungsverweigerer, der freischwebenden Berufshinter-

frager, der ewigen Selbstverwirklicher und Narzißmus-Apostel auf den Leib geschrieben. Professoren an amerikanischen Hochschulen hörten während der 70er Jahre immer wieder den mürrischen Einwand »Genau wie 1984!«, wenn sie ihre Studenten baten, im Seminar nicht Haschisch zu rauchen oder die Pflichtlektüre bis zur nächsten Sitzung auch wirklich zu lesen.
Besonders fatal an »1984« war aber die mit Hilfe des Kalenders vorgespiegelte Unentrinnbarkeit zum Stichtag. Der Gedanke, daß die Menschheit, in den westlichen Ländern jedenfalls, die Möglichkeit eines »1984« vielleicht schon längst hinter sich zurückgelassen hat, kam erst gar nicht auf. Bezeichnend für die »1984«-Hysterie war ja folgende Entwicklung: Im Lauf der Jahrzehnte wurde der Blick auf kommunistische Länder, die Orwell 1946–48 im Auge hatte, immer verpönter. Wer wollte sich schon ein Etikett anhängen lassen wie es Rudolf Augstein im »Spiegel« für seine Gegner gebrauchte: »Primitiver Anti-Kommunismus!«
Während der letzten fünfzehn Jahre vor 1984 wandte sich die Angst vor »1984« immer mehr nach innen, auf das eigene westliche Land, wo sie am wenigsten angebracht war. Doch kein Tourist aus besseren Kreisen, von einem kommunistischen Land heimgekehrt, war gut beraten, falls er auf einer Party seiner Schicht, unter lauter Möchtegernintellektuellen, Erlebnisse im Osten berichtete, die an »1984« erinnert hätten. Und am allerwenigsten taten es die Berufsintellektuellen. Ihre Zutraulichkeit, ihre Vorschußsympathie gegenüber real existierenden »1984«-Territorien auf dem Erdball, auch in der Dritten Welt, wuchs ständig an.
Doch die Aussicht auf einen fälschungssicheren, computerlesbaren Personalausweis, mit dem sie fast jede Grenze zwischen Ländern der freien Welt ohne Angabe von Gründen in Sekunden überschreiten können, entlockt ihnen den Angstschrei »1984!« Ein glänzender Einfall Orwells in »1984«, das »Wahrheitsministerium«, wo laufend die alten Tageszeitungen gemäß den jeweils geltenden Erfordernissen der Partei abgeändert werden, ist in der Sowjetunion der Sache nach anzutreffen: Ältere Lexika, frühere Jahrgänge von Zeitungen und Zeitschriften, nur wenige Jahre zurückliegend, sind 99,9 Prozent der Bevölkerung in den Bibliotheken nicht zugänglich. Das alles ist bekannt und empört keinen von denen, die das Jahr 1984 zu einem Dauertribunal gegen die eigenen freien, offenen

Gesellschaften, zu einem Selbstbezichtigungs-Festival mißbrauchen wollten.

Im Frühsommer 1984 gab es Anhörungen eines Unterausschusses des U.S. Kongresses zum Thema »Bürgerrechte und der Nationale Sicherheits-Staat«; anschließend waren die Smithsonian Institution und die Bibliothek des US-Kongresses Sponsor und Bühne für eine »1984«-Beschau. Für $ 10.95 war ein 1984-Kalender im Handel, Produkt zweier Studenten, der Tag für Tag Ereignisse und US-Behörden vorführt, an denen sich der Marsch ins »1984« ablesen lassen sollte. Man konnte das kommen sehen: In dem maßgebenden, seriösen »Dictionary of New English 1963–1972« (Verlag Barnhart/Langenscheidt, 1973), das die neuen Wortbildungen seit 1963 enthält, finden sich für die Stichworte »1984«, »Orwellian« und »Orwellism« überwiegend Verwendungsbeispiele aus Angriffen auf den US-Politiker Richard Nixon – aus der Zeit lange vor Watergate!

Symbol und Werkzeug für ein »1984« ist aus der Sicht von heute der Großcomputer-Verbund. Doch welche Ironie: der Computer kommt in Orwells »1984« nicht vor, auch nicht andeutungsweise. Orwell war eben kein Jules Verne. Zweifellos gibt es Personen und Fälle im Leben, bei denen gespeicherte Daten unheilvoll ins Spiel kommen können, aber sich mit einem Computer anzulegen ist allem Anschein nach weitaus ungefährlicher als mit einer Geheimpolizei früherer Epochen. Ausgerechnet im Ursprungsland der Großcomputer, in den USA, lehren heute unzählige Teenager, bewaffnet mit einem Heimcomputer und einem Telefonanschluß, den Computersystemen der Großindustrie, der Banken, des Pentagons, der Flug- und Telefongesellschaften aus Schabernack das Fürchten. Die Abwehrmöglichkeiten sind minimal. Wenn »Big Brother« der Computer-Verbund sein soll, dann manipuliert heute der Lausbub mit seinem persönlichen Computer längst spielend Big Brother und wird, falls am Ende doch einmal vom FBI ertappt, mit Samthandschuhen angefaßt, weil man die Genies der Nation doch nicht vergrämen will. Und das soll »1984« sein?

Biedermann vertraut erneut dem, der Betroffenheit mimt

So viel Ekstase kann doch nicht ohne Substanz sein, so viel Engagement muß doch einen guten Kern haben! Diesem Irrtum sind einige verheerend falsche Weichenstellungen im 20. Jahrhundert zu verdanken. Die Vorschußsympathie für den Hysteriker, der Betroffenheit mimt, ist fahrlässig.

Seit 1970 begann sich das Dogma der achtziger Jahre aufzutürmen: Wer Angst zeigt, hat recht! Doch das ist keine Auszeichnung, selbst wenn manche es sich bereitwillig einreden lassen. Das Vorschußwohl- und Abwartenwollen, das schwächliche Staunen über Unverfrorenheit begünstigte vor fünfzig Jahren Hitler und seine braunen »Bewegung«. Die Demut der Ängstlichen von damals nahm die Denk- und Gemütsmuster voraus, die heute gerade die berufsmäßigen Vergangenheitsbewältiger ausfüllen. Viel zu viele halten diese Einstellung auch gegenüber chaotischen, boshaften und aggressionslüsternen Gruppen und Figuren für politisch geboten. »Wer sich betroffen gibt, darf alles«, heißt die Devise.

Immer sahen Biedermänner hinter der Hysterie des Tages das begreifliche Anliegen. Doch die Wandelbarkeit der Ängste sollte uns mißtrauisch machen. Hitlers Erfolg im deutschen Gemüt kam zu einem wesentlichen Teil von der absurden, durch die Nationalsozialisten geschürten Angst, ein Volk ohne Raum zu sein.

Nicht nur ein Volk ohne Raum auf dem eigenen Kontinent, sondern auch ein Volk ohne Kolonien in Übersee. Das war bei manchen zum Reflex geworden. Ein Beispiel: Ende August 1939 befand ich mich bei Tisch im Passagierteil des Frachters »Ubena« irgendwo im Nordatlantik, als die Meldung vom Pakt Hitlers mit Stalin vom Kapitän bekanntgegeben wurde. Mit am Tisch saß ein Abteilungsleiter eines Hamburger Kaufhauses. Nach einer Verblüffungssekunde rief er aus: »Wetten, in vier Wochen haben wir unsere Kolonien wieder!« Als wir dann am 30. August 1939, am frühen Nachmittag, nach einem weiten Umweg bei Funkstille, mit übermaltem Schiffsnamen und maskiertem Schornstein an den Hebriden vorbei, in Hamburg an Land gingen, machten die Beamten, mit denen man zu tun hatte, allerdings nicht den Eindruck, als ob sie den Kolonien

entgegenfieberten. Sie wirkten eher tief bedrückt, wie von unguten Vorahnungen erfüllt.
Wo blieb eigentlich diese Grundangst der Jahre 1920 bis 1945? Ab Kriegsende bot das kleine Westdeutschland plötzlich Raum für mindestens weitere 13 Millionen Menschen aus dem Osten und seit den 60er Jahren für zusätzliche Millionen Gastarbeiter. Heute gilt die Bundesrepublik in den Augen der linken und grünen Angstentfacher obendrein noch als groß genug für jede noch so unkalkulierbare Zahl von Asylbewerbern aus allen Ländern der Erde. Die Volk-ohne-Raum-Angst von 1920 bis 1945 bewirkte großenteils die Willigkeit zum Wahnsinn der Hitlerjahre. Sie war jedoch spätestens ab 1950 wie weggeblasen und kam nie wieder. Oder hat sie sich wie ein C. G. Jungscher Archetyp zur Volk-ohne-Umweltreinheit-Angst verwandelt?
Immer verwechseln die Gutmütigen Schein und Wirklichkeit: Hinter dem Revolutionsgehabe der Studenten in den sechziger Jahren wegen des vermeintlichen Bildungsnotstandes, hinter der »kompromißlosen Moral« der Terroristen der siebziger Jahre, hinter dem Welt- und Wohnungsschmerz »der Jugend« Anfang der achtziger Jahre wollten sie jeweils auf Biegen und Brechen das echte Anliegen sehen. Wo blieb denn die »Wohnungsnot« der Jugend, mit der man ab Mai 1980 die regelmäßige Veranstaltung von Amokläufen junger Leute in den Einkaufsstraßen und die Hausbesetzungen zu erklären und zu entschuldigen pflegte? Wer sich auf Partialbilligung einläßt, gibt immer ein Stück Urteilskraft und Werte preis. Er entwaffnet sich und versäumt meist den Zeitpunkt, zu dem er eine feste Linie hätte ziehen müssen. Die Partialbilligung (»Man kann es doch irgendwie verstehen«) des Antisemitismus Anfang der 30er Jahre hatte furchtbare Folgen. Doch gibt es nach wie vor diesen Hang zur Partialbilligung gerade bei denen, die sich als Elite in Politik und Kultur fühlen. Der liberale Kopf ahnt zwar Unheil, doch es fehlt der Mut zur Versagung der augenfälligen Verständnisbereitschaft, weil man den Meinungsdruck der mutmaßlich gleichgesinnten schönen Seelen fürchtet. Selbstachtung und Selbstvertrauen sind insgeheim offenbar leichter preiszugeben als die »Show-Sympathie« für solche, die in gefährlicher Weise anders gesinnt sind.
Das heutige Sympathisantentum für offenkundig die gemeinsamen Lebensgrundlagen unterminierende Gestalten im Rampenlicht der Medien verschafft aber vielleicht dem, der es anbietet, sogar einen

Lustgewinn. Die rhetorische oder politische Anbiederung stillt das Bedürfnis des Biedermanns nach dem eigenen einmal »ganz anders sein können«. Weil dieses ihm nicht gelingt, strebt er zum Trost nach dem schönsten Orden, den der linke Zeitgeist zu vergeben hat, nach dem Orden für Selbstentäußerung.

Die sieben Weltwunder des 20. Jahrhunderts

Der BBC World Service, das Programm der Britischen Broadcasting Corporation für die ganze Welt auf Englisch, hatte Ende 1984 seinen Hörern eine Preisfrage gestellt: »Was ist Ihr Vorschlag für die sieben Weltwunder unseres Jahrhunderts?«
Wer mit seiner Liste dem Ergebnis der Auswahl aus den Einsendungen durch die Jury der BBC am nächsten kam, konnte einen Preis gewinnen. Tausende Hörer aller Nationen aus allen Ecken der Welt schrieben. Manche Vorschläge waren einleuchtend, nur war das Wunder kein Werk des 20. Jahrhunderts. William Shakespeare war es so wenig wie der Verbrennungsmotor (internal combustion engine). Der letztere hat zwar unser Jahrhundert auf Räder gesetzt wie sonst nichts, erfunden und gefahren wurde er aber bereits im 19. Jahrhundert. Auch die Stadthochbahn von Chikago war ein erfolgloser Kandidat. Manhattan Island, die Wolkenkratzer-Insel gefiel als Vorschlag, doch auch sie war zu alt.
Nach den Regeln der Preisfrage kamen Gebäude in Betracht ebenso wie technische oder wissenschaftliche Errungenschaften. Bedingung: Das Wunder mußte unser Jahrhundert gegenüber allen früheren grundlegend verwandelt haben. Die Jury bestand aus: Tom Adams, 54, Regierungschef des Inselstaats Barbados (Anfang 1985 verstorben); Professor Meredith Thring, 70, Maschinenbauexperte an der Universität London, ein erfolgreicher Erfinder, und Brian Aldiss, 60, Science-fiction Autor.
In engere Wahl kamen der Assuan-Hochdamm in Ägypten, der Geist und die Technik der Bevölkerung von Hongkong, der Kühl- und Gefrierschrank, das Solarkraftwerk. Oft genannt wurde auch die Glühbirne. Ihre Erfindung lag aber noch im 19. Jahrhundert. Das Münchner Olympiastadion mit seinem Dach unterlag dem fast ähnlich anmutenden Opernhaus in Sidney. Auch die Nominierung

»Freundschaft zwischen den Völkern Westeuropas« blieb erfolglos. Der Science-fiction Autor verweigerte seine Stimme der Weltwunderkandidatur der Raumfahrt. Er fand den Aufwand dafür »obszön« angesichts »des Hungers in der Welt«. Wie töricht: Als ob 35 Jahre Entwicklungshilfe nicht schlüssig genug bewiesen hätten, daß selbst der Gesamtaufwand an Geist und Geld für Raumfahrttechnik, umgepolt auf noch mehr Entwicklungshilfe in alle Winde gestreut, am Mangel in der »Dritten Welt« nicht ein Jota ändern könnte. Die Verlängerung des menschlichen Lebens durch die Fortschritte der Medizin als Weltwunderkandidat fiel durch, obgleich die damit verbundene Idee in Gestalt der Antibiotika das Rennen sogar auf Platz 1 machte. Einer der Preisrichter fand das längere Leben überhaupt nicht erfreulich und meinte, ihm reichten noch ein paar weitere Jahre zu den 60, die hinter ihm liegen. Der Moderator dazu: »Ich hoffe nur, Sie bleiben uns erhalten, bis wir den Rest der Sendung auf Band haben.« Auch einige der originellsten aber nach den Regeln unzulässigen Vorschläge gab die Jury bekannt. Beispiele: »Daß Graham Greene noch nicht den Nobelpreis erhalten hat«, »Daß Leopold Senghor 1980 freiwillig als Staats- und Parteichef in Senegal zurücktrat«.

Und auf diese sieben Weltwunder unserer Zeit konnten sich die drei Jurymitglieder einigen, in wenigen Fällen allerdings nur mit der Stimmenmehrheit von zwei:

1. Antibiotika
2. Das Opernhaus von Sidney in Australien
3. Computer
4. Disneyland (in Kalifornien und Florida)
5. Raumfahrt (space travel)
6. Massenkommunikation
7. Reißverschluß (zip fastener)

Jedem dieser sieben Weltwunder widmete der BBC World Service in den Wochen nach dem Wettbewerb eine Sendung. Übrigens: Kein Hörer hatte die Liste der Jury genau vorhergesehen. Mit sechs oder fünf »Richtigen« aber gehörte man zu den Gewinnern.

Zum Vergleich die sieben Weltwunder im Altertum. Es waren fast ausschließlich Bau- und Kunstwerke, die durch Größe und Pracht die Welt in Bann schlugen:

1. die ägyptischen Pyramiden

2. Die hängenden Gärten in Babylon
3. Der Tempel der Artemis zu Ephesus
4. Das Kultbild des Olympischen Zeus von Phidias
5. Das Mausoleum zu Halikarnassos
6. Der Koloß von Rhodos
7. Der Leuchtturm auf der Insel Pharos

Welch ein Kontrast zwischen Antike und Moderne! Allein der Leuchtturm tat technisch etwas für das Wohlergehen von allen, Fischersmann wie König. Zwei Wunder der Antike waren Grabbauten für Große. Eines, die Hängenden Gärten, waren Erholung für die Elite. Drei der Wunder waren Monumentalkunst zwecks Kult. Ganz anders die Wahl der Wunder in der modernen Welt: Nur das Opernhaus von Sidney (dessen Eintrittsgelder für die bloße Besichtigung im Jahr einen großen Teil der Kosten des Opernbetriebes tragen) paßt zur Wunderliste der Antike. Disneyland als Vergnügungsparks für Jung und Alt aus allen Schichten ist die Antwort der Demokratie auf die Hängenden Gärten in Babylon: Sie waren das Geschenk eines Herrschers an seine Gemahlin oder die Nebenfrau (die Historiker sind uneins).

Doch den anderen fünf Weltwundern unserer Tage konnte die Antike nichts entgegenstellen. Sie sind für jeden (zumindest als Bürger einer Marktwirtschaft westlichen Zuschnitts) täglich von Bedeutung und zur Verfügung: Antibiotika und Reißverschluß! Dieser hat soeben auch Eingang in die Chirurgie gefunden. Nach Bauchoperationen erlaubt ein Spezialreißverschluß in der Bauchwand die häufige Kontrolle auf Komplikationen und örtliche Gegenmaßnahmen.

Massenkommunikation (gemeint ist TV, Satelliten für TV und Telefon, Hörfunk, Zeitung per Satellit, weltweit gleichzeitig gedruckt etc.) bringt allen etwas, nicht nur Seeleuten und Strategen. Auch ein Geschenk der Menschheit an sich selber wie das Gemeinschaftserlebnis der Olympischen Spiele in Kalifornien 1984 konnte allein über Satellit live zum Totalerlebnis auf dem Globus werden.

Nicht aufzuzählen und nicht absehbar ist, was die Wunder der Raumfahrttechnik nebenbei fürs Wohlergehen von jedermann abwerfen. Allerdings: Nur die des Westens tun es, vor allem die der USA. Die Aufrüstung im Weltall auf seiten der Sowjetunion wirft weder für ihre Völker noch für die außerhalb der UdSSR Nützliches

ab. Nur die sowjetische Topelite kann sich dank der »Abfallprodukte« für den Zivilbedarf aus der US-Raumtechnik ihren Alltag verschönern und ihr Leben verlängern.
Die Wunder der modernen Welt sind voll demokratisiert und überaus praxisorientiert. Ist das der wahre Grund für den Haß der Intellektuellen auf ihre Zeit? Ich glaube, der eigentliche Grundkonflikt im 20. Jahrhundert ging nicht um den Gegensatz von Arbeit und Kapital, sondern um den Kontrast zwischen den Früchten der Erfinder und denen der neunmalklugen Intellektuellen aller Sparten. Ihr Faible für Sozialismus und Marxismus hat über das Jahrhundert hinweg lediglich Hunger und Leid für Milliarden von Menschen gebracht. Malen sie vielleicht deshalb, mit ihrem Latein ersichtlich am Ende, nur noch den atomaren Holocaust an die Wand?
Die Sowjetunion ging beim Weltwunderwettbewerb völlig leer aus. Nominiert wurde zwar die Moskauer U-Bahn, doch vergeblich. Raumfahrttechnik? Der Mond wurde allein von den USA aus betreten. Was auch kommen mag: Vor dem Jahr 1999 wird die UdSSR die USA in Raumfahrttechnik nicht eingeholt haben.
Eines steht gegen Ende des 20. Jahrhunderts fest: Die Welt weiß, was sie an ihren Wundern hat – aber wissen es auch die Sensiblen in der Welt der Medien, wo sie mit Pessimismus ihre schönsten Geschäfte machen?
Soweit sich die veröffentlichte Meinung in der zweiten Hälfte des 20. Jahrhunderts im Einklang mit der Schickeria des Kunst- und Kulturbetriebes bewegt, liegt ihr offenbar an der fortwährenden Verkleinerung des Menschen – an seiner Entsubstantiierung und Verhäßlichung. Das gilt gerade auch für die bildende Kunst. Eine Ausnahme bilden die Schönheitswettbewerbe: die in ihnen siegreichen Grazien blieben, was ihr Aussehen betrifft, von der Verhäßlichungssucht ebenso unangekränkelt wie der Leistungssport von der Nivellierungssucht. Vor den Fähigkeiten und dem Sex-Appeal des menschlichen Körpers machte die publizistische Scheelsucht halt, wandte sich aber um so hämischer den Fähigkeiten und Ergebnissen des menschlichen Geistes zu. Wer von Feuilleton und Fernsehen oft gebeten sein will, darf gar nicht erst versuchen, die Fortschritte unseres Jahrhunderts in der geistigen Weltdurchdringung mit Anerkennung wahrzuhaben. Zu einem Teil hängt diese Verkleinerungssucht bei der Avantgarde im Kulturbetrieb gegenüber den

tatsächlichen Fortschritten der Menschheit seit etwa 1950 mit der vermeintlichen Pflicht zusammen, alle Unterschiede bei der Fähigkeit zur modernen Welt zwischen den Menschen des Westens und denen der außerwestlichen »Dritten Welt« zu leugnen. Das geht ganz gut soweit es sich um Kunst und Literatur handelt.
Der Unterschied zwischen einer Plastik von Ernst Barlach oder Henry Moore im Vergleich mit der einen oder anderen Plastik aus Schwarzafrika ist, vom Handwerklichen und vom ästhetischen Gesamteindruck her gesehen, oft kaum feststellbar. Und auch in der vom Ethnologen aufgezeichneten Lyrik mancher Naturvölker finden sich Gedichte, die ununterscheidbar sind von manchen Kurzgedichten europäischer Junglyriker seit 1970. Hingegen hat sich kein Handwerker aus einem Volk der »Dritten Welt« je in die Lüfte gehoben wie die Brüder Wilbur und Orville Wright. Insoweit die Signaturen des 20. Jahrhunderts Erfindungen und Schöpfungen westlicher Menschen sind, ohne Vorstufen in außerwestlichen Ethnien, wurden sie zunehmend zum Ärgernis und Hindernis für all diejenigen, die mit ihrer eindimensionalen, naiven, nur ans Primitivschema »Reiche« und »Arme« gefesselten Entwicklungspolitik in grotesker Weise Schiffbruch erlitten haben, dies aber nicht zugeben wollen.

Die Berufsmoralisten

Was sich entlarven läßt, verdient vernichtet zu werden. Was mir zu demaskieren gelingt, hat kein Recht auf Bestand. Nur das vollkommen Unentlarvbare hätte die Moral auf seiner Seite, und da nichts vor Entlarvung sicher ist, hat keine Person und keine Institution die Moral auf seiner Seite – allein der Berufsentlarver, der »Moralist« der jeweiligen Epoche hat sie. Die Entlarver haben den Archimedischen Punkt im All besetzt, von dem aus sie alle anderen aus den Angeln heben können – solange eben der Zeitgeist und seine Opfer mitspielen.
Der Moralist braucht seine Moral nie nachzuweisen. Er genießt den Windschatten des Wertrelativismus seiner Epoche. Ihm den Nihi-

lismus vorzuwerfen, gilt als unzeitgemäß, als unfein. Der Moralist hingegen beeindruckt sein Publikum immens, wenn er wieder einmal entlarvt, wie weit bei seinem Opfer Wert und Wirklichkeit auseinanderklaffen. Wer also in einer solchen Zeit überhaupt den einen oder anderen Wert so gut es geht hochzuhalten sucht, ist dem Berufsmoralisten von vornherein unterlegen. Werte herkömmlicher Art noch ernst zu nehmen, ist eben das Verbrechen wider den Zeitgeist – gar keine zu haben, legitimiert hingegen zur Rolle des Moralisten.

Die nihilistischen Moralisten verdanken ihr Ansehen einem Abreibeffekt. Je öfter sie sich medienwirksam über die bei einem ihrer Opfer entlarvte Differenz zwischen Wert und Wirklichkeit – so weit sie der Entlarver darzustellen vermag – empört haben, desto dichter wird die Vermutung im Publikum, der Moralist müsse doch irgendeine besonders unbestechliche Art von Übermoral besitzen, was wäre sonst das Motiv für sein Tun? Und wie könnte er ohne eine Art von Moralsonde so treffsicher wittern, wo bei wem etwas im argen liegt? Der Moralist, wie er sich in der zweiten Hälfte unseres Jahrhunderts dank ihm gehörender oder ihm geneigter Medien emporzustilisieren verstand, ist der Undercover-Agent, der V-Mann der veröffentlichten Meinung und ihres Publikums, dem man des Kitzels wegen Vorschußvertrauen schenkt. So wie manche Fahndungsbehörden gierig das für bare Münze nehmen, was ihr V-Mann berichtet und das Milieu aus dem er kommt vergessen, so wurde der Moralist zum V-Mann der Hämischen, der Neidischen, der Boshaften. Sie fragen nie nach seiner Moral, sondern nur nach dem Moraldefizit, das er gerade wieder bei irgendwem aufgedeckt zu haben meint.

Macht das Fernsehen zu Weltbürgern oder zu Trivialbürgern?

Heute leiden wir alle an der globalen Provinzialisierung des Bewußtseins. Das Dorf, die Kleinstadt, die Provinz wurden unentrinnbar. Die Weite der Welt verlor ihre frühere Gabe der Befreiung.

Sobald Goethe Weimar hinter sich zurückgelassen hatte und in Italien war, lag auch der Hofzank und die Kleinkariertheit seiner Umgebung hinter ihm. Wer früher sein Dorf verlassen hatte, wer über See ausgewandert war, konnte sich frei machen vom Kleinkram seines Herkunftsortes. Und wer unbedingt schreiben mußte, war lange vor Antwort sicher: Um 1930 schlug ein Flugpionier der britischen Regierung vor, eine Flugverbindung nach Indien einzurichten, die Briefe in sieben Tagen dorthin bringen könne. Der für Indien zuständige Minister stöhnte: Das fehlt mir noch! Wenn ich per Schiff ein Schreiben abgesandt habe, weiß ich, daß die Antwort frühestens in zwei Monaten kommt, und ich kann mich inzwischen wichtigeren Dingen zuwenden.
Heute macht das TV per Satellit jeden *live* zum Augenzeugen jeder Trivialität, andere Medien und das Telefon besorgen den Rest. Man ist nie wirklich fort. Es braucht viele Willenskraft, sich vor dem Nachrichtenregen aus allen Ecken des Globus abzuschirmen. Man sollte vielleicht Moskau dankbar sein, daß es nicht jede lokale Katastrophe seines Riesenreiches auch noch ins Mediennetz der Welt speist.
Die Atemlosigkeit, die geheuchelte Betroffenheit, mit der das Fernsehen – weit mehr als der Hörfunk – jeden an jeden Tatort zwingt, bringt keineswegs die Weltoffenheit, die größere Perspektive, die Gelassenheit gegenüber jeder Katastrophenmeldung aus dem Krähwinkel, dem man entflohen war. In der Tageszeitung hat man noch die Wahl eines bestimmten Blattes und darin bestimmter Seiten. Das tägliche Weltbild auf dem Bildschirm hingegen muß – Diktat des Mediums – in gleicher Eindringlichkeit, Größe, Farbigkeit und Lautstärke ein Sammelsurium von Gemeinplätzen aus Politikermündern beim Besteigen oder Verlassen eines Flugzeuges bringen, wobei der Gemeinplatz auf dem Weg zum Weißen Haus um keine Nuance gewichtiger oder gescheiter formuliert ist als der auf dem Runway der Hauptstadt des 169. (Entwicklungs)landes in den Reihen der UNO. Macht das TV aus uns vielleicht eher Trivialbürger als Weltbürger?
Wie dem auch sei, die Welt als Wohnstube, und ihre bisher eindrucksvollsten Stunden, kamen ganz ungeplant zustande. Sie zeigten damit aber auch die völlige Unabschätzbarkeit der Innovationen, im Guten wie im weniger Guten: Weder die Erfinder und Ent-

wicklungsingenieure des Fernsehens noch die der späteren künstlichen Satelliten der Erde im Weltraum dachten bei ihrer Arbeit, bei der Verwirklichung ihrer Einfälle an künftige Olympiaden – jedenfalls nicht in erster Linie. Und Pierre Baron de Coubertin (1863–1937) konnte sich 1894 bei der Gründung des Internationalen Olympischen Komitees mit Sicherheit die Fernsehtechnik des Jahres 1984 als krönende Zutat zu seiner Idee nicht vorstellen: die ganze Erdkugel als Arena dank Satellit! Weder die Erfinder des Fernsehens noch Baron de Coubertin aber konnten sich einen Globus ausmalen, auf dem mehr als 160 souveräne Staaten existieren und jeder von diesen ein möglicher Teilnehmer an künftigen Olympischen Spielen ist.

Das audiovisuelle – nationalistische und zugleich auch existentielle – Totalerlebnis der Menschheit von sich selbst, während der Olympischen Spiele in Los Angeles 1984, erforderte zunächst ganz inkongruente und völlig ungeplante Voraussetzungen: Das idealistische Steckenpferd eines französischen Aristokraten im letzten Jahrhundert, Grundlagenforschung und Technik, kommerzielle Interessen und »Kriegsforschung« (Satelliten), und nicht zuletzt auch die Entgleisung des Souveränitätsprinzips im Anschluß an die Dekolonisierung. Diesem »verdankt« die Welt eine Zahl von Nationen, wie man sie sich einst als künftige Teilnehmerzahl an Olympiaden nicht entfernt erhoffen konnte.

Gibt es ein Weltbild-Defizit beim Laien?

Unser ganzes Jahrhundert hindurch trifft man bei den Intellektuellen des Kulturbetriebes einen Lieblingsgedanken an: Immer weniger Menschen verstünden heute ihre Welt, weil die Sprachen der Naturwissenschaft und Technik dem breiten Publikum immer unzugänglicher werden. Und dies sei ein Grund für das Unbehagen gegenüber diesen Sonderwelten. Wenn das so ist, fragt man sich allerdings, weshalb ausgerechnet die Sorte Kulturkritiker, die darüber klagt, ihrerseits begeistert war, als vor zwanzig, vor fünfzehn Jahren begonnen wurde, mit den für den Hausgebrauch absurden

Spezialsprachen der Mengenlehre und der (Sozio)linguistik unseren Kindern in allen Schulen die Welt der Zahlen und der Muttersprache in Alpträume zu verwandeln?

Aber fühlt sich der erwachsene Bürger überhaupt durch fremde Sprachen in seiner Weltgewißheit so erschüttert wie man glauben machen will? Ein Gegenbeispiel: Es gibt mittlerweile im Westen unzählige Menschen, die nach ein paar Wochen in Ländern außerhalb des indogermanischen Sprachkreises selbstsicher erklären, ihr Weltbild sei nun komplett, weil sie endlich vor Ort ihr China- und Japanbild gewonnen hätten. Max Frisch zum Beispiel, nach seiner Chinareise im Winter 1975/76 im Gefolge des damaligen deutschen Bundeskanzlers Helmut Schmidt, gab im »Spiegel« seine Erkenntnis bekannt: Die Menschen in Maos Reich der Gleichheit seien völlig frei vom Gefühl des Neides. Nur wenige Monate später kam es zum Sturz der Dynastie Mao und zur Verdammung ihrer Kulturrevolution, vom Volk begrüßt im Aufwallen eines aufgestauten Neidgefühls gegen die Günstlinge der Viererbande. Immer wieder beobachte ich, wie solche Asienkenner mundfaul werden, wenn sie jemand genau fragt, was sie vor ihrem Besuch im Fernen Osten über das Land X noch nicht gewußt hatten, und erst dort erkannt hätten. Leiden solche Weltenbummler heute wirklich, weil für sie die Fachsprachen der Wissenschaften »chinesisch« bleiben?

Die Kluft zwischen dem Weltbild der Naturwissenschaftler und Technologen auf der einen Seite und dem der Laien auf der anderen scheint mir keineswegs so groß und folgenreich wie es viele Geisteswissenschaftler seit Beginn dieses Jahrhunderts ununterbrochen behauptet haben. Ich vermute, daß diese ihren Mitbürgern ein Weltbild-Defizit suggerieren wollten, um sich selber als Weltbildvermittler – leider meist mit wenig tauglichen Mitteln – unentbehrlich zu machen.

Ein Hauptgrund aber, weshalb das angebliche Weltbild-Defizit von der Mehrheit der Laien nicht so schmerzlich empfunden wird wie man es der eigenen Kulturpolitik halber gerne hätte, dürfte darin bestehen, daß Technik und Naturwissenschaften sehr wohl ständig zu den Laien sprechen: Unter Umgehung ihrer Fachsprachen direkt durch die optimalen Formen und Gestalten, die sie für jeden in der Welt hervorbringen. Sie erreichen jeden täglich über seine Sinnesorgane mit Botschaften aus einem Reich der Perfektionen und der

endlosen Perfektibilität. Stünde der Menschheit nicht der Sinn nach diesen, wäre die Faszination einer Olympiade für die ganze Erdbevölkerung wie 1984 vollkommen unverständlich.
Charakteristisch für unser Jahrhundert sind Innovationsketten über deren anthropologische Bedeutung noch wenig oder nur falsch nachgedacht wurde, gerade weil sie vermutlich im Seelenhaushalt von immer mehr Menschen durchaus begrüßenswerte Wirkungen haben. So gehört es zu den unverkennbaren Merkmalen des 20. Jahrhunderts, daß in seinem Lauf erstmals – und gegen sein Ende zu immer allgemeiner – die Menschen über Auge, Ohr und Tastsinn täglich einer Vielzahl von optimalen Formen und Gestalten begegnen und diese oft zu einem Stück von sich selber machen können. Eine in dieser Breite und Differenzierung nie zuvor gekannte Gleichheit im Zugang zur Ästhetik des Vollkommenen, des stetig Perfektionierten ist eine Tatsache, über deren anthropologische Relevanz kaum je ein Wort verloren wird. Das Schlagwort von der Reizüberflutung hingegen wird unentwegt bemüht, wenn von den Nachteilen unserer Zeit gesprochen wird. Von der Fülle des Perfekten ist selten die Rede. Nie zuvor aber waren so viele Menschen unabhängig von Ort und Zeit, von finanziellen Mitteln und persönlicher Geschicklichkeit in der Lage, visuell, akustisch und taktil von perfekten Formen und Gestalten individuell Besitz zu ergreifen: Erstens dank der Aufzeichnung und Wiedergabe von Musik und Gesang mit Hilfe der High-Fidelity-Technik; und auch dank der dadurch bewirkten konkurrierenden künstlerischen Perfektion bei den Aufführungen.
Zweitens dank der immer vollkommeneren Reproduktion von Werken der bildenden Kunst sowie der mühelosen und billigen Reisemöglichkeiten zu den Originalen.
Drittens dank der fortwährenden Verbesserungen von Beschaffenheit und Design bei unzähligen Dingen des täglichen Lebens für Freizeit und Beruf. Hier genießt unser Tastsinn neben dem Auge fortwährend perfekte Formen und Materialien. Ob es nun Schreibgeräte oder Werkzeuge, Lenkräder oder Golfschläger sind: Nie zuvor benutzten so viele Menschen gleichzeitig so viele verschiedene optimal gestaltete Dinge von denen jedes durch seine Griffigkeit und Tauglichkeit in uns das erfreuliche Gefühl weckt, Dinge wesensgleicher Qualität zu handhaben.

Die Demokratisierung des Designs

Vielen unserer Zeitgenossen mag das nicht bewußt sein. Manche werden sich gegen diese Sinneswahrnehmungen vielleicht sträuben, weil sie nicht zu dem Bild unseres Jahrhunderts passen, das sie ihrem Weltschmerz schuldig zu sein glauben. Doch für die Mehrheit der Menschen, auch wenn sie es noch nie in Worte gefaßt haben, scheint diese Optimierung unzähliger greif-, hör- und sichtbarer Formen in ihrem Tätigkeitsbereich positive Folgen zu haben. Wer es als Geiger weit bringen will, träumt natürlich von einem Instrument aus der Hand von Stradivari um 1700. Aber keiner, der in der zweiten Hälfte unseres Jahrhunderts einem Artur Rubinstein oder Wladimir Horowitz nacheiferte, wünschte sich ein Klavichord aus dem 18., sondern einen Bechstein, Bösendorfer oder Steinway aus dem 20. Jahrhundert. Eine auf die Minute genaue Standuhr von 1784 hat ihre Reize für den, der sie finden und bezahlen kann; aber kein Sportler möchte heute mit einer Uhr aus dem 18. Jahrhundert seine Leistung gemessen haben. Und niemand möchte einem Zahnarzt in die Hände fallen, der Instrumente seiner Zunft aus dem Jahr 1784 benutzt.

Die Optimierung aller Geräte, Werkzeuge, Instrumente, Werkstoffe und Behälter im Lauf unseres Jahrhunderts bei Gewährleistung von Gleichwertigkeit des Produktes in Serienfabrikation brachte eine enorme Entlastung für alle Benutzer: Wer auch immer ein solches Produkt gebraucht – Sportangler, Heimwerker, Klaviervirtuose, Chirurg, Fotograf – grübelt nicht mehr darüber, im Gegensatz zu Menschen in früheren Jahrhunderten, ob ihm nicht irgendein anderer Handwerker, eine andere Werkstatt gerade für ihn und nur für ihn ein noch geeigneteres Stück hätte fertigen können. Wer dieses nagende Gefühl zu seinem Lebensglück braucht, kann es heute nur noch vom Maßschneider, Juwelier, Architekten, Porträtmaler oder Hundezüchter beschert bekommen; im übrigen bleibt ihm nur die Qual der Frage, ob er beispielsweise von der einen Auto- oder Tennisschläger-Marke zu einer anderen wechseln soll.

Zwar kommt es hin und wieder vor, daß der Benutzer eines serienmäßigen Produktes eine Verbesserungsmöglichkeit entdeckt, die er dann am Einzelstück ausführen läßt. Doch auch wenn eine solche Verbesserung in der Praxis erdacht wird, kommt in der Regel danach der Designer zum Zug, Serienfertigung und Marketing folgen. Die Optimierung des Gegenstandes und damit die Entlastung im Seelenhaushalt des Benutzers wird bald für alle verfügbar, die diese Dinge in Gebrauch haben. Die Demokratisierung des Designs ist die Signatur des 20. Jahrhunderts. Ist es vielleicht den Linksintellektuellen auch deshalb so verhaßt?

Werke für das kommende Jahrtausend

Die großen Bauwerke für Museen, Kunstgalerien, Bibliotheken, Opernhäuser und Theater, im Lauf der 80er Jahre unseres Jahrhunderts neu erstellt, sind für eine kleine Ewigkeit konzipiert. Ob ihr Standort nun London, Hamburg, München oder Stuttgart ist, ihre Erbauer dachten auch an das Publikum im Jahr 2185 und später. Viele Theater und Opernhäuser wurden mit ungeheurem Aufwand restauriert, deren Glanz und Gediegenheit dem Publikum des Jahres 2085 nicht weniger gewidmet sind als dem von 1985. Oder man denke an die vielen kommerziellen Hochhäuser in aller Welt! Gegen die Wolkenkratzer ließe sich zwar einwenden, es ginge nur um Profite und rasche Amortisation, aber auch jeder Wolkenkratzer ist Ausdruck eines Anlaufs von Geist und Handwerk, zu dem ohne die Vorstellung einer fernen Zukunft der Atem fehlte.
An allen großen Bauwerken für Zwecke der Kunst prallt der Einwand ohnehin ab. Wer sie finanziert erwartet keine Rendite. Ein Neubau wie der für die Neue Pinakothek in München ist ein pures Geschenk der Menschheit an sich selbst, aus Eigenliebe, in seiner Selbstverständlichkeit nur denkbar, weil man für unsterbliche Werke eine Behausung will, deren Dauerhaftigkeit ihnen nahe kommt. Die Wucht solcher Werke, die im Gang sind, ihre Eleganz und Sorgfalt, das mit ihnen verbundene Investitionsvolumen sprechen für eine Zukunftsbezogenheit, die das rot-grüne Gestammel der 80er Jahre in einigen westlichen Ländern in seiner Verlogenheit entlarven könnte. Aber leider eignet sich eben nur dieses Gestammel

mit einem Grundwortschatz von sieben Öko-Worten für die tägliche Fütterung der Fernsehzuschauer, während sich die langfristige Planung und die Ausführungsarbeiten eines neuen Hauses für ein berühmtes Museum oder eine 30bändige Gesamtausgabe für die Tagesnachrichten des Fernsehens nicht eignen.

Ist es nicht bezeichnend? Bis heute hat kein Architekt von Rang verlauten lassen, ihn locke kein Preisausschreiben mehr für ein Bauwerk, in dem sich Menschen im Jahr 2200 erfreuen könnten, denn es sei ja doch bald alles zu Ende »im atomaren Holocaust«. Der Umfang, die Solidität von Bauwerken der unmittelbaren Gegenwart, die Kontinuierlichkeit ihrer Erstellung, dies alles setzt wuchtige und schöpferische Geistesakte voraus, die ohne ein ungetrübtes Zukunftsbild nicht so gelingen könnten wie sie es tun. Nur ein paar Literaten haben mit Flair für die Friedensbewegung die Feder hingeworfen: Sie kosten – wieder einmal – den Fin de siècle-Gestus aus. Als ob irgendein Autor vor Gutenbergs Erfindung als Motiv für seine Mühe die Leser kommender Jahrhunderte gehabt hätte!

Den größeren Teil der Schriften aus der Hand von Autoren in der Antike hat die Menschheit heute nur dank eines einzigen Exemplars, einer Nachschrift oder Abschrift, die durch Zufall die Jahrhunderte und Jahrtausende überdauerten, ehe der Buchdruck ihre Unsterblichkeit bis zum Ende der Erde sichern konnte. So beruht zum Beispiel alles, was wir von Herodot, Thukydides, Polybios und Tacitus haben, auf einer einzigen Niederschrift, die dem Untergang im Lauf der Zeiten entgangen war. Sie hätten genausogut für immer verloren sein können wie die der Autoren, deren Werke mit den 700 000 Büchern der Bibliothek von Alexandria vernichtet wurden. Über tausend griechische Historiker sind ihrem Namen nach bekannt, von nur etwa einem Dutzend haben wir Werke. Nach einer Berechnung sind 97,5 % der Texte, die es gegeben haben muß, verloren. Auch noch im 18. Jahrhundert konnten geistige Werke für immer verloren gehen. Ein Beispiel: Viele der wahrscheinlich wichtigsten Klavierkompositionen des italienischen Komponisten Domenico Scarlatti (1685–1757) wurden durch das Erdbeben von 1755 in Lissabon zerstört. Scarlatti war dort am königlichen Hof einige Jahre als Musiklehrer tätig gewesen.

Man muß sich auch einmal vor Augen halten: Es gibt heute viele groß angelegte Unternehmen, die ihren Sinn aus dem Nutzen erlangen, den ferne und fernste Generationen aus ihnen ziehen werden: Die Editionen, die historisch-kritischen, die definitiven vielbändigen Ausgaben der Werke von Urhebern in allen Gebieten: Dichter, Philosophen, Komponisten, bildende Künstler. Für viele von ihnen, ob sie nun vor 100 oder 400 Jahren gelebt haben, sind heute die endgültigen Ausgaben ihrer geistigen Hinterlassenschaft in Arbeit, mit vorläufigen Abschlußterminen weit im nächsten Jahrhundert, zum Beispiel die neue Gesamtausgabe des Lebenswerks von Max Weber, von der 1984 Band 1 erschien. Zahlreiche andere Editionen mit weit entfernten Abschlußterminen sind in Arbeit: Die Predigten des Nikolaus von Kues, die Werke von Clemens Brentano und Hugo von Hofmannsthal. Einen langen Atem haben auch die Musikhistoriker, die zum Beispiel ein »Internationales Quellenlexikon der Musik« erstellen.

Solche Unternehmungen erfordern die hingebungsvolle Zusammenarbeit von unzähligen Menschen in der ganzen Welt, die alle etwas gemeinsam haben müssen: Einen hohen Grad der Vertrautheit mit geistigen Anliegen und einen ausreichenden Glauben an die unabsehbare Dauer der Menschheit.

Weshalb wird das nicht wahrgenommen und ins eigene Welt- und Wertgefühl eingebracht? Liegt es vielleicht auch bei manchen telegenen Subkulturen daran, daß in der Epoche der »Selbstverwirklicher« die Identifikation mit den Leistungen und der Leistungsmotivation überlegener Persönlichkeiten seltener und schwieriger geworden ist? Die Schulbücher, die seit 1970 mit dem »emanzipatorischen« Anliegen erschienen sind, haben ein klar erkennbares Ziel: Die Abtötung bei den Schülern jeglicher Begeisterung und Fähigkeit zur Identifikation mit hervorragenden Leistungen. Ob es nun Lindberghs Flug von New York nach Paris 1927 oder Neil Armstrongs erster Schritt auf dem Mond ist: solche nicht unterschlagbaren Daten sind stets eingerahmt von Untaten und Mißerfolgen der Menschen. Kein Ausdruck von Genialität und Hingabe an ein Werk, von Unternehmungslust paßt zum Unbild von Welt, das die Nachhut der 68er Generation von den Fibeln für Erstkläßler bis zum Fernsehen für Bildungsbürger zu vermitteln sucht. Man überlege sich doch einmal: Der bemannte Ausgriff ins Weltall nach 1957 war das bisher größte Unterfangen der Menschheit, doch zugleich das mit der kleinsten Unfallrate.

Die zweite Hälfte des 20. Jahrhunderts hat sich auf keinem Feld für Kreativität in Kunst, Wissenschaft und Technik vom Hiroschima-Syndrom lähmen lassen. Die 40 Jahre seit 1945 sind mit ihrer Fülle und Kraft von neuen Hervorbringungen in allen Gebieten den ersten 40 Jahren des Jahrhunderts ebenbürtig; vielleicht sogar überlegen. Wer sich nicht recht vorstellen kann, weshalb das so ist, schaue doch nach, welche Entfaltung nach dem Ende des Dreißigjährigen Krieges 1648 in Gang kam und den Weg ins 18. und 19. Jahrhundert wies. Die Arbeit der Menschheit an ihrer Selbstdokumentation mit Werken wie sie seit Jahrtausenden zu ihrem Selbstverständnis gehört haben, geht weiter, auch während der letzten Jahre des 20. Jahrhunderts, oft mit Zielen im Dritten Jahrtausend. Man werfe doch einmal einen Blick zurück auch in Bewunderung! Weder verheerende Völkerwanderungen, Wellen der Pest, Dreißigjähriger Krieg noch die beiden Weltkriege des 20. Jahrhunderts haben die Menschheit dazu gebracht, ihre Selbstverwirklichung (hier paßt das törichte Modewort ausnahmsweise!) auf Eis zu legen. Sie ging stets weiter. Und das wissen im Grunde auch die Millionen von Besuchern, die während der achtziger Jahre in den Metropolen der Welt vor Ausstellungen der Kunst aus allen Zeiten und Gegenden der Erde auf Einlaß warteten. Godot kommt nie, die Werke des Menschen kommen immer.

Sachregister

Abendmahl 199
Abiturientenquote 60
Agrarbürokratie 201, 208
Agrarsoziologie 201
Ahnentafel 299
AIDS 109
Akademikerschwemme 56 ff.
Akronymisierung von Weltproblemen 401
Akzeptanz 171 ff.
Albanien 47
Alphabetisierung 51
Altruismus 357
Amsterdamer Friedenskongreß 289
Anarchisten 351 f.
Animal Farm 275
Antiamerikanismus 255
Antibiotika 422
Äquatorial-Guinea 396
Arbeit 214
Arbeitsethik 76 ff.
Arbeitslosenquote 60
Arbeitslosigkeit 59, 165, 166
Arbeitsplatzgarantie 237
Arbeitsplatzrisiko 164
Arbeitsproduktivität 69
Arbeitswelt, Humanisierung der 204 ff.
Ariernachweis 299
Armenier 303
Artenschutzphilosophie 103
Askese 357
Äthiopien 392, 395
Atomangst 290 f.
Atombombe 112
Ausbeutung 224
Auschwitz 295
Auslese 26
Ausschußquote 77
Auswärtiger Dienst 53

Bakweri 223
Balkanisierung 402 ff.
Banalität des Bösen 318
Basken 248
Befreiungstheologie 259, 288
Begabtenvernichtung 396
Benachteiligungsverdacht 151
Bergpredigt 287 f.
Berliner Mauer 266
Beschuler 54
Berkeley 29
Beschäftigungstheorie 165
Bevölkerungswachstum 376
Bewußtseinsrevolution 329
Bildung, Recht auf 56
Bildungspolitik 234
Black Power 226
boat people 297
Bundespost 65, 179
Bürokratismus 177 ff. 404

Camelot 41, 42, 263
Chile 399
Club of Rome 127, 210 ff.
College, Grundausbildung 62
Computer 51, 418, 422
Curriculum 89, 171
China 188, 222, 270, 278, 328, 416, 429

Danzig 274
Datenschutz 173, 174, 175 ff, 178
Decontrol 184
Demoskopie 173, 242
Design 430, 431 f.
Détente 270
disengagement 270
documenta 85, 88
Dritte Welt 359, 360, 368, 382, 394
Drittweltschmerz 354
Dynastie 39

Egalitarismus 155, 353
Eherechtsreform 242
Einkommensteuerprogression 189
Einstellungsänderung 213, 214 ff.

Eisenbahn 132
Elite 25 ff.
Elite, Pseudo- 33
Elite-Statisten 34
Endlösung 301
Entbürokratisierung 180 ff.
Entfremdungstheorie 222
Entlohnung 66
Entscheidungsangst 168
Entscheidungsbedarf 168
Entwicklungsgeld 365
Entwicklungshilfe 169, 197, 258 f, 374, 378, 398
Entwicklungsländer 356, 376, 378
Entwicklungsphilosophie 388
Entwicklungstheorie 394
Entwicklungstheologen 379
Erbmonarchie 40
Erfolgserlebnisse 74 ff.
Ermächtigungsgesetz 311
Ersatzvaterland 247
Erster Weltkrieg 20, 21, 287, 310
Erziehungsgeld 236
Ethnozentrismus 248
Ethologie 160
Evolution 111, 155
Evolutionstheorie 224

Fabian-Sozialisten 385
Fairneß 155
Falkland-Krise 317
Familiensinn 19
Fantastic Cinema 129
FAO 404
Feminismus 131, 153 f, 156, 239
Fertigungsqualität 77
Formaldehyd 133
Forscher, Selbstkontrolle des 107
Fortschritt 130 ff.
Frauenbewegung 131
Freizeit 214
Fremdsprachen 52, 54
Friedensbewegung 297
Friedensforschung 17, 225 ff.
Führung, innere 110
Fünfunddreißig-Stunden-Woche 65, 214
Funktionszulage 70 f.
Futurologie 214

Ganzheit 110
Gebärmutterneid 153
Gefühlshalluzination 355
Gegenjahrhundert 13
Geiselnahme 150
Gemeinschaft 353
Genetik 413
Genozid 297, 301 ff, 395
Gentechnik 108
Gerechtigkeit 155, 188, 252, 384
Gesamtschule, integrierte 241
Geschichte 14, 307
Geschichte und Identität 336
Geschichtsbild 307
Geschichtslosigkeit 307, 336
Geschichtsschreibung 43, 307
Geschichtsverzicht 335 f.
Gesellschaft 36, 37
Gesinnungsethiker 117 ff, 288
Gewissen 155 f.
Gewissen, soziales 347
Globalisierung 401
Gleichheit 34, 190, 191, 353, 378, 380, 430
Gleichschaltung 321, 328
Gorleben 136, 175
Gradualisten 224
Grenznutzen 130 f.
Grenzsteuersatz 190
Gruppenuniversität 32

Haber-Bosch-Verfahren 229
Haiti 40, 396
Hawthorne-Effekt 69
Heilpraktiker 141
Herde 353
Hexenverfolgung 154
Hindu 17
Hitlerfaktor 315 ff, 321
Hitlerreden 322 f.
Hitler-Tagebücher 311, 312
Hochschulrahmengesetz 63
Hochschulstudium 235, 237
Holocaust 305, 433
Holocaust, atomarer 293
Homo erectus 17
Homo sapiens 17
Hygiene 131

Imperialismusthese 380, 392
Indien 40
Innovationskette 430
Internationalismus 402, 404
Inzesttabu 146
IRA 249
Irak 17, 21, 214
Iran 17, 21, 131, 154, 214, 268 f, 272, 373 f.
Irrtum 18 f.
Islam 154
Islamische Revolution 268
Israel 337

Japan 55, 76 f, 291
Juden 299
Jugend 31, 133, 135

Kambodscha 297
Kapitalflucht 397
Kapitalismus 274
Kapitalverhältnisse 88
Katastrophen-Szenario 116, 129
Kennedy-Ära 41
Kennedy-Dynastie 261 ff.
Kennedy-Mythos 44, 262
Kernfamilie 157
Kernkraft 172
Kernkraftwerke 137
Kinderarbeit 349
Kindersterblichkeit 376
Kindheit 144 f.
Kitsch 85 ff.
Kommunion 198
Kommunismus 347
Kompetenzwahn 132, 201
Korsen 248
Kosmopolitismus 405
Kosmos 111 ff.
Krankenversicherung 206
Krankheitserreger 107
Kriegsforschung 225 ff.
Kriegsschuld 308
Kuba 42, 248, 259, 265, 270
Kuba-Krise 269
Kulturrevolution 328, 416
Kulturtechnik 54
Kunst 83
Kunstkritik 95
Kunstkritiker 84

Landwirtschaft 203
Laser 231
Leben, einfaches 124
Lebenserwartung 376
Leistungsanreize 69, 70
Leistungsbelohnung 75
Leistungsmotivation 70, 74
Leistungsverhalten 74
Leitirrtum 13
Le Monde 337
Liberia 392

Malthusscher Zirkel 375
Marshall-Plan 373, 382
Marxismus 221 ff, 254 ff, 412
Massenkommunikation 422
Meinungsforscher 174
Meinungsforschung 241
Meinungsumfragen 174
Mengenlehre 51
Menschenliebe 355
Mikrochip 128, 178
Mikrocomputer 129
Milieudeterministen 314
Milieufetischismus 412
Milieuschaden 146
Minderheitenforschung 226
Molekularbiologie 108
Monarchie 39
Mönchtum 357
Mondflugprogramm 387
Mondflüge 107
Monogamie 156
Mont Pelerin Society 169
Moralist 426
Musik, moderne 96 f.

Nächstenliebe 355
Nachweltschutzpflicht 137
Nationalismus 403
Nationalsozialismus 117, 298, 345
Nationalsozialisten 328
NATO 302, 310
Natur 111, 113 f.
Naturalleistung 203
Naturbegriff 110

Navaho 391
Neid 186 ff, 321, 356, 429
Neidreduzierung 190
Neid-Steuer 186, 187
Nepal 392
Nervenkrieg 290
Nicaragua 40, 46, 252
Nihilismus 344
Nobelpreis 26
Nordirland 17, 214, 248, 249
Nordkorea 40
Nord-Süd-Kommission 358, 404
Nuklearmüll 136

Oberstufen-Reform 68
Ödipuskomplex 146
OECD 59
Ökonometrie 200
Ökosozialisten 224
Ölpreisdiktat 370 f, 389
Olympiade 75, 428, 430
OPEC 211, 218, 371, 389
Orchester 70
Orwellismus 418
Österreich 350

Pädagogisten 54
Paläontologie 17
parental behavior 158
Pariser Kommune 274
Patriotismus 247
Pazifismus 295, 296
Pazifisten 277
Peace Corps 258 f.
Peking 188
Penisneid 153
Pentagon Papers 389
Phantastischer Film 129
Phylogenie 17
Physikum 202
Point Four Program 375, 383 ff.
Polen 249, 250, 336, 372, 373
Politik, Gleichheits- 33
Politisierung 404
Polygamie 159
Postgeschichte 179
Postmaterialismus 65 ff, 126
Potemkinsche Nationen 390 f.
Profit, leistungsloser 83
Prognosen 57, 216, 218, 226
Prohibition 334
Psychiatrisierung 13, 15
Psychoanalyse 15, 16, 141, 142, 148, 152, 240
Psychotherapie 152
punctuationists 224
Puritanismus 317, 334

Quemoy-Krise 270 f.

Radar 228, 229
Rassenreinheit 333
Raumfahrt 215, 216, 422
Reagan-Revolution 339
Regelstudienzeit 62, 63
Reichserbhofgesetz 299
Reichspressekonferenz 322
Reinheitsbewegungen 333 f.
Reinheitswahn 298, 333
Reislamisierung 131, 268, 334, 389
Ressentiment 404
Ressentimentmensch 344, 346
Ressentimenttheorie 354 f.
Risiko 136
Röhm-Putsch 327
Rollengleichheit 156 ff.
Rollentechnologe 237 ff.
Rote Khmer 396
Rückschritt 130

Schadenzauber 223
Scheidungsfolgenrecht 360
Schönheit 102
Schuldkomplex der Industrieländer 399
Schuldprinzip 360
Schuldzuweisung 360
Schweinebucht-Landung 264
Schweiz 59, 60
Selbstbeteiligung 202
Selbstverwirklichung 72, 185
Sikh 17
Sinnkrise 22
Slum 259, 260
Snail Darter 103
Solidarität (Solidarnosc) 250
Sowjetunion 248, 250, 253, 255, 265, 281, 291, 302, 328, 379

Sozialdeterminismus 145
Sozialismus 366
Sozialisten 272, 275, 353
Sozialwissenschaften 197 f.
Soziobiologie 158, 160
Spielverhalten 78
Spitzensteuersätze 189
Staatswirtschaft 372
Sterblichkeitsrate 377
Stern-Hitler-Affäre 313
Studiengebühren 61
Südafrika 410
Südvietnam 265, 297
Systemanalyse 200 ff.

Taiwan 270
Tausendjähriges Reich 328
Technik 128
Tennessee Valley Authority 182
Terrorismus 136, 346
Terroristen 346, 420
Theologie 256, 257
Theologie der Revolution 258
Tierbefreiung 118
Tierschutz 100, 102, 117 ff.
Tierschutzvereine 122
Tierversuche 118, 120
Transplantation 100
Trichterdenken 413
Trivialbürger 426 f.
Tunnelsicht 413

Überbevölkerung 210
Überstunden 67
Uganda 396
Umverteilungsstaat 203
Umweltdeterminismus 146
Umweltpuritaner 301
UN 378, 381, 403
UNESCO 51, 59, 404
Ungleichheit 156
Unterwerfungsbewegung 302

Verantwortung 135
Verantwortungsethiker 288
Versailler Vertrag 311, 403
Verweigerungsethik 134
Viererbande 329
Vietnam 299
Vietnamkrieg 258, 338, 387 f.
Vietnam-Syndrom 339
Vivisektion 120
Vogelheim 118
Völkerbund 402
Volk ohne Raum 419 f.
Volksempfänger 325
Volkshochschulen 62
Vollbeschäftigungskompetenz 166
Vollbeschäftigungs-Ökonomie 164
Vollbeschäftigungspolitiker 67
Volljährigkeit 31

Wachstumsgrenzen 210
Wandel durch Annäherung 253
Watergate-Affäre 338
Weimarer Republik 323
Weltbank 397, 401
Weltbild-Defizit 428 f.
Weltbürger 426 f.
Weltende 292
Weltgewissen 343, 347, 384
Welt-Modelle 207 ff.
Weltwirtschaftsbehörde 381
Weltwirtschaftskrise 165
Weltwunder 421
Werturteil 18 f.
WHO 404
Wiener Symphoniker 75
Wissenschaftsfreiheit 109
Wissenschaftspessimismus 216
Wissenschaftsrat 30, 57, 58
Wohngemeinschaft 197
Wunschjahrhundert 14

Zeiträume 309 f.
Zinnpazifisten 290
Zivilisationskritik 116
Zuständigkeitswahn 163 ff.
Zweiter Weltkrieg 21, 330 f.
Zweites Vatikanisches Konzil 198

Personenregister

Adam, Konrad 174
Adams, Tom 421
Adenauer, Konrad 45, 251
Adorno, Th. W. 95
Albertini, Rudolf von 272
Aldiss, Brian 421
Allende, Salvador 274
Altvater, Elmar 273
Amin, Idi 396
Andropow, Juri 43
Angell, Robert 226
Ardener, Erwin 223
Arendt, Hannah 318, 320
Armstrong, Neil 434
Attlee, Clement 46

Bahr, Egon 253, 293
Baldwin, Hanson W. 270
Ball, George W. 388
Banfield, Edward C. 391
Bandaranaike, Sirimawo 274
Bani-Sadr 272
Barlach, Ernst 83
Barnett, H. G. 392
Barth, Karl 254, 255
Barzini, Luigi 294
Bauer, Peter T. 169
Beckmann, Max 97
Benda, Ernst 57, 59
Bennett, John W. 392
Berke, Joseph H. 153
Beuys, Joseph 83, 86, 87, 88, 90, 92
Biedenkopf, Kurt 209
Bingham, Jonathan B. 384
Birnbaum, Norman 411
Bleicher, Siegfried 128
Bloch, Ernst 262, 263
Boer, Wolfgang de 116
Boff, Leonardo 259
Bohlen, Charles S. 385
Bohrmann, Hans 322
Bombach, Gottfried 57
Bös, Dieter 190
Boulez, Pierre 99
Brandt, Willy 11, 45, 58, 83, 253, 349, 358, 370
Brecht, Bertold 412
Breitbach, Joseph 124, 347, 349
Breker, Arno 102
Breschnew, Leonid 43
Brunner, Guido 370
Buckley, William F. 265

Carleton, William G. 251
Carter, James E. 44, 182, 338
Carus, Carl Gustav 141
Caruso, Enrico 36
Castro, Fidel 46, 266, 270, 274
Chamberlain, Arthur Neville 43
Chargaff, Erwin 108 f.
Chomeini 14, 46, 272, 339
Chomsky, N. 228
Chruschtschow, Nikita 262, 270
Churchill, Winston S. 46, 282
Coubertin, Pierre de 428
Curie, Marie 137

Dahl, Jürgen 100
Dahrendorf, Ralf 59
Demosthenes 54
Diem, Ngo Dinh 268 f.
Döblin, Alfred 354
Dönhoff, Marion Gräfin 43, 297, 345
Douglas, Mary 223
Dubcek, Alexander 46
Dulles, John Foster 271, 384
Durdin, Peggy 366
Dürer, Albrecht 93, 94
Duvalier, François 40, 396

Ehmke, Horst 295
Eibl-Eibesfeldt, Irenäus 17
Einstein, Albert 289
Eisenhower, Dwight D. 12 f, 43, 266, 339, 383
Elisabeth II., Königin 411

Engelmann, Bernt 294
Engels, Friedrich 19, 144, 274, 412
Erhard, Ludwig 45

Fack, Fritz Ullrich 293
Ford, Gerald 44
Frankfurter, Felix 282
Freeman, Derek 153
Freud, Sigmund 15, 141, 142, 145, 149, 289
Friedman, Milton 169, 220
Frisch, Max 429
Fuchs, Klaus 413

Galbraith, John K. 127, 220
Galilei, Galileo 412
Gaulle, Charles de 45
Geißler, Heiner 189, 237, 295
Genscher, Hans-Dietrich 25
Gerlach, Walther 112
Gide, André 289
Giscard d'Estaing, Valéry 45, 52
Goldman, Marshall J. 382
Gorbatschow, Michail 43, 411
Goodall, Jane 17
Grass, Günther 276, 277, 295
Grewe, Wilhelm 266
Greene, Graham 422
Gropius, Hugo 289
Gross, Babette 289
Gross, Johannes 292, 316

Haefner, Klaus 215
Haffner, Sebastian 296
Haller, Heinz 191
Hamm, Ulrich 203
Hamm-Brücher, Hildegard 59, 295
Händel, Georg Friedrich 405
Hardy, Ben 385
Harpprecht, Klaus 277
Hart, Lidell 304
Hauff, Volker 173
Hayek, Friedrich A. von 167, 220, 273, 279, 349
Heath, Edward 46
Heidegger, Martin 93, 112
Heisenberg, Werner 89, 90
Held, Robert 55
Hitler, Adolf 14, 21, 43, 133, 248, 289, 290, 296, 297, 300 f, 311, 312, 315 ff, 321, 344 ff, 354, 402, 403, 419
Ho Chi-Minh 46
Hoffmann, Michael L. 252, 369, 370
Hofmann, Hasso 137
Hollander, Paul 247
Honecker, Martin 100
Hoover, Herbert 233
Hopkins, Harry 385
Horkheimer, Max 95
Hoyle, Fred 111
Huch, Ricarda 343, 346
Husserl, Edmund 93
Hutt, W. H. 349

Istrati, Panait 348

Jäger, Herbert 346
Jaspers, Karl 354
Johannes XXIII., Papst 262
Johannes Paul II., Papst 198, 339, 411
Johnson, Lyndon B. 44
Jonas, Hans 134

Kadhdafi 318
Kagel, Mauricio 99
Kahn, Richard 167
Kardoff, Ursula von 294
Kempner, Robert M. W. 312
Kennan, George F. 365, 366
Kennedy, John F. 41, 42, 43, 220, 262, 264, 270, 339, 387
Kennedy, Robert 265
Keynes, John M. 164, 165 ff, 200
Kiesinger, Kurt Georg 45
Kim Ilsong 40
King, Larry L. 42
Kissinger, Henry 232
Klages, Ludwig 114, 116 f.
Klee, Paul 289
Klineberg, Otto 226
Kneipp, Sebastian 141
Kohl, Helmut 46
Korn, Karl 163
Kraft, Joseph 263
Kreisky, Bruno 46, 172
Kristol, Irving 252

Laski, Harold J. 228 ff, 368
Laqueur, Walter 301
Leibniz, Gottfried Wilhelm 94
Lenin, W. J. 20, 46, 188, 274, 385
Leussink, H. 57, 58
Lewis, Cecil 125
Liebermann, Rolf 99
Liebig, Justus von 228
Liek, Erwin 200
Ligeti, György 99
Lippmann, Walter 44
Lorenz, Konrad 17, 18, 114
Lübbe, Hermann 130
Luxemburg, Rosa 274

Macmillan, Harold 46, 266
Mann, Golo 296
Manzoni, Piero 87
Mao Tse-tung 46, 274, 328, 429
Marcuse, Herbert 257
Martin, David 296
Martin, Kingsley 282
Marx, Karl 19, 20, 88, 144, 149, 188, 222, 274, 412
Mason, James 123
M'Bow 51
McNamara, Robert S. 376
Mead, Margaret 153, 391
Meadows, Dennis 210
Mehnert, Klaus 365
Mendès-France, Pierre 45
Menon, Krishnan 367 f.
Menuhin, Yehudi 38
Meyer, J. U. 395
Meyer-Abich, Klaus Michael 109 f, 114
Mitterrand, François 45 f, 272, 337
Mondale, Walter 45
Montand, Yves 294
Morgenthau, Hans J. 391
Mougeotte, Etienne 337
Münzenberg, Willi 289
Murdock, George Peter 403
Myrdal, Gunnar 369, 380, 384

Nagel, Peter 357
Nasser, Gamal A. 46, 274
Naumann, Friedrich 287
Negt, Oskar 272
Nehru, Pandit 40, 46, 283, 367
Neumark, Fritz 191
Niebuhr, Reinhold 292, 295
Nietzsche, Friedrich 117, 121, 344 ff, 351 ff.
Nixon, Richard M. 11, 43, 44, 263, 264, 266, 418
Nkrumah, Kwame 46, 274

Oppenheimer, J. Robert 112
Orlowa-Kopelew, Raissa 350
Orwell, George 274 ff, 290, 318, 349, 415
Owen, David 46

Palme, Olof 46
Papen, Franz von 323
Paracelsus, Theophrast von Hohenheim 94
Paul VI., Papst 358
Pearson, Lester B. 380
Peccei, Aurelio 212
Pestel, E. 207
Picht, Georg 59
Platon 94
Pol-Pot 396
Pompidou, Georges 45
Preller, Ludwig 188

Rathenau, Walter 126
Rauschning, Hermann 345
Reagan, Ronald 43, 171, 181, 189, 263, 339, 410, 411
Remmers, Werner 56
Ribbentrop, Joachim von 21
Riese, Hajo 57
Riesman, David 391
Rinser, Luise 40
Robinson, Joan 167
Rodin, Auguste 83
Röhr, Heinz 293
Rolland, Romain 289, 348
Römpp, Hermann 164
Roosevelt, Franklin D. 43, 182, 262, 282, 339
Röpke, Wilhelm 169
Rostow, Walt W. 266
Rousseau, Jean Jacques 355

Rowohlt, Ernst 289
Rudensky-Brin, S. G. 354
Russell, Bertrand 292
Rust, Bernhard 327

Santillana, Giorgio de 251
Scarlatti, Domenico 433
Schafft-Kulas, R. 299
Scheler, Max 354 ff.
Schilling, Kurt 112, 125
Schlesinger, Arthur 266
Schmidtchen, Gerhard 346
Schmied, Gerhard 151
Schoch, Max 254
Scholl-Latour, Peter 366
Schreiber, Gerhard 325, 345
Schuster, Peter-Klaus 94, 95
Schwarz, Urs 295
Schweitzer, Albert 256
Searle, John R. 28 f.
Senghor, Leopold 422
Servan-Schreiber, Jean-Jacques 218
Shakespeare, William 94
Shaw, George B. 91
Shils, Edward 411
Siebeck, Hans Georg 354
Šik, Ota 273
Simon-Netto, Uwe 297
Smith, Adam 220
Sontag, Susan 249, 250
Sorensen, Theodore 267
Spaemann, Robert 131
Spaethen, Rolf 30
Spengler, Oswald 112
Sperber, Manès 247, 294, 348
Spinoza, Baruch 94
Stalin, Josef 21, 283, 289, 419
Schmidt, Helmut 45, 52, 287, 294, 298
Steiner, Rudolf 141
Stevenson, Adlai 43, 253, 264, 339
Stockhausen, Karl 97, 98
Stoltenberg, Gerhard 168
Süllwold, Lieselotte 346

Tendrjakow, Wladimir 260
Thatcher, Margaret 46, 171, 189, 240, 317, 318, 411
Thiemann, Hugo 211
Thring, Meredith 421
Thurn, Max 402
Tito, Josip Broz 46, 283
Toepser-Ziegert, Gabriele 322
Toynbee, Arnold J. 250
Trotzki, Leo 46
Truman, Harry S. 43, 264, 266, 283, 339, 383 f, 385, 386
Tschechow, Anton 351
Tschernenko, Konstantin 43
Tschiang Kai-Shek 270

Vickrey, William 375
Vinci, Leonardo da 93, 94, 116

Walesa, Lech 276
Ward, Barbara 358, 369, 378, 380, 384, 386, 396
Webb, Beatrice 385
Weber, Max 287 ff.
Weizsäcker, Carl Friedrich von 230
Wiechert, Ernst 124
Werfel, Franz 305
Wilkens, Maurice 229
Will, George F. 318
Wilson, Harold 46
Wirsing, Giselher 365
Witt, H. T. 111
Wolff, Helen 320, 323
Wolff, Kurt 320

Young, Michael 411

Zimmermann, Friedrich 168
Zuckmayer, Carl 320, 350

Helmut Schoeck
Der Neid
Die Urgeschichte des Bösen

Helmut Schoeck

Das Recht auf Ungleichheit

Herbig